中国社会科学院创新工程学术出版资助项目

企业人类学

从社会结构视角分析经济行为

张继焦 著

中国社会科学出版社

图书在版编目(CIP)数据

企业人类学：从社会结构视角分析经济行为 / 张继焦著 .—北京：中国社会科学出版社，2017.5

ISBN 978 - 7 - 5161 - 9869 - 8

Ⅰ.①企… Ⅱ.①张… Ⅲ.①企业管理 - 经济人类学 - 研究 Ⅳ.①F270

中国版本图书馆 CIP 数据核字(2017)第 031355 号

出 版 人	赵剑英
责任编辑	宫京蕾
责任校对	朱妍浩
责任印制	李寡寡

出 版	中国社会科学出版社
社 址	北京鼓楼西大街甲 158 号
邮 编	100720
网 址	http：//www.csspw.cn
发 行 部	010 - 84083685
门 市 部	010 - 84029450
经 销	新华书店及其他书店

印刷装订	北京君升印刷有限公司
版 次	2017 年 5 月第 1 版
印 次	2017 年 5 月第 1 次印刷

开 本	710×1000　1/16
印 张	24
插 页	2
字 数	394 千字
定 价	98.00 元

凡购买中国社会科学出版社图书，如有质量问题请与本社营销中心联系调换
电话：010 - 84083683
版权所有　侵权必究

序　一

王延中

（中国社会科学院民族学与人类学研究所所长）

继焦的这部新著，凝聚了他自 2009 年以来数年间对国内外人类学民族学的理论探索和实证研究的结晶。

现代社会是组织的社会。在各类组织中，经济组织（如企业）居于主导的地位。我个人的第一部学术著作——《经济组织与城乡发展》，主要探讨在工业化、城市化进程中企业这种经济组织与城乡发展之间具有紧密的关系。

费孝通先生曾指出：民族文化资源相当丰富，应该进行开发和利用。在少数民族和民族地区的发展中，企业作为一个经济和社会主体，是如何开发和利用民族文化资源的？这是一个值得人类学民族学研究者深入探索的问题。

继焦在这部专著中，将李培林提出的"社会结构转型"理论奉为企业人类学的最主要学科理论，为提升人类学民族学的理论水平，做了非常有益的探索，这是值得赞赏和鼓励的。

从继焦的这本新书，我想到了一个值得关注的问题是，如何塑造和强化企业家社会责任感问题。中国的经济发展离不开企业家的创造性，企业家的社会责任心是其中的关键所在。对此，人类学、民族学、社会学可以发挥重要的作用。

最后，我希望企业人类学这门新兴学科，可以为中国人类学民族学的学科建设做出一点贡献。

写于 2016 年 9 月 10 日，北京

序 二

尹虎彬

（中国社会科学院民族学与人类学研究所副所长）

继焦的这本新书揭示了新兴学科"企业人类学"的丰富内涵。作者运用"社会结构转型"理论，从社会历史现场选取精粹的案例，运用实证方法，探讨社会结构现代转型与政府职能、经济结构以及企业运行之间的复杂关系。作者所提出的"伞式社会"和"蜂窝式社会"，从另外一个角度证明社会结构理论的重要意义。这项研究的学科背景清楚，选取的研究方向具有重大现实意义，在理论和方法论的继承和创新方面自觉性很强。

继焦的这本新著全面体现了时代赋予人类学的学科使命。作者站在社会经济和文化转型过程中，深入剖析了政府和经济结构在转型社会中的突出作用，在传统的延续中看到了精神价值，在探讨现实问题时没有忽略历史认同，在经济杠杆之外看到社会资本和文化资本的力量。作者用扎实的学术实践试图贯彻一种新的研究范式，它不是二元论的非此即彼的简单化的判断，有关社会互动和中西互益的新观念，这些都促使作者贯彻了连续统一和普遍联系的有机体的哲学思维，就像本书所强调的——它给予人们的是并存选择的思维，而不是僵化的"模式"或"样板"。

继焦的这部新作以清晰的学术历史脉络，扎实的实证研究案例，有效的阐释模式，统领全书的理论预设，让读者看到一个东西方学人共同打造的企业人类学正在借助学术传统、面对现代化转型的中国社会，在国际化的发展道路上不断开拓研究领域。鉴于本书的优异品质，特撰写此序言。

写于2016年9月16日，北京

目 录

导论　国内外理论综述与本书的分析框架 …………………………（1）
第一章　人类学的学科建设：企业人类学的新探索 ………………（8）
　第一节　企业人类学：作为一门世界性的前沿学科 ………………（8）
　　一　美国：从工业人类学到组织人类学或工商人类学 …………（9）
　　二　中国：从探讨农村工业化到创立企业人类学 ………………（16）
　　三　日本：从"工商人类学"到"经营人类学" …………………（28）
　　四　企业人类学：已成为一门世界性的前沿学科 ………………（30）
　第二节　企业人类学：应用研究和案例分析 ………………………（31）
　　一　知名企业里的人类学调查与研究 ……………………………（32）
　　二　企业人类学的案例分析与实证研究：15个领域 ……………（34）
　　三　企业人类学与中国人类学和民族学的学科建设 ……………（62）
　第三节　企业人类学的最新学术活动及其研究动向 ………………（64）
　　一　2009年：企业人类学的安身立命之年 ………………………（64）
　　二　2010年：企业人类学在亚洲的崛起 …………………………（67）
　　三　2011年：企业人类学继续发展其亚洲的学术网络 …………（68）
　　四　2012年：企业人类学立足中国，与国际学术界开展
　　　　合作 ………………………………………………………………（69）
　　五　2013年：企业人类学的世界性影响不断扩大 ………………（73）
　　六　2014年：企业人类学立足亚洲，增强世界性影响力 ………（75）
　　七　2015年：企业人类学的世界性影响进一步增强 ……………（79）
　　八　总结：由中国学者主导的企业人类学已形成世界性
　　　　影响 ………………………………………………………………（79）
　第四节　企业人类学的最近学术成果和研究进展 …………………（81）
　　一　不断推出新的学术成果 ………………………………………（82）
　　二　世界各国学者对企业人类学的探讨 …………………………（87）

三　不断增强应用性研究和社会影响力 ……………………… (96)
　　四　结语：现状总结、存在的不足与未来前景 ……………… (98)
第五节　企业人类学：学科体系建设、发展现状与未来前景 … (100)
　　一　企业人类学的"名"与"实"：学科名称的整合 ………… (100)
　　二　从学术活动和学术成果看企业人类学的国际性 ………… (102)
　　三　研究范畴的不断扩展：从传统的到新兴的 ……………… (103)
　　四　研究方法的持续创新：三个方面的转变 ………………… (113)
　　五　总结、思考和启示：企业人类学的兴起和未来发展
　　　　前景 …………………………………………………………… (118)

第二章　企业人类学的新范式：对经济社会结构转型的探索 …… (122)
第一节　观察经济社会转型的三大方面：新一轮的工业化、
　　　　市场化、城市化 ……………………………………………… (122)
　　一　研究工业化、市场化、城市化的紧迫性和重要意义 …… (123)
　　二　企业人类学的新视角：新一轮的工业化、市场化、
　　　　城市化 ………………………………………………………… (126)
　　三　小结：关于城市化、工业化、市场化、文化多元化、
　　　　现代化、全球化的初步看法 ………………………………… (137)
第二节　"伞式社会"——观察中国经济社会结构转型的一个
　　　　新概念 ………………………………………………………… (138)
　　一　问题的提出 ………………………………………………… (138)
　　二　理论准备和分析框架 ……………………………………… (139)
　　三　从"地方"和"企业"两类案例，看中国的"伞式
　　　　社会" ………………………………………………………… (141)
　　四　讨论与分析：社会结构转型下的"伞式关系"——另
　　　　一只看不见的手 ……………………………………………… (150)
　　五　小结：经济社会转型中"伞式社会"依然发挥作用 …… (155)
第三节　"蜂窝式社会"——观察中国经济社会结构转型的
　　　　另一个新概念 ………………………………………………… (156)
　　一　研究缘起和问题的提出 …………………………………… (156)
　　二　研究假设、理论基础与实证材料来源 …………………… (156)
　　三　就业性"蜂窝"结构及其功能 …………………………… (159)
　　四　经营性"蜂窝"结构及其功能 …………………………… (164)

五　小结：对"蜂窝式社会"的总体性阐释 …………… (176)
　第四节　对"伞式"关系和"蜂窝式"关系发展趋势的
　　　　　分析 ………………………………………………… (177)
　　一　"伞式"关系的发展趋势及政府行为模式的变化 …… (177)
　　二　对蜂窝式社会发展趋势的看法 ……………………… (180)

**第三章　人类学的新课题：从东部到中西部的产业转移及其
　　　　影响** ……………………………………………………… (181)
　第一节　中国东部与中西部地区之间的产业转移：影响因素
　　　　　分析 ………………………………………………… (181)
　　一　产业转移：相关理论及其在中国的发展历程 ……… (182)
　　二　影响东部向中西部产业转移的因素分析 …………… (184)
　　三　影响中西部承接东部产业转移的因素分析 ………… (187)
　　四　小结：产业转移不是简单的"企业搬家" …………… (190)
　第二节　食品工业向中西部地区的产业转移：环境污染及其
　　　　　对策 ………………………………………………… (190)
　　一　问题的提出 …………………………………………… (190)
　　二　本节采用的环境经济学理论 ………………………… (191)
　　三　食品工业：从东部向中西部的转移 ………………… (192)
　　四　食品工业：环境污染及其对策 ……………………… (194)
　　五　小结 …………………………………………………… (196)
　第三节　新一轮产业转移与中西部民族地区可持续发展 …… (196)
　　一　新一轮产业转移与中西部民族地区可持续发展 …… (196)
　　二　处理好承接产业转移与民族地区可持续发展的关系 … (198)

**第四章　人类学视角下的城市转型：老字号、老商街与城市
　　　　竞争力** ………………………………………………… (212)
　第一节　"自下而上"的视角：对老字号、老商街与城市
　　　　　竞争力的分析 ……………………………………… (212)
　　一　引言：从习总书记吃庆丰包子、逛南锣鼓巷谈起 … (212)
　　二　研究思路 ……………………………………………… (213)
　　三　第一个层次：微观地对老字号的分析 ……………… (214)
　　四　第二个层次：中观地对老商街的聚集经济分析 …… (222)
　　五　第三个层次：宏观地对城市竞争力的整体性分析 … (227)

六　讨论与小结 …………………………………………… (232)
　第二节　"自上而下"的视角：对城市竞争力、老商街、老字号
　　　　　的分析 ………………………………………………… (233)
　　一　研究思路：从"自下而上"到"自上而下" …………… (233)
　　二　"自上而下"的三层次分析 ………………………… (233)
　　三　小结 …………………………………………………… (245)
第五章　民族产业的典型代表——"老字号"企业的现代转型 … (246)
　第一节　中华民族之代表企业——"老字号"的研究现状、
　　　　　现实意义和学术价值 ………………………………… (246)
　　一　为什么要研究"老字号"企业 ……………………… (246)
　　二　企业人类学研究"老字号"的独特视角 ……………… (247)
　　三　"老字号"研究的学术价值 ………………………… (255)
　　四　"老字号"研究的现实意义 ………………………… (256)
　　五　小结：逐渐构建"老字号"研究学术体系 …………… (258)
　第二节　中国企业是否都"富不过三代"：对"老字号"长寿
　　　　　秘籍的分析 …………………………………………… (259)
　　一　问题的提出：中国企业都"富不过三代"吗？ ……… (259)
　　二　中国的商业传统源自本土、历史悠久 ……………… (260)
　　三　对"老字号"企业的调研及有关数据 ……………… (263)
　　四　从竞争的角度，看"老字号"企业的长寿秘籍 ……… (265)
　　五　"老字号"企业的发展前景 ………………………… (270)
　　六　小结：中国企业并非都是"短命郎君" …………… (272)
　第三节　"老字号"企业的盛典性"事件营销"：以上海杏花楼
　　　　　为例 …………………………………………………… (272)
　　一　以往的相关研究与上海世博会 ……………………… (273)
　　二　分析框架 …………………………………………… (277)
　　三　世界各国企业与中国"老字号"企业：上海世博会上
　　　　的仪式性"事件营销" ………………………………… (278)
　　四　上海世博会：上海杏花楼的典礼性"事件营销"案例
　　　　分析 …………………………………………………… (281)
　　五　小结：盛大的世博会典礼与上海"老字号"企业的
　　　　"华丽变身" …………………………………………… (289)

第四节 中国"老字号"企业的经营现状与发展前景 (291)
  一 受访"老字号"企业的行业分布情况 (291)
  二 "老字号"企业的经营现状与发展前景 (294)
  三 小结 (305)

第六章 人类学的新视角：对"经济文化类型"变迁的思考 (307)
第一节 少数民族城市移民经济文化类型：从"原生态型"到"市场型"的转变 (307)
  一 文献回顾：关于"经济文化类型"理论的有关探讨 (307)
  二 在城市移民研究中重构"经济文化类型"理论 (313)
  三 影响"经济文化类型"转变的因素分析 (319)
  四 城市移民的经济文化类型：从"原生态型"到"市场型" (323)

第二节 经济文化类型的转变：民族企业与民族企业家的作用 (326)
  一 文献回顾：对城市移民、民族企业与民族企业家的有关研究 (327)
  二 对调查资料的描述与分析 (330)
  三 总结与讨论：民族企业和民族企业家在形成新的经济文化类型中的作用 (336)

结语 企业人类学——人类学第四次革命对中国的意义 (338)
参考文献 (341)

导论　国内外理论综述与本书的分析框架

自20世纪70年代末开始，中国实行改革开放政策以来，经过30多年的发展，至2010年已经成为世界第二大经济体。许多国内外的学者争先恐后地试图破解中国经济增长之谜，其中，备受关注的一个问题是中国如何顺利地实行市场转型（即从计划经济制度转变为市场经济制度）。在本书中，我们将探讨的是：在中国的巨大经济社会结构转型中，发生了什么样的市场转型？其发展情况如何？

一　关于中国市场转型的主要观点和争论

一般认为，影响企业资源配置和经营业绩主要有"两只手"，一只是"看得见的手"——政府，另一只是"看不见的手"——市场。

卡尔·波兰尼（Karl Polanyi）在他的名著《伟大的转折》中对人类的经济生产方式做出了三种类型的概括，即市场经济、再分配经济和互惠经济。[①] 学者们纷纷借用这种理想类型的划分进行学术探讨。20世纪80年代以来，苏联、东欧和中国发生了一系列的重大社会变革，其根本就是从再分配经济向市场经济的转型，这极大地改变了这些社会的基本面貌，引起了国内外学者的大量研究，被学者们誉为社会科学界的另外一个灵感源泉。

事实上，对"社会结构"的研究一直就是社会学的老本行。一般认为，亚诺什·科尔内（János Kornai）以其敏锐的洞察力发现了"短缺经济"和"软预算约束"这些独特经济现象和运作机制，预示了社会主义经济是一种独特的社会结构或制度安排，由此将"制度机制"引入经济学研究中。[②] 而在社会学领域中，在新制度主义范式下，对社会主义国家

[①] Polanyi, Karl, 1957, *The Great Transformation*, Boston: Beacon Press.

[②] Kornai, János, 1980, *Economics of Shortage*, Amsterdam: North-Holland.

转型过程中不同群体的利益得失以及转型对社会主义国家社会结构的影响的探讨，则开始于匈牙利裔美籍社会学家萨列尼（Ivan Szelenyi）①等人的市场转型研究之中。由此，新制度主义社会学建立起了以"约束性的选择"为核心的分析框架。②

在中国和苏联东欧发生变革之前，支配西方社会科学界对东方社会主义的研究思路主要是极权主义范式③和现代化范式④。然而，对中国和苏联东欧20世纪80年代以来发生的转型，这两种范式显然都没有足够的解释力。于是，出现了一种新的研究范式——新制度主义范式。⑤其标志性的学术成果是：1989年，倪志伟（Victor Nee）在《美国社会学评论》（10月号）上发表的《市场转型理论：国家社会主义从再分配向市场的过渡》一文，提出了著名的"市场转型理论"。⑥他认为，国家社会主义社会从再分配经济向市场经济的过渡，将会导致权力和特权的转移，即从再分配阶级手中转移到直接生产者手中；直接生产者所面临的机会、他们的劳动积极性以及对剩余产品的支配权力都会增加；有利于市场资本

---

① Szelenyi, Ivan, 1982, "The Intelligentsia in the Class Structure of State Socialist Societies", *American Journal of Sociology*, Vol. 88（Supplement）.

② 新制度主义理论在近几十年对整个社会科学界都有着重要的广泛的影响，这些影响起源于经济学的新制度主义学派，其后扩展到政治学和社会学。参见 Brinton, Mary, C. & Nee, Victor, 1998, "The Theoretical Core Of the New Institutionalism", *Politics & Society*, Vol. 26。

③ 魏昂德在《共产主义的新传统主义》一书中认为，极权社会有两个非常特殊的特征：第一个特征涉及政党与其支持者之间纽带的性质。在作为资本主义另一极的极权主义看来，政党与支持者之间是一种事本主义的、意识形态性的，以意识形态为基础的关系。即使在革命成功以后，意识形态取向仍是社会动员的基本手段。第二个特征可以称为社会的原子化。这种社会不强调区别私人领域和公共领域的合法性，凡是直接妨碍执政目标实现的社会纽带均消失了。"原子化大众"的存在，不仅为维持权力所必需，而且可以确保毫无障碍地对群众进行总体性动员。参见 Walder, Andrew G., 1986, *Communist Neo-Traditionalism：Work and Authority in Chinese industry*, Berkeley：CA：University of California Press。

④ 对于现代化范式，主要的观点认为，在社会主义革命以后，一旦政权得到巩固，社会主义社会就必然致力于经济发展。这种增长要求实现现代化和引进现代技术，而工业化和现代科学技术又要求有一套相应的现代价值观和制度，从而导致社会主义制度结构的变迁。现代化的过程将以自己的必然逻辑使社会主义国家按照西方发达国家的模式对自己进行重建。

⑤ 此研究范式弥补了极权主义范式和现代化范式两种旧范式忽视制度的缺陷，同时又要与凡伯伦和康芒斯等在20世纪早期倡导的制度主义区别开来，所以被统称为"新制度主义范式"。

⑥ Victor Nee, 1989, A theory of Market Transition：From Redistribution to Market, *American Sociological Review*, Vol. 54.

（market capital）、人力资本（human capital）和文化资本（culture capital）而不利于政治资本。此理论包括3个命题和10个假设，其有三个主要的理论来源：（1）萨列尼对中欧和东欧的社会主义国家的研究：认为社会主义是一个再分配经济，并有其一套独特的与再分配经济相适应的利益分配机制；①（2）波拉尼关于互惠经济、再分配经济和市场经济三种经济类型的划分；②（3）吉拉斯（Milovan Djilas）的新阶级理论：认为社会主义国家里对生产资料进行控制的官僚阶层已经成为新的阶级。③ 在之后的几年中，倪志伟利用新的调查数据不断修改完善他的理论，但其理论的核心观点基本没有改变。④

倪志伟的此文此论一出，可谓一石激起千层浪，在美国，乃至其他国家的学术界，引发了一场关于社会主义国家市场转型的研究及其争论，先后提出了一些不同的观点或学说。

戴慕珍（Jean Oi）提出了"地方法团主义"（Local State Corporatism），即一种地方—国家合作主义模式：中国财税制度的分税制改革准予地方政府保留除了上缴国家的税额外所剩的余额，在此利益推动下，地方政府就像是一个拥有着许多生意的大企业，努力利用和整合自己权限下

---

① Szelenyi, Ivan, 1978, "Social Inequalities in State Socialist Redistributive Economies", *International Journal of Comparative Sociology*, Vol. 19; 1982, "The Intelligentsia in the Class Structure of State Socialist Societies", *American Journal of Sociology*, Vol. 88 (Supplement); 1983, *Urban Inequalities Under State Socialism*, Oxford: Oxford University Press; 1987, "The Prospects and Limits of the East European New Class Project: An Autocritical Reflection on the Intellectuals on the Road to Class Power", *Politics and Society*, Vol. 15.

② Polanyi, Karl, 1957, *The Great Transformation*, Boston: Beacon Press; 1965, "The Economy As Instituted Process", in *Trade and Market in the Early Empires: Economies in History and Theory*, (eds. by K. Polanyi, C. M. Arensberg & H. W. Pearson), New York: The Free Press.

③ Djilas, Milovan, 1957, *The New Class: An Analysis of the Communist System of Power*, New York: Praeger.

④ Nee, Victor, 1991, "Social Inequality in Reforming State Socialism", *American Sociological Review*, Vol. 56; 1992, "Organizational Dynamics of Market Transition: Hybrid Froms, Property Rights, and Mixed Economy in China", *Administrative Science Quarterly*, Vol. 37; 1996, "The Emergence of a Market Society: Changing Mechanisms of Stratification in China", *American Journal of Sociology*, Vol. 101.

的资源并参与到企业的行为中去。①

魏昂德（Andrew Walder）主张"政府即厂商"（Local Governments as Industrial Firms）的观点：强调"财政包干""分灶吃饭"的财政体制改革给地方政府带来压力的同时，也刺激了地方政府谋求经济发展以获取较大的财政收益。政府与企业的关系类似于一个工厂或公司内部的结构关系，即政府作为所有者，类似于一个公司中的董事长，而企业的管理者则类似于厂长或车间主任的角色。②

林南（Nan Lin）提出了"地方市场社会主义模式"（Local Market Socialism）："地方"指的是当地的社会文化基础（社会网络是其轴心），"市场"指的是经济系统的变化（市场机制是其核心），"社会主义"意指不远的过去所留下的政治意识形态（社会主义为其核心）。③当倪志伟、戴慕珍和魏昂德的研究都集中在经济机制并分析其制度性的后果时，林南提出了一个强调社会文化力量的研究角度：内嵌于地方社会网络中的社会文化力量，使市场和集体机制形成了联结，使旧有的制度和正在发生的转型连在一起。

二 关于社会关系、资源配置与企业发展的有关研究评述

有的新制度主义社会学家指出，产权是一束社会关系，存在着一种"关系理性"④和"关系产权"⑤。换言之，社会关系也在企业的经营和发展中发挥着资源配置的作用。

人类学家和社会学家把关系作为社会资本（social capital）。最早提出社会资本概念的是法国人类学家布尔迪厄（Pierre Bourdieu）。他在1979

---

① Oi, Jean C., 1985, "Communism and Clientelism: Rural Politics in China", *World Politcis*, Vol. 37; 1989, *State and Peasant in Contemporary China: The Political Economy of Village Government*, Berkeley: University of California Press; 1992, "Fiscal Reform and the Economic Foundations of Locall State Corporatism in China", *World Politics*, Vol. 45; 1995, "The Role of the Local State in Chinaps Transitional Economy", *The China Quarterly*, Vol. 144.

② Walder, Andrew G., 1995, "Local Governments as Industrial Firms: An Organizational Analysis of Chinaps Transitional Economy", *American Journal of Sociology*, Vol. 101.

③ Lin, Nan, 1995, "Local Market Socialism: Local Corporatism in Action in Rural China", Theory and Society, Vol. 24.

④ Lin, Nan, 1995, "Local Market Socialism: Local Corporatism in Action in Rural China", Theory and Society, Vol. 24.

⑤ 周雪光：《"关系产权"：产权制度的一个社会学解释》，《社会学研究》2005年第2期。

年发表的《区别:趣味判断的社会批判》中,提出了三种资本形式:经济资本、社会资本和文化资本。① 科尔曼(James S. Coleman)是对社会资本进行理论分析的第一位重要学者。他在其1990年由哈佛大学出版社出版的《社会理论的基础》中,把社会资本定义为一种达成某个目的的生产性因素,它是藏于社会结构中的、基于信任的关系资源②。就像人们在银行里存了一笔钱,将来可以随时取出来使用。

社会上的人际关系有两种模式:特殊主义的人际关系和普遍主义的人际关系。一般而言,在传统社会中,特殊主义人际关系更为盛行,而在现代社会中,普遍主义人际关系色彩较浓。两者的区分标志是,支配人们彼此取向的标准依赖还是不依赖存在于人们之间的特殊关系。这两者的差别不仅反映了历史发展阶段上的差别,同时也反映了不同社会在制度上的差别。我们可以把特殊主义的人际关系称为"强关系",把普遍主义的人际关系称为"弱关系"。③

美国社会学家魏昂德在《共产主义的新传统主义》一书中,记述和剖析了在中国城市中人际关系网络的存在及其对稀缺资源的配置作用。在计划经济时代,在政府充当资源配置主角的情况下,社会关系作为配角也有其不容忽视的作用。魏昂德认为,在单位中,领导者(如车间主任)与工人中的积极分子之间的这种庇护性关系,是"镶嵌于"正式组织之中的一种"非正式关系",是公共因素与私人因素相互结合的产物,是正式组织结构的一个重要组成部分。或者说,它是附属于正式组织中,以一套不同于正规组织原则——同志加人情的交换规则为基础而形成的"小圈子"关系。④

中国社会学家李培林等不但剖析了乡镇企业对外社会和经济交换的情况,而且注意到在乡村社会中建立企业,将特殊关系网络套在乡镇企业这种新的组织形式上,有利于降低企业内部组织成本,却会提高企业对外的

---

① Pierre Bourdieu, 1994, *Distinction: A Social Critique of The Judgement of Taste*, Translated by Richard Nice, Roultedge Press.

② [美]科尔曼:《社会理论的基础》(*Foundations of Social Theory*),邓方译,社会科学文献出版社1992年版,第330—354页。

③ 张继焦:《市场化中的非正式制度》,文物出版社1998年版,第4—7页。

④ Andrew G. Walder, 1986, *Communist Neo-traditionalism: Work and Authority in Chinese Industry*, The University of California Press.

交易成本①。换言之，特殊主义的人际关系可能有利于企业的发展，却不利于市场的发展。李培林进一步指出，在这些或亲缘或圈子的特殊主义关系的交换和组织中产生了"人情信用卡"。②在既定群体内产生的这种全面而强烈的信任关系和交换关系，减少了群体成员之间关系总是局限在一定的圈子里。在与"圈外人"交换时，不信任感较强，要达成某种交换需要更多的讨价还价，交易成本较高。

1978年以来，市场经济的发展还未从根本上改变国家行政权力在资源配置中的主导地位，私营企业家利用个人所拥有的亲缘、同学、战友、同乡、邻居等特殊社会关系的职业地位和权力地位，帮助自己进入经济领域，获得各种生产资源，并促进企业的发展。在乡镇企业的研究领域，中国和德国学者联合完成的一个研究项目值得注意。③

可见，在企业资源配置的力度和作用上，特殊主义的人际关系（强关系）要比普遍主义的人际关系（弱关系）大一些。

三 本书的分析框架：从社会结构角度，把握经济行为

1. 关于中国社会结构及其转型的研究

在研究中国传统乡村社会结构时，费孝通先生于1948年提出了著名的"差序格局"理论。④"差序格局"是中国传统农村的社会结构特征。这一理论是中国内外学者探讨中国社会结构的经典理论。在10年前，笔者曾经试图将"差序格局"理论从"农村版"发展为"城市版"。⑤

与费孝通类似，日本人类学家中根千枝1967年发表的《纵式社会中

---

① 李培林、王春光：《新社会结构的生长点——乡镇企业社会交换论》，山东人民出版社1993年版，第64—77页。

② 同上书，第49—52页。

③ 这个研究计划的主要成果是一套由山西经济出版社1996年推出的"当代中国的村庄经济与村落文化丛书"，如陈吉元和胡必亮主编的《当代中国的村庄经济与村落文化》、胡必亮和郑红亮的《中国乡镇企业与乡村发展》以及其他五本关于中国五个不同省份的不同村庄的个案研究专著。

④ "差序格局"理论的要义是：人们以己为中心，像石子一般投入水中，和别人所联系成的社会关系像水的波纹一样，一圈圈推出去，越推越远，也越推越薄，波纹的远近可以标示社会关系的亲疏。参见费孝通《乡土中国》，上海观察社1948年版，第22—30页。

⑤ 张继焦：《差序格局：从"乡村版"到"城市版"——以迁移者的城市就业为例》，《民族研究》2004年第6期。

的人们关系》》①，是一本用新颖独特的方法研究日本社会结构的著作，是风靡一时的畅销书。日本社会可以简称为"纵式社会"。

2. 如何看待中国的市场转型与社会结构转型之间的关系

我们应该如何看待中国的市场转型与社会结构转型之间的关系？早在24年之前，李培林先生于1992年就提出了"社会结构转型"理论，或称"另一只看不见的手"理论。李培林认为，在中国快速的经济发展和社会转型时期，影响中国资源配置和经济发展的力量，除了一只"有形之手"——国家干预和一只"无形之手"——市场调节之外，还存在着"第三只手"，那就是另一只"看不见的手"——中国"社会结构转型"。这"另一只看不见的手"不仅推动着社会发展，而且会从深层次上影响着资源配置的实际方式、产业结构的调整方向和经济体制改革的方向。②这一理论命题的意义在于：跳出了在西方十分盛行的个体主义方法论解释模式的束缚，建立起一种新的解释框架，以说明中国经济体制改革和中国经济成长的过程。至今，这一理论对中国社会科学界有很多影响。③

3. 企业人类学以"社会结构转型"理论为其基础理论

这个新颖的"社会结构转型"理论，推动了人类学经典的整体论向前发展了一大步：从整个社会结构的宏观角度，去看待和分析资源配置和经济社会发展，分析现代各种的组织和企业。

企业人类学引入"社会结构转型"理论，作为其新的基础理论，实现了研究范式的转变：不再是个案式地研究企业，而是从市场转型和社会结构转型的整体性视角，探讨了企业发展的内在动因及其社会结构性因素。

中国正进入经济发展新阶段，在这样一个社会结构巨变的年代，对于企业人类学相关理论探索和实证研究成果进行梳理总结，无疑对于中国下一步的经济社会发展和人类学研究都具有重要意义。

---

① 中根千枝认为，日本社会的特征是纵向式的人际社会关系，就是一种居于一定的场所、以个人与个人之间的上下关系为主的社会关系。参见［日］中根千枝《纵向社会的人际关系》（1967），陈成译，商务印书馆1994年版。

② 李培林关于"社会结构转型理论"的基本命题主要体现在被称为"社会结构转型三论"的三篇论文里：李培林：《"另一只看不见的手"——社会结构转型》，《中国社会科学》1992年第5期；《再论"另一只看不见的手"》，《社会学研究》1994年第1期；《中国社会结构转型对资源配置方式的影响》，《中国社会科学》1995第1期。

③ 臧得顺：《中国社会结构转型：理论与实证对一个师承性学派研究成果的谱系考察》，《思想战线》2011年第4期。

第一章 人类学的学科建设：企业人类学的新探索

在日常社会交往和国内外学术交流的过程中，笔者时常会遇到有人问道："企业人类学是什么？从人类学看企业，有什么特别之处？"身为国际企业人类学委员会主席、中国企业人类学委员会秘书长，笔者有责任回答这个问题。从2009年起，笔者开始用中文和英文撰写企业人类学学科建设方面的探索论文，[①] 特别是2014年发表了一篇论文，回顾和总结了国际和国内企业人类学的发展历程和学科现状。[②] 在本章中，笔者打算对企业人类学的学科体系进行一次初步的总结和提升，并分析其发展现状与未来发展前景。

第一节 企业人类学：作为一门世界性的前沿学科

最近几十年，特别是最近几年，人类学对企业、工商业、经营管理、现代组织等的研究变得多了起来。于是，出现了一些不同的分支学科名称，如工业人类学、工商人类学、经营人类学、组织人类学、企业人类学等。这些不同的名称与企业人类学的发展历程和现状有什么关系呢？为什么说企业人类学是一门世界性的前沿学科？

---

① 张继焦：《企业人类学的实证与应用研究》，《云南民族大学学报》2009年第1期；张继焦：《企业人类学关于"成功"的案例分析——对马来西亚28位华商和经理人的访谈及其分析》，《学术探索》2009年第4期；张继焦：《企业人类学关注什么》，《管理学家》2013年第9期；Zhang Jijiao, 2011, "Enterprise Anthropology: Review and Prospect", in Zhang Jijiao and Voon Phin Keong (eds.), *Enterprise Anthropology: Applied Research and Case Study*, Beijing: Intellectual Property Publishing House, pp. 1–12。

② 张继焦：《企业人类学：作为一门世界性的前沿学科》，《杭州师范大学学报》（社会科学版）2014年第4期。

企业人类学产生于20世纪30年代,美国、中国、日本三个国家的人类学家主要参与推动了企业人类学的发展,经历了几个不同的发展阶段。

一 美国:从工业人类学到组织人类学或工商人类学

1. 第一个时期:工业人类学的产生和初期发展(20世纪30—50年代)

20世纪20—30年代,美国芝加哥大学、哈佛大学的社会学系和人类学系的学者开展了一系列工业企业研究,被认为是工业研究的鼻祖。① 这个时期,人类学在美国工业企业开展的应用研究,还不叫"企业人类学"(enterprise anthropology),而是叫"工业人类学"(industrial anthropology)。② 工业人类学的典型研究是1927—1932年对西方电器霍桑工厂的研究,简称"霍桑实验"研究。③ 在"霍桑实验"研究的前三年(1927—1930),人类学家并没有参加,直到这个五年研究计划的最后两年(1931—1932)才参加进来。人类学专业的领头人是沃纳(W. L. Warner)。因此,沃纳被称为工业人类学或组织人类学之父。④ 他也是"有效管理理论"的追随者。

20世纪40—50年代,哈佛大学商学院的梅奥(E. Mayo)⑤带着一群人类学家,如查普尔(E. Chapple)、加德纳(B. B. Gardner)、理查德森

---

① Ann T. Jordan, 2002, Business Anthropology, Illinois: Waveland Press Inc., pp. 9 – 10.

② Zhang Jijiao, 2011, "Enterprise Anthropology Review and Prospect", in Zhang Jijiao and Voon Phin Keong (eds.), *Enterprise Anthropology: Applied Research and Case Study*, Beijing: Intellectual Property Publishing House, pp. 2 – 3.

③ 西方电器霍桑工厂位于美国芝加哥西部与伊利诺伊州西塞罗市交界处。关于霍桑试验研究的具体过程,参见庄孔韶、李飞《人类学对现代组织及其文化的研究》,《民族研究》2008年第3期。

④ 参见 Zhang Jijiao, 2011, "Enterprise Anthropology Review and Prospect", in Zhang Jijiao and Voon Phin Keong (eds.), *Enterprise Anthropology: Applied Research and Case Study*, Beijing: Intellectual Property Publishing House, p. 3.

⑤ 曾担任过新泽西州贝尔电话公司总经理的哈佛大学的梅奥和罗特利斯伯格等人,1927年在伊利诺州西方电气公司的霍桑工厂进行了环境与生产效率研究实验,即有名的"霍桑实验"。通过长达五年时间的研究,他们发现,与生产率增长相关的因素是这样一些社会因素,如劳动群体的士气、小组成员间良好的相互关系和有效的管理。

(F. L. W. Richardson)和怀特(W. F. Whyte)等①,加入了企业的研究当中。他们延续了人际关系学派②的传统。人类学的研究成果对当今的管理学理论提出了一些挑战。这个时期,工业人类学的研究包括微观研究和宏观研究两个层面:微观研究有怀特对"餐饮业"③、Bundy管道公司④、芝加哥内陆钢铁集装箱公司⑤等3项研究,沃纳和劳(J. O. Low)还对扬基城一个鞋厂进行了研究⑥,理查德森和沃尔克(Charles R. Walker)对IBM公司Endicott工厂的研究⑦等。还有一部分学者走出工厂,进入更宏观的社会层面。他们关注的是工厂与其所属社区的相互依存关系和相互影响。比如,基辛(F. Keesing)等人研究了加州米尔皮塔斯市的工业移民安置和社区关系⑧。

1941年,美国的应用人类学学会(The Society for Applied Anthropology, SfAA)成立于哈佛大学。这个协会的几位创始人都是工业人类学家。他们的成果发表在这个学会的刊物《应用人类学》(Applied Anthropology)

---

① Baba, M. L., 2006, Anthropology and Business, in Encyclopedia of Anthropology, edited by H. James Birx, Thousand Oaks, CA: Sage Publications, pp. 83 – 117.

② 这个学派把社会科学方面已有的和新近提出的有关理论、方法和技术用来研究企业之中人与人之间以及个人的各种现象,从个人的个性特点到文化关系。该学派早期理论的代表人物原籍澳大利亚的美国人埃尔顿·梅奥(Elton Mayo)、美国的罗特利斯伯格(F. J. Roethlisherger)提出了"有效管理理论"。这种有效的管理,就是要了解人的行为,特别是劳动小组的行为,为此,要采用激励、劝告、领导、交流等处理人与人之间关系的技能,通过有效的传播活动达到管理的目的。

③ W. F. Whyte, 1948, Human Relations in the Restaurant Industry, New York: McGraw Hill.

④ W. F. Whyte, 1948, "Incentive for Productivity: The Case of the Bundy Tubing Company", Applied Anthropology, Vol. 7, No. 2, pp. 1 – 16.

⑤ W. F. Whyte, 1951, Pattern for Industrial Peace, New York: Harper & Row.

⑥ W. L. Warner and J. O. Low, 1947, "The Social System of the Modern Factory", The Strike: A Social Analysis, New Haven: Yale University Press.

⑦ F. L. W. Richardson and Charles R. Walker, 1948, Human Relations in an Expanding Company: Manufacturing Departments, Endicott Plant of the International Business Machines Corporation, New Haven: Yale University Press.

⑧ F. Keesing, B. Hammond and B. McAllister, 1955, "A Case Study of Industrial Resettlement: Milpitas, California", Human Organizations, Vol. 14, No. 2, pp. 15 – 20; F. Keesing and B. Hammond, 1957. Industrial Resettlement and Community Relations: Milpitas, California, In Anthropologists and Industry: Some Exploratory Workpapers, F. M. Keesing, B. J. Siegel and B. (eds.), Hammond, Stanford: Stanford University Press, pp. 27 – 44.

[目前该刊已更名为《人类组织》(Human Organization)]。①

20世纪40—50年代,IBM、希尔斯·罗巴克(Sears Roebuck)②、美国集装箱公司(Container Corporation of America)、内陆钢铁集装箱公司(Inland Steel Container Company)、东方公司(Eastern Corporation)等一些大公司,都雇用人类学家去分析工厂出现的棘手问题(如员工流动率高、罢工、旷工、员工合作性差等),并寻求解决的具体办法③。

20世纪30—50年代既是工业人类学时期,也可以称为企业人类学的早期或初期。

2. 第二个时期:美国工业人类学的停滞(1960年前后)

第二次世界大战结束后,美国为了保持超级大国的地位和科学技术上的领先,1950年成立了国家科学基金会(National Science Foundation, NSF)④。在NSF的资助下,美国人类学的基础研究和海外田野调查显著增长。在人类学领域逐渐形成这样的风气:在美国以外的区域开展田野调查是培养"真正人类学家"的必要条件,而在美国本土做研究的学者,如工业人类学者,则沦为二等学者。因此,许多工业人类学者被排除在人类学圈子之外,他们有的因此进入了商界,有的进入商学院(如F. Richardson和W. F. Whyte),还有一些人自己开办公司或者成为商业咨询师(如B. Gardner和E. Chapple)。这也意味着他们无法继续培养新一代的工业人类学者。

---

① 目前,SfAA已成为应用人类学各个领域的一个中心性组织。参见Zhang Jijiao, 2011, "Enterprise Anthropology Review and Prospect", in Zhang Jijiao and Voon Phin Keong (eds.), *Enterprise Anthropology: Applied Research and Case Study*, Beijing: Intellectual Property Publishing House, p. 3。

② 西尔斯·罗巴克公司是一家以农民邮购起家的零售公司。它的创始人理查德·西尔斯在1884年就开始尝试邮购商品,1886年创建了西尔斯邮购公司,出售手表、表链、表针、珠宝以及钻石等小件商品。1900年,当货到付款的销售方式刚刚兴起时,西尔斯公司很快实行"先货后款"的方式。这一年,西尔斯超过了其竞争对手沃德公司(销售额850万美元),销售额达到1000万美元,成为美国零售业销售额排行榜的第一名。

③ Zhang Jijiao, 2011, "Enterprise Anthropology Review and Prospect", in Zhang Jijiao and Voon Phin Keong (eds.), *Enterprise Anthropology: Applied Research and Case Study*, Beijing: Intellectual Property Publishing House, p. 3.

④ NSF的计划分为基础研究计划、科学教育计划、应用研究计划、有关科学政策的计划、国际合作计划5类。它按照这些计划实施各项职能。1968年以后,NSF每年要通过国家科学委员会向总统(并转国会)提交一份关于美国科学及其各学科发展情况的报告。

3. 第三个时期：美国工业人类学的多样化（1960—1980 年）

这一时期（1960—1980）的研究主要包括三个方面：非西方世界的工业化研究、关于专业工作的民族志、新老马克思主义对美国内外工业研究的批评等。①

（1）非西方世界的工业化研究

越来越多的人类学者到美国以外的地方，考察那些处于工业化起步阶段的非西方国家和地区发生的变化。

第一，工业化对非西方社会的影响。根据当时流行的趋同理论（convergence theory）②，世界上所有社会在工业化驱使下，生活方式终将变得相似。③ 一些学者认为，那些处于工业化中的非西方社会，特别是第三世界国家和地区，无论其历史和文化有何特殊性，它们的经济和社会文化发展必定遵循同西方社会相同的演化道路。依据这一观点，非西方社会的亲属关系、宗教观念、风俗习惯等传统因素，将会阻碍西方式的工业化转型。这类研究包含了西方中心主义的思想，认为非西方国家和地区只有在制度结构、价值观念和行为模式上模仿西方社会，才能实现工业化。人类学根据历史特殊性和文化相对论（cultural relativism）④，通过对非西方社会工业转型进行细致入微的研究，指出传统社会的结构和生活方式在各个

---

① Zhang Jijiao, 2011, "Enterprise Anthropology Review and Prospect", in Zhang Jijiao and Voon Phin Keong (eds.), *Enterprise Anthropology: Applied Research and Case Study*, Beijing: Intellectual Property Publishing House, p. 4.

② 趋同理论假设，在从传统农业向现代工业转变的过程中，工业化要求社会和生活方式作出相应的变化，包括扩展家庭的解体、农村向城市移民、人口向城市集中、劳动力培训需求的增长、为儿童提供正式教育、类似的职业结构。产生这些变化的原因是工业在某个集中的场所开展大规模生产，进而吸引相关配套产业的发展，为第一产业和工厂中的劳动力提供产品和服务。此外，工业生产对知识的需求以及对个人和群体行为的要求是社会越来越需要为儿童提供正式教育的原因，学校为这些未来的劳动力提供必要的培训。

③ William Form, 1979, Comparative Industrial Sociology and the Convergence Hypothesis, In *Annual Review of Sociology*, Vol. 5, pp. 1 – 25.

④ 文化相对论是由美国历史学派的创始人、人类学家博厄斯提出来的理论。该理论认为，每一种文化都具有其独创性和充分的价值，因此，在比较各民族的文化时，必须抛弃以西方文化为中心的"我族文化中心主义"观念。每个民族的文化时常会有象征该民族文化中最主要特征的"文化核心"。

方面都可以补充工业,对趋同理论提出了批评①。比如,格尔兹(C. Geertz)指出土著企业家在当地经济发展中可以发挥关键的作用②;格卢克曼(M. Gluckman)指出,乡村经济和都市经济在工业化中可以很好地共存,二者对于满足人们的需求都是非常必要的③;纳什(J. Nash)指出,传统文化形式,如仪式,可以缓解乡村生活在工业化转型中的剧烈变迁④。

第二,新产品或新技术对非西方社会的影响。通过对非西方社会的田野调查,人类学者也对传播理论(diffusion theory)⑤做出了补充和丰富。传播论人类学家探讨:某个新产品或者新技术进入一个新地方之后,会引发什么反应。他们发现,这些新产品或新技术通常会产生意料之外或者负面的结果。比如,佩尔特(P. Pelto)研究了机动雪橇车传入芬兰的拉普兰德(Lappland)地区后驯鹿牧人生活的变化:不仅改变了人与动物之间的关系,也改变了人与人的关系。雪橇车使这一原先相对平等的社会分化为有车阶级和无车阶级。⑥ 这类研究也成为现代消费者和消费过程研究的先驱。

(2) 新老马克思主义对美国内外工业研究的批评

马克思主义者的研究关注管理者如何通过技术创新降低工人的劳动技能。布雷弗曼(Harry Braverman)认为,垄断资本主义形成于19世纪最后二三十年间,此时期劳动过程发展中的两个显著变化正相耦合:一是工业上科学管理方法的普遍实施;二是新技术革命的兴起。其结果就是,最

---

① 参见 Carol S. Holzberg and Maureen J. Giovannini (1981), "Anthropology and Industry: Reappraisal and New Directions", *Annual Review of Anthropology*, Vol. 10, pp. 317 – 360。

② Clifford Geertz, 1963, *Peddlers and Princes: Social Change and Economic Modernization in Two Lndonesian Towns*, University of Chicago Press.

③ Max Gluckman, 1961, "Anthropological Problems Arising from the African Industrial Revolution", *Social Change in Modern Africa*, ed. Aidan Southall, Oxford University Press, pp. 67 – 82.

④ June Nash, 1979, *We Eat the Minies and the Mines Eat Us: Dependency and Exploitation in Bolivian Tin Mines*, Columbia University Press.

⑤ 人类学中的传播理论形成于19世纪末,活跃于20世纪初,并形成传播学派,又称"传播学派"或"传播论派"等,主要由德国、奥地利和英国的学者创立。虽然传播理论的不同流派并不完全相同,但它们的基本理论却是相同的,即他们均与进化学派唱反调,强调文化传播在文化发展史上的重要意义,以文化传播原理解释世界各地区、各民族文化的相似性。

⑥ Pertti J. Pelto, 1987, *The Snowmobile Revolution: Technology and Social Change in the Arctic*, Illinois: Waveland Press Inc.

大程度地把直接生产过程的知识转由管理本身完成，劳动技能和操作技术转由机器和工具完成，工人逐渐成为无须更高技术和技巧的"非熟练"（deskilled）劳动者，或可称之为"去技能化"（deskilling）。① 然而，库斯特尔（K. C. Kusterer）和兰菲尔（L. Lamphere）等人的研究显示，工人们为了完成工作、保护自己的工作岗位、劳动技能和工资水平，发展出了非正式的工作知识或称"诀窍"（know-how）。② 这些研究成果挑战了布雷弗曼的"去技能化"概念和泰勒制。③

（3）关于专业工作的民族志

人家类学者利用民族志方法，记录了许多职业（如陶瓷厂工人④、建筑工人⑤、铁路工人⑥等）的独特文化。阿普尔鲍姆（H. Applebaum）借用了人类学的"文化"概念，从产业工人的共同生活引申出工作文化（work culture）的概念，并将其定义为在特定工作情境中，适合工作绩效和社会互动的一套知识、技术、态度和行为体系等⑦。对不同工作文化的描述能够帮助我们更好地了解组织中的文化现象，这也为 20 世纪 80 年代涌现的"企业文化"和"组织文化"概念奠定了基础。

---

① 哈里·布雷弗曼（1920—1976）是美国工人活动家、马克思主义经济学家，被称为"托洛茨基主义者"。他最有影响的著作是 1974 年出版的《劳动与垄断资本——二十世纪中劳动的退化》。该书论述了发达资本主义条件下雇佣劳动与垄断资本关系的性质及其历史发展特征。参见 Harry Braverman, 1974, *Labor and Monopoly Capital: The Degradation of Work in the Twentieth Century*, New York: Monthly Review Press。

② K. C. Kusterer, 1978, *Know-How on the Job: The Important Working Knowledge of Unskilled Workers*, Westview Press; Louise Lamphere, 1979, "Fighting the Piece Rate System: New Dimensions of an Old Struggle in the Apparel Industry", *Case Studies on the Labor Process*, ed. A. Zimbalist, New York: Monthly Review Press, pp. 257–276.

③ 20 世纪初，泰罗创建了一套科学管理的理论体系，被人称为"泰罗制"。他在《科学管理》一书中说过："科学管理如同节省劳动的机器一样，其目的在于提高每一单位劳动的产量。"而提高劳动生产率的目的是增加企业的利润或实现利润最大化的目标。

④ P. Tway, 1974, "Speech Differences of Factory Worker Age Groups", *Paper in Linguistics*, Vol. 7, Iss. 3–4, pp. 479–492; P. Tway, 1976, "Cognitive Processes and Linguistics Forms of Factory Workers", *Semiotica*, Vol. 17, Iss. 1, pp. 13–20

⑤ H. A. Applebaum, 1981, *Royal Blue: The Culture of Construction Workers*, New York: Holt Rinehart & Winston.

⑥ Frederick C. Gamst, 1980, *The Hoghead: An Industrial Ethnology of the Locomotive Engineer*, New York: Holt, Rinehart and Winston.

⑦ H. A. Applebaum, 1984, *Work in Market and Industrial Societies*, NY: SUNY Press.

4. 第四个时期：从工业人类学到组织人类学或工商人类学（1980 年至今）

20 世纪 80 年代以来，随着信息化的发展和亚洲新兴经济体的兴起，人类学逐渐转向对正式组织和复杂组织的研究。80 年代，日本经济的崛起和日资企业在美国取得的成功，使得有关日本经济的商业畅销书销量激增。① 这些书中传递出这样一个概念，经济的成功与文化密不可分。这使得"企业文化"一度成为热门概念，随后"组织文化"（organizational culture）的概念也逐渐兴起。

有人将 1980 年以来的工业人类学，称为"组织人类学"（anthropology of organizations 或 organizational anthropology）②。

1984 年，美国人类学联合会取消了过去禁止人类学者参与非公开研究的规定③，并成立了全国应用人类学联合会（NAPA，全称为 National Association for the Practice of Anthropology）。该团体的部分负责人也都是商业机构的全职人员或者学术顾问。NAPA 出版的期刊第一卷就提倡企业界与人类学界合作（1986）④。此后出版的期刊中又有 4 卷专门探讨工业和商业人类学（1987，1990，1994，2007）。目前，NAPA 依然是一个名称

---

① 当时有四本书十分畅销：《Z 理论》（W. Ouchi 著）和《日本企业的管理艺术》（R. T. Pascale 与 A. Athos 合著）主要是介绍文化在日本商业成功中的角色；《企业文化》（T. E. Deal 与 A. A. Kennedy 合著）和《追求卓越》（T. Peters 与 R. Waterman 合著）指出商业成功源自它们的文化。

② Gerald M. Britan and Ronald Cohen (1980), "Toward an Anthropology of Formal Organizations", *Hierarchy and Society: Anthropological Perspectives on Bureaucracy*, G. M. Britan and R. Cohen (eds.), Philadelphia: Institute for the Study of Human Issues, pp. 9 - 30; Barbara Czarniawska - Joerges (1989), "Preface: Toward an Anthropology of Complex Organizations", *International Studies of Management & Organization*, Vol. 19, No. 3, Anthropology of Complex Organizations, pp. 3 - 15.

③ 1971 年，美国人类学联合会（AAA）制定了《专业职责章程》，指出人类学者"不能向无法公开的赞助机构提交研究报告……［亦］不得与这类机构之间形成有关研究过程、研究成果和最终报告的秘密协议"。这一规定制止了人类学者在工业组织中承担研究或咨询工作的行为。参见 American Anthropological Association ［1971（1986）］, *Statements on Ethics*, http://www.aaanet.org/stmts/ethstmnt.htm。

④ 巴巴（Baba, M. L.）是较早梳理人类学对商业和工业相关研究的学者。参见 Baba, M. L., 1986, *Business and Industrial Anthropology: An Overview*, NAPA Bulletin No. 2。

为 EPIC① 的年度会议的联合赞助单位。

2003 年,安·乔丹(Ann T. Jordan)推出了第一部书名为"工商人类学"的专著。② 之后,安·乔丹 2011 年对沙特的研究,描述了民族国家的政府、跨国经济组织和国际监管机构之间在达成协议、制定规范等过程中形成的复杂适应体系。③ 于是,"工商人类学"(Business anthropology)不但成为大学人类学教学的一门课程,而且也有了自己的专业教材。

5. 小结

美国人类学界对企业的研究,从 1930 年初算起,已经有 80 多年的历史,经历了四个不同发展时期,其名称也有多种:工业人类学、组织人类学、工商人类学等。

二 中国:从探讨农村工业化到创立企业人类学

与美国人类学相比,中国企业人类学的起步并不晚很多,但是,中国学者所探讨的主题与美国的却完全不一样。费孝通先生由于最早探讨对农村工业化问题,可以算是中国企业人类学的祖师爷了。

1. 第一个时期:对农村工业化的调查研究(20 世纪 20—40 年代)

(1) 对农村工业化问题的探讨

由于中国是农业大国,我国企业人类学也起源于对农村工业化的调查研究。

20 世纪 20—30 年代,中国和美国学者对我国农村开展调查研究。为了解决农村人口过多和农民生活贫穷,工业化问题被迫提出来了。比如,李景汉对河北定县的调查研究之后,认为工业化是解决农村人口过密的有效途径之一。④ 梁漱溟在探讨乡村建设时,也提出了由农而工的农村工业

---

① EPIC 的全称是 "Ethnographic Praxis in Industry Conference",意为"工业中的民族志实践"。EPIC 从 2005 年起,每年举行一届会议,有 300 多人参加。比如,2014 年的会议在美国纽约召开。

② Ann T. Jordan, 2003, *Business Anthropology*, Prospect Heights, Illinois: Waveland. 这本书虽然不是很厚(共 138 页),但却是全世界第一部研究这个问题的书。

③ Ann T. Jordan, 2011, *The Making of a Modern Kingdom: Globalization and Change in Saudi Arabia*. Illinois: Waveland Inc.

④ 李景汉:《华北农村人口之结构与问题》,《社会学界》1934 年第 8 卷,第 1—18 页。

化途径。①

相应的，从改良的视角，出现了两个流派：以李景汉为主形成了所谓的"新派"或"定县主义派"②，以梁漱溟为主形成了所谓的"旧派"或"村治派"③。新旧两派都遭到了左翼学者的批评④。批评者都大量引用马克思和列宁的著作，从革命的立场，他们也出现了两个流派"中国农村派"⑤和"中国经济派"⑥。这两派之间也存在论战。

李培林将这四派学者在政治、经济、文化上的复杂取向，进行了简要的归纳总结，以表1-1来表示⑦。

---

① 梁漱溟认为，中国近代工业化与西方是不同的，"西洋近代是由商而工，我们是由农而工；西洋是自由竞争，我们是合作图存"。"从农业引发工业是我们的翻身之路。"参见梁漱溟《梁漱溟全集》（1937）第2卷《乡村建设理论》（其中有一节专门探索"工业化问题"），山东人民出版社1989年版，第508—515页。

② 新派从生产要素的角度提出农村工业化问题，认为在资源短缺、人口过密化、农业人工成本过高、生产效率过低的情况下，要提高农民生活水平，必须走劳动力从农业向工业转移的道路。此派学者多是学院派的。

③ 旧派从传统文化的角度提出了农村工业化问题，认为要基于传统伦理、在合作的基础上，走由农业引发工业的道路。杜绝走商业资本为了赢利的资本主义工业化道路，也不赞成苏联强制集团化的工业化道路。此派学者多是民粹主义者。

④ 吴半农：《论"定县主义"》，千家驹编《中国农村经济论文集》，中华书局1936年版；孙冶方：《为什么批评乡村改良主义工作》，《中国农村》1936年第2卷第5期；千家驹：《中国乡村建设之路何在——评定县评教会的实验运动》，《申报》（月刊）第3卷第10号，1934年。

⑤ "中国农村派"从生产关系以及人与人之间的关系出发，强调必须从改造农村土地关系入手，走通过反帝反封建来发展农村生产力，并与工业相结合的道路。参见钱俊瑞《现阶段中国农村经济研究的任务》，中国农村经济研究会编《中国农村社会性质论战》，新知书店1936年版，第73—88页。

⑥ "中国经济派"从农业生产技术和农村商品经济的发展出发，认为中国已成为世界资本主义的一个乡村，因此，要从全资本主义经济的系统来观察农业与工业的分离、都市与乡村的关系，通过推翻外国资本的支配争取民族经济的自由。参见王宜昌《现阶段的中国农村经济研究》，中国农村经济研究会编《中国农村社会性质论战》，新知书店1936年版，第99—110页。

⑦ 李培林、孙立平等：《20世纪的中国：学术与社会·社会学卷》第五章"乡村工业化的道路与模式"，山东人民出版社2001年版，第184页。

表 1-1　　　　　　　四派学者对农村工业化的不同取向

学派	革命/改良取向	生产力/生产关系取向	中外学说取向	理论/调查取向
新派	改良	生产力	欧美	调查
旧派	改良	生产关系	中国	理论
中国经济派	革命	生产力	苏联	理论
中国农村派	革命	生产关系	苏联	调查

(2) 中国农村工业化的典型研究案例——江村经济

中国社会学和人类学早期的调查和研究，绝大多数是关于农村地区的，而对农村工业化问题涉及较多的，是采用全景式参与观察方法的人类学"社区"调查。费孝通对江苏省吴江县开弦弓村（学名"江村"）的调查，是采用人类学方法调查研究农村工业化的一个典型。①

费孝通在《江村经济》中陈述调查开弦弓村的"理由"时说："开弦弓是中国国内蚕丝业的重要中心之一。因此，可以把这个村子作为在中国工业变迁过程中有代表性的例子；主要变化是工业代替了家庭手工业系统，并从而产生的社会问题。工业化是一个普遍过程，目前仍在我国进行着，世界各地也有这样的变迁。在中国，工业的发展问题更有其实际意义，但至今没有任何人在全面了解农村社会组织的同时，对这个问题进行过深入的研究。"② 在费孝通看来，江村的家庭蚕丝业是一种迫于人多地少压力而内生的发展，工厂工业的下乡则是迫于外来力量的挑战而产生的挽救乡村工业破产的应对。这里所说的"外来势力"既指现代技术的引进，也指西方列强的工业扩张和帝国主义的入侵。他指出："让我再重申一遍，恢复农村企业是根本的措施。中国的传统工业主要是乡村手工业。例如，整个纺织工业本来是农民的职业。目前，中国实际上面临着这种传统工业的迅速衰亡，这完全是由于西方工业扩张的缘故。在发展工业的问题上，中国就同西方列强处于矛盾之中。如何能和平地解决这个矛盾是一

---

① 李培林、孙立平等：《20 世纪的中国：学术与社会·社会学卷》第五章"乡村工业化的道路与模式"，山东人民出版社 2001 年版，第 184—185 页。

② 费孝通：《江村经济：中国农民的生活》（1939），戴可景译，江苏人民出版社 1986 年版，第 18 页。

个问题。我将这个问题留待其他有能力的科学家和政治家去解决。"①

现在,很多学者认为,费孝通的这种人类学社区调查缺乏必要的前提假设。的确,在费孝通到英国学习之前,不是有意识地提出研究假设,而是有意地排斥理论假设。他自己曾谈到,在撰写花篮瑶社会组织时,极力避免理论上的发挥,强调实地调查注重的是事实而不是理论。在江村调查时,也强调调查者不要带理论下乡,最好让自己像一卷照相的底片,由外界事实自动地在上射影。到英国学习之后,感觉到这种方法论上的见解"埋没了很多颇有意义的发现"。在写《江村经济》时感到"没有一贯的理论,不能把所有的事实组织在一个主题之下,这是件无可讳言的缺点"。所以,费孝通自己认为《江村经济》是"从社会调查到社会学调查或社区研究的过渡作品",前者只是对某一人群社会生活的见闻的搜集,后者是依据某一部分事实的考察来验证一套社会学理论或试用的假设。②李培林认为,尽管费孝通后来有意识地采用"社区研究"方法调查和撰写《禄村农田》,但是,仍然没有解决理论逻辑线索与调查资料的叙述是两张皮的问题,这成为影响他深化学术研究的巨大障碍。不过,从《禄村农田》起,他有了村庄发展类型比较的眼光。③

(3) 中国农村手工业的典型研究案例——易村作坊工业

1939年,张之毅调查研究了云南易门县一个手工业比较发达的村庄,学名叫"易村",出版了一本专著《易村手工业》。由于使用了类型比较的观点,张之毅认为,易村的家庭手工业主要是织篾器,而作坊工业主要是纸坊,也就是制作土纸的小工厂。两者虽然同时存在于易村,但性质是不同的:织篾器是一种发生在农闲时用来解决生计困难的工业活动;它不需要固定的工作场所,原料基本自给,劳动工具简单,不需要很大的本钱,主要制造成本是劳力。纸坊需要专门的工作场所、一些设备和一定的资本。只有富户才能开办纸坊,受生计所迫的人家根本没有财力经营纸

---

① 费孝通:《江村经济:中国农民的生活》(1939),戴可景译,江苏人民出版社1986年版,第202页。
② 同上书,第11—12页。
③ 李培林、孙立平等:《20世纪的中国:学术与社会·社会学卷》第五章"乡村工业化的道路与模式",山东人民出版社2001年版,第187—188页。

坊。① 费孝通为《易村手工业》所写的序言，不但为该书进行了理论总结，也成为中国乡村工业社会学和企业人类学的范文。费孝通的这篇序言论述了五个方面：第一，乡村中农业与工业的界限：在传统的农村中，农业与工业没有一条清楚的界限。第二，乡村工业的功能：可以帮助农业养活庞大的农村人口。第三，乡村工业的基本形式是：一种是家庭手工业，可以利用剩余的劳动力；另一种是作坊，可以利用剩余的资本。第四，乡村工业与都市工业的差别：前者是小规模的手工生产，后者是大规模的机器生产。一般的发展规律是从乡村工业发展到都市工业。但是，由于中国乡村发展滞后，受外国工业资本的冲击，中国的乡村工业很难顺利地发展成为都市工业。第五，乡村工业的复兴和前途，在于其技术和组织方面的变迁。

（4）中国农民工群体的研究案例——昆厂劳工

20世纪30—40年代，中国乡村除了出现工业化之后，还出现了大量的劳动力外流，进入小城镇或城市务工经商。针对这类现象，史国衡写了一本《昆厂劳工》②。《昆厂劳工》涉及农民转变为工人过程中几个很有意思的问题：第一，农民向工人转变的模式。尽管有相当一部分工人来源于农民，但是，由农民直接成为工人的只占13.5%；农民出身的工人中有68%的人在进入昆厂之前经历过非农职业（如当兵、商贩、手工业、短工等）。第二，农民向工人的转变，不但是工作方式的变化，也是生活方式的变化，更是乡村文化与都市文化的相互协调过程。第三，工厂的性质。因为这个军需用品工厂是国营的，工人把其视为跟政府衙门一样，总觉得自己跟工厂休戚无关，因此，工厂里存在大量低效率和浪费的现象。

史国衡的这本《昆厂劳工》通过分析工人的社会环境、家庭背景、社会状况、人际关系等，来分析工业化过程中出现的各种问题。它带有浓

---

① 张之毅：《易村手工业》（1943年由重庆商务印书馆出版），费孝通、张之毅《云南三村》，天津人民出版社1990年版，第288—290页。

② 所谓"昆厂"，是一个学术假名，是昆明一个约有500人的国有军需用品制造厂。史国衡于1940年8月25日到11月10日，在这个工厂进行了全景式的社区调查。调查了工人的来源、技工向内地的迁移、内地劳工的蜕化、工人的态度和工作效率、工资、工人的生计、工人的保养（公共食堂、工人宿舍、医务、健康保险和储蓄、工人教育、娱乐与休闲等）、厂风、劳工安定性、劳动的扩充与继替、工厂的管教等。

厚的人际关系学派的色彩。①

2. 第二个时期：对企业调查研究的停滞时期（20世纪50—70年代）

从20世纪50年代到70年代末，这30年时间里社会学人类学对企业的研究都出现了停滞的状况。

3. 第三个时期：对乡镇企业的调查研究（20世纪80—90年代）

（1）小城镇和乡镇企业的类型划分

1983年9月，费孝通在"江苏省小城镇研究讨论会"上发表了著名的"小城镇、大问题"讲话，运用类型比较方法②将吴江的小城镇分成了五种类型③，并指出以20世纪70年代初期为界限，将吴江小城镇的发展分为两个不同时期：70年代初期之前，是其萧条和衰落的时期；70年代初期之后，由于社队工业④的发展，小城镇出现了复兴。70年代初期和中期，苏南社队工业的初创和发展，其外在的原因是"文革"的动乱使城市里的企业无法正常运转，企业干部和技术人员不得不下乡谋生路；内在的原因是苏南农村向来地少人多，需要农工互补，而且这种农工相辅在当地是有历史传统的。

费孝通还运用他最为习惯的类型比较方法，将吴江社队工业划分为三种基本的类型：第一类社队工业，占乡村工业的绝对多数。它们的原料和市场都不在农村，只是利用当地的劳动力，其技术、资金和信息有局限性，发展很不稳定。第二类社队工业，原料来自当地农村，市场也比较可靠，是农副产品的延伸工业。它们虽属于少数，却是最稳定的。第三类社队工业，原料和市场都不在当地农村，由大城市工厂负责提供原料和市场

---

① 费孝通在《昆厂劳工》的"后记"中写道：1943年他去美国哈佛大学，在人际关系学派的领军人物梅奥的帮助下，把《昆厂劳工》翻译成了英文。

② 这个方法是费孝通从20世纪30年代开始从事的社区研究实践中，逐渐摸索出来的一种将经验性分类和定性分析相结合的研究方法。

③ 吴江小城镇的五种类型：第一类为震泽镇，是以农副产品和工业品集散为主要特点的农村经济中心；第二类为盛泽镇，是具有专门化工业的纺织工业中心；第三类为松陵镇，是吴江县政府所在地和当地政治中心；第四类为同里镇，是消费、休闲、度假和游览的文化中心；第五类为平望镇，是地方性交通枢纽的中心。

④ 在中国农村，从1958年成立人民公社到1983年底，出现了大量的乡村集体工业，统称为"社队工业"。从1983年底开始，中央政府一声令下：撤销人民公社，成立乡（镇）政府。国家统计部门从1984年3月起，将"社队工业"改为"乡镇企业"。参见李培林、王春光《新的社会结构生长点：乡镇企业交换论》，山东人民出版社1993年版，第1—12页。

销售，相当于城市大工厂的附属车间，是城市工业的扩散。这类企业为数不多，但比较稳定。①

（2）乡村经济发展模式与农村工商业发展类型

1983年12月，费孝通在《小城镇·再探索》一文中，提出了"区域经济系统"和苏南"发展模式"两个新概念，通常称为"苏南模式"。②很快，"模式"一词不但成为概括农村工商业发展路子的新概念，也成为继"小城镇"之后形成的又一个研究热点，引起了政府和学术界的广泛关注。③

到1985年，温州家庭工业经过几年的快速发展，已创造出令人瞩目的经济奇迹，形成了"乡镇企业看苏南，家庭工业看温州"的局面。一些经济学家将温州农村家庭工业的发展道路，称为"温州模式"。④

之后，1986年初，费孝通在考察了温州之后，以"小商品大市场"来概括"温州模式"，认为"温州模式"的特点是家庭工业加专业市场。"简单地说，苏南模式是从公社制里脱胎出来的集体企业，温州的家庭工业则是个体经济"。⑤

到1991年，费孝通发现自己过去太强调各种模式的"特色"，而忽视了各种模式"共性"的一面。各种模式都有着中国农村工业化的共同特点，只不过各地农村办工厂的启动资金来源不同。比如，苏南工业的启动资金是从公社制度中农民的集体积累，温州模式的启动资金来自个体商

---

① 费孝通：《小城镇·大问题》，《行行重行行：乡镇发展论述》（1983），宁夏人民出版社1992年版，第9—44页。

② 费孝通提出，在苏南地区，城市工业、乡镇企业和农副业三个层次浑然一体，构成一个区域经济大系统，是中国乡村工业化和农村经济发展的新模式。他同时指出，所谓的区域经济系统，是指一定的经济发展模式只适用于一定的经济区域，出了一定的经济范围，就不适用了。参见费孝通《小城镇·大问题》，《行行重行行：乡镇发展论述》（1983），宁夏人民出版社1992年版，第55页。

③ 据不完全统计，在1986—1997年出版的各类调研著作中，以省以下的区域（地市、县、乡、村）冠名的区域发展模式多达31个。参见张敦福《区域发展模式的社会学分析》（博士学位论文，北京大学，1998年），第60—62页。

④ 桑晋泉：《温州三十三万人从事家庭工业》，《解放日报》1985年5月12日。

⑤ 费孝通：《小城镇·大问题》，《行行重行行：乡镇发展论述》（1983），宁夏人民出版社1992年版，第379页。

业和家庭手工业，珠江模式的启动资金来自对外加工经营和前店后厂等。①

(3) 对类型比较方法的反思

类型比较方法发端于20世纪30年代的社区研究，经过不断完善，得到了广泛应用，如出现了小城镇的类型比较、乡村工业的类型比较、区域发展模式的类型比较等，与此同时，也日益显露出其局限性。李培林认为，类型比较方法的局限主要表现在两个方面：第一，这些类型比较都只是对特定地区发展道路的现象概括和描述，不是经过抽象的理想类型（ideal type），不具有超验的解释力，也不是经过还原的原型（prototype），不具有追根溯源的意义。而且由于形成各种类型的影响因素多种多样、判断各种类型的标准也五花八门，如发展程度、所有制、启动资金来源、决策机制等。人们发现，所谓某种类型只是某个方面比较突出而已，各类型之间共同点大于不同点。于是，人们提出，需要一些理想类型来强化其解释力。第二，这些类型比较，都只是一种横截面的或共时性的比较，缺乏纵深面或历时性过程的类型比较和解释力，在学理上也很难对各种从传统到现代的转型理论②进行评判和对话。③

在贝尔的《后工业社会的来临》④一书关于工业化理论的影响下，

---

① 费孝通：《小城镇·大问题》，《行行重行行：乡镇发展论述》(1983)，宁夏人民出版社1992年版，第576—591页。

② 如梅因（H. Maine）关于"身份社会"与"契约社会"的对立，涂尔干（E. Durkheim）关于"机械团结"与"有机团结"的对立，滕尼斯（F. Tonnies）关于"礼俗社会"与"法理社会"的对立，韦伯（M. Weber）关于"前现代社会"与"现代社会"的对立，帕森斯（T. Parsons）关于"特殊价值"与"普遍价值"的对立，雷德菲尔德（R. Redfield）关于"俗民社会"与"都市社会"的对立等。对他们来说，从前者到后者的发展，是一种"结构的转型"。李培林针对传统的二元对立分析框架，提出了"连续谱"的概念。他指出，在我们已经习惯了的那些二元对立之间，事实上都存在着"连续谱"的真实世界，并非完全依赖于理想化的二元对立分析框架（如乡村和都市、传统与现代、私有企业和国有企业等）就可以解释的。参见李培林《巨变：村落的终结》，《中国社会科学》2002年第1期。

③ 李培林、孙立平等：《20世纪的中国：学术与社会·社会学卷》第五章"乡村工业化的道路与模式"，山东人民出版社2001年版，第206页。

④ 美国学者丹尼尔·贝尔（Daniel Bell）的《后工业社会的来临》是一本在国内很有影响的关于社会经济变迁的著作。这本书的分析框架是以代表生产力的"技术"为横轴，以代表生产关系的"财产关系"为纵轴，构成一个十字坐标。在技术横轴上，划分出不同的工业化程度（如前工业的、工业的等），在财产关系纵轴上，划分出不同的集体化程度（转下页）

中国新生代社会学研究者王汉生等人，以农村工业化为背景，用"工业化"程度和"集体化"程度两个交叉指标，在一个十字坐标上，勾勒出4种类型的村落或农村区域，即高集体化和低工业化类型、低集体化和低工业化类型、高工业化和低集体化类型、高工业化和高集体化类型等，它们分别暗指华北、西部、浙江和江苏等农村村落制度和发展的差异。① 另一位社会学研究者王晓毅也提出了一种类似的村落分析类型。他用"权力集中程度"与"商品经济发展水平"两个维度，划分出村落社会分化的4种类型：商品经济发展水平低而权力集中的同质社会、商品经济发展水平高而权力集中的异质社会、商品经济发展水平低而权力分散的同质社会、商品经济发展水平高而权力分散的异质社会等。②

比较王汉生等人和王晓毅两个研究成果，表面上两者很相似，实际上其存在一些差异，后者在前者的基础上做了更深入的探讨。比如，低集体化的村庄，权力集中程度并不一定低，因为权力集中可能与现代的集体制度相联系，也可以和传统的家长制相关联。同样的，商品经济发展水平高的村庄，工业化程度并不一定高，商品经济发展水平可能与现代的工业化相联系，也可能和市场化或传统的集贸市场相关联。③

李培林认为，以两种不同视角的类型划分的交叉，来构成具有理想类型意义的分析框架，比简单的横截面的类型比较，应该说在理论上前进了一步，它引进了历时性的视角，并导入了其他不同的发展解释图式。但

(接上页)（如资本主义的、集体主义的，等等），由此导出4种不同的社会经济变迁的类型：前工业集体主义的（如中国）、前工业资本主义的（如印度尼西亚）、工业集体主义的（如苏联）、工业资本主义的（如美国）。贝尔认为，并不存在唯一的社会变迁解释框架，可以有不同的社会发展模式：如封建的、资本主义的和社会主义的；或者前工业的、工业的和后工业的；或者家长制的、世袭制的和科层制的。参见丹尼尔·贝尔《后工业社会的来临》（1973年英文版），高铦、王宏周、魏章玲译，商务印书馆1984年版，第14—17页。

① 王汉生等：《工业化和社会分化：改革以来中国农村的社会结构变迁》，《农村经济与社会》1990年第4期。
② 王晓毅：《农村社会的分化与整合：权利与经济》，《社会学与社会调查》1991年第2期。
③ 王晓毅的研究可能受到施坚雅（G. W. Skinner）观点的一些影响或启发。施坚雅认为，中国村落与城市和市场的连接程度和方式，是决定村落特质的决定性因素。他用"初始市场""中间市场"和"中心市场"等概念，把表面分割的城乡，联系成统一的"市场结构"。参见 G. W. Skinner, "1964 – 1965, Marketing and Social Structure in Rural China", *Journal of Asian Studies*, 3 parts, 24.1: pp. 3 – 44; 24.2: pp. 195 – 228; 24.3: pp. 363 – 399。

是，这种进步似乎还缺乏深厚的理论基础，依然还是比较注意事实对分析框架的验证，容易忽视分析框架对事实变化的解释力。有一个局限是，至今还没有一个人将数量分析技术引进这个分析框架之中。我们可以设想，如果在每一种解释图式之间，都有足够细致的历时性和共时性数量指标和数据关系，建立起一套连续谱。这将使社会学、人类学关于工业化研究的水平有一个很大的新飞跃。①

4. 第四个时期：学术成果的多元化（1990—2008）

在中国大地上，既有改革开放30多年以来出现的各种类型的企业（如家族企业、少数民族企业、乡镇企业、国有企业、私营企业等），又有各种行业的百年老店和中华老字号（如全聚德、同仁堂），还有改革开放以来出现的各种中外合资企业和外国独资企业（如港资企业、侨资企业、跨国公司等），需要人们进行广泛的、大量的调查和研究。

最近20年（1990—2008）时间里，作为非经济管理类学科（如人类学、民族学、社会学、民俗学、历史学等几门学科）的学者，对上述各种企业做了一些调查和研究，并形成了一大批学术成果：如李培林、王春光②、马戎、刘世定、邱泽奇③等对乡镇企业的调查研究，李培林、张其仔、张翼、杜发春等对国有企业④的调查研究，张厚义、陈光金等对私营企业⑤

---

① 李培林、孙立平等：《20世纪的中国：学术与社会·社会学卷》第五章"乡村工业化的道路与模式"，山东人民出版社2001年版，第208页。

② 李培林、王春光：《新社会结构的生长点：乡镇企业社会交换论》，山东人民出版社1993年版。

③ 马戎、王汉生、刘世定主编：《中国乡镇企业的发展历史与运行机制》，北京大学出版社1994年版；马戎、黄朝翰、王汉生、杨牧主编：《九十年代中国乡镇企业调查》，（香港）牛津大学出版社1994年版；马戎、刘世定、邱泽奇主编：《中国乡镇组织变迁研究》，华夏出版社2000年版；马戎、刘世定、邱泽奇主编：《中国乡镇组织调查》，华夏出版社2000年版；邱泽奇：《城市集体企业个案调查》，天津人民出版社1996年版；邱泽奇：《边区企业的发展历程》，天津人民出版社1996年版。

④ 参见李培林、姜晓星、张其仔《转型中的中国企业》，山东人民出版社1992年版；李培林、张翼《国有企业社会成本分析》，社会科学文献出版社2000年版；张海翔、杜发春《民族地区县级国有企业改革研究》，《中央民族大学学报》1998年第2期。

⑤ 参见张厚义、陈光金主编《走向成熟的中国民营企业家》，经济管理出版社2002年版；张厚义、侯光明、明立志、梁传运主编《中国私营企业发展报告（6）》，社会科学文献出版社2004年版；张厚义、明立志、梁传运主编《中国私营企业发展报告（5）》，社会科学文献出版社2003年版；张厚义、明立志主编《中国私营企业发展报告（4）》，社会科学文献（转下页）

的调查研究，王延中、邱泽奇、庄孔韶、张继焦、刘朝晖对经济组织①、企业组织②、跨国公司③、侨资企业④、家族企业⑤等的理论探讨，董晓萍⑥、刘铁梁⑦等对老字号的思考与调查，任一飞、庄孔韶、杨圣敏、张海洋、良警宇等对北京魏公村少数民族饭馆的调查⑧，等等。总之，在过去的20多年中，中国非经济管理类学科的学者取得了不少的"企业"研究成果，但它们不在"企业人类学"的名下。

5. 第五个时期：企业人类学的学科建设（2008年至今）

改革开放30多年以来，中国人类学和民族学的学者一直在探讨学科建设和学术创新的问题。在经济全球化的时代，的确需要一门新兴的分支

（接上页）出版社2002年版；张厚义、明立志主编《中国私营企业发展报告（3）》，社会科学文献出版社2001年版；张厚义、明立志主编《中国私营企业发展报告（2）》，社会科学文献出版社2000年版；张厚义、明立志主编《中国私营企业发展报告（1）》，社会科学文献出版社1999年版。

① 参见王延中《经济组织与城乡发展》，经济管理出版社1998年版。

② 参见邱泽奇《在工厂化和网络化的背后——组织理论的发展与困境》，《社会学研究》1999年第4期；庄孔韶、李飞《人类学对现代组织及其文化的研究》，《民族研究》2008年第3期。

③ 2003—2004年，笔者曾主持了中国社会科学院内部资助的两个研究跨国公司在中国的本土化的小型课题：一个是关于跨国公司的中国雇员的调研项目（2003年完成结项，研究报告约5万字，已正式发表），另一个是关于跨国公司营销本土化的调研项目（2004年完成研究结项，专著约30万字，尚未正式出版）。

④ 张继焦：《海外华侨对侨乡的侨汇、善举与投资行为：从人类学角度看侨商的寻根经济》，陈志明等编《跨国网络与华南侨乡：文化、认同与社会变迁》，第185—219页，香港中文大学香港亚太研究所研究丛书第68号，2006年；刘朝晖：《超越乡土社会：一个桥乡村落的历史文化与社会结构》，民族出版社2005年版。

⑤ 张继焦：《迁移创业型家族企业：对存在的和生成的社会资本的利用》，《思想战线》2005年第1期；张继焦：《亲缘交往规则与家庭工业》，《中央民族大学学报》1998年第4期；张继焦：《市场化过程中家庭和亲缘网络的资源配置功能——以海南琼海市汉族的家庭商业为例》，《思想战线》1998年第5期。

⑥ 董晓萍等：《现代商业的社会史研究：北京成文厚（1942—1952）》，《北京师范大学学报》2010年第2期；董晓萍：《技术史的民间化——清宫造办处传统手工行业现代传承老字号的田野研究》，《辽宁大学学报》2013年第6期。

⑦ 刘铁梁主编：《中国民俗文化志：北京·宣武区卷》（第三章"繁华市井大栅栏"中有一节专门谈老字号，即第三节"老字号里的生活"），中央编译出版社2006年版。

⑧ 如任一飞、雅森·吾守尔、赵鸣鸣、阿西木、李彬《北京"新疆村"调查》，《城市发展研究》1996年第2期；庄孔韶《北京新疆街食品文化的时空过程》，《社会学研究》2000年第6期；杨圣敏《新疆村的调查与分析》，《中国民族报》2001年9月4日；张海洋、良警宇主编《散杂居民族调查：现状与需求》，中央民族大学出版社2006年版。

学科——企业人类学。从 2008 年开始，在中国人类学领域，"企业"研究成果的学科化或"企业人类学"的学科建设活动，持续开展。2008 年已成为中国企业人类学的元年。

2008 年 5 月，日本企业人类学专家一行三人：中牧弘允教授（日本国立民族学博物馆）、住原则也教授（日本天理大学国际地域文化研究中心）和岩井洋教授（日本关西国际大学）到北京，访问了张继焦、杜发春、张小敏等中国学者。2008 年 7 月 12 日，一个以"企业人类学"为主题的学术会议在北京举行。① 2008 年 8 月 5 日，"企业人类学：中国—加拿大案例比较研究"座谈会在北京举行。② 2008 年 9 月，日本企业人类学专家一行两人：中牧弘允教授和住原则也教授，再次访问了张继焦、杜发春、张小敏等中国学者。2008 年 11 月，张继焦研究员到旧金山参加美国人类学联合会 2008 年会，会上与美国多位企业人类学家（如 M. Baba，A. Jordan，B. Wong，J. A. English – lueck，Ken Errison，T. H. Connolly 等）进行了学术交流。

2009 年，张继焦撰文提出了企业人类学的 12 个研究领域：企业组织、人力资源管理、消费者行为分析③、产品设计、市场营销、广告宣传和沟通策略、企业文化、跨文化管理、国际营销中的跨文化适应、企业的社会责任、企业的地方性和群体性、一个新兴的群体——少数民族企业家等 12 个领域。④ 三年后（2012），张继焦又撰文将企业人类学的研究领域

---

① 会议全称是"企业人类学：实证与应用研究"研讨会。有 20 位学者和研究生参加。一方面，大家共同分享了企业研究的有关成果；另一方面，大家希望一道在中国共同推进企业人类学的理论与方法的发展。参见张继焦《"企业人类学：实证与应用研究"学术座谈会简述》，《民族研究》2008 年第 4 期。

② 参加这个会议的有 15 位学者和研究生。郝时远所长致欢迎辞。在会上发言的有：林小华（加拿大怀尔逊大学工商管理学院国际研究中心主任，教授）、关键（加拿大怀尔逊大学国际移民评估项目主任，博士）、张继焦（中国社会科学院民族所，研究员）、尉建文（中央财经大学，博士）、杨俊（南开大学商学院，博士）等。

③ 1998 年，笔者在撰文探讨中国消费方式与观念的变迁时，曾经提出两个疑问：消费方式全球化可能吗？消费方式的本土化可能吗？（参见张继焦《换一种活法：消费方式与观念的变迁》，刘应杰等《中国社会现象分析：博士十人谈》，中国城市出版社 1998 年版，第 295—441 页。）后来，觉得不过瘾，又撰写了两篇文章，其中一篇谈论城市消费的全球化与本土化之争。（参见张继焦《全球化与本土化之争——以城市消费文化为例》，《中国都市人类学通讯》2000 年第 4 期；张继焦《老百姓，您的日子过得好吗——中国人的消费水平提高了多少》，《市场经济导报》1999 年第 12 期。）

④ 张继焦：《企业人类学的实证与应用研究》，《云南民族大学学报》2009 年第 1 期。

增加到了 15 个：经济社会结构对商业传统的影响、产业转移、企业组织、人力资源管理、消费者行为分析、产品设计、市场营销、广告宣传和沟通策略、企业文化、跨文化管理、国际营销中的跨文化适应、企业的社会责任、企业的地方性和群体性、流动人口与城市就业、民族企业家等 15 个方面。① 同一年（2012），田广、周大鸣两位学者则认为，工商人类学的五个主要研究领域分别是：公司战略、市场营销、企业文化、消费者行为、产品设计和研发、人力资源等。② 这些中国学者的学术努力和推动，大大增强了"企业人类学"在中国的学科建设。

从人类学的角度研究企业，与别的学科有什么不同？我们认为，在市场化和全球化的时代，企业已经成为我们这个社会的重要主体之一，在国内外得到了很多非经济管理类学科诸如人类学、心理学、社会学等的关注和研究。有人认为，企业就是通过工厂中的机械化生产，将原材料转换为半成品或成品。但这种观点忽视了其中的社会特性。③ 工业生产所需的原料、工具、技术、机器或房屋，只有在特定的社会关系中才能运行。人类学认为，工业也包括人事安排和文化系统，二者将个人整合在工业生产的过程之中。工业生产不仅仅是人与物之间的关系，更包含人与人之间的关系。因此，企业人类学的研究范围包括：企业组织的变化与适应过程、企业组织中的群体关系、工厂与社区的关系、符号或象征对群体成员的作用，以及不同民族性格在企业组织中的作用及影响。④

三 日本：从"工商人类学"到"经营人类学"

在日本，村山元英最早提出"工商人类学"（Business Anthropology）这个名词。他在 1989 年出版的《经营的海外转移论：通向经营人类学的道路》一书中，首次提出了"经营人类学"的概念。此后，他又出版了《工商人类学：具有动物性精气的人之说》（1998）、《亚洲经营学：国际经营学/工商人类学的日本原型及进化》（2002）、《工商人类学全球本地

---

① 张继焦、李宇军：《企业人类学：应用研究与案例分析》，黄忠彩、张继焦主编《世界的盛会 丰硕的成果——国际人类学与民族学联合会第十六届大会最新学术成果概述》，知识产权出版社 2012 年版，第 251—288 页。
② 田广、周大鸣主编：《工商人类学》，宁夏人民出版社 2012 年版。
③ 费孝通：《社会学和企业管理》，《社会科学辑刊》1980 年第 6 期。
④ 李亦园：《人类学与现代社会》，台湾水牛出版事业有限公司 1984 年版，第 43 页。

化管理》(2007) 等著作。

与村山的研究视点不同,中牧弘允教授和日置弘一郎教授可以说是真正开创了日本的 "经营人类学" (Anthropology of Administration) 抑或 "企业人类学/公司人类学" (Corporate Anthropology) 的创新性研究,他们俩融合人类学和经营学,从 1993 年开始主持了一系列关于企业文化的共同研究,如 "公司与工薪职工的文化人类学研究" (1993—1994)、"公司文化与企业博物馆的人类学研究" (1996—1997)、"公司文化和公司仪式的人类学研究" (1998—1999)、"关于公司文化全球化的人类学研究" (2001—2002)、"经营文化的日英比较:以宗教与博物馆为中心" (2002—2004)、"公司文化与宗教文化的经营人类学研究" (2004—2005 年)、"关于公司神话的人类学研究" (2005—2007)、"关于产业和文化的经营人类学研究" (2007—2008) 等。

这些共同研究的成果也以 "经营人类学系列丛书" 的形式,由大阪的东方出版社陆续出版面世。如今已经出版的书目有:《经营人类学初始知识:公司与工薪职工》(1997)、《公司葬礼的经营人类学》(1999)、《公司人类学》(2001)、《公司人类学第 2 部》(2003)、《企业博物馆的经营人类学》(2003)、《公司的神与佛:经营与宗教的人类学》(2006)、《公司文化的全球化:经营人类学的考察》(2007) 等。①

日本经营人类学在中国的传播:2001 年,中牧弘允有一篇关于 "经营人类学" 的文章被翻译为中文在中国发表②;2010 年,中牧弘允在《广西民族大学学报》(哲学社会科学版)组织了一个 "经营人类学" 专栏,发表了一组论文③;2011 年,中牧弘允 1992 年在日本出版的一本专著④和住

---

① 吴咏梅:《日本的经营人类学》,《广西民族大学学报》(哲学社会科学版) 2010 年第 5 期。
② [日] 中牧弘允:《经营人类学序说——企业的 "民族志" 和工薪族的 "常民研究"》,曹建南译,《学术界》2001 年第 5 期。
③ 《广西民族大学学报》(哲学社会科学版) 2010 年第 5 期的 "经营人类学" 专栏共刊登了 5 篇论文:吴咏梅的《日本的经营人类学》、[日] 中牧弘允的《日本社缘共同体中的宗教祭祀》、[日] 八卷惠子的《服务创出的礼仪体系——工作的人类文化学研究》、张继焦的《中国的城市移民经济文化类型的形成:民族企业与民族企业家的作用》、[日] 晨晃的《家乐福的企业文化以及在中国的成功》。
④ [日] 中牧弘允:《昔日的大名,今日的会社》,何芳译,王向华监译,北京大学出版社 2011 年版。

原则也等三人编的一本书①，都被翻译为中文在中国出版发行。

从日本经营人类学上述一系列研究及其成果中，我们可以发现，它比较重视研究企业文化与宗教之间的关系，注重用宗教的象征性意义去解释企业的经营行为。近年来，随着经济全球化的进展和文化产业的兴起，日本经营人类学也开始从研究企业经营与宗教的关系过渡到对跨国企业的本地化经营、文化产业的创新中产业与城市的互动等炙手可热的课题。

四　企业人类学：已成为一门世界性的前沿学科

国际人类学与民族学联合会②第十六届世界大会，于 2009 年 7 月 29—30 日在昆明举行。大会期间，由中国、美国、日本、荷兰、加拿大、马来西亚、印度、中国香港等 8 个国家和地区学者联合组织的"第一届企业人类学国际论坛"顺利召开，包括了 10 个专题会议③，参会者有来自 13 个国家和地区的 61 位学者和博士研究生。本次论坛不但标志着"企

---

① ［日］住原则也、三井泉、渡边祐介编：《经营理念——继承与传播的经营人类学研究》，王向华监译，经济管理出版社 2011 年版。

② 国际人类学与民族学联合会是在联合国教科文组织注册的、人类学和民族学界最具影响的世界性组织。英文全称"The International Union of Anthropological and Ethnological Sciences"，英文缩写"IUAES"，中文名称"国际人类学与民族学联合会"。它是国际社会科学理事会（ISSC）的成员之一，也是国际哲学和人文研究理事会（CIPSH）的成员之一，还是国际科学联合会（ICSU）的成员之一。其世界大会每五年召开一届。参见彼特 J. M. 纳斯、张继焦主编《当今国际人类学》，知识产权出版社 2009 年版，第 1—2 页。

③ （1）"企业人类学:回顾与展望"（召集人：美国太平洋文化研究中心主任 Ken C. Erickson 博士）；（2）"全球化时代东亚公司文化比较研究"（召集人：日本国立民族学博物馆中牧弘允教授和香港大学王向华教授）；（3）"美国硅谷高科技企业中的华人"（召集人：旧金山州立大学都市人类学研究中心 Bernard P. Wong 教授）；（4）"企业的社会责任：人类学视野"（召集人：中国社会科学院城市发展和环境研究所环境经济与管理研究室主任李宇军副研究员、华北电力大学工商管理学院刘力玮副教授、中国社会科学院民族学与人类学研究所刘玲博士）；（5）"消费行为和信用研究：人类学在企业发展中的作用"（召集人：荷兰鹿特丹伊拉斯姆斯大学 MEINE PIETER VAN DIJK 教授）；（6）"东南亚和中国的民族企业家"（召集人：马来亚大学祝家丰博士和马来西亚南方学院院长祝家华博士）；（7）"社会资本在亚洲企业中的作用"（召集人：科技部中国科技发展研究中心赵延东研究员和中国社会科学院张继焦研究员）；（8）"少数民族企业家与可持续发展"（召集人：加拿大莱尔森大学 Howard Lin 教授和加拿大里贾那大学 Robert Anderson 教授）；（9）"创新与企业人类学"（召集人：印度加尔各答大学 Sumita Chaudhuri 博士和 Ranjit Karmakar 博士）；（10）"国际移民的民族性及其对接收国劳动力市场的影响"（召集人：德国波鸿大学 Ludger Pries 教授和中国社会科学院张继焦研究员）等。

业人类学"作为一个新兴的人类学分支学科得到国际和中国学界的认可①，而且催生了国际人类学与民族学联合会的第 29 个专业委员会——"企业人类学委员会"②。会后，世界上第一部"企业人类学"著作于 2012 年正式出版③。此后，国际企业人类学圈子总共组织了三次国际会议，出版了两本论文集。④

通过 2009 年国际人类学与民族学联合会第十六届世界大会，企业人类学把工业人类学、组织人类学、工商人类学、经营人类学等不同的名称整合起来，形成了一个人类学的新兴分支学科。2009 年，可称为国际企业人类学的元年。目前，企业人类学已形成了一个有十多个国家 60 多位学者参与的国际学术交流网络。

第二节　企业人类学：应用研究和案例分析

很多人可能会问人类学可以用于企业实证研究与应用研究吗？

在市场化和全球化的时代，企业已经成为我们这个社会的重要主体之

---

① 在美国，企业人类学源于 20 世纪 30 年代的工业人类学，经历了组织人类学、工商人类学等不同阶段；在日本也经历了工商人类学、经营人类学等不同的名称和研究内容；在中国，以费孝通为代表的一批又一批人类学社会学者，从 20 世纪 30 年代起就开始探索农村工业化问题，他们的成果虽然没有冠以工业人类学、工商人类学、组织人类学等之类的名头，但是，都属于这一类研究。

② 该委员会的创办人和首任主席为中国社会科学院民族学与人类学研究所张继焦研究员，秘书长为滨田友子（美国威廉—玛丽学院人类学系教授）。该委员会现有会员为 65 位学者和博士生，来自 16 个国家和地区（美国、中国、德国、荷兰、法国、加拿大、日本、韩国、芬兰、波兰、巴西、泰国、马来西亚、印度、新加坡、中国香港等）。

③ Zhang Jijiao and Voon Phin Keong (eds.), 2011, *Enterprise Anthropology: Applied Research and Case Study*, Beijing: Intellectual Property Publishing House.

④ 从 2010 年到 2012 年三年间，从大阪、香港，到北京，总共组织了三次国际会议：第一届"企业人类学"国际会议，于 2010 年 7 月在日本大阪国立民族学博物馆举行，由中牧弘允教授主持；第二届"企业人类学"国际会议，于 2011 年 7 月 29—31 日在香港大学召开，由中牧弘允教授和王向华教授共同召集；第三届"企业人类学"国际会议，于 2012 年 12 月 15—16 日在中国社会科学院民族学与人类学研究所召开，由张继焦研究员主持。第一届会议和第三届会议分别出版了两本论文集。参见 Hirochika Nakamaki and Mitchell Sedgwick, 2013, Business and Anthropology: A Focus on Scared Space, Japan, Osaka: National Museum of Ethnology, Senri Ethnological Studies 82；张继焦主编《企业和城市发展：并非全是经济的问题》（中、英文合集），知识产权出版社 2013 年版。

一，并得到了很多非经济管理类学科（如人类学、社会学等）的关注和研究。

然而，人类学者自己并不清楚这门学科在消费者行为分析和市场营销学中的地位和作用。事实上，30年前没有人类学家去研究消费问题。1982年，当美国学者理查德·韦尔克（Richard R. Wilk）和埃里克·阿诺德（Eric Arnould）将一篇关于发展中国家消费文化新模式的论文送交《美国人类学家》发表时却吃了闭门羹，理由就是"这不是一个人类学关心的主题"。直到最近几年，关于消费文化的民族志与跨文化研究作为人类学的一个重要研究领域才获得越来越多的认可。人类学是较早研究企业组织的非管理类学科之一（最为著名的是"霍桑实验"）。人类学对消费者行为的研究具有重要的贡献，是企业市场营销的三大基础学科之一（其他两个为社会学和心理学）。

"企业人类学"是一门新兴的分之学科。如今，在美国和日本的大学里，已经有越来越多的教授开设企业人类学课程。施乐、诺基亚、英特尔、通用汽车等跨国公司聘用了人类学专业的人士担任其高级管理人员。

一 知名企业里的人类学调查与研究

长期倡导工业人类学的《人类组织》杂志曾做过统计，1994年在美国大约有500个拥有博士学位的人类学家服务于私人公司或大型企业。比如，施乐、诺基亚、英特尔、通用汽车等跨国公司聘用了人类学专业的人士担任其高级管理人员。又比如，在20世纪90年代初，日产汽车公司通过人类学家认识到，日本人的豪华即简单的观念与美国人的财富尽外现的观点大相径庭，于是据此对自己的汽车进行了重新设计。

Elizabeth Briody 在企业人类学这个日益发展和有影响的领域中是一位先驱者。她获得的是文化人类学博士学位，作为工业人类学家至今已在美国通用汽车工作了十多年。她的体会是：人类学专业人士有助于形成一个组织的文化类型，如企业中人们有哪些合适的和不合适的行为规范，人们又如何学习这些规范并传递给其他人。

施乐公司（Xerox Corporation）让人类学家去协助公司设计一个有效训练服务技术员的训练课程。负责这个计划的人类学家的研究发现，公司有很大比例的服务预约并不是叫员工去修理坏了的机器，而只是要员工示范怎样去操作机器。他亲身的参与观察使施乐公司获益，并重组其对技服务的训练课程，课程中加重了如何指导顾客及与顾客关系这部分的内容和分量。

诺基亚设计的高级远景研究专家 Timo Veikkola[①] 指出，"人类学眼镜"是我们看待周围世界的方法。观察不仅仅是概念形成及趋势分析的一个关键工具，同样这也意味着作为参与者或者观察者的积极参与。当然，这还包括了其他许多如实境调查、参与调查等技术支持。比如，2008年在圣保罗与一组诺基亚的设计师进行一些人类学方面调研活动的时候，我们参加了一个叫作 Samba de Roda 的传统活动。人们坐成一圈（roda）表演，伴奏并演唱桑巴舞。另一组人围在周围组成为观众，同样通过跳舞和鼓掌来参与。从人类学角度来看这是一个非常有趣的活动，因为在演员及观众两组人员本身和之间存在着自发的却在控制之下的互动。随着音乐和歌曲的推进，在所有的参与者中同时形成了一个交流的网络。研究人员在这个探索阶段使用了基本的实地调查技术，即参与调查。这种观察方式可以进一步地与以前的深入的人类学影响相连接，来更好地理解和研究这种行为如何被转化为当今社会媒体和将来的通信概念。

英特尔公司的英特尔体系研究室拥有一个"人与实践"小组（People and Practices Group），其成员为人类学家、心理学家以及设计师等，他们的工作就是听取消费者的意见，并与消费者沟通，以便了解可以应用在家庭中的最新科技，同时也可以明确未来会有哪些需求。Genevieve Bell 博士是一位人类学家，同时也是英特尔数字家庭事业部的用户体验部门总监。该部门团队成员包括社会科学家、设计师、研究人员和行为工程师，专门致力于研究全球各地人们的日常行为，并得出清晰实际的理解。他们就消费者对电视的理解方式进行了调查——调查对象是真正的人，是其家庭和生活的一部分。他们还专门将电视体验的价值作为一种文化对象或文化产物，分别在中国、印度、美国和英国开展了研究。他们到人们家中与其接触，观察电视何时打开、置于家中何处、在哪里获取内容，以及人们如何与电视产生情感联系。他们对人们如何谈论和使用自己的电视很感兴趣。

---

① 他是诺基亚的高级前景研究专家（senior futures specialist），以设计小组为基础，经过人类学的训练，他的工作包括观察人类行为和生活方式，以识别信息和新的趋势。他的观察影响着诺基亚的设计小组。他的工作把他带到世界的各个角落，从欧洲到美国、拉美和亚洲。他拥有加拿大国籍，目前生活在英国伦敦。

近些年，一些著名的大公司越来越多地聘用受过良好训练的人类学专业人士，以便更好地了解自己的员工和消费者，以便更好地设计出反映当下文化潮流的产品。这些公司坚信，人类学的细致观察、敏锐访谈和系统化的资料等调查研究方法，能够回答企业和市场面临的各种问题。这是一些传统的调查研究方法无法做到的。

二 企业人类学的案例分析与实证研究：15个领域[①]

1. 经济社会结构对商业传统的影响

人类学家和社会学家通常采用结构功能论，对整个社会经济结构进行宏观性和整体性的调查研究和观察思考。比如，20世纪80年代，费孝通相继提出了"苏南模式"[②]与"温州模式"[③]，对中国的经济社会结构转型与企业发展进行了新的解释。其后，李培林等人曾研究了国有企业[④]和乡镇企业[⑤]，并提出了"社会结构及其转型"是资源配置的"另一只看不见的手"理论。[⑥]

历史上的"晋商"和"徽商"都消失了，现在出现的新一代商人群

[①] 2009年笔者撰文提出了12个领域，现在增加到了15个领域。参见张继焦《企业人类学的实证与应用研究》，《云南民族大学学报》2009年第1期。

[②] 苏南地区通常被定义为：苏州、无锡、常州三个地级市以及昆山、江阴等九个县级市，在具体的地域范围上包括各城市的市区和农村。20世纪80年代，苏锡常农村依靠紧邻上海等大城市的区位优势和历史传统，通过大力发展乡镇企业，探索出一条非农化途径。1983年底，费孝通教授带领的小城镇调查组到江苏考察。他在《小城镇再探索》一文中总结了这次考察。在该文中费先生第一次提出了"模式"一词和"苏南地区模式"（苏南模式）这一发展模式。1986年，费孝通曾对苏南模式给予肯定：农民创造了离土不离乡，充分利用原有的农村生活设施，进镇从事工商业活动，在当前不失为最经济、最有效的办法。费孝通教授曾对当地一位领导说："你是做'模式'的，我是写'模式'的。"

[③] 费孝通在归纳温州模式时，强调"以商带工"，强调"小商品，大市场"。小商品是指生产规模、技术含量和运输成本都较低的商品。大市场是指温州人在全国建立的市场网络。其基本特征：经济形式家庭化，小商品大都是以家庭为单位进行的；经营方式专业化，有家庭生产过程的工艺分工、产品的门类分工和区域分工；专业生产系列化；生产要素市场化，按市场的供需要求组织生产与流通，资金、技术、劳动力等生产要素，均可自由流动；服务环节社会化。

[④] 李培林、姜晓星、张其仔：《转型中的中国企业：国有企业组织创新论》，山东人民出版社1992年版。

[⑤] 李培林、王春光：《新社会结构的生长点：乡镇企业社会交换论》，山东人民出版社1993年版。

[⑥] 李培林：《另一只看不见的手：社会结构转型》，《中国社会科学》1992年第5期。

落"浙商""粤商""闽商""沪商""京商"等，其母体来自何处？或许一个个"老字号"企业是其主要的母体之一？"老字号"企业如何建立现代企业管理制度？"老字号"企业如何发扬光大世代传承的产品、技艺或服务（国家级和省市级非物质文化遗产）？如何利用具有良好信誉的和相当价值的品牌？如何适应产业结构升级、生产方式转变、社会结构转型、消费方式变化等？企业与政府如何同心协力来谋求中国经济社会的发展？

"老字号"企业承载着鲜明而深厚的中华民族文化底蕴，具有良好信誉的和相当价值的品牌。这些因素可以视为"老字号"企业的核心竞争力，曾经让"老字号"企业长久地活下来了。如今，"老字号"要想长久地存在和发展下去，必须不断地增强自己的市场竞争力。

2. 产业转移

产业转移（Industrial Transfer）是通过生产要素的流动从一个区域转移到另一个区域的经济行为和过程。一般是从劳动密集型产业开始，进而到资本、技术密集型产业；通常主要是从发达地区（国家）向较发达地区（国家），再由较发达地区（国家）向欠发达地区（国家）渐次推进。

自20世纪80年代中国改革开放以来，大致承接了三次国际产业转移浪潮：第一次是20世纪80—90年代，我国抓住国际上以轻纺产品为代表的劳动密集型产业向发展中国家转移的历史机遇，加快了轻纺产业升级换代步伐。第二次是20世纪90年代以来，我国抓住国际产业结构调整和转移的难得机遇，成为国际产业转移的主要目的地，产业转移的重心从原材料工业转向加工工业、从制造业转向高附加值工业、从传统工业转向新兴工业、从制造业转向服务业。第三次是2000年前后，由于加入WTO带来的新机遇，中国抓住新一轮以信息产业为代表的高科技产业生产制造环节大规模向我国转移，长江三角洲、珠江三角洲、环渤海湾、福建沿海地区初步形成了各具特色的信息产业基础。中国不但已成为东亚区域产业循环中梯度转移的主要承接者，而且已成为世界"制造中心"。广东、福建、上海、浙江、江苏、山东等东部沿海省（市）具有产业转移和承接产业转移的双重任务。改革开放之初，东部沿海地区正是在承接国际产业转移中迈上"第一级台阶"。而今，中国开启产业梯度转移第二幕：东部向中西部转移。新一轮的产业转移不仅属于东部沿海，属于中西部地区，也属于整个中国。①

随着产业转移不断推进和高铁网络快速建设，中西部地区将成为下一个 5 年我国经济发展中心。笔者指出，从东部到中西部地区的产业转移，将是中西部地区一次规模巨大的工业化和城市化过程。由东部向中西部的产业转移不是简单的"企业搬家"。对东部企业来说，简单算算（原材料、劳动力等）成本、土地租金账，仍不足以做出搬迁的决策。虽然中西部地区在劳动力、土地、责任资源等要素成本上有先天优势，但也受到配套能力、物流体系、软环境等方面的制约，一旦低廉的要素成本优势被物流成本和交易成本所抵消，就失去了承接产业转移的比较优势。对于中西部地区来说，吸引产业转移，承接产业转移，同样是新课题、新挑战。目前，中西部各地都在各自范围内探索新的办法。②

3. 企业组织

从弗雷德里克·泰罗、亨利·法约尔、马克斯·韦伯创立古典组织理论至今已有 100 年，其间先后有无数的企业家、管理学家、经济学家、心理学家、人类学家以及社会学家为组织理论的发展做出了不可磨灭的贡献。由此，组织理论才得以持续不断地演进。其理论研究演进的路径我们可以粗略地概括为：古典组织理论（古典管理理论 20 世纪 20 年代）→组织行为理论（20 世纪 40 年代）→组织系统理论（社会系统、社会—技术系统、权变—系统，20 世纪 60 年代）→组织交易费用理论（20 世纪 70 年代）→组织文化理论（20 世纪 80 年代）→学习型组织理论（20 世纪 90 年代）。

现代组织理论观点的复杂性也许与其具有歧义性甚至相互对立的两个来源有关：社会学和人类学传统、管理学和经济学传统。在前者中，韦伯的科层制度将组织分为正式组织和非正式组织，并强调正式组织即科层制在提高组织效率中的重要地位；涂尔干在论述非正式分工时也讨论了非正式群体的意义；法约尔也指出，组织中非正式群体也会影响到组织的效率。在后者中，有康芒斯、科斯和熊彼特的影响。

人类学家会关注企业组织里的传说与故事、内在的一套规范、符号和

---

① 张继焦：《产业转移是把双刃剑——〈产业转移对中西部地区的影响 2010 年研究报告〉发布》，《中国社会科学报》2010 年 12 月 7 日。

② 张继焦：《中国东部与中西部之间的产业转移：影响因素分析》，《贵州社会科学》2011 年第 1 期。

行为的期望，以及企业人员所使用的专门术语和词汇。由于企业组织既是分化的又是具社会分层意义的，所以据此可以识别其成员的特定角色和地位。同样，企业组织通过处理与工会、政府、环保团体及顾客之间的关系，可与其他社会体系产生外部的关联。

工厂化时期组织理论的基本假设包括：劳动分工，自身利益，对任务付酬，上级与之相关的组织边界，等级体制，归属感。当网络成为生产组织的基本形式的时候，我们将不得不需要重新思考这些假设。就像从作坊制到工厂化的转变一样，从工厂化到网络化的转变也将带给人类社会一个崭新的世界。如果把机械产业、电子产业看作组织理论重组的两个新起点的话，那么，网络产业也将是组织理论发展的一个新起点[1]。

笔者曾采用结构功能论的基本原理分析工具，深入解剖企业的工作流、组织结构和管理制度、核心竞争力等几个主要的企业管理要素及其相互关系，将每个管理要素分成第一层次（基础层）、第二层次（操作层）、第三层次（中间层）等，并分析它们各自的作用、性质和改进方向等[2]。具体来看，以核心能力为基础的核心竞争力体现了企业的市场竞争力，是企业管理的核心要素，居于价值链管理的中心地位，其中，企业的核心能力和核心竞争力分别类似于人体的头脑和心脏；组织结构和管理制度属于企业的结构性管理要素，是价值链管理的基础和支持体系，类似于人体的骨骼系统；工作流（包括业务流程和信息流）属于企业的功能性管理要素，是价值链管理的运作过程、手段和方式，类似于人体的血液和脉络及其循环系统。[3]

---

[1] 参见张继焦《企业的管理方式与变革方向》，《中国学府世纪大讲堂》，新疆人民出版社2002年版，第95—103页；张继焦《企业管理的组织创新》，《北京工商》2003年第8期；张继焦《电子分销的四大优势》，《互联网周刊》2002年第9期。

[2] 张继焦：《价值链管理：优化业务流程、提升企业综合竞争能力》，中国物价出版社2001年版，第6—9页；张继焦：《内联网，把珍珠串成项链》，《市场与电脑》2001年第9期；张继焦：《企业中的部门划分和职能设计》，《北京工商》2003年第11期。

[3] 此外，2001—2003年，笔者在以结构功能论为基础理论研究企业价值链管理的分析框架下，分别探讨了企业的信息化管理、销售渠道管理、客户信用管理、应收账款管理、品牌管理等几个不同方面，陆续出版了4本著作：张继焦、吕江辉编著《数字化管理：应对挑战，掌控未来》（41万字，中国物价出版社2001年版）；张继焦、葛存山、帅建淮编著《分销链管理：分销渠道的设计、控制和管理创新》（43万字，中国物价出版社2002年版）；张继焦、帅建淮编著《成功的品牌管理》（46万字，中国物价出版社2002年版）；张继焦编著《控制链管理：防范客户风险和应收账款风险》（45万字，中国物价出版社2003年版）。

如今伴随着电子商务时代的到来，许多极富活力的新型企业组织应运而生，它们不仅成为这个时代的主力军，更是构成了传统组织理论的盲区①。由此，拓展传统组织理论以构建电子商务组织理论就是当前学者们正在探讨的热点问题，也是人类学发挥新作用的时候。

4. 企业文化②

自 20 世纪 30 年代以来，人类学家已经在工业和企业领域进行了一系列的研究。这些研究尤其集中于对美国企业文化的探讨。其中，20 世纪 30—40 年代以组织行为研究著称的美国人际关系学派（Human Relations School），留下了很多关于非正式文化模式如何影响企业管理目标的民族志作品（比如，人们在企业的非正式组织里的角色与地位③）。而在较近期的企业文化研究里，人类学家进一步转到探究各种特定的价值形貌与企业能不能达至其所设定的目标之间的关系上来。

关于组织的文化探讨虽然早在 20 世纪 50 年代就已经有人尝试，但是直到 70 年代早期，一些以另类的方式（譬如关于组织社会化过程）涉及文化讨论的论著才获得关注。其中，最引人注目的是谢音的努力。这些研究并不关注文化本身，而是讨论雇员被既有组织文化社会化的过程，以及既有组织文化对组织成员的影响。

按照著名经济学家熊彼特的经济发展理论，企业文化是从事创新的企业家为实现价值增值所做的资源重组的努力，以及在这一努力所规定的企业目的之下，参与企业活动的人及其文化传统的相互作用与融合的过程。一个企业，无论它多么微小、多么原始，或多么巨大、多么复杂，都会渐渐形成领导者以及员工共同遵守的系统的或非系统的企业文化模式。

自 20 世纪 80 年代以来，企业文化越来越受全球企业界和学术界的广泛关注和重视。如今，探讨企业文化存在的问题已经没有多大意义，企业

---

① 参见张继焦《BPR 在我国实施中的八大误区》，《IT 经理世界》2001 年第 6 期；张继焦《将企业流程链起来》，《智囊》2001 年第 10 期；张继焦《组织设计四大病症》，《智囊》2001 年第 11 期。

② 中国人民大学劳动人事学院石伟教授的《组织文化》从文化人类学和管理学的角度出发，全面梳理了组织文化的相关理论，兼具整体性和独特性两方面的特征，经济管理出版社的《企业文化》（第三版）是中国社会科学院研究生院的教材，云南大学出版社的《公司精神》一书也被清华大学等院校采用为相关课程教材。

③ 张继焦：《不可小视的非正式组织》，《北京工商》2003 年第 9 期。

文化对经营效益的影响已为许多学者和企业实践所证明。2005年3月16日国务院国有资产管理委员会正式下发了《关于加强中央企业企业文化建设的指导意见》，明确提出要用三年左右的时间，基本建立起适应世界经济发展趋势和我国社会主义市场经济发展要求，遵循文化发展规律，符合企业发展战略，反映企业特色的企业文化体系，新一轮的"企业文化建设热"正在兴起。最近10年，随着企业文化这一概念的引入，中国便掀起了企业文化建设的浪潮。

5. 人力资源管理

霍桑实验是企业人类学中的一个著名的研究案例。1924—1932年，以提高生产效率为根本目的，一批管理学家在美国芝加哥附近的西方电气公司霍桑工厂进行实验研究。霍桑实验的基本假设是：作业条件的改善有利于作业效率的提高。实验主要是考察作业条件、作息时间和工资形态、劳资对话和车间非正式组织行为与组织效率之间的关系。

霍桑实验结果表明：古典理论中改善作业条件有利于提高生产效率的假设并不成立，照明条件、作息时间与工资形态管理并不直接影响工人的生产效率；而通过改变原来单纯的指挥与监督模式，鼓励职工参与监督与决策，通过解决职工的问题来提高职工情绪，通过诱导非正式组织的活动等，均可提高工作效率。霍桑实验的结果启发了一系列针对古典组织理论的研究，并产生了一系列从组织过程、组织与人的关系等角度入手的成果，如怎样调动人的积极性、非正式组织理论、领导问题、决策问题、个人与组织关系的理论，等等。

在霍桑实验的基础上，该实验的主要领导者梅奥、罗特利斯伯格等提出关于效率与组织中人际关系的理论。这一理论的基本观点是：社会中的个人并不孤立地存在于社会之中，他们总要归属于某一社会组织，一方面寻求收入的来源，另一方面寻求友谊、安定和归属感。换言之，社会中的人不仅仅是经济学家们所设定的"理性人""经济人"，还是有非利益需求的人。人的两重性即物质性与精神性，构成了两种社会组织即正式组织和非正式组织的基础，而在这两类组织中最重要的是人和人之间的非工作关系。①

---

① 袁同凯、陈石、殷鹏：《现代组织研究中的人类学实践与民族志方法》，《民族研究》2013年第5期。

6. 消费者行为分析

最近几年，全球性消费者和跨国市场细分在得到广泛的关注。这个研究方向对于全球化市场营销战略的形成有着重要的意义。

对消费行为的全球化与本土化，笔者有过一些思考。1998年，笔者在撰文探讨中国消费方式与观念的变迁时，曾经提出两个疑问：消费方式全球化可能吗？消费方式的本土化可能吗？[①] 后来，觉得不过瘾，又撰写了两篇文章，其中，一篇谈卡拉OK从日本传到中国都市之后的流行状况[②]，另一篇谈论城市消费的全球化与本土化之争[③]。2003—2004年，笔者曾主持了中国社会科学院内部资助的、两个研究跨国公司在中国的本土化的小型课题：一个是关于跨国公司的中国雇员的调研项目，另一个是关于跨国公司在营销本土化的调研项目。

又比如，我们曾对上海世博会的观众满意度进行调查[④]。为了真实反映老百姓参观世博园的情况，笔者曾组织实施了一个调研课题，在闭园前的最后三天里，对入园的一些观众进行了随机抽样的问卷调查。调查结果显示，参观上海世博园的观众满意度高达97%，其中，表示"非常满意"的占14%，表示"比较满意"的占62%，表示"基本满意"的占21%。调查还显示，观众们普遍对"小白菜"——园区内大学生志愿者的工作给予高度的认可，其观众满意度高达98%，其中，20%的观众对志愿者表示"非常满意"，76%的观众对志愿者表示"比较满意"，2%的观众对志愿者表示"基本满意"。当调查组人员面对面地询问观众："参观了各

---

① 张继焦：《换一种活法：消费方式与观念的变迁》，刘应杰等《中国社会现象分析：博士十人谈》，中国城市出版社1998年版，第295—441页。

② 张继焦：《从流行文化到大众文化——都市中的卡拉OK现象》，《民俗研究》1997年第2期。

③ 张继焦：《全球化与本土化之争——以城市消费文化为例》，《中国都市人类学通讯》2000年第4期；张继焦：《老百姓，您的日子过得好吗——中国人的消费水平提高了多少》，《市场经济导报》1999年第12期。

④ 此为笔者参与的日本学者中牧弘允教授主持的"上海世博会调研项目"的成果之一。笔者是参与该研究课题的两位中方学者之一。笔者清楚地记得，2008年5月8日，中牧弘允教授第一次跟笔者在北京见面时曾说，在一定意义上，奥运会体现了国家之间的竞争，世博会体现了企业之间的竞争。同时，他也征求我参加"上海世博会"研究意向。笔者当场欣然接受了他的邀请。待本研究课题立项之后，笔者跟中牧弘允教授在上海世博会做了两次调研，共11天：第一次在世博会开始一个月之后，于2010年6月11—20日做了8天的实地调查，第二次在世博会即将结束的最后3天，于2010年9月28—30日做了3天的实地调查。

国场馆之后,您觉得,在世界上中国的发展处于什么水平?"87%的观众认为,中国的发展在世界上处于中等或中上水平。其中,53%的观众认为,中国的发展处于"中等水平";34%的观众认为,中国的发展处于"较高水平";只有10%的观众认为,中国的发展处于"很高水平"。调查还反映出,大多数的观众对世博园的场馆建设、公共设施等比较或非常满意。比如,接受调查的大多数观众表示,到达园区的地铁、出租车、巴士等公共交通很便利或较便利;入场门的设置很合适或较合适;场馆的分布很合理或较合理;问询处、公厕、餐厅、应急医疗站等配套设施很方便或较方便;路标、指示牌等很好用或较好用;休息场地、文化广场等的设置也很合理或较合理。笔者认为,上海世博会虽然结束了,但是,这届世博会所主张的绿色城市与可持续发展等理念,将像种子一样,种在中国从中央到地方的各级政府里面,种在中国各个行业的企业中间,种在中国老百姓的心里面和行动之中。与此同时,这颗种子也将从上海传播到世界各地。我们在未来的研究中将继续关注后世博时代上海发展的新动向。

7. 产品设计

诺基亚每年花费大笔资金进行人类学的研究——研究全世界的人们:他们的行为方式、如何交流、与他人如何互动以及与其他密切相关的事情。建立和维护手机与人的关系,符合一些看似不经意的生活习惯,或许就是产品受欢迎的主要原因。

诺基亚对于人类学的研究差不多和手机产业一同起步,并且已经形成了自己的一套理念:着重未来3—15年的发展趋势,了解今天的人类行为动机,探询新流行趋势的早期信号,并将这些知识与对科技发展的理解结合起来,有机地融进诺基亚长远的整体设计战略。

诺基亚的人类学调查极其庞杂,比如跟随使用者到办公室或者家里,实际看到手机的使用情景。东京银座街头追求时髦的年轻人将翻盖手机如同夹子一般插在裤带上,则可能会提醒他们手机的外壳有必要注意时尚;而在韩国,当地人对于细菌的极度畏惧使很多手机商店专门备有消毒剂和喷雾剂来保持手机的清洁,这也可能提醒他们谨慎选择手机的材质。

如果把这些看成手机设计的前奏,最恰当的称谓莫过于"搜集设计基因"。看似零散的一个个案例汇集成诺基亚庞大的数据库,为手机设计提供坚实的参考依据,最终由外至内实践并应验着"科技以人为本"的标语,诺基亚优秀的人机交互系统可能正是在这样一次次的用户接触中得到提升。

产品设计的人类学研究与消费习惯的研究并不一样,消费者研究主要了解产品是否适合最终用户、需要做出哪些改进,而人类行为的研究则更多地是为了公司的发展方向,关于公司应该做哪些更具前景的业务,以此来决定应该设计什么,或者不设计什么。

8. 市场营销

人类学调查虽然常常会比传统的目标消费群的调查费用高,但仍有许多公司纷纷重金聘请人类学家来观察、分析,为他们的营销提供更切入人性的依据。原因在于,随着产品不断成熟以及产品质量差异的日渐消失,推销商急于打入敏感领域,以求获得优势①。这种近距离办法也可以帮助推销商发现,不同民族、不同地区的人对他们的产品的想法有何不同。接近和认识消费者很有必要。而人类学就是联系、接近消费者的纽带。

比如,笔者2011年9月在大阪举行的"东亚人类学"国际会议上,曾经提交一篇论文,探讨"老字号"企业是如何借助上海世博会这件中国的和世界的盛大典礼,通过企业自己的发展周期仪式,开展全球性的营销活动,来获得新的发展机会。②

又比如,2006年,全球手机销量已经达到10亿部,其中诺基亚所占有的市场份额高达35%。事实上,全球化运作已经成为诺基亚的一个主要策略:公司38%的市场在欧洲,33%的市场在亚太地区(包括中国),16%在美洲,13%在非洲和中东地区。诺基亚2006年在全球范围内抽取77000名消费者做了一项调查,以便更好地理解用户的需求、态度、观念以及生活方式,满足用户多元化的需求。结果表明,它所面对的消费者可以分为12大群体,每个群体都有着各自不同的需要。对于某些消费者来说,他们在购买移动通信设备的时候会更加注重时尚感和外形;而对于另外一些消费者来说,他们更加看重科技感和功能性。所以如果想要把市场份额增加到40%,诺基亚就必须推出更加多元化的产品,以便更好地满足不同类型消费者的需求。面对新兴市场,诺基亚也采取了与成熟市场有所不同的策略。由于新兴市场的消费者们通常比较关心价格,所以在为这

---

① 张继焦:《好产品需要好渠道》,《经济管理》2001年第15期。
② 笔者提交给"东亚人类学"国际会议(2011年9月,日本国立民族学博物馆主办)的一篇论文——《上海世博会:"老字号"企业的盛典性"事件营销"——以上海杏花楼为例》。

种市场制造产品时需要在设计和制造的各个环节下更多功夫。设计和制造一个价值 500 欧元的手机并不难,但要想制造一个五六十欧元的手机,而且要保证同样的质量水平的话,就不是一件容易的事了。对于许多新兴市场的消费者来说,他们购买手机就像是成熟市场的人们购买一辆汽车那样谨慎,所以诺基亚必须保证同样的质量和服务水平。

9. 广告宣传和沟通策略

伴随着中国的改革开放和市场化进程,跨国公司进入中国市场一般都经历了由机会试探阶段,到战略投资阶段,再到市场主导阶段,即由"鲶鱼"到"领头羊"的投资发展历程。

在国际营销战略中,一般讨论全球标准化、完全本土化,以及折中的"全球策略、本土执行"。但在营销传播上,还存在着第四种可能——"全球观感,本土策略"的方式,这与"全球策略、本土执行"有所不同。两者合并,可以理解为"全球兼顾当地",如同其他国家一样,这是中国市场上的主流传播策略。目前的趋势转向"更彻底的中国本土化"。如在法国以高贵奢华为口号的人头马 XO,进入中国后将广告口号改为"人头马一开,好事自然来",迎合了源于中国吉祥文化的普通的讨彩心理。跨国公司的全球广告使用世界统一的标准化口号,在中国市场上,这些广告词直接翻译自英语原文,却很有中国的味道。如飞利浦的"让我们做得更好",戴·比尔斯的"钻石恒久远,一颗永留传",麦氏咖啡的"滴滴香浓,意犹未尽"、苹果电脑的"不同凡'想'"、IBM 的"四海一家的解决之道"等。

所谓"更彻底的中国本土化"广告宣传和沟通策略,表现为两大类做法。

一类做法是采用信息作用于消费者内部个体因素的深度沟通。比如,从跨国公司营销中国一开始,其广告策略就以受众的"生活形态和价值观"作为沟通基点。代表性的开创之作是"雀巢咖啡"(1981 年),以咖啡象征"味道好"的西方生活方式,唤起刚开放时代中国青年的向往。又如,飘柔从"柔顺发质"到"就是这样自信",海飞丝从"去头皮屑"到"让人亲近多一些",潘婷从"拥有健康,当然亮泽"到"爱上你的秀发",等等,都是在推销其"独特的销售主张"。

另一类做法是外部影响方式——寻找中国文化元素(Chinese Element)和符号作为沟通载体,赢得中国消费者的亲近感。比如,M&M 巧克力进入中国时，广告模特全换成中国小孩；万宝路广告进入中国后，也大量选取了长城、腰鼓、红缎带等象征中国文化的符号。但所要表达的主题却未受影响。

越来越多的跨国公司认识到，中国政治上是"一国两制"，而在商业上则应该关注"一国多市"，以便大踏步地实现中国本土化进程。

10. 本地化适应

比如，跨国公司在中国的发展经历的五个阶段①。

第一阶段，20世纪80年代的产品销售阶段。跨国公司在华的主要工作是销售产品，在国内招聘的人员多为勤务人员。

第二阶段，20世纪90年代初期的组装阶段。中国政府"以市场换技术"的政策使跨国企业开始在国内成立合资企业，进行大散件组装和零部件组装，这时具有专业素质的技术人员和行业专家开始进入跨国公司，受访者本人也是这时进入爱立信中国的。

第三阶段，20世纪90年代中期的本地化阶段。这时，国内的一些企业已经成长起来，在产品、技术方面开始与跨国公司直接竞争，为降低成本，跨国公司开始做本地化工作，使原在跨国企业工作的一些本地人才开始有向管理工作转移的机会。此阶段，受访者在爱立信得到更大的发展机会则是最好的证明。

第四阶段，集成阶段。2000年，面对国内本地公司的联盟，跨国公司不得不把其R&D的一部分放在国内来做，开始了从R&D到生产到市场到销售到服务的集成（Integration）阶段，开始要求更多的本地人才进入最高管理决策层。

从2005年开始进入第五阶段——"亚洲化"，其最主要特征是产品的流向发生了改变。在此之前产品基本上是"输入型"的，由全球各地的跨国公司生产的各种产品在中国这个大市场上进行销售。而从这个阶段开始，产品将变化成"输出型"的，在中国生产制造的各种产品走出国门，首先销往亚洲各国。在这个阶段，跨国公司的人才也出现了新的流动方向：一是向日益崛起和成熟的民营企业回流；二是随着中国服务市场的开放，将会有相当一批高级管理人员流向刚刚进入或即将进入国内的跨国服务性企业。

---

① 张继焦：《跨国公司人才走向本土化》，《北京工商》2003年第12期。

11. 跨文化管理

跨文化管理，是指与企业有关的不同文化群体在交互作用过程中出现矛盾和冲突时，在企业管理的各个职能方面加入对应文化整合措施，有效地解决这种矛盾和冲突，从而高效地实现企业管理。

对跨文化管理的研究是20世纪70年代后期在美国逐步兴起的。在跨文化管理产生以前，关于文化及文化的差异性和相似性的研究仅仅是人类学家的事，企业家很少注重文化的研究。尽管人们已经认识到文化环境与公司的决策有关，但在国内的经营环境中，很少有企业把它作为一个主要的因素加以考虑。然而，不断增长的全球经济一体化趋势，使人们对文化与管理的关系及其重要性的认识不断加深，某种意义上，对文化差异的管理成为影响跨区域公司成败的关键因素之一。

20世纪80年代晚期，日本经济学家在《哈佛商业评论》发表的文章中提到"全球本土化"（Glocalization，由Globalization和Localization组合而成），据说全球本土化一词来源于日语的"dochakuka"，源自日本在海外提供的产品或服务与当地文化相结合时取得的成功经验。全球本土化不仅是一种营销策略，也是一种全球经济日益全球化和一体化背景下出现的一种新的理论和思潮。英国社会学家罗兰·罗伯森（Roland Robertson）认为，"全球本土化"意味着普遍化与特殊化趋势的融合，两者共同起着作用，他描述了本土条件对全球化的反馈作用[1]。90年代晚期以来，在加拿大社会学家凯思·汉惠顿（Keith Hampton）和巴利·维尔曼（Barry Wellman）[2] 推动下，"全球本土化"一词获得了学术界更多的认可。日本国立民族学博物馆韩敏主持了一个从全球本土化角度分析中国社会文化变迁的研究课题（2008—2011）[3]。

戴维·A. 利克斯（David A. Ricks）认为："大凡跨国公司大的失败，

---

[1] Roland Robertson, 1995, *Glocalization: Time - space and Homogeneity - heterogeneity*, Sage Publications Ltd.

[2] Barry Wellman and Keith Hampton, 1999, "Living Networked On and Off line", in *Contemporary Sociology*, 28, 6 (Nov.): 648 - 54.

[3] Han Min's on - going project "Sociocultural Reconstruction in China: Perspectives on Glocalization (2008 - 2011)", Osaka: Japan National Museum.

几乎都是仅仅因为忽视了文化差异——基本的或微妙的理解所招致的结果。"① 在一个这样的企业中，处于不同文化背景的各方经理人员由于不同的价值观念、思维方式、习惯作风等的差异，对企业经营的一些基本问题上往往会产生不同的态度②。如经营目标、市场选择、原材料的选用、管理方式、处事作风、作业安排及对作业重要性的认识、变革要求等，从而给企业的全面经营隐藏下危机。

据加拿大学者的研究，并购企业的失败率为30%—40%，导致失败的原因很多，其中一个重要原因就是没有处理好跨文化的冲突与融合问题。可以说，解决地域文化冲突是跨地域经营企业必须面对的一个十分重要的课题。

跨文化管理的基本处理模式主要有凌越模式、折中模式、融合模式、移植模式等，不同处理模式可能造成的结果不同，对企业绩效产生的影响也截然不同。

12. 企业的社会责任

"企业社会责任"概念最早由西方发达国家提出，近些年来这一思想广为流行，连《财富》和《福布斯》这样的商业杂志在企业排名评比时都加上了"社会责任"标准，可见西方社会对企业社会责任的重视。联合国也是推动企业发挥社会责任的重要机构。联合国原秘书长安南上台后，工作重点发生了较大的变化，安南向国际商界领袖提出了挑战，那就是呼吁企业约束自己自私的谋利行为，并担负起更多的社会责任。

1999年1月，在瑞士达沃斯世界经济论坛上，联合国秘书长安南提出了"全球协议"，并于2000年7月在联合国总部正式启动。该协议号召公司遵守在人权、劳工标准和环境方面的九项基本原则，其内容是：（1）企业应支持并尊重国际公认的各项人权；（2）绝不参与任何漠视和践踏人权的行为；（3）企业应支持结社自由，承认劳资双方就工资等问题谈判的权力；（4）消除各种形式的强制性劳动；（5）有效禁止童工；（6）杜绝任何在用工和行业方面的歧视行为；（7）企业应对环境挑战未雨绸缪；（8）主动增加对环保所承担的责任；（9）鼓励无害环境科技的

---

① Ricks, David A., 2006, Blunders in International Business (4th edition), St. Louis, Missouri: Blackuell Publishing. p. 3.

② 张继焦:《中国跨国公司：既是职场，又是学校》,《科技智囊》2006年第4期。

发展与推广。

分析这九项原则，从企业内部看，就是要保障员工的尊严和福利待遇；从外部看，就是要发挥企业在社会环境中的良好作用。总起来说，企业的社会责任可分为经济责任、文化责任、教育责任、环境责任等几方面。

中国一位知名企业家 2009 年 5 月曾在《公益时报》上发表了一篇题为《企业公民的责任边界》的文章。他在文章的开篇就指出：企业社会责任的范围强调的关键词第一是"直接"，第二是"利益相关者"，如果企业社会责任的范围定位在非直接利益相关者，或者直接非利益相关者，那么企业公民的边界就会被无限扩大，以至于大到企业自身无所适从。对此，笔者曾撰文指出，企业家不但要看清楚企业公民的主要责任边界，也要看清楚其次要边界，并分清楚不同类型和性质的责任存在着不同的边界差别。在企业的发展过程中，社会首先强调的是第一圈（内圈）企业自身已有的权利和必尽的责任，接着是第二圈（中间圈）企业对外应有的权利和应尽的责任，最后考虑的才是第三圈（外圈）企业对外自愿额外承担的社会责任[①]。

中国企业的发展正处在一个急功近利的历史阶段。如何摆正企业与社会的关系，如何发挥企业的社会责任，企业到底应该肩负起哪些社会责任，中国社会对这些问题还茫然无知。从国际经验看，企业社会责任的提出，主要是为了解决资本与公众的矛盾问题，是为了解决企业与消费者的矛盾。没有正确的理念，资本就会过度地偏向少数人。例如，企业如果搞假冒伪劣，就会不正当地攫取消费者的利益，如果生产优质产品，不欺骗顾客，就要减少利润。如果要搞清洁生产、减少污染、保护环境，就更要减少利润。这是一对矛盾，一个社会如果没有清晰的商业伦理和经营理念，便可能陷入自私自利、互相诈骗的泥沼之中。因此，今天在中国掀起一场企业社会责任的大讨论是十分必要的。

近年来，企业社会责任已成为主流媒体、企业界、学界和政府等热议的话题。人们通常关注的是企业到底承担了多少社会责任，却很少有人探究企业发展与承担社会责任之间的关系。任何企业在市场上都要参与竞

---

① 张继焦：《"三个圈"模型厘清社会责任边界》，《WTO 经济导刊》2009 年第 12 期。

争,才能生存和发展。那么,企业承担社会责任①与其自身的发展有何关系? 从"三个中心圈"②"金字塔"模型③和"利益相关者"理论④等,我们从总体上清楚了企业应承担什么样的社会责任。但是,对于如何具体地分析不同企业所应承担的社会责任与其自身发展的关系,我们还需要进行深入的探析。为此,笔者曾撰文从企业的价值链、利益相关者、社会责任、竞争优势等之间的关系,比较深入地分析了处于不同发展阶段(纵向)和处于不同行业(横向)的企业,其社会责任与其自身发展之间的密切关系⑤。

13. 企业的地方性、群体性和民族性

人类学对地方性、群体性和民族性之类的文化有着丰富的知识,可以比较好地调查和研究这些带有区域或群体特点的企业⑥。比如,在中国,

---

① "企业社会责任"(Corporate Social Responsibility)这一术语最早是由英国人奥列弗·谢尔顿(Oliver Sheldon)在1924年提出的。参见 Sheldon, O., "The Social Responsibility of Management", in *The Philosophy of Management*. London: Sir Isaac Pitman and Sons Ltd, 1924。但是,真正开始关于"企业社会责任"问题讨论的时间是1953年霍华德·博文(Howard Bowen)发表了他的《商人的社会责任》一书之后。参见 Bowen, Howard, *Social Responsibilities of the Businessman*. New York: Harper and Row, 1953。

② 1971年,美国经济发展委员会(这是美国主要企业领导人的传统组织)发表了一份《工商企业的社会责任报告》。该报告指出:一个企业有三层不同的责任,可以用三个不同的中心圈表示。

③ 1979年,美国学者卡罗尔(Archie B. Carroll)已经对企业社会责任进行了概括。参见 Carroll, Archie B., "A Three–dimensional Conceptual Model of Corporate Social Performance", in *Academy of Management Review*, Vol. 4, No. 4, 1979, pp. 497–505。到1991年,卡罗尔进一步形成了企业社会责任的四个类别:经济责任、法律责任、伦理责任和自觉责任,并形成一个"金字塔"模型,即从底部是经济责任,然后是法律责任、伦理责任,最高处是自觉责任的排列。参见 Carroll, Archie B., "The Pyramid of Corporate Social Responsibility: Toward the Moral Management of Organizational Stakeholders", in *Business Horizons* (July–August, 1991), p. 42。

④ 1963年,斯坦福研究所(Stanford Institute)首次提出了"利益相关者"(Stakeholder)的概念,受到学术界的关注。在弗里曼、布莱尔、多纳德逊、米切尔等学者的努力下,利益相关者理论的分析框架、核心理念和研究方法逐渐明晰,并明确指出"企业对界定清晰的利益相关者负有社会责任"。

⑤ 李宇军、张继焦:《从价值链角度看企业发展与承担社会责任的关系》,《思想战线》2011年第3期。

⑥ 张继焦:《企业人类学关于"成功"的案例分析——对马来西亚28位华商和经理人的访谈及其分析》,《学术探索》2009年第4期。

少数民族企业之所以应运而生,就是因为其商品适合少数民族传统的消费心理和特征,以及独具特色的少数民族消费品市场的需求。在中国的一些城市,出现了一些地方性的商帮。比如,"晋商""徽商""潮商"是势力最大、影响最远的三大商帮,它们在明代、清代两个王朝曾经活跃了几百年。

有人说:"古有晋商、徽商,现有浙商"。浙江①是中国民营经济最发达的省份。浙商是一个特定区域民营工商业者的人群概念,是当代中国人数最多、分布最广、实力最强的一个投资者、经营者群体②。浙江省个体私营经济注册资本、经济总产值、销售总额、社会消费品零售额、出口创汇额及贸易顺差、上市公司户数等指标均居全国首位。浙商在省外全国各地投资创业的人数近500万人,这个数字也是当之无愧的全国第一。历年的《福布斯》和胡润推出的中国内地富豪榜,浙江籍富豪人数均居第一。全国工商联发布的"中国民营企业500强"排序,浙江更是遥遥领先,近年上榜数稳定在200家以上,一省独占四成多。

浙江人生来就是商人,这与他们所处的地理位置有很大关系。一方水土造就一方人,浙商,勤于思,善于言,更敏于行,是浙江一大财富。由于本省市场、资源有限,改革开放的大门刚打开,浙江人就率先投入市场经济大潮。③ 目前,浙江已成为中国最大的内资(主要是民间资金)输出省份,浙商也成为中国最大的民营经济投资创业主体。以至于有人说,一向被称为"鱼米之乡、文物之邦"的浙江,现在应该再加一个"老板故乡"的新头衔。

改革开放之初,浙江大地涌现出一大批个体经营企业,创造了"温州模式""台州现象""宁波经验""义乌指数"等。在温州市,一个总人口780万的城市,却有24万家个体工商户、13万家民营企业,民企占全市企业总量的99.5%,还有200多万人走出温州,在国内外创业。有人曾评价说,温州吃"改革饭"长大,走"创新路"起家。温州的发展,

---

① 浙江省是人均资源综合指数居全国倒数第三的"资源小省",但 GDP 总量已连续9年稳居全国第四位;人均 GDP 高出全国平均数近一倍,名列全国各省、区第一;农民人均收入连续20年居全国各省区第一位;城镇居民年人均可支配收入也已超过北京,仅次于上海居全国第二位,在各省区中排名榜首。

② 杨轶清:《浙商制造(草根版 MBA)》,浙江人民出版社2003年版。

③ 杨宏建:《浙商是怎样练成的》,北京工业大学出版社2006年版。

核心问题是富民，本质特征是市场经济，表现形式是民营经济，推动力量是全民创业。全民创业，让这块土地上涌现出一大批"胆大包天""胆大包地""胆大包海""胆大包江""胆大包市"的典型。"中国鞋都""中国电器之都"等32个国字号桂冠花落温州。在台州，一个浙江历史上的落后地区，自从创造出"民营主导+政府推动"的"台州现象"，民营大型企业和股份合作制企业的发展得到激励，今天，台州已成为我国重要的制造业基地，以吉利汽车为代表的民企成为耀眼的明星。宁波，不仅有全国第二大港北仑港，更有雅戈尔、奥克斯等一大批名牌民营企业。义乌的小商品市场，雪球越滚越大，已形成了引领全国小商品价格的"义乌指数"，发展成国际上很有影响力的小商品市场。杭州萧山市（今萧山区），通过发展民营企业成为全国十强县。以往印象中只是历史文化名城的绍兴，如今也成为民营经济发展重镇，全国500强民企阵营中，绍兴占了51席。绍兴传统的"三大缸"——酒缸、酱缸、染缸，即绍兴酒、酱菜和印染业，在新时期"酿"出一大批产业。以纺织业为例，绍兴领带产量占全国的88%，世界的35%；年产袜子120亿双，全世界人均两双；整个纺织品贸易总量超过1000亿元人民币。

改革开放以来，20世纪后期的20年，浙商主要从事"商品输出"[①]，即把在浙江当地生产的低成本商品大量销往全国各地，也包括海外，浙江百万营销员走遍全国每一个城市推销浙江商品，进而在全国冒出了许多"浙江村""温州城""义乌街"。[②] 正是这样一批浙商走南闯北，构成中国最庞大的"游商部落"。作为中国民营经济的领跑者，浙江人敢闯敢试，敢为天下先，敢于"无中生有"，正是这样的性格使浙江人与全国第一批个体工商户、第一批私营企业、第一批专业市场、第一座中国农民城、第一个股份合作制企业等诸多"第一"联系在一起。浙商的创业欲望和创业能力，就是一种资源和竞争力。比如雅戈尔，30年前，李如成靠2万元起家，到2008年做出一个拥有3万余名员工、净资产196亿元的大集团。李如成说，雅戈尔从不在自留地里打转转儿，起步即选择和上海合作，引进技术、管理；随后寻求外资，引进国际化经营理念；2000

---

① 有人称浙商"把市场搬到家门口，把货卖到全世界"。
② 张仁寿、杨轶清：《浙商：成长背景、群体特征及其未来走向》，《商业经济与管理》2006年第6期。也有人说浙商"吃别人吃不了的苦，想别人不敢想的事，就能赚别人赚不到的钱"。

年后，雅戈尔花费上亿元购买两个美国品牌，借船出海，走向国际市场。德力西集团董事局主席胡成中曾经这样总结浙商精神："饥渴"理论、"四千"精神和"两板"作风。"四千"精神和"两板"作风已经广为人知（"四千"即千方百计、千辛万苦、千言万语、千山万水，"两板"即白天当老板、晚上睡地板），而所谓"饥渴"理论，即因为浙江人多地少，大部分农民洗脚上岸，"有饭吃饭，有水喝水，只要能填饱肚子就行"。他认为这其实是浙江人的一切从实际出发的精神。浙江人实际上是逼出来的，闯出来的，苦出来的。穷的人不开心，闲的人不自在，大家个个都想创业。①

浙商是中国改革开放以来率先兴起的百姓商人或草根商人，是当今世界之中国第一民商。② 浙商被称为"民本经济"，浙商的创业模式非常独特，集中体现了"以小搏大"的经商特色。③ 他们善于捕获商机，敢于冒险，要面子但又不怕碰壁，走出家乡，遍布全国及海外。他们天生有个经商的聪明脑袋，被称为"中国的犹太人"。

浙商大多出身寒微，从"草根"成长起来。凭着"白天当老板，晚上睡地板"的吃苦耐劳精神。一批又一批的浙江商人在全国各地努力创业，在为各地经济的发展做出巨大贡献的同时，也实现了他们的创业梦想。"草根"大概浙商群体是最形象的标志。1995年浙江省工商联主持的调查显示：出生地为"乡镇"及"村"的占了84.8%，出生地为"中等城市"和"大城市"，相当于地级市和省城的仅有不足5%，也就是说农民出身的占了绝大多数④。以2003年首届风云浙商评选的10位资深贡献奖为例，大多数知名浙商的创业起点都很低：冯根生、沈爱琴、宗庆后、邱继宝、施继兴、南存辉、徐文荣、徐冠巨、鲁冠球、楼忠福10位当选人，属于浙商群体中创业最早资历最深影响最大的一批。这10位资深浙

---

① 胡宏伟：《中国模范生》，浙江人民出版社2008年版。
② 吕福新等：《浙商论——当今世界之中国第一民商》，中国发展出版社2009年版。
③ 张俊杰：《浙商模式》，中国经济出版社2005年版。
④ 浙商为什么起源于农村，来源于农民？一般有三种解释：一是人地矛盾导致的生存压力；二是计划经济边缘的控制力薄弱；三是工商文化传统的习俗、技能和人力资源储备。具体地说，因为农民的生存压力最大，而且农民率先获得独立的劳动力产权，而计划经济网络控制在农村相对薄弱，自主商业活动的空间比较大。同时，传统工商业文化及其"地方性知识"在乡村得到了较好的保存和延续。

商中只有 1 位国企出身的施继兴具有大学学历，而农民出身的有 7 位，初中及以下学历的 7 位，白手起家的 9 位。鲁冠球，初中毕业打铁出身；宗庆后，43 岁还在踩三轮车进货送货，卖的都是些 2 分钱的橡皮、6 分钱的作业簿一类简单的学生用品；南存辉，从 15 岁就开始走街串巷做补鞋匠；与南存辉同年的邱继宝两年后也做了南的同行，只不过邱继宝走得更远，他到东三省补鞋；冯根生，高小毕业后 14 岁进胡庆余堂做学徒；庞青年，放牛养牛 20 多年；陈爱莲，开过拖拉机；周成建，摆过地摊；郑胜涛，拉过板车；王振滔，做过木匠。①

张一青等人曾对浙江民营企业进行调查，关于最合适本企业的价值观，被调查民营企业选择的前三项分别是"诚实守信"（444 人，占 64.41%）、"质量至上"（432 人，占 59.75%）和"满意度超过顾客的期望"（377 人，占 52.14%）。这三项应是浙商最看重的企业价值观。关于企业精神，被调查民营企业选择的前两项分别是"服务至上"（566 人，占 78.28%）和"艰苦奋斗"（542 人，占 74.97%）。这与民营企业家白手起家的奋斗历程相关。②

在很多人印象中，浙商是一群来自传统行业做点小生意的"土老板"，事实上，这个印象并不准确，至少并不全面。在中国的 IT 领域，有一个非常引人注目的"IT 浙商现象"。除了人尽皆知的阿里巴巴马云和盛大陈天桥，还有网易的丁磊，金山的求伯君，国内 A 股两市第一家纯互联网公司的网盛科技创始人孙德良，都是在浙江出生长大的，另外华为的任正非和联想的杨元庆祖籍都是浙江。此外，浙江还有一大批活跃的网站，一大批有实力的软件企业。

浙江商人不追求平均利润，当某地的行业平均利润变薄，他们就另寻他地。这种现象被称为"候鸟经济"。浙江商人抱团③打天下的根本，就是产业集群。产业集群生命力的根本就是信息共享。因此，浙江商人通过互相关照，能在一个地区很快生存下来，并形成产业集群的生态环境。正

---

① 崔砺金主编：《裂变——60 位浙商镜像》，浙江大学出版社 2009 年版。该书撷取了《市场导报》"新浙商周刊"的财经记者们报道过的 60 位鲜活企业家案例。从这 60 个案中，可以鲜明地看出淳朴浙商"不受束缚"的天然特质。

② 张一青、蒋天颖：《浙江民营企业文化的实证分析》，《经济论坛》2004 年第 10 期。

③ 陈俊：《草根浙商赢天下》，中国经济出版社 2009 年版。"抱团"是民间一直流传着浙商的 22 条商规之一。

泰集团从1984年7月成立乐清求精开关厂起家，发展成为全国产销量最大的工业电器高科技产业集团，年销售收入100多亿元，在全国民营企业500强中名列前茅。在它的影响下，温州电器企业如雨后春笋般崛起。正泰集团正是温州企业发展的"领头羊"。

专业市场是孵化浙商最大最早的温床，很多浙商在这里完成原始积累。义乌几乎所有上了规模的工业企业创业者，都有当年在市场摆摊的经历。商品市场星罗棋布，形成了与产业集群互为"配套"的格局。浙商善于办市场声名远扬，许多浙商跑到全国创办商品市场，还有义乌等许多大型市场在全国各地开枝散叶。目前，浙商省外办市场规模在50亩以上的有500多家，涉及小商品、服装、建材、汽配等，至于那些小规模市场更是数不胜数。更有浙商在海外办起了几十个市场，像莫斯科著名的"海宁楼"、南非中华门商业中心、阿联酋的中国日用商品城分市场、首尔中国商品城。产业集群是浙商打天下的"双拳"之一。从世界范围说，产业集群不能算浙商的发明，但在浙商手里发扬光大。目前，浙江省年产值超亿元的产业集群有604个，其中10亿元以上的有283个，100亿元以上的有35个，产业集群的产值占全省工业总产值的60%以上。企业总数30.84万家，其中年销售收入500万以上的规模企业19065家，从业人员800多万人。在块状经济主要产品中，全国市场占有率超过30%的有78个，主要有纺织、服装、电气、通用设备、交通设备、金属制品、电子、皮革、工艺品等。

浙江的产业集群在全国甚至全世界都有名，产业集群已经成为浙江区域经济的核心竞争力之一。义乌的小商品、绍兴的轻纺、海宁的皮革、嵊州的领带、永康的五金、温州的皮鞋、乐清的低压电器、诸暨的袜业、桐乡的羊毛衫……产业集群就是五指成拳，集中资源做大做强一个产业，如今几乎每一个县都可以伸出自己的一个或几个"拳头"。

目前，浙江产业转移的特点就是把产业转移和产业集群混合在一起，可以并称为"产业集群转移"。曾有学者称，整个浙江的经济就是一种"结义经济"。一旦有商机存在，浙江人就会群体出现在那里。从炒能源到炒楼市，再到炒基础设施。即使是留守浙江的企业，也是一样，以村或镇形成产业集群。无论是"结义经济"，还是"候鸟经济"，本质都是产业集群和产业集群转移。出外经商的浙江人在全国大多数省份都设立了浙江商会，其重要目的是加强企业自律，维护浙商的整体形象。浙商对商会设立的重视是他们重视商誉、维护整体信誉的体现。

在美国，近年来出现愈来愈多亚裔企业老板，在少数族群中跃居第二，仅次于西班牙语裔，其中又以华人的表现最为抢眼。专家指出，受教育程度偏高以及善于利用特殊融资管道，是亚裔创业人数激增的主因。

过去20年来（2002年前），由华人、印度人、太平洋岛国民众以及其他亚洲人士所掀起的这波移民潮，对美国的少数民族商界及总体经济产生了重大影响。根据《今日美国报》的分析，20年前在美国少数民族中，以黑人当老板最多，曾几何时，现在已由西语裔当龙头，亚裔跃升第二，黑人则落居第三。尤有甚者，亚裔企业愈做愈大，平均年营收入为336200美元，西语裔为155200美元，黑人当老板的企业则只有86500美元，无怪乎亚裔家庭比其他种族家庭（包括白人）更有钱，平均年所得为55521美元。

在这20年间，美国外来人口中以亚洲最多，尤其是在20世纪80年代，越南、中国大陆及其他亚洲国家，占630万移民人数的43%。此外，亚裔人士的高创业率加速亚裔企业的成长。在美国每10万名亚裔成人中，就有1561家亚裔公司，几乎是西语裔的2倍，黑人的3倍。

14. 流动人口与城市就业

在中国，改革开放以来，随着城市流动人口大量增加，流动人口曾经引起了人口学、经济学、地理学、社会学、历史学、人类学等多门学科研究的关注，以及政府有关部门（如农业、公安等部门）的关注。

在高度集中的计划经济体制下，人口迁移特别是非农产业部门的劳动力迁移调配被纳入了国家计划之中，从根本上否定了人口自由流动在生产要素配置中的重要作用，有关人口迁移和劳动力流动的研究几乎是空白。改革开放以后，随着农村以联产承包责任制为主的改革的推进，农村剩余劳动力的显化及其转移问题开始成为一个研究热点，并逐步向相关问题和学科扩展，形成跨经济学、地理学、社会学等多学科研究的格局。城市流动人口的剧增强化了政府部门和科研机构对人口流动问题的关注，从20世纪80年代中期起，我国东中部若干特大城市都相继开展了流动人口调查。

20世纪80年代末90年代初，对当代流动人口的调查与研究成了中国学术界的焦点之一。1987年中国社会科学院农村发展研究所对全国11

个省 222 个村 26993 名外出打工的农村劳动力进行了调查。国内较早探讨外出打工的专著是马侠的《当代中国农村人口向城镇的大迁移》① 和李梦白等人所著的《流动人口对大城市发展的影响及对策》。②

由于外出打工的人口迁移规模越来越大，因此也出现了更多的全国性调查与研究。1990 年全国第四次人口普查首次全面调查了中国人口迁移的状况，为迁移研究提供了强有力的资料支持。进入 20 世纪 90 年代以来，政策研究部门和学术研究机构继续对 20 世纪 80 年代后期开始对社会形成强烈冲击的"民工潮"展开了较为深入的调查和研究，其研究方法和主要成果带有浓厚的经济学和社会学特色。

1993 年底到 1995 年，可以说是研究的高峰期。不同主管部门和行业分别资助了四项大规模的调查：中国农业银行调查系统 1993 年 12 月至 1994 年 1 月对全国 26 个省、区、市的 600 多个县 14343 个样本户进行了调查；全国政协和国务院发展研究中心 1994 年对全国 15 个省、区、市的 28 个县的 28 个村进行了调查；农业部"民工潮"跟踪调查与研究课题组 1994 年 5 月对全国 11 个省区 75 个固定观察村庄进行了调查；农业部农研中心 1994 年 11 月到 1995 年 4 月对全国 29 个省、市、区 318 个固定观察点村庄的 25600 个样本户的调查。此外，1994—1995 年在联合国粮农组织的资助下，中国社会科学院曾主持一项涉及中国 8 个省的 8 个村庄的流动人口的研究项目；1995 年美国福特基金会曾资助北京有关研究单位从事 8 个关于流动人口的专题研究课题。

杨云彦认为，1996 年以来是人口迁移研究开始走向深入的阶段，研究成果在数量上的扩张已经明显缓慢，而在研究方法的创新、国外研究方法的引入，以及跨学科的研究方面，都取得了一定的进展。从研究内容上看，其覆盖的内容广泛。其中，主要可分为三大组成部分：第一部分为对迁移进行综合性研究的论文，约占总数的 37%，包括全国或地区性人口迁移的状况、过程、流向及其结构特征，迁移的一般理论与方法等内容；第二部分为对人口流动、暂住人口、"民工潮"等课题进行研究的成果，这一部分数量最多，约占总数的 47%，其中相当部分是对流动人口管理、包括流动人口计划生育管理提出的设想和建议等；第三部分为专题研究，

---

① 马侠：《当代中国农村人口向城镇的大迁移》，《中国人口科学》1987 年第 3 期。
② 李梦白等：《流动人口对大城市发展的影响及对策》，经济日报出版社 1991 年版。

包括环境移民、开发移民、水库移民、婚姻迁移、跨国迁移和流动等，这一部分约占16%。[①]

人类学和社会学对中国大陆1978年改革开放以来流动人口在城市中适应问题进行了大量的调查与研究，出现了不少优秀的成果。主要的调查和研究工作集中在流动人口最多的珠江三角洲地区，如周大鸣自1986年开始关注珠江三角洲的流动人口问题，发表了一系列论文，如1990年的《珠江三角洲的人口移动》、1991年的《珠江三角洲的人口移动与文化适应问题》、1996年的《外来务工与农民现代性的获得》、1998年的《从农民工眼中看农民工和适应过程》、2000年的《外来工与"二元社区"——珠江三角洲的考察》[②]，李银河、谭深等1995年发表的《珠江三角洲外来农民工状况》[③]，李培林1996年发表的《流动民工社会网络和社会地位》[④]，李江涛和郭凡1998年发表的《农民工的社会适应—广州个案研究》[⑤]，靳薇2001年发表的《生活在城市的边缘……流动农民的生活状态》[⑥]，以及李培林主编的《农民工：中国进城农民工的经济社会分析》[⑦]。

周大鸣根据自己多年来对珠江三角洲流动人口适应问题的人类学研究，提出了"二元社区"（指流动人口的社区与当地社区是截然不同的两个社区）和"钟摆理论"（指流动人口就像钟摆一样往返于家乡和打工地

[①] 杨云彦：《中国人口迁移与城市化问题研究》，《中国农村研究网》2003年4月3日；《改革开放以来中国人口非正式迁移的状况》，《中国社会科学》1996年第6期。

[②] 参见周大鸣的系列论文：《珠江三角洲的人口移动》（《社会科学战线》1990年第4期）；《珠江三角洲的人口移动与文化适应问题》（阮西湖主编《都市人类学》，华夏出版社1991年版，第278—284页）；《外来务工与农民现代性的获得》[《中山大学学报》（哲学社会科学版）1996年第5期]；《从农民工眼中看农民工和适应过程》（马戎、周星主编《田野工作与文化自觉》，群言出版社1998年版）。

[③] "农村外出务工女性"课题组：《珠江三角洲外来农民工状况》，《中国社会科学》1995年第4期；中国社会科学院社会学研究所《农村外出务工女性》课题组：《农民流动与性别》，中原农民出版社2000年版。

[④] 李培林：《流动民工社会网络和社会地位》，《社会学研究》1996年第6期。

[⑤] 该文收入杨侯第主编《中国城市文化与城市生态》，远方出版社1998年版，第70—78页。

[⑥] 该文刊于《广西民族学院学报》（哲学社会科学版）2001年第5期。

[⑦] 李培林主编：《农民工：中国进城农民工的经济社会分析》，社会科学文献出版社2003年版。

之间)。"那不断往返于输入地和输出地的人流就像那永恒的钟摆;那难以改变的'外来人'的身份只能与'本地人'在同一空间构成'二元社区'"①。

孙立平、周晓虹、池子华等一些研究者指出,在城里农民工属于一种边缘群体,他们进城务工经商的过程就是与城市文明和社会不断整合的过程,是一个以"城里人"为参照群体、不断调整自己的行为方式的过程,即接受城市化和现代性"洗礼"的过程,在城市中处于边缘状态②。刘铃等一些留学海外的研究者的看法是,农村外来流动人口在城市中依然被当作"农村人"来对待,已经被有意识地变成了二等公民,甚至三等公民。他们从社会学的角度进行研究,分析由于城乡文化的差异性而导致的城市化和现代性调适。

与其他学科相比,民族学和人类学对城市少数民族流动人口的调查研究是比较滞后的。

2000年以前,在国内民族学和人类学界,对中国城市少数民族流动人口问题,只有一些个案的调查与研究。如,汪宁生1989年发表的《谈中国少数民族迁入城市(关于昆明的个案研究)》一文③;任一飞负责的课题组完成的《"新疆村"(维吾尔族村)的调查报告》(1993—1994年)④、杨圣敏负责的课题组完成的《"新疆村"调查报告》(1995—1996年)⑤;孙九霞以调研报告方式撰写的硕士学位论文——《外来工中的族群与族群认同——以深圳达诚厂的调查为例》(1995—1998年)⑥;张继焦1995年获得中国社会科学院青年研究基金的资助、1996年做田野调查,后来在《民族研究》发表的论文《外出打工者对其家庭和社区的影

---

① 周大鸣:《永远的钟摆——中国农村劳动力的流动》,柯兰君、李汉林主编《都市里的村民》,中央编译出版社2001年版,第304—326页。

② 孙立平:《农村外来人口:无法定位的边缘人》,《中国农民》1995年第4期;池子华:《中国"民工潮"的历史考察》,《社会学研究》1998年第4期;周晓虹:《流动与城市体验对中国农民现代性的影响》,《社会学研究》1995年第5期。

③ 该文发表于1989年12月28日至1990年1月2日在北京召开的"第一届都市人类学国际会议",阮西湖主编《都市人类学》,华夏出版社1991年版,第240—244页。

④ 内部报告由中国社会科学院民族研究所1994年刊印;公开论文《"新疆村"(维吾尔族村)的现状及其经营活动》,刊于《中国都市人类学通讯》1995年第7—8期。

⑤ 听杨圣敏说过这个课题,但没有看到公开的出版物。

⑥ 周大鸣主编:《中国的族群与族群关系》,广西民族出版社2002年版,第222—241页。

响——以贵州为例》①等。

2000年以来，这类研究逐渐成为一种比较明显的发展方向。笔者所知道的研究课题大致有：（1）2000年11月一项中国社会科学院基础研究课题完成了研究报告《少数民族人口流迁与城市民族关系研究》（郑信哲主持，张继焦和周竞红参与）。（2）2001年中国社会科学院民族研究所一项所重点课题完成了调研报告《不同文化背景的民族在城市中的"适应"问题》（张继焦主持）。（3）国家社科基金2003年批准了"西南少数民族妇女外流问题研究"（杨筑慧主持）、2005年批准了"当代我国少数民族人口散、杂居态势与发展趋势研究——以宁夏回族自治区实证研究为例"（王锋主持）。

最近几年的研究成果，据笔者所知大致有：

专著类：（1）王俊敏关于呼和浩特民族居住格局的专著《青城民族——一个边疆城市民族关系的历史演变》②；（2）2003年美国出版的一本关于中国少数民族流动人口研究的调查研究专著（China's Minorities on the Move: Selected Cases）③；（3）张继焦于2004年出版的关于城市少数民族的专著《城市的适应——迁移者的就业与创业》④；（4）杨文炯于2007年出版的著作《互动、调适与重构——西北城市回族社区及其文化变迁研究》⑤。

论文集类：（1）中国都市人类学会秘书处编的《城市中的少数民族》（2001）⑥；（2）陈晓毅和马建钊主编的《中国少数民族的移动与适应——基于广东的研究》（2007）⑦等。

---

① 张继焦：《外出打工者对其家庭和社区的影响——以贵州为例》，《民族研究》2000年第6期。

② 王俊敏：《青城民族——一个边疆城市民族关系的历史演变》，天津人民出版社2001年版。

③ Robyn Iredale, Naran Bilik and Fei Guo (eds.), 2003, *China's Minorities on the Move: Selected Cases*, New york, M. E. Sharpe, Inc.

④ 张继焦：《城市的适应——迁移者的就业与创业》，商务印书馆2004年版。

⑤ 杨文炯：《互动 调适与重构——西北城市回族社区及其文化变迁研究》，民族出版社2007年版。

⑥ 中国都市人类学会秘书处编：《城市中的少数民族》，民族出版社2001年版。

⑦ 陈晓毅、马建钊主编：《中国少数民族的移动与适应——基于广东的研究》，民族出版社2007年版。

论文类：有 20—30 篇。比如，周竞红的《少数民族流动人口与城市民族工作》(《民族研究》2001 年第 4 期)、杨健吾的《城市少数民族流动人口问题研究——以成都市为例》[《西南民族学院学报》(哲学社会科学版) 2002 年第 7 期]、郝时远的《中国大陆少数民族的城市化与文化适应》(到台湾学术交流论文，2004 年)、张继焦的《城市民族的多样化——以少数民族人口迁移对城市的影响为例》(《思想战线》2004 年第 3 期)和《"差序格局"：从"乡村版"到"城市版"——以迁移者的城市就业为例》(《民族研究》2004 年第 6 期)、乌兰察夫的《东南沿海城市少数民族人口研究》(《内蒙古社会科学》2004 年第 3 期)、张善余和曾明星的《少数民族人口分布变动与人口迁移形势——2000 年第五次人口普查数据分析》(《民族研究》2004 年第 5 期)、王希恩的《中国全面小康社会建设中的少数民族人口流迁及应对原则》(《民族研究》2005 年第 3 期)、汤夺先的《西北大城市少数民族流动人口若干特点论析——以甘肃省兰州市为例》(《民族研究》2006 年第 1 期)等。

相关的论著有：沈林、张继焦等著的《中国城市民族工作的理论与实践》①，周大鸣、马建钊主编的《城市化进程中的民族问题研究》② 等。

总体上，在国内民族学人类学界，目前关于城市少数民族流动人口问题的探讨已经成为一种研究趋势。虽然目前已经取得了一些研究成果。但是，与国外学界相比，国内民族学人类学对城市少数民族流动人口的研究起步较晚，形成的系统性研究论著和有影响的理论也较少。究其原因：一是少数民族流动人口及其导致的各民族散居化趋势还在不断地发展和变化之中；二是各少数民族的文化背景不同，其流动人口和散杂居态势也形态万千。因此，我们需要迎头赶上，有必要开展进一步的调查研究系统地分析城市少数民族流动人口的现状、成因和变化趋势，并总结出一些规律性的东西来。③

比如，在有关城市流动人口的大量调查研究中，社会学、人口学、经济学等学科研究者关注的大多是流动人口的就业问题，通常把他们看作迁移就业者。有时甚至把他们看成只是较为低级职业的就业者，他们没有特

---

① 沈林、张继焦等：《中国城市民族工作的理论与实践》，民族出版社 2001 年版。
② 周大鸣、马建钊主编：《城市化进程中的民族问题研究》，民族出版社 2005 年版。
③ 张继焦：《中国城市外来人口研究的范式转换》，《中国民族报》2007 年 8 月 10 日。

别明显的市场优势。当我们从民族学和人类学角度,去调查和分析具有不同文化特色的少数民族同胞时,我们惊喜地发现,在就业方面,少数民族同胞除了具备与一般城市迁移就业者一样的劳动能力,他们还拥有与众不同的民族文化,具有一定的就业优势。在创业方面,少数民族同胞如果选择民族特色的经营方向,也可以找到城市中的市场空白点或弱项,走上独特的发展之路,避免日益激烈的市场竞争。正因为如此,少数民族在城市中的创业和就业,除了具备一般的就业和创业特征之外,与一般的城市就业者和创业者不同,他们还在城市中发展和弘扬了本民族文化(如饮食、歌舞、礼仪等),他们不但是城市中的"就业或创业迁移者",而且是城市中的"民族文化携带者"。从进入城市的角色看,他们不但是"就业或创业移民",而且是"文化移民"。①

比如,有的学者试图在城市移民研究中重构"经济文化类型"理论,依据近年在中国一些城市调查获得的第一手资料,对影响"经济文化类型"转变的因素进行了分析,并指出城市少数民族移民的经济文化类型出现了从"原生态型"到"市场型"的转变,比如,青岛市朝鲜族移民的"依附—移植式"经济文化类型,呼和浩特市蒙古族移民的"创新—移植式"经济文化类型、昆明市会泽回族移民的"半自创半融入型"经济文化类型、深圳市和昆明市一些少数民族移民的"融入型"经济文化类型等。②

15. 民族企业家

时下,一批又一批民族企业家如雨后春笋般地涌现,正在成为当今社会影响越来越大的社会阶层。正因为少数民族企业是少数民族社会转型的尖兵,少数民族企业家理所当然地成为社会转型的精英。

1989年3月,由国家民委和广播电影电视部主办,国家体改委、国家计委、农业部、中国企业家协会等单位参加的全国少数民族企业家评选工作结束,山东省民委、省广播电视厅联合推荐的5位少数民族企业家刘元庆、丁桂英、唐学仁、刘荣喜、马永治入选。5月,刘元庆等5人赴北京参加全国少数民族企业家评选宣传活动总结表彰大会。

1990年5月,山东省民委、省广播电视厅联合主办,评选山东省少

---

① 张继焦:《城市中少数民族的民族文化与迁移就业》,《广西民族研究》2005年第1期。
② 张继焦:《经济文化类型:从"原生态型"到"市场型"——对中国少数民族城市移民的新探讨》,《思想战线》2010年第1期。

数民族企业家共25人。

据1992年统计，上海大中型企业，处级干部以上的少数民族厂长、经理有101人。1989—1993年，全市有8名少数民族荣获全国少数民族企业家、全国少数民族优秀厂长（经理）称号。

2006年4月8—9日，由中国伊斯兰教协会和中国阿拉伯友好协会等单位联合主办的"首届中国穆斯林企业高峰论坛"在北京举行。我国是一个由56个民族组成的统一的多民族国家，其中回族、维吾尔族、哈萨克族、东乡族、柯尔克孜族、撒拉族、乌孜别克族、保安族、塔塔尔族、塔吉克族共10个少数民族是全民信仰伊斯兰教的民族。大会期间，组委会对由网络用户和短信用户投票、媒体和专家以及学者评选出的"2005中国穆斯林企业家十大年度人物"和"2005年最具影响力的十大清真品牌"进行了颁奖，这是首次集中对穆斯林企业家和穆斯林企业进行评选和表彰。

笔者通过对少数民族企业和企业家的实地调查研究指出，少数民族的企业和企业家在形成本民族的经济文化类型中有着较高的地位和起着较为重要的作用。一个民族只有拥有一定数量的企业和企业家，才有可能在一些行业具有相当的实力，[1]即形成本民族的产业聚集和民族经济，也才有可能形成本民族的经济文化类型。简言之，民族企业和民族企业家是形成本民族的经济文化类型最重要的经济基础。[2]

对中国民族政策有着深入研究的德国Duisburg–Essen大学中国研究中心主任Thomas Heberer，以四川省梁山彝族自治州为例，阐明了民族企业与族群认同之间的内在联系。民族企业家对于族群认同的影响在与其他社会群体的互动交往中产生，因而民族企业家在塑造族群认同感上就具有了民族象征的载体和现代化的媒介的双重属性。[3]

许多少数民族企业家都清楚，自己的企业基本上都是从农牧社会的家庭手工小作坊发展起来的，或是经过长期的传统经商贸易，包括边贸，逐

---

[1] 比如，纽约唐人街的大巴生意，显示了华人超越族群走向主流经济的过程。参见龙登高《跨越市场的障碍：海外华商在国家、制度与文化之间》，科学出版社2007年版，第57—78页。

[2] 张继焦：《中国城市民族经济文化类型的形成——民族企业和民族企业家的作用》，《广西民族大学学报》（哲学社会科学版）2010年第5期。

[3] [德]托马斯·海贝勒：《中国的民族企业家与民族认同——以凉山彝族（诺苏）为个案的分析》，吴志成译，《民族研究》2007年第4期。

步而艰难的资本原始积累过程,然后再从传统商人转型为现代企业家,以现代理念进行投资和管理创办起来的。现代少数民族企业是建立在正在转型的社会经济环境上的,现在的社会经济环境,决定了少数民族现代企业必须具备某些现代企业的经营管理模式,同时决定了少数民族企业家也应适当具备现代工业社会的思想意识和基本素质。如果不能具备这些基本的思想和素质,就不能将其视为现代企业家。

16. 小结

企业人类学的应用研究与案例分析的范围是相当广泛的,至少包括上文所述的经济社会结构对商业传统的影响、产业转移、企业组织、人力资源管理、消费者行为分析、产品设计、市场营销、广告宣传和沟通策略、企业文化、跨文化管理、国际营销中的跨文化适应、企业的社会责任、企业的地方性和群体性、流动人口与城市就业、民族企业家等15个领域。

三 企业人类学与中国人类学和民族学的学科建设

在市场化和全球化的时代,企业已经成为我们这个社会的重要主体之一,并得到了很多非经济管理类学科(如人类学、社会学、心理学等)的关注和研究。

"企业人类学"作为一门新兴的分支学科,如今,在美国和日本的大学及研究机构里,已经有越来越多的教授开设企业人类学课程和开展国际合作研究,欧洲大学的商学院多聘请人类学家讲授跨国企业经营的个案分析,诸如"The Business of Ethnography: Strategic Exchanges, People and Organizations"(Brian Moeran,2005)和"Ethnography at Work"(2006)等企业人类学著作开始涌现。

在中国大地上,既有各种行业的百年老店和中华老字号(如全聚德、同仁堂),又有改革开放30年以来出现的各种类型的企业(如家族企业、少数民族企业、乡镇企业、民营企业、侨资企业、跨国公司等),还有改革开放以来出现的各种中外合资企业和外国独资企业,需要人们进行广泛的、大量的调查和研究。到目前为止,作为非经济管理类学科的学者,人类学、民族学、社会学、民俗学、历史学等几门学科的学者已对上述各种企业作了一些调查和研究,并形成了一些学术成果。在过去的30年中,有不少的学者从事了"企业人类学"的相关研究,如李培林、马戎、刘世定、张继焦、王春光等对乡镇企业的调查研究,张厚义、陈光金等对私营企业①的调查研究，张继焦、柏贵喜等对家族企业②的调查研究，庄孔韶、邱泽奇、田宏亮对企业组织③的理论探讨，色音、方李莉等对民族文化资源产业化的调查研究，张继焦带领的全国性研究团队对老字号的思考与调查④，任一飞、杨圣敏、庄孔韶、张继焦、张海洋等组织的对北京少数民族饭馆的调查，张继焦、刘朝晖对侨资企业⑤和跨国公司的调查研究，龙远蔚、杜发春等对民族地区国有企业的调查研究，彭兆荣、张晓萍等对民族旅游的调查研究，等等。此外，张继焦曾在广西民族大学（2006年）、中国社会科学院研究生院（2007年、2008年、2014年、2015年）、北京师范大学（2007年）、马来西亚拉曼大学（2012年）、加拿大多伦多大学（2013年）、中南民族大学（2014年）、南开大学（2014年）、湖北民族学院（2014年）、广东技术师范学院（2014、2015年）、大理大学（2015年）、华南师范大学（2015年）、山东大学（2015年）等，给这些高等院校的博士和硕士研究生、本科生等，分别做了几场以"企业人类学"为题的专题讲座。

---

① 参见张厚义、陈光金主编《走向成熟的中国民营企业家》，经济管理出版社2002年版；张厚义、侯光明、明立志、梁传运主编《中国私营企业发展报告（6）》，社会科学文献出版社2004年版；张厚义、明立志、梁传运主编《中国私营企业发展报告（5）》，社会科学文献出版社2003年版；张厚义、明立志主编《中国私营企业发展报告（4）》，社会科学文献出版社2002年版；张厚义、明立志主编《中国私营企业发展报告（3）》，社会科学文献出版社2001年版；张厚义、明立志主编《中国私营企业发展报告（2）》，社会科学文献出版社2000年版；张厚义、明立志主编《中国私营企业发展报告（1）》，社会科学文献出版社1999年版。

② 张继焦：《迁移创业型家族企业：对存在的和生成的社会资本的利用》，《思想战线》2005年第1期；张继焦：《亲缘交往规则与家庭工业》，《中央民族大学学报》1998年第4期；张继焦：《市场化过程中家庭和亲缘网络的资源配置功能——以海南琼海市汉族的家庭商业为例》，《思想战线》1998年第5期。

③ 参见邱泽奇《在工厂化和网络化的背后－组织理论的发展与困境》，《社会学研究》1999年第4期；庄孔韶、李飞《人类学对现代组织及其文化的研究》，《民族研究》2008年第3期。

④ 张继焦、丁惠敏、黄忠彩主编：《老字号蓝皮书——中国"老字号"企业发展报告No.1（2011）》，社会科学文献出版社2011年版。

⑤ 张继焦：《海外华侨对侨乡的侨汇、善举与投资行为：从人类学角度看侨商的寻根经济》，陈志明等编《跨国网络与华南侨乡：文化、认同与社会变迁》，第185—219页，香港中文大学香港亚太研究所研究丛书第68号，2006年。

第三节 企业人类学的最新学术活动及其研究动向

2014年,笔者提出了"企业人类学:作为一门世界性的前沿学科"[①]之后,已有越来越多的中青年学者通过各种渠道,向笔者表示了希望多了解企业人类学这门前沿学科的兴趣。

2009年被称为"企业人类学"元年。本节主要回顾和总结自2009年以来近七年(2009—2015)的时间里,企业人类学在国内外的主要学术活动的研讨议题和学术研究动向。

一 2009年:企业人类学的安身立命之年

2009年7月,在国际人类学与民族学联合会第十六届世界大会上,发生了三件具有学科标志性的事件:召开了"第一届企业人类学国际论坛"、成立了"国际企业人类学委员会"、初步整合了企业人类学的学科名称和学术体系。

1. "第一届企业人类学国际论坛"顺利召开

2009年7月,在国际人类学与民族学联合会第十六届世界大会上举办的"第一届企业人类学国际论坛"由中国、美国、日本、荷兰、加拿大、马来西亚、印度、中国香港等8个国家和地区学者联合组织,包括了10个专题会议:(1)"企业人类学:回顾与展望",召集人:美国太平洋文化研究中心主任埃里克森(Ken C. Erickson)博士;(2)"全球化时代东亚公司文化比较研究",召集人:日本国立民族学博物馆中牧弘允教授和香港大学现代语言与文化学院院长王向华教授;(3)"美国硅谷高科技企业中的华人",召集人:旧金山州立大学都市人类学研究中心主任王葆华(Bernard P. Wong)教授;(4)"企业的社会责任:人类学视野",召集人:中国社会科学院城市发展和环境研究所环境经济与管理研究室主任李宇军副研究员、华北电力大学工商管理学院刘力玮副教授、中国社会科学院民族学与人类学研究所刘玲博士;(5)"消费行为和信用研究:人类学在企业发展中的作用",召集人:荷兰鹿特丹伊拉斯姆斯大学彼特

---

① 张继焦:《企业人类学:作为一门世界性的前沿学科》,《杭州师范大学学报》(社会科学版)2014年第4期。

(Meine Pieter Van Dijk)教授;(6)"东南亚和中国的民族企业家",召集人:马来亚大学中文系祝家丰博士和马来西亚南方学院①院长祝家华博士;(7)"社会资本在亚洲企业中的作用",召集人:科技部中国科技发展院社会发展研究所所长赵延东研究员和中国社会科学院张继焦研究员;(8)"少数民族企业家与可持续发展",召集人:加拿大怀尔逊大学林小华(Howard Lin)教授和加拿大里贾那大学安德森(Robert Anderson)教授;(9)"创新与企业人类学",召集人:印度加尔各答大学舒蜜达·乔度里(Sumita Chaudhuri)博士和兰吉特·卡马卡(Ranjit Karmakar)博士);(10)"国际移民的民族性及其对接收国劳动力市场的影响",召集人:德国波鸿大学鲁格·普利斯(Ludger Pries)教授和中国社会科学院张继焦研究员等。

在"第一届企业人类学国际论坛"上,日本国立民族学博物馆中牧弘允教授、香港大学王向华教授、中国社会科学院张继焦研究员等三位相约:今后三年(2010—2012)在日本大阪、中国香港、中国北京三个城市,依次轮流举行"经营与人类学"国际论坛。

2."国际企业人类学委员会"正式成立

在国际人类学与民族学联合会第十六届世界大会期间,经过国际人类学与民族学联合会的执行委员会(The Executive Committee)、常务理事会(The Permanent Council)以及全体会员大会(The General Assembly)②等分别审议和投票通过,"企业人类学委员会"被批准成立,成为国际人类

---

① 南方学院创立于1990年,为马来西亚第一所民办非营利高等学府。经历了22年的苦心经营,于2012年被马来西亚高等教育部正式批准升格为南方大学学院。该大学坐落于马来西亚柔佛州首府新山市,共有5个学院:人文与社会学院、商业管理学院、艺术与设计学院、电机与电子工程学院及中医药学院。笔者在亚洲学者基金会资助曾于2005年在该大学做了五个月的访问学者,在当地访问了很多企业家和经理人。之后,与笔者父亲的访问材料合编在一起出了一本书。参见张继焦、张运华《亚洲的城市移民——东南亚50位华人领袖、华商和经理人访谈录》,知识产权出版社2009年版。

② 在国际人类学与民族学联合会由世界上50多个国家的国家机构和社会团体组成,还包括许多独立的个人会员。(1)其执行委员会由世界不同地区的代表和人类学与民族学各分支学科的代表组成。(2)其常务理事会,是国际人类学与民族学联合会的议事机构,由各国的人类学者和民族学者选举产生,每个国家可以组成一个不超过6人的代表团参加,每个国家的代表团在决议时只享有一张投票权。(3)其全体会员大会。所有付费的会员都有权参加国际人类学与民族学联合会的全体会员大会,并享有投票表决权。参见[荷]彼特·J. M. 纳斯、张继焦主编《当今国际人类学》,知识产权出版社2009年版,第2—3页。

学与民族学联合会的第 29 个专业委员会。

其实,张继焦和他的团队从 2007 年就开始筹备成立这个委员会的事,到了 2008 年 4 月他提交的设立国际企业人类学专业委员会的提案被收入了《国际人类学与民族学联合会通讯》第 70 期当中,对外正式公示。①

经过两年多的积极筹备,到 2009 年 7 月底,"国际企业人类学委员会"终于顺利诞生。该委员会的创办人和首任主席为中国社会科学院民族学与人类学研究所张继焦研究员,秘书长为滨田友子(美国威廉—玛丽大学人类学系教授)。这是中国人在国际人类学与民族学联合会创办的第一个专业委员会。

该委员会现有会员为 70 多位学者和博士生,来自世界 20 多个国家和地区,如美国、日本、英国、荷兰、法国、中国、德国、丹麦、西班牙、加拿大、芬兰、波兰、俄罗斯、罗马尼亚、哈萨克斯坦、伊朗、巴西、阿根廷、韩国、泰国、马来西亚、印度、新加坡、印度尼西亚、中国台湾、中国香港等。

3. 企业人类学的名称和学科体系得到了初步整合

国际人类学与民族学联合批准成立"企业人类学委员会",标志着"企业人类学"作为人类学的一个新兴分支学科得到国内外学术界的正式认可,并荣登国际学术殿堂。

企业人类学把 80 多年来人类学在美国、日本、中国三个国家对企业研究形成的各种不同名称,如工业人类学、组织人类学、工商人类学、经营人类学等都整合起来,形成了一个全世界统一的、公用的学科名称——"企业人类学",并形成了一门世界性的前沿学科。②

经过几年的探索,人们认识到:企业人类学不属于企业管理、经济学等经济类、管理类的学科,不但探究企业经营营利性的一面,也分析企业承担社会责任的一面,形成了自己的创新研究视角,即对企业的经济性和社会性两大方面开展跨学科的、综合性的探究。③

---

① Zhang Jijiao, 2008, Proposal for the Establishment of the IUAES Scientific Commission on Enterprise Anthropology, *IUAES Newsletters*, Vol. 70, April.

② 张继焦:《企业人类学:作为一门世界性的前沿学科》,《杭州师范大学学报》(社会科学版) 2014 年第 4 期。

③ 张继焦:《企业人类学的创新视角:老字号的研究现状、现实意义和学术价值》,《创新》2015 年第 1 期。

4. 小结

人类学自西方传入中国已经有一百多年的时间，中国学者在世界人类学民族学的学术贡献相当有限。以中国学者为主体创立企业人类学这门分支学科，对其学科名称和知识体系进行了整合，并形成了一个全球性的专业学术团体，这在一定程度上超过了中国学者老是跟在西方学者屁股后面亦步亦趋的做学问方式，不但走到了世界人类学民族学的前沿阵地，而且占据了一定的学术制高点或统领这个舞台。从亦步亦趋到领跑，这小小的进步，是中国六代人类学民族学家不懈努力的成果[1]。

二 2010年：企业人类学在亚洲的崛起

1. "第二届企业人类学国际论坛"（土耳其，安塔利亚市）

国际人类学与民族学联合会（IUAES）2010年中期会议，于2010年10月2—5日，在土耳其的西南部海滨城市——安塔利亚市伯利克镇召开，会议主题为"欧亚文明的交汇与多元文化的和谐"。来自25个国家的190多位学者参加了这次中期会议。[2]

国际企业人类学委员会组织了"第二届企业人类学国际论坛"，包括3个"企业人类学"专题会议：（1）企业与跨文化、跨民族的经济；（2）企业与社会责任；（3）企业与消费者。参会人数约20人。

2. 第一届"经营与人类学"国际论坛（日本，大阪）

第一届"经营与人类学"国际论坛（全称International Forum on Business and Anthropology，IFBA），于2010年7月23—25日在日本国立民族

---

[1] 中国大陆人类学民族学的世代划分，大致每10年为一个世代。第一代学者多为19世纪90年代至20世纪初出生的，第二代学者多是20世纪10年代出生的，第三代学者多为20世纪20年代出生的，第四代学者多为19世纪30—40年代出生的，第五代学者多是20世纪50年代出生的，第六代学者多是1960年之后出生的。参见张继焦《从第16届世界大会，看中国人类学民族学的现状与发展趋势》，黄忠彩、张继焦主编《世界的盛会 丰硕的成果——国际人类学与民族学联合会第十六届大会最新学术成果概述》，知识产权出版社2012年版，第93—112页。

[2] 中国代表团共11人，由中国人类学民族学研究会秘书长黄忠彩担任团长，中国社会科学院民族学与人类学研究所张继焦研究员担任秘书长，成员有：贵州省社会科学院院长吴大华教授、云南民族大学杨国才教授、湖南吉首大学人类学与民族学研究所所长罗康隆教授、中央民族大学社会学与民族学院良警宇教授、中央民族大学社会学与民族学院阿不都热西提教授、中国社会科学院民族学与人类学研究所张小敏助理研究员、中国国际友谊促进会社会问题研究中心葛海亭主任、《焦点》杂志胡大苏总编、香港大学学者潘杰博士等。

学博物馆举行。会议主题为"经营与神圣空间"。来自美国、英国、荷兰、丹麦、保加利亚、日本、韩国、中国内地和中国香港等9个国家和地区的近40名专家和学者参加了会议。

会议分为"工作场所与神圣空间""日资企业在中国""作为神圣空间的世博会""经营管理与人类学""亚洲的经营理念"等5个专题展开讨论。

本次会议由日本国立民族学博物馆中牧弘允教授召集。本次会议邀请来几位国际比较知名的企业人类学家，如美国北得克萨斯大学安·乔丹（Ann Jordan）教授、美国威廉与玛丽大学滨田友子（Tomoko Hamada）教授、丹麦哥本哈根商学院布莱恩·莫瑞（Brian Moeran）教授等。

3. "企业与社会"工作坊（中国，香港）

"企业与社会"工作坊，由国际企业人类学委员会和香港大学现代语言与文化学院联合主办，于2010年8月12—13日在香港大学举行。来自荷兰、美国、日本、泰国、马来西亚、中国内地和中国香港等7个国家和地区的近20名专家和学者参加了会议。

会议由香港大学现代语言与文化学院院长王向华和国际企业人类学委员会主席张继焦共同组织，分为"企业社会责任：不同类型企业在中国的实践""企业实施社会责任的途径和方式""日资企业：在中国大陆履行的社会责任""中国企业的环保责任：在不同行业的实施""不同国家企业社会责任的比较""企业社会责任：从概念到研究"6个专题展开讨论。

4. 小结

企业不仅仅是一种经济组织，也是一种社会和文化组织。最近一些年，国际人类学民族学界已将研究领域转入现代企业和商业组织之中。企业人类学从2010年开始在亚洲发展起来，并以日本大阪、中国北京、中国香港3个城市为主，其在亚洲的学术网络得到了进一步的强化。

三 2011年：企业人类学继续发展其亚洲的学术网络

第二届"经营与人类学"国际论坛（简称"IFBA"），于2010年7月29—31日在香港大学举行。会议由香港大学现代语言与文化学院院长王向华教授和日本国立民族学博物馆中牧弘允教授联合召集。来自美国、加拿大、日本、中国内地和中国香港等5个国家和地区的近20名学者和博士研究生参加了会议。其中，中牧弘允教授、张继焦教授及两位日本学者基于在上海世博会的调研，探讨了世博会上的日本馆和日本工业馆、世博会与中华老字号的发展等。

2011年好像是企业人类学的活动淡季，当年国际性的学术活动只有这一次。这次论坛试图促进研究经营的人类学家与研究管理的学者之间的对话，试图探讨企业管理的社会本质是什么？企业管理与文化之间有什么关系？文化对企业经营活动能否有益处？

四 2012年：企业人类学立足中国，与国际学术界开展合作

1. 第一届企业人类学研讨会暨"企业人类学：对民族文化与企业发展的探讨"专题会议（甘肃，兰州）

2012年9月22日，筹备中的中国民族学人类学研究会企业人类学专业委员会，在"中国人类学民族学2012年会"[①] 期间，组织了一个主题为"企业人类学：对民族文化与企业发展的探讨"的专题会议，即第一届企业人类学国内研讨会。中国的人类学民族学擅长于研究民族文化，却很少关注企业发展的现象。费孝通先生曾指出：民族文化资源相当丰富，应该进行开发和利用。在少数民族和民族地区的发展中，企业作为一个经济和社会主体，是如何开发和利用民族文化资源的？这是一个值得人类学民族学研究者深入探索的问题。

本次会议的召集人是中国民族学人类学研究会企业人类学专业委员会（筹）秘书长、中国社会科学院民族学与人类学研究所研究员张继焦。来自中国社会科学院民族学与人类学研究所、中国社会科学院研究生院、上海社会科学院、马来亚大学、兰州大学、山西大学、中南民族大学、广西民族大学、云南民族大学、中国社会工作者协会企业公民委员会10个机构的学者参加了会议。

张继焦研究员指出，如果说，管理学、经济学等学科关注的是如何使企业盈利这些经济性的话题，那么企业人类学关注的则是企业中的民族文化这一话题。面对现代企业和企业中的民族文化，有大量的问题需要我们

---

① "中国人类学民族学2012年会"由中国民族学人类学研究会主办、西北民族大学承办，于2012年9月21日至25日在西北民族大学召开。参会代表550余人，来自全国各地高校、科研院所。与会代表围绕年会主题"民族和睦与文化发展"展开讨论，共同分享最新研究成果。

从以民族文化为本的视野来剖析。在市场化和全球化的时代，民族文化与企业发展关系已经得到了包括人类学在内的许多非经济管理学科越来越多的关注和研究。

在本次专题会议中，"老字号"企业得到了集中而充分的研讨。张继焦讨论的是"中国企业都'富不过三代'吗？——对'老字号'企业的调查与分析"、山西大学闫钟博士探讨的是"角色定位与企业再造——一个食品企业的重生"、上海社会科学院臧得顺博士讲述的是"上海市'老字号'企业调查与分析"、辽宁社会科学院王焯提交的论文为"老字号文化品牌建设路径探析"、中国社会科学院研究生院郭晓菲谈的是"'老字号'企业的技术创新——传统与现代的结合"等。

在本次专题会议中，马来亚大学中文系祝家丰博士分析的是"海外华人大企业与中华文化的传播：马来西亚张晓卿的星洲媒体集团"、欧亚大学马来西亚校区副校长王琛发博士提交的论文为"儒学传统在当代企业丛林的回转与进路"、中南民族大学管理学院市场营销系余序洲教授阐述的是"民族地区传统手工艺生产经营和少数民族特需品生产经营"、中国社会工作者协会企业公民委员会副会长兼总干事刘卫华讲述的是"企业公民保护民族文化优秀实践案例分析"等。

2. "企业文化、公司责任和都市发展"国际会议① （意大利，那不勒斯）

2012年9月10—14日，由国际人类学与民族学联合会下属两个专业委员会——企业人类学委员会（CEA）和都市人类学委员会（CUA）联合主办了一个人类学民族学国际会议，在意大利那不勒斯举行。② 本次会议的主题为"合理性议题：企业文化、公司责任和都市发展"，吸引了来自人类学、民族学、社会学、经济学、管理学、历史学等不同学科的，约200位各国学者。

---

① 李宇军：《走向国际的中国人类学——"对可持续发展的探讨：中国的城镇化、工业化和民族文化传承"国际会议综述》，黄忠彩、张继焦主编《对经济社会转型的探讨：中国的城市化、工业化和民族文化传承》，知识产权出版社2013年版，第333—338页。

② 中国人类学民族学研究会及其下属的都市人类学委员会，是此次国际会议的协办单位。世界上一些主要的人类学民族学学术团体和机构，如巴西人类学联合会、印度人类学联合会、东南欧洲人类学国际联合会、国际人类学与民族学联合会女性委员会、国际人类学与民族学联合会人权研究委员会、墨西哥社会人类学调查研究中心等，也是本次会议的协办单位。

在开幕式上，国际企业人类学委员会（CEA）主席、中国社会科学院研究员张继焦博士在致辞中指出，当下人类学的日子并不好过，世界各国的同行都面临着严峻的挑战。比如，如何将自己研究从农业转向工业、从自然经济转向知识经济、从传统村落转到现代企业等。又比如，如何帮助民族学专业毕业生在城市高科技企业中，找到一份高薪的好工作呢？

在这次会议上，中国人类学民族学研究会秘书长黄忠彩和中国社会科学院张继焦研究员两位同志联合组织了一个专题会议，其主题为"对可持续发展的探讨：中国的城镇化、工业化和民族文化的传承"。此专题会议分为5个单元来研讨。参会发言代表来自美国、法国、德国、中国、意大利等5个国家的近十个不同机构，如美国纽约州立大学、意大利博洛尼亚大学、德国马普宗教与民族多样性研究所、法国国立社会科学高等研究院、中国社会科学院民族学与人类学研究所、中国社会科学院研究生院、云南财经大学、中央民族大学、西北民族大学等。

3. 第一届国际工商人类学研讨会（广东，广州）

国际企业人类学委员会于2009年成立，"经营与人类学"国际论坛于2010年、2011年连续两年分别在大阪和香港举行。受此影响，在中国内地迎来了第一届国际工商人类学研讨会。这个会议由中山大学社会学与人类学学院主办、中山大学移民与族群研究中心承办，于2012年5月17—20日，在中山大学南校区图书馆召开。中山大学副校长魏明海致开幕词，中山大学社会学与人类学学院党委书记兼副院长、移民与族群研究中心主任周大鸣教授致欢迎辞。近50位来自海外相关领域的著名学者及国内部分高校、研究机构的专家学者参加了大会。会议闭幕式上，约翰·麦克格雷（John McCreery）教授对工商人类学在亚洲的发展进行了梳理，并对其在中国的发展寄予厚望。

4. 第三届"经营与人类学"国际论坛（北京）①

第三届"经营与人类学"国际论坛（简称"IFBA"），于2012年12月15—16日，在中国社会科学院民族学与人类学研究所顺利召开。会议主题是"企业和城市发展：并非全是经济的问题"。来自美国、加拿大、日本、马来西亚、中国大陆和中国香港6个国家和地区的近30名专家和

---

① 张继焦：《"企业和城市发展：并非全是经济的问题"国际会议纪要》，《民族研究》2013年第1期。

学者参加了会议。他们分别来自中国社会科学院民族学与人类学研究所、中国社会科学院研究生院、美国纽约州立大学、香港大学、香港树仁大学、日本国立民族学博物馆、日本天理大学、欧亚大学马来西亚校区、中央民族大学、汕头大学、中国石油集团经济技术研究院、马来西亚孝恩基金会等十多个机构。

中国社会科学院民族学与人类学研究所所长王延中研究员在开幕式致辞中指出，城市发展需要大批具有社会责任感的企业家。在企业发展并且促进城市现代化的过程中，一个值得关注的问题是，如何塑造和强化企业家社会责任感问题。经济发展离不开企业家的创造性，但更需要把创造性与城市社会可持续发展结合起来。企业家的社会责任心是其中的关键所在。中国人类学民族学研究会秘书长黄忠彩在开幕式致辞中指出，自2009年以来的两年，研究会牵头主持了一个题为"促进民族地区可持续发展"的国家社科基金重大项目。其中，张继焦负责了一个主题是"新一轮的产业转移：对民族地区可持续发展的影响"的子课题。目前，学术界和有关政府部门主要把产业转移作为一个经济现象来研究。其实，新一轮的产业转移将对包括民族地区在内的中西部地区的社会、文化和生态环境等产生前所未有的深刻影响。这些正是我们从人类学、民族学等非经济学角度必须面对的重大现实议题。

两天的会议分为6个专题小组进行交流。与会代表的发言主要围绕4个方面展开研讨：（1）对日本、印度、赞比亚、马来西亚、中国等不同国家的企业个案分析；（2）对传统杂货店、"老字号"企业、企业经营理念、企业文化、企业社会责任、国际品牌、非正式经济、劳动就业、企业与城市发展的关系等的专题研究；（3）对企业人类学这个新兴学科建设的探讨。比如，约翰·麦克葛里利讲述了基于社会网络和历史分析的民族志方法，加拿大学者田广博士谈了企业人类学的课程设计与教学等；（4）对新兴宗教和太极的传播、合作社、苍井空现象等的营销方式与文化因素的分析。

通过这次国际会议交流，与会代表一致认为，人类学、民族学、社会学等非经济学的学者，可以跟工商管理学、产业经济学、区域经济学等经济类和管理类的学者合作，共同探讨工业化、城市化中的生态环境保护、企业社会责任、城乡协调发展、民族文化传承、资源利用与可持续发展等有关问题。

5. 小结

自2009年以来的几年时间里，以东亚的企业人类学家为主，从昆明、大阪、香港到北京,世界各国的学者开展了四次学术聚会。在人类学和民族学研究者的积极努力下,联系了产业经济学、区域经济学、工商管理学、宏观经济学、社会学、历史学、宗教学等各个学科的学者,从多学科的视角,广泛而深入地探讨了企业和城市发展中的有关问题。这些探讨促进了现代企业人类学的发展。

五 2013年:企业人类学的世界性影响不断扩大

1. "第三届企业人类学国际论坛"(英国,曼彻斯特)

国际人类学与民族学联合会第17届世界大会于2013年8月5—10日,在英国曼彻斯特大学举行。会议主题为:"培养人文精神,面对现实世界(Evolving Humanity, Emerging Worlds)"。这次大会的参会代表来自69个国家[①],共1340人,提交了1480篇论文。[②]在这次世界大会上,国际企业人类学委员会组织了"第三届企业人类学国际论坛",包括10个专题会议:(1)"金砖五国"的全球化、新兴市场和社会变迁,召集人:古斯塔夫·里贝罗(Gustavo Lins Ribeiro)(国际人类学与民族学联合会副主席、巴西大学人类学教授、巴西人类学联合会前主席)、张继焦(国际

---

① 中国代表团一行十余人参加了此次盛会。2013年8月5日下午,在英国曼彻斯特市桥水大厅举行的大会开幕式上,大会组委会主席约翰·葛莱德赫尔(John Gledhill)提到了2009年在昆明成功举办的第16届大会,并向世界各国的代表分别点名介绍了中国代表团的三位领导:团长吴金光(中国人类学民族学研究会副秘书长、国家民委国际司副司长)、副团长王延中(中国社会科学院民族学与人类学研究所所长)、秘书长张继焦(中国人类学民族学研究会副秘书长、国际企业人类学委员会主席)。中国代表团的成员包括云南民族大学副校长和少英教授和该校少数民族女性和社会性别研究中心主任杨国才教授、西北民族大学民族学与社会学学院院长兼西北民族研究院院长文化教授、北京师范大学人类学研究所所长刘夏蓓教授、西南大学历史文化与民族学学院田阡教授、中国社会科学院民族学与人类学研究所郭宏珍副研究员和李晨生助理研究员,以及广东嘉应学院副校长薛访存教授、房学嘉教授、曹知博教授、肖文评教授、宋德剑教授、周云水教授等。还有一些是以个人名义或组织专题会议名义参会的中国学者,他们分别来自云南社会科学院、北京大学、中央民族大学、南京师范大学、厦门大学、湖南吉首大学、广东职业技术师范学院、香港大学、香港城市大学等近十家单位。我国学者张继焦教授被推选为"国际人类学与民族学联合会专业委员会理事会"副理事长,相当于国际人类学与民族学联合会副主席。这是我国代表团参加这次世界大会的重要收获之一。

② 这次大会共举办了212个专题会议、2场名家讲座、3场公开辩论会、1场开放式研讨会、1个图书展览、1个图片展览、多场影视片展播等。参见张继焦《国际人类学与民族学联合会第17届世界大会综述》,《世界民族》2014年第2期。

企业人类学委员会主席、中国人类学民族学研究会副秘书长、中国社会科学院民族学与人类学研究所研究员）；（2）家庭商业的人类学研究，召集人：滨田友子（国际企业人类学委员会秘书长、美国威廉—玛丽大学人类学系教授）；（3）人类社会、企业与市场，召集人：李宇军（中国社会科学院城市发展与环境研究所副研究员）；（4）艺术市场的人类学研究，召集人：中牧弘允（日本大阪吹田市博物馆馆长、教授）、日置一郎（日本京都大学教授）；（5）跨文化或跨民族商业活动的人类学研究，召集人：李宇军（中国社会科学院城市发展与环境研究所副研究员）；（6）"老字号"企业的人类学研究，召集人：张继焦；（7）知识经济的人类学研究，召集人：张继焦、滨田友子；（8）移民与劳动力市场：欧盟与亚洲的比较，召集人：鲁格·普利斯（Ludger Pries）（德国波鸿大学社会学教授）、张继焦；（9）人力资源与社会流动：北美与亚洲的比较，召集人：张继焦、朱爱岚（Ellen R. Judd）（加拿大曼尼托巴大学人类学教授、加拿大人类学联合会前主席）；（10）都市发展与企业社会责任，召集人：王葆华（Bernard P. Wong）（美国旧金山州立大学都市人类学研究中心主任、教授）、张继焦。参会代表分别来自美国、英国、加拿大、俄罗斯、巴西、南非、印度、日本、意大利、法国、西班牙、澳大利亚、阿根廷、哈萨克斯坦、马来西亚、印度尼西亚、中国大陆、中国香港等18个国家和地区，近80人。

2. 第二届国际工商人类学研讨会（上海）

第二届国际工商人类学研讨会，于2013年在上海华东理工大学举行。来自海外相关领域的著名学者、国内部分高校、研究机构的专家学者近50位参加了此次会议。

3. 第二届企业人类学国内研讨会暨"中国新一轮的城市化、工业化"专题会议（四川，成都）

第二届企业人类学国内研讨会暨"中国新一轮的城市化、工业化"专题会议，由中国人类学民族学研究会企业人类学委员会和都市人类学委员会联合组织，于2013年10月26—27日，在四川成都西南民族大学的"中国人类学民族学2013年年会"期间召开，召集人是中国社科院民族学与人类学研究所民族社会研究室主任和研究员、企业人类学委员会秘书长张继焦博士。参会代表和提交论文的作者分别来自广东省民族宗教研究院、甘肃省民族研究所、广州市社会科学院、首都经济贸易大学、云南师范大学、海南省三亚学院、马来亚大学中文系、香港城市大学等,共15人。

六 2014年:企业人类学立足亚洲,增强世界性影响力

1. "第四届企业人类学国际论坛"(日本,千叶)

国际人类学与民族学联合会(IUAES)2014年中期会议,于2014年5月15—18日在日本千叶市举行。① 这届中期会议由国际人类学与民族学联合会与日本文化人类学会(JASCA)联合举办。在日本中期会议上,国际企业人类学委员会组织了"第四届企业人类学国际论坛",包括3个专题会议:(1)文化多样性与企业中的多元文化主义,召集人:滨田友子(国际企业人类学委员会副主席、美国威廉-玛丽大学人类学系教授);(2)创意产业的人类学研究,召集人:八卷惠子(Keiko Yamaki)(国际企业人类学委员会副主席、日本就实大学商业管理系教授);(3)企业发展与当地社会、文化,召集人:张继焦(国际企业人类学委员会主席、中国社会科学院民族学与人类学研究所研究员)。参会代表分别来自美国、日本、马来西亚、中国4个国家的学者和专家,约20人。

2. "亚洲企业/商业发展的影响因素分析:经济性因素与非经济性因素"专题会议(中国,香港)

2014年3月14—15日,国际企业人类学委员会主席、中国社会科学院张继焦教授在香港亚洲研究学会第九届研讨会②上组织了一个专题会

---

① 这次中期会议的重要活动除了开幕式和闭幕式之外,主要的学术活动为:3场主旨演讲、150场专题会议、日本文化人类学会第48届年会和成立50周年庆典,以及世界人类学联合会理事会成立10周年纪念会议。参会代表来自76个国家,人数超过1000人(其中,参加IUAES2014中期会议的有880多人,参加JASCA有关会议的有200多人)。这届会议可能是历史上规模最大的一届中期会议。中国代表团的团长黄忠彩(中国人类学民族学研究会秘书长、国家民委民族问题研究中心副主任),副团长王延中(中国民族研究团体联合会会长、中国社会科学院民族学与人类学研究所所长)、秘书长张继焦(国际人类学与民族学联合会CC副理事长、中国社会科学院民族学与人类学研究所社会室主任),成员来自中国社会科学院民族学与人类学研究所、中国人类学民族学研究会、国家民委民族问题研究中心、吉林省民族宗教研究中心、广东技术师范学院、中国社会工作协会企业公民委员会等6个单位,共10人。参见张继焦《国际人类学与民族学联合会第17届世界大会综述》,《民族研究》2014年第2期。

② 香港亚洲研究学会历届研讨会曾在香港多家大学举行,包括2006年于香港城市大学,2007年于香港大学,2008年于香港浸会大学,2009年于香港公开大学,2010年于香港大学,2011年于香港中文大学,2012年于香港树仁大学,2013年于香港教育学院。

议,主题为"亚洲企业/商业发展的影响因素分析:经济性因素与非经济性因素"。

亚洲是全世界快速发展的地区之一。比如,东亚在2012年和2013年的增长率分别为6.4%和7.0%。很多人都认识到:亚洲企业/商业发展的基础是经济性因素,比如投资、技术和市场营销等,但是,很少有人认识到影响亚洲企业/商业发展的因素中有一些是非经济的,比如社会、文化和风俗习惯等。因此,我们需要更多地关注亚洲企业/商业发展与当地的民族文化、传统社会等之间的关系。本专题会议有一个主题发言,分为四个场次(企业发展与传统社会文化、海外经商与就业、中国的市场化与企业发展、中国的少数民族经济)依次进行研讨。报名参加本专题会议的共有20篇论文,共25位学者。他们来自加拿大、法国、日本、马来西亚、中国台湾、中国香港、中国内地多个城市(北京、上海、天津、广州、杭州、济南、汕头等)。他们分别来自20个机构:加拿大多伦多大学、法国社会科学高等研究院、日本东京大学、欧亚大学马来西亚校区、中国社会科学院民族学与人类学研究所、天津社会科学院、广州市社会科学院、广东省民族宗教研究院、上海对外经贸大学、中山大学、山东大学、中央民族大学、杭州师范大学、广东技术师范学院、华南旅游研究所、汕头大学、台湾中正大学、香港中文大学、香港城市大学、香港公开大学等。

3. 第四届"经营与人类学"国际论坛(韩国,首尔)

第四届"经营与人类学"国际论坛(简称"IFBA"),于2012年12月20—21日,在韩国延世大学顺利召开。① 本次会议的召集人是延世大学比较研究中心主任韩承美副教授。美国、日本、保加利亚、韩国、中国等5个国家的20多名学者和博士研究生参加了会议。会议分为全球化背景下的文化传统、文化与发展、我们如何研究文化事务、韩国企业在海外、企业人类学研究的新动向等5个专题依次研讨。韩国应用人类学联合会前主席、德成女子大学人类学系李容淑教授致开幕词。其中,有一批来自首尔大学、延世大学、德成女子大学等韩国几所大学的中青年人类学家到场发表演讲,令人耳目一新。

---

① 参加这个会议使笔者有机会第一次到韩国。韩国是笔者出访过的第31个国家和地区。这个国家很有意思,有很多地方可以跟中国进行比较,值得再去。

4. 第三届国际工商人类学研讨会（湖南，吉首）①

2014年5月9—10日，由吉首大学主办，吉首大学历史与文化学院、吉首大学应用人类学高等研究院和吉首大学商学院承办的第三届国际工商人类学研讨会在湖南湘西土家族苗族自治州吉首市举行。50余位来自中国、美国、加拿大、奥地利、法国等9个国家和地区的专家和学者参加了大会。吉首大学校长白晋湘致开幕词。

5. 第三届企业人类学国内研讨会暨"新型城镇化与民族文化传承发展"专题会议（辽宁，大连）

第三届企业人类学国内研讨会暨"新型城镇化与民族文化传承发展"专题会议，由中国人类学民族学研究会企业人类学委员会和都市人类学委员会联合组织，于2014年10月13—15日，在大连民族学院的"中国人类学民族学2014年年会"期间召开。召集人是中国社会科学院民族学与人类学研究所民族社会研究室主任和研究员、企业人类学委员会秘书长张继焦博士。参会代表和提交论文的作者分别来自中国社会科学院民族学与人类学研究所、南京大学、马来亚大学中文系、马来西亚韩江传媒大学学院、中国传媒大学、首都经济贸易大学、云南财经大学、上海财经大学浙江学院、中央民族大学、中南民族大学、厦门理工学院、北京化工大学、西藏民族学院、天津社会科学院社会学研究所、辽宁社会科学院文化人类学与民俗学研究所、桂林理工大学管理学院、山东大学、广东省民族宗教研究院、四川美术学院、广西师范大学漓江学院、丽水学院等20多个学术单位，共35人。

关于"城市发展与传统商业（老字号）的传承发展"的讨论，收到了6篇论文。天津社会科学院社会学研究所李培志博士的论文是《老字号在塑造城市文化特色中的几点思考》，认为老字号的社会性与文化传承性使其能够成为挖掘和培育城市文化特色的重要渠道。保护和促进老字号的发展与城市文化特色的塑造具有一定的关联性，有助于形成特色、个性的城市文化。老字号既是城市形象鲜明特征的集中体现，也是提升城市竞争力的重要支撑。辽宁社会科学院文化人类学与民俗学研究所副所长王焯

---

① 作为"第三届国际工商人类学研讨会"组织委员会共同主席、中国人类学民族学研究会企业人类学委员会秘书长，笔者本来为这次会议组织一个"品牌企业案例"专题会议。但是，由于特殊的原因未能办成此事。

的论文《城市发展中的老字号保护与传承——以沈阳为个案》，认为老字号大多位居商业旺铺和黄金地段，然而在现代城市发展进程中却备受冲击。该文借鉴国内外传统商业字号在现代城市发展中的成功经验，提出更好的保护和传承沈阳老字号的若干建议，如文物式保护、建立老字号商业街区、引导老字号开展现代企业营销、优先回迁等政策补偿等。广西师范大学漓江学院赵巧艳、桂林理工大学管理学院闫春合写的论文《文化资本视角下"老字号"的现代性转换——以钦州坭兴陶为例》，认为广西首批老字号钦州坭兴陶凭借自身的文化资本优势，借助文化资本三种基本形态的转型升级，以及文化资本主导下经济资本、社会资本和象征资本之间的联动机制，顺利完成了由"传统品牌"向"现代品牌"的转换，实现了"文化—资本—文化"之间的良性循环。马来亚大学中文系祝家丰博士的论文《城市化与海外华人饮食文化的传承：从咖啡店的变革看马来西亚华人咖啡文化的沿袭》指出：由于经历了西方的殖民，马来西亚华人的饮食文化亦受到英国人的影响。其咖啡文化和食用烤面包作为早点和午茶可说是殖民者的遗留。在1957年独立前后的马来西亚，传统华人咖啡店所售卖的咖啡和烤面包，深受华人和友族同胞喜爱。这股咖啡文化不只在本地流行，其更流传至华南地区的各地侨乡。马来西亚的城市化不但没有影响传统华人咖啡店的生存，其城市移民和城镇化更赋予咖啡店新的生命。该文主要探讨马来西亚华人传统咖啡店在城镇化过程如何转型和变革以应付城市人口和年轻人的需求。

关于"城市化、民族文化与文化产业发展"的讨论，也收到了6篇论文。比如，中国社会科学院民族学与人类学研究所王剑峰副研究员的论文是《文化产业化——西藏传统文化传承与发展的探索与经验》，认为国家对西藏的定位：重要的国家安全屏障、重要的生态安全屏障、重要的战略资源储备基地、重要的高原特色农产品基地、重要的中华民族特色文化保护地、重要的世界旅游目的地。因此，西藏的发展面临两大约束因素：一个是生态，另一个是稳定。在这两条红线约束下，西藏提出发展净土健康产业的战略。其中，文化产业化是其重要抓手，内容包含民族手工业、民族文化旅游业等，取得了良好的效果，不仅实现了产业结构调整、农牧民增收，同时也促进了传统文化的传承与发展。

七 2015 年：企业人类学的世界性影响进一步增强

1. "第五届企业人类学国际论坛"（泰国，曼谷）

国际人类学与民族学联合会（IUAES）2015 年中期会议，于 2015 年 7 月 15—17 日在泰国曼谷举行，由泰国国立法政大学承办。会议主题是"重新想象人类学与社会学的边界"。在泰国中期会议上，国际企业人类学委员会组织了"第五届企业人类学国际论坛"，包括 4 个专题会议：(1)"海外华人的经商：社会网络、组织与文化"，召集人：张继焦（国际企业人类学委员会主席、中国社会科学院民族学与人类学研究所研究员）；(2)"东盟国家：商业发展与当地社会、文化的关系"，召集人：王琛发（马来西亚 UEA 宗教研究所）；(3)"中国论坛：民族地区和少数民族的发展"，召集人：王延中（中国社会科学院民族学与人类学研究所所长、研究员）；(4)"金砖五国：全球化、新兴市场和文化变迁"，召集人：安德鲁·施皮格尔（Andrew D. Spiegel）（国际人类学与民族学联合会财务官、南非开普敦大学人类学系教授）。(5)"管理理念和工作价值观：代际传承和跨文化传播及其途径"，召集人：八卷惠子（国际企业人类学委员会副主席、日本就实大学商业管理系教授）。有来自南非、马来西亚、印度、新加坡、日本、印度尼西亚、泰国、中国 8 个国家的 30 多位学者参加研讨。

2. 第四届国际工商人类学研讨会（天津）

第三届国际工商人类学研讨会于 2015 年 5 月 22—25 日在天津财经大学举行。本次会议邀请了国内外工商人类学家，交流了工商人类学研究方法、实践与经验，共同分享了该领域的前沿研究趋势，探讨了世界及中国社会转型期的工商人类学发展命题。

3. 第四届企业人类学国内研讨会暨"城市转型与民族传统商业（老字号）的传承发展"专题会议（贵州，贵阳）

第四届企业人类学国内研讨会暨"城市转型与民族传统商业（老字号）的传承发展"专题会议，由中国人类学民族学研究会企业人类学委员会和都市人类学委员会联合组织，于 2015 年 10 月在贵州民族大学的"中国人类学民族学 2015 年年会"期间召开。

八 总结：由中国学者主导的企业人类学已形成世界性影响

从 2009 年到 2015 年，企业人类学这七年的历程大致可以总结为以下五个发展阶段。

第一阶段，企业人类学的安身立命始于 2009 年。2009 年 7 月，在国际人类学与民族学联合会第十六届世界大会上，召开了"第一届企业人类学国际论坛"、成立了"国际企业人类学委员会"、初步整合了国内外企业人类学的学科名称和学术体系。这三个礼仪性事件标志着企业人类学作为一门新兴学科的成型，即学科成年礼，不是诞生礼。

第二阶段，企业人类学在亚洲的崛起始于 2010—2011 年。中国、日本、美国三个传统人类学强国的学者联手[1]，从 2010 年开始促进企业人类学在亚洲发展起来，以第一届"经营与人类学"国际论坛（日本，大阪）为标志，并以日本大阪、中国北京、中国香港、韩国首尔 4 个城市为基地，企业人类学在亚洲和世界性的学术网络得到了进一步的强化。

第三阶段，从 2012 年开始，企业人类学立足中国，开展与国际学术界合作。在"中国人类学民族学年会"第一次组织企业人类学方面的国内专题会议，即第一届企业人类学国内研讨会暨"企业人类学：对民族文化与企业发展的探讨"专题会议（甘肃，兰州）。由于国际企业人类学委员会于 2009 年成立，"经营与人类学"国际论坛于 2010 年、2011 年连续两年举行，受此影响，在中国大陆迎来了中山大学开办的第一届国际工商人类学研讨会。除了"请进来"，企业人类学的国际合作还跨到了欧洲的意大利，与国际都市人类学委员会合作，在那不勒斯召开了"企业文化、公司责任和都市发展"国际会议。

第四阶段：自 2013 年起，企业人类学的世界性影响不断扩大。在英国曼彻斯特大学，国际企业人类学委员会在国际人类学与民族学联合会第 17 届世界大会（2013）上组织了"第三届企业人类学国际论坛"包括 10 个专题会议，又在国际学术舞台上开展了一次企业人类学者和博士研究生的国际大集合。

第五阶段：最近两年（2014—2015 年），企业人类学立足亚洲，增强世界性影响力。2014 年，企业人类学在亚洲召开了 3 次国际会议：3 月在香港亚洲研究学会第九届研讨会上组织了一个专题会议，5 月在国际人类学与民族学联合会（IUAES）2014 年中期会议期间召开了"第四届企业

---

[1] 张继焦：《企业人类学：作为一门世界性的前沿学科》，《杭州师范大学学报》（社会科学版）2014 年第 4 期。

人类学国际论坛"（日本，叶），5月召开第三届国际工商人类学研讨会（湖南，吉首），12月在韩国延世大学召开第四届"经营与人类学"国际论坛（首尔）；2015年7月，在国际人类学与民族学联合会（IUAES）2015年中期会议期间召开了"第五届企业人类学国际论坛"（泰国，曼谷），包括4个专题会议，参会学者来自南非、马来西亚、印度、新加坡、日本、印度尼西亚、泰国、中国等8个国家。

综合来看，企业人类学已形成3个国际性系列会议、一个国内系列会议："企业人类学国际论坛"系列，从2009年开始，已办4次，今年在泰国办第5届论坛；"经营与人类学"国际论坛系列，从2010年开始，已办4次，今后将在马来西亚办第5次会议；国际工商人类学研讨会系列，2012年起步，至今已办3次会议，2015年在天津办第4届；企业人类学国内研讨会系列，2012年起步，至今已办3次会议，2015年在贵州办第4届。

总而言之，企业人类学这门分支学科，是以中国学者为主体联合各国学者创立起来的，它不但已形成了一个全球性的专业学术团体，而且已对其学科名称和知识体系进行了初步的梳理和整合。由中国学者主导而创立企业人类学，这种学科建设成就终于跨越了有些中国学者习惯于亦步亦趋跟在欧美学者屁股后面做学问的方式，不但让中国的人类学民族学走到了世界学术的前沿阵地，而且统领着这个国际学术舞台或占据着一个的世界学术制高点。这是中国人类学民族学界历经百年经过六代人持续不断努力的成果。面向未来，无论是在中国还是在国际上，企业人类学蕴藏的发展潜力将不断得以释放出来。

第四节 企业人类学的最近学术成果和研究进展

虽然2013年笔者已谈过"企业人类学关注什么"[①]，但是，该文写得不够系统和全面。在此，笔者想从学科成果或出版物的角度，主要回顾和总结自2009年以来近六年（2009—2015）的时间里，企业人类学都在探讨什么热门议题，取得了哪些主要的研究新成果，即国内外最新的科研成果和研究动态。

---

① 张继焦：《企业人类学关注什么》，《管理学家》2013年第9期。

一　不断推出新的学术成果

企业人类学诞生于 20 世纪 30 年代，经过近 80 年的世界各国（主要是美国、中国、日本等三国）人类学者的不懈探索，历经了工业人类学、组织人类学、工商人类学、经营人类学、企业人类学等不同的发展阶段及其相应的不同名称，到 2009 年 7 月，本学科的名称国际学界被整合为"企业人类学"[①]。

1. 第一篇"企业人类学"学术论文

实际上，在此之前的一年，国内学术界为了迎接企业人类学这个新兴学科的诞生，预先进行了两场学术演练，2008 年 7 月在北京召开了一个名为"企业人类学：实证与应用研究"座谈会，国内十多个机构的代表参加了会议[②]；约一个月之后，8 月又在北京召开了"企业人类学：中国—加拿大案例比较研究"座谈会[③]。大半年之后，2009 年初，第一篇以"企业人类学"为题的学术论文正式发表。作者通过这篇论文，一是初步框定了企业组织、企业文化、跨文化管理、人力资源管理、消费者行为分析、产品设计、市场营销、企业社会责任等 12 个领域，作为企业人类学的研究对象和研究范围；二是呼吁更多的人类学、民族学、心理学、社会学等非经济管理类学科的研究者，加入企业人类学的行列，因为在现代工商业社会，企业已经成为重要主体之一；三是满怀希望，坚信未来企业人类学作为一门学科将有广阔的发展前景。[④] 这篇企业人类学开拓性的中文论文，初步回答了人类学是否应该和如何可以从事企业实证分析与应用研究这个问题。

[①] 2009 年 7 月下旬，在国际人类学与民族学联合会第十六届世界大会上，通过设立"国际企业人类学委员会"、召开了"第一届企业人类学国际论坛"、统一学科名称为"企业人类学"等三件事，企业人类学的国际学科地位得到了确立。参见张继焦《企业人类学：作为一门世界性的前沿学科》，《杭州师范大学学报》（社会科学版）2014 年第 4 期。

[②] 张继焦：《"企业人类学：实证与应用研究"学术座谈会简述》，《民族研究》2008 年第 4 期。

[③] 参加这个会议的有 15 位学者和研究生。在会上发言的有：林小华（加拿大怀尔逊大学工商管理学院国际研究中心主任，教授）、关键（加拿大怀尔逊大学国际移民评估项目主任，博士）、张继焦（中国社会科学院民族所，研究员）、尉建文（中央财经大学，博士）、杨俊（南开大学商学院，博士）等。

[④] 张继焦：《企业人类学的实证与应用研究》，《云南民族大学学报》2009 年第 1 期。

2. 对企业人类学案例分析和实证研究的探索

也是在 2009 年这一年，为了展示企业人类学进行实证研究和案例分析的情况，笔者把 2005 年在马来西亚对近 30 位华商和经理人进行深入访谈获得的丰富个人生活史口述资料，进行个案分析，总结出影响企业家和经理人成功的几个关键因素：对市场的洞察力、对技术变化的适应能力、从商或从业经验、受教育程度、管理能力和资金实力、客户关系或社会关系资源、家庭支持、行业或职业的专注程度等。比如，笔者认为，受教育程度高是获得商业成功的充分条件，但并不是必要条件。在近 30 位受访人中，只有不到 10 位人接受过高等教育，却有半数（15 位）没有接受过高等教育，有的只有小学或者初中教育程度。从这些受访者的成功经历来看，从商或从业经验是否丰富，比受教育程度的高或低更为重要。又比如，笔者认为，管理能力和资金实力不是获得成功的初始条件，管理能力和资金实力都是经过多年的从商活动才慢慢地积累起来的。在近 30 位受访人中，有 25 位都有较为丰富的从商或从业经验，有十多位从十几岁就出来闯荡了，有 2 位有外企从业经验，有 3 位有银行从业经验。只有 2 位虽然从商经验丰富，但是因为从事的是小商小贩而难有较大的发展。有一位的经历则给了我们一个反面的例子，由于他年轻时从商经验太少，虽然曾经获得短暂的大胜但最后却输得很惨。① 在此基础之上，张继焦与张远华合写了一本书《东南亚 50 位华人领袖、华商和经理人访谈录》。时任全国政协委员、中国侨联副主席、中国华侨文学艺术家协会会长林明江为此书写了序。他写道："着重从新马泰工商界中选出一批杰出人物奉献给海内外的读者。该著作从不同角度叙述这些商界名人的奋斗、发展、成就、贡献的方方面面，感人至深！我本人是归国华侨，从事侨联工作多年，我接触过这些著名侨商，有些还是相交多年的老朋友。我感到他们不但事业有成，业绩非凡，而且非常热心公益事业，为人品德高尚，是做人的楷模、做事的榜样。在侨居地政治、经济、文化、社会各界当中，还有许许多多的杰出人物，希望有更多的书刊介绍他们的辉煌人生和高尚情怀。"②

---

① 张继焦：《企业人类学关于"成功"的案例分析——对马来西亚 28 位华商和经理人的访谈及其分析》，《学术探索》2009 年第 4 期。

② 全国侨联副主席林明江："序言一"，《亚洲的城市移民——东南亚 50 位华人领袖、华商和经理人访谈录》（张继焦、张运华著），知识产权出版社 2009 年版，第 1 页。

3. 第一本英文企业人类学著作

两年之后，2011 年，世界上第一本英文的企业人类学著作正式出版发行了，书名为《企业人类学：应用研究和案例研究》（*Enterprise Anthropology*: *Applied Research and Case Study*）。虽然此前国际上有过几本冠名为"商业人类学"①"组织人类学"②"经营人类学"③之类的论著出版，但是，一直没有一本论著是以企业人类学为书名的。这本论著由中国社会科学院张继焦教授和马来西亚新纪元学院副院长文平强教授联合主编，共收录了 11 篇论文，作者来自美国、荷兰、芬兰、波兰、马来西亚、印度、中国等 7 个国家，具有明显的国际性学术视野和多学科交叉研究特征。

荷兰鹿特丹大学的迪杰克（Meine Pieter van Dijk）教授分析了信息产业（IT）的企业家精神与创新、企业集群、网络与制度变迁等一些实业界热议的话题。据《财经时代》报道：2006—2009 年亚太地区（不包括中国）的信息产业发展速度是北美的两倍；5 年内，将新增 100 万个就业岗位，新增 113 亿美元税收；对该地区的经济贡献量约为 5000 亿美元。④他注意到：很多研究者，如皮克和森根博格（F. Pyke and W. Sengenberger）⑤，强调了共同的文化背景对工业区发展的重要性，在实证研究中应对制度性因素进行分析。比如，他分析了制度变迁的几个不同层面，见如表 1 - 2 所示。⑥他所讨论的这些话题与中国当今非常热门议题——"互联网 +"密切相关。

---

① 例如 Jordan, Ann, 2002, *Business Anthropology*, Long Grove: Waveland Press。
② 例如 Wright, Susan (ed.), 1994, *The Anthropology of Organizations*, London: Routledge。
③ 例如，中牧弘允、日置弘一郎两位日本教授，从 1993 年开始主持了一系列关于企业文化的共同研究项目，其成果以"经营人类学系列丛书"的形式，由大阪的东方出版社陆续出版面世。
④ Financial Times, 1 - 3 - 2006.
⑤ Pyke, F. and W. Sengenberger, 1992, Industrial Districts and Local Economic Regeneration, Geneva: IILS.
⑥ Dijk, Meine Pieter van, 2011, Entrepreneurship and Innovation, the Role of Clusters, Networks and Institutional Change for China's IT Sector, in *Enterprise Anthropology*: *Applied Research and Case Study*, Zhang Jijiao and Voon Phin Keong (eds.), Beijing: Intellectual Property Publishing House. pp. 13 - 35.

表 1 – 2　　　　　　　　　　制度分析中的不同层面

四个不同层面	分析每个层面的目的
1. 内化性的因素：非正式制度、风俗习惯、传统、规范与宗教	经常是不用精于算计的，基于社会伦理的，自然而然的
2. 制度环境：正式的游戏规则，特别是关于产权的规则（如政治组织、司法制度、官僚机构）	排在第一位的规则是使制度运行环境合适，以使经济活动有规矩（比如，确定产权）
3. 治理：已实行的游戏方式，特别是通过转型对治理结构进行矫正	排在第二位的规则是使治理结构合适，以使经济活动有规矩（如设计制度安排）
4. 资源配置与雇佣关系（价格与质量，激励性结盟）	排在第三位的规则是使边际条件合适，以使经济活动符合新古典理论的规矩

在《企业人类学：应用研究和案例研究》一书中，芬兰埃博学术（Åbo Akademi）大学高级讲师瓦尔贝克（Östen Wahlbeck）博士调查分析了土耳其移民在芬兰的自雇佣与经济社会整合情况。总的来说，自雇佣在芬兰不是一个常见的现象。2000 年初，自雇佣占全部雇佣总数的 12%，如果把在农业部门就业的剔除掉，自雇佣就只有 9%。据芬兰国家统计局的数据，到 2009 年 12 月 31 日为止，出生于土耳其、拥有芬兰永久居住权的总共有 4890 人，男性 3620 人、女性 1270 人，自雇佣者以男性为主。另据芬兰贸易部统计，土耳其裔老板也以男性为主。[①]

来自前社会主义国家——波兰的年轻学者，华沙大学罗曼尼恩柯（Lisiunia A. Romanienko）博士对生物科技公司进行了调查，分析人文因素对这类科技公司发展的影响。[②]

马来西亚学者的两篇论文分别探讨了马来西亚的华人企业家及其商业成就、马来西亚的华人商会与华人社会的关系。其中，知名学者文平强教授的论文《勇敢无畏的企业家和不寻常企业成就：马来西亚华商的经历》，讲述了马来西亚华人企业家在观赏鱼养殖业和金丝燕燕窝经营两个

---

① Wahlbeck, Östen, 2011, "The Economic and Social Integration of Self – Employed Turkish Immigrantsin Finland", in *Enterprise Anthropology: Applied Research and Case Study*, Zhang Jijiao and Voon Phin Keong (eds), Beijing: Intellectual Property Publishing House, pp. 76 – 91.

② Romanienko, Lisiunia (Lisa) A., 2011, "Saboteurs at the Biotech Tradeshow: Demonstrable Human Factors Subverting Scientific Enterprise", in *Enterprise Anthropology: Applied Research and Case Study*, Zhang Jijiao and Voon Phin Keong (eds.), Beijing: Intellectual Property Publishing House, pp. 125 – 144.

领域取得的商业成就,分析了影响其成功的重要因素。[①]

印度学者库利拉尼(B. Francis Kulirani)比较分析了印度东北部地区[②]和加拿大中部省区[③]土著人社区旅游业发展中的创意产业。比如,作者列出了加拿大土著社区旅游业涉及的行业包括:(1)交通运输业:航班安排、航行许可、地面运输等;(2)零售业:艺术品和手工艺品、加油站酒吧、便民店、旅游信息中心等;(3)旅游景点:博物馆、游乐园、植物园、历史名胜、剧场、宾果游戏厅和赌场、高尔夫场等;(4)住宿:酒店、会议和展销会、垂钓帐篷、度假村、汽车旅馆、小木屋、招待所、房车公园和露营地、传统土著民居等;(5)餐饮:特许餐厅、非特许餐厅、食物供应服务、饮水供应服务等;(6)旅游服务:旅行社、旅游经营者等;(7)户外项目:观鲸、钓鱼许可、乘飞机去狩猎和垂钓、一般的狩猎和垂钓、观赏野生动植物、有导游的旅行、骑马郊游等;(8)活动类:歌舞演出、文化节演出(如萨满表演)、会议和展销会、竞技表演、长曲棍球比赛、乘坐狗拉雪橇、划独木舟比赛、传统游戏等。比较而言,印度东北部地区的旅游业与加拿大土著的旅游业是不完全一样的。[④] 另一位印度学者罗伊(Chandreyee Roy)调查分析了印度山区部落基于森

[①] Voon, Phin Keong, 2011, "Bold Entrepreneurs and Uncommon Enterprises: The Malaysian Chinese Experience", in *Enterprise Anthropology: Applied Research and Case Study*, Zhang Jijiao and Voon Phin Keong (eds.), Beijing: Intellectual Property Publishing House, pp. 36 - 55; Chin, Yee Whah and Lee, Yok Fee, 2011, "Chambers of Commerce and Chinese Business Enterprise in Malaysia", in *Enterprise Anthropology: Applied Research and Case Study*, Zhang Jijiao and Voon Phin Keong (eds.), Beijing: Intellectual Property Publishing House, pp. 56 - 75.

[②] 在地理上,印度东北部与中国、不丹、缅甸、孟加拉国四国接壤,又和印度主体大陆相对隔离,常被称为"印度东北三角"。目前,共有7个邦,共有分属于5个不同种族集团的160个表列部族及400多个部落和亚部落群。他们传统各异,语言不同,生活方式和宗教信仰差异很大。

[③] 加拿大中部三省为:阿尔伯塔省、萨斯科彻温省、曼尼托巴省。加拿大的土著居民(印第安人、米提人和因纽特人)约占其总人口(3540万人)的3%,约106百万人。

[④] Kulirani, B. Francis, 2011, "Cultural Industry Enterprise by the Indigenous Communities of the North East India and Central Provinces of Canada: A Comparative Study of Tourism Enterprise in the Context of Aboriginal Communities", in *Enterprise Anthropology: Applied Research and Case Study*, Zhang Jijiao and Voon Phin Keong (eds.), Beijing: Intellectual Property Publishing House, pp. 92 - 105.

林资源建立起来的环境友好型企业。①

美国印度裔年轻学者乔度里（Soumyadeb Chaudhuri）以印度著名的大型综合性企业——塔塔（Tata）集团②为案例，分析了其企业社会责任。③

中国的两位学者海南大学旅游学院杨红副教授和中国社会科学院张继焦研究员合写了一篇论文，以海南文昌鸡经营企业为案例，探讨了利用地方特色食品和餐饮文化④，开展企业经营的路子。⑤

此外，本著作的第一篇文章由张继焦撰写。他回顾了企业人类学的发展历程，乐观地展望了其未来发展前景。⑥

二 世界各国学者对企业人类学的探讨

1. "经营人类学"的有关论著

日本学者中牧弘允（Hirochika Nakamaki）教授是经营人类学的倡导者和开拓者之一，相关成果非常丰富。

2010年，中牧弘允在《广西民族大学学报》（哲学社会科学版）2010

---

① Roy, Chandreyee, 2011, "Regeneration of Forest Resource Based Tribal Enterprise: An Approach towards the Eco-friendly Environment", in *Enterprise Anthropology: Applied Research and Case Study*, Zhang Jijiao and Voon Phin Keong (eds.), Beijing: Intellectual Property Publishing House, pp. 170–179.

② 塔塔集团创立于1868年，总部位于孟买，是印度最大的集团公司。其商业运营涉及七个领域：通信技术、工程、材料、服务、能源、消费产品和化工产品；旗下拥有100多家运营公司，其办事机构遍布世界六大洲80多个国家；全球各地的职员数量超过45万人；共有31个上市公司，截至2012年10月4日其市值总额约936.7亿美元。2011—2012财年，其总收入为1000.9亿美元，其中58%来自于海外业务。

③ Chaudhuri, Soumyadeb, 2011, "Corporate Social Responsibility: The Case of an Indian Conglomerate — Endeavors by TCS, A Tata Group Company", in *Enterprise Anthropology: Applied Research and Case Study*, Zhang Jijiao and Voon Phin Keong (eds.), Beijing: Intellectual Property Publishing House, pp. 145–159.

④ 海南最为著名的四大食材或名菜为：文昌鸡、加积鸭、东山羊和乐螃蟹。

⑤ Yang, Hong and Zhang Jijiao, "Utilizing Local Characteristic Culture to Do Business: A Case Study of Hainan Longquan Group, China", in *Enterprise Anthropology: Applied Research and Case Study*, Zhang Jijiao and Voon Phin Keong (eds.), 2011, Beijing: Intellectual Property Publishing House, pp. 160–169.

⑥ Zhang, Jijiao, 2011, "Introduction to Enterprise Anthropology: Review and Prospect", in *Enterprise Anthropology: Applied Research and Case Study*, Zhang Jijiao and Voon Phin Keong (eds.), Beijing: Intellectual Property Publishing House, pp. 1–12.

年第 5 期组织"经营人类学"专栏,共收录了 5 篇论文:吴咏梅的《日本的经营人类学》一文,重点介绍了中牧弘允教授、京都大学日置弘一郎教授主持的有关企业文化的一系列研究课题和成果。中牧弘允著、吴咏梅译的"日本社缘共同体中的宗教祭祀"一文指出,一直以来,日本公司都在公司内部或建筑物顶上建造祠庙和祭拜神灵,在高野山设立企业的公共墓地,以佛教仪式对已故公司职员进行祭祀。日本企业试图通过这些共同参与的社会活动,确保其职员长期的经营努力。日本女人类学者郑锡江译八卷惠子的《服务创出的礼仪体系——工作的人类文化学》一文,以航空公司提供的服务为例,将服务定义为一种"信息",将服务提供者和接受者的共同创造活动,视为价值交换过程,提出"了服务价值模型":客机乘务员通过将信息传递给乘客,以创造出有价值的服务。张继焦的《中国的城市移民经济文化类型的形成:民族企业与民族企业家的作用》一文,对近些年在中国一些城市调查获得的第一手资料进行分析,指出民族企业和民族企业家对少数民族流动人口在城市里形成具有本民族特点的经济文化类型过程中,起着最重要和实质性的作用。日籍华裔学者晨晃的《家乐福的企业文化以及在中国的成功》一文,通过分析家乐福进入中国零售市场的成功事例,进而指出了中国传统商业文化中存在的问题。①

2011 年,中牧弘允教授的专著《日本会社文化——昔日的大名,今日的会社》在中国出版。他在这书中写道:日本的 GDP 在 20 世纪 60 年代末,排名世界第二。这种经济高速发展带来的繁荣主要是因为会社(特别是株式会社)的作用。如果没有会社,也就没有现在的日本。在各种会社中,几乎所有的大会社都是株式会社。在株式会社促进日本发展的情况下,产生了"会社主义","日本株式会社论"也随之登场,在 20 世纪 60 年代末开始备受海内外的注目。比如,美国商务部的一份报告《日本株式会社》(Japan, The Government - Business Relationship) 强调政府与企业的同心协作是实现日本经济高速发展的主要原因。"会社"这个词,被固定翻译为英语的"Company"一词,让人觉得它代表着欧美企业那样的现代组织。对此,中牧先生进一步分析道:我们应该注意到会社与日本社会的构成原理有着密切的关联。它的组织和运作模式不是直接从欧

---

① [日] 中牧弘允作为封面学者主持的"经营人类学"专栏,见《广西民族大学学报》(哲学社会科学版) 2010 年第 5 期。

美传来的，而是基于日本社会的历史文化传统之上而形成的。根据梅棹忠夫、山本七平、石川健次郎等的研究表明，被称为日本株式会社的大企业，和欧美的股份公司相比，更接近江户时代的藩，是从封建时代的幕藩体制[①]传统母体中发展起来的，不是第二次世界大战之后日本经济快速增长期的突发现象。比如，梅棹忠夫认为，日本企业经营是藩的延伸，从武士们的系谱那里可以找到企业战士的影子。明治之后，藩的一些产业开发的做法被会社组织所继承。领主、家老、藩士这样的等级结构也与会社中的社长、董事、社员这样的组织结构非常相似。一些经济术语如重役（监事）、取缔（董事）、头取（行长）、勘定（账目）、株（股票）、手形（票据）等词汇也是从以前传下来的。又比如，山本七平将藩作为经营体来把握，认为"藩株式会社"的"富藩主义"是"日本株式会社"和"富国"的原型。因为藩的经营活动不只是为了追求自身的利润，而且也追求藩这个共同体的利益。[②] 中牧弘允的上述观点，与梅棹忠夫提出的"平行进化论"有关。1957 年，梅棹忠夫在《文明的生态史观》[③] 中，不同意人们理解日本通常采用的两种分析模式（模仿说[④]、转向说或突变论[⑤]），提出了"平行进化论"[⑥]。他相信文明的连续性，声称日本从一开始就具有欧洲文

---

① 幕藩体制指以德川幕府为中心的政治、经济、社会体制。德川幕府统管具有自治权利的藩的联合体，平衡了地方分权与中央集权的封建体制。

② ［日］中牧弘允：《日本会社文化——昔日的大名，今日的会社》（1992 年），何芳译、王向华监译，北京大学出版社 2011 年版，第 49—52 页。

③ ［日］梅棹忠夫：《文明的生态史观》，日本中央公论社 1957 年版。

④ 模仿说指的是日本的模仿文明，即日本人是模仿的动物，日本不过移植了西方文明，一个世纪以来通过不断模仿西方而建立起一个酷似西方的文明，而在此前它模仿的则是中国。

⑤ 转向说或突变论，指的是日本人具有极强的自我修正能力，在 19 世纪西方冲击到来后，改变了原有道路。

⑥ 日本像黑洞一样吸纳着各种信息，自身却不发出任何光线，不对自己作出任何解释，因此，外界对这个国家充满猜测。梅棹忠夫相信文明的连续性，并指出：只有了解了昔日日本的传统，才能对今天的困惑作出某种解释。他还指出，关于日本的模仿说和转向说，这两种理解方式都是典型的线性思维，认为只有遵循了西方式道路才可能成功。日本与中国、朝鲜等远东文明并不相似，它的发展轨迹也不可能在 1868 年明治维新开始时就突然转向，事实上，日本在自身社会的发展与西欧文明的兴起遥相呼应。日本既吸收了中国传统也吸收了西方文明，但归根到底，它拥有自己的生长方式，不管是儒家或是基督教，其实都从未真正占领日本，日本文明的奇特性在于它吸收的外在力量越多，它自身的传统就保存得越好。日本不仅仅意味着凶残的战争制造者，而且是儒家文明与西方技术的混合体，比如，索尼与松下的电器，拥有自身的传统与独特性，而不是一味模仿西方。

明的要素①。由此,我们可以看到,日本学者对本国民族文化传统连续性的自信。

2013 年,中牧弘允和英国学者塞奇威克(Mitchell Sedgwick)联合主编了一本英文论著《经营与人类学:关注神圣空间》(*Business and Anthropology: A Focus on Sacred Space*),由日本国立民族学博物馆正式刊用出版。这本书的论文主要来自 2010 年 7 月 23—25 日,中牧弘允在日本大阪组织的同一主题国际学术会议②。本书分为四大部分,总共收录了 14 篇论文。作者分别来自美国、英国、荷兰、丹麦、日本、中国内地、中国香港等 7 个国家和地区。其中,收录了几位国际比较知名的企业人类学家的论文,如美国北得克萨斯大学安·乔丹(Ann Jordan)教授关于沙特阿拉伯商业神圣事项的论争、美国威廉与玛丽大学滨田友子教授关于公司宴会和商业仪式的三层次分析、丹麦哥本哈根商学院布莱恩·莫瑞教授从艺术品展示的象征空间看公司的价值观、香港中文大学王向华副教授对管理理念进行了解读、中牧弘允教授将上海世博会作为神圣空间来分析、张继焦教授将上海世博会作为一个国有企业来进行剖析等。③

2. "工商人类学"的有关论著

2012 年,田广、周大鸣两位学者联合主编的《工商人类学》,由宁夏人民出版社出版。这本书虽然是中文书,但收录其中的都是翻译文章。在书中,主编参照美国的模式认为,工商人类学的 5 个主要研究领域分别

---

① 梅棹忠夫认为,在 17—19 世纪的江户时代,日本分裂成近百个藩,这与欧洲近代的城邦制很相似,同时由于这些藩都在德川家康为守的幕府统治下,这一统治又类似法国波旁王朝的君主制。从 17 世纪开始兴起的町人则像是欧洲同时代的商人一样富有进取精神,他们拓展商业活动,并带动了消费,日本的陶瓷业在 16 世纪便得到了飞跃发展,17—18 世纪则是酿造业发展期,在 17 世纪末,作为出版业中心的京都已有了 70—80 家书店,每年出版 170 种新书,好似日本的文艺复兴……尽管日本的 17—19 世纪常常被视作一个"锁国"的年代,但这种锁国却恰好终止了中国对于日本的影响,日本自身的文明开始逐渐发育,其特殊历史遗产给它带来的发展恰好与欧洲文明相似。

② 参见张继焦《企业人类学的新探索:近些年的学术活动及其研究动态》,《创新》2015 年第 3 期。

③ Nakamaki, Hirochika and Mitchell Sedgwick (eds.), 2013, *Business and Anthropology: A Focus on Scared Space*, Osaka: Japanese National Museum of Ethnology, Senri Ethnological Studies 82.

是公司战略、市场营销、企业文化、消费者行为、产品设计和研发、人力资源。①

2013年，田广、马勒文杰克（Alfons van Marrewijk）、莉莉丝（Michael P. Lillis）三人合编《工商人类学通论》（英文，第2版），由美国北美工商出版社正式出版。全书共13章，各章的编排顺序为："导论：从商业到工商人类学""工商人类学的发展""工商人类学的研究方法""工商世界的文化议题""人类学、文化变迁和干预""开展工商研究的民族志方法""市场、市场营销与人类学""人类学与消费者行为""人类学与产品设计""人类学、竞争情报与知识管理""全球化、国际商务与人类学""企业家精神的人类学研究""工商教育与人类学的未来"等。②

3. 各国学者关于企业和城市发展的探讨

2013年，美国旧金山州立大学华裔都市人类学教授王葆华、中山大学人类学系特聘教授、马来西亚籍人类学家陈志明联合主编出版了一本英文新著：《世界各地的唐人街：镀了金的非法聚集区、民族都市区、移民文化社群》（*Chinatowns around the World: Gilded Ghetto, Ethnopolis, and Cultural Diaspora*）。该书分为10章，分别涉及加拿大温哥华、美国纽约和芝加哥、澳大利亚悉尼、法国巴黎、葡萄牙里斯本、秘鲁利马、古巴哈瓦那等八个大城市的唐人街，以及日本第一个新唐人街——东京池袋唐人街。作者都是基于实证数据和资料来分析这些分布于五大洲（北美洲、南美洲、欧洲、大洋洲、亚洲）的唐人街的社会现实，因为这些华人社区转型之中，其本质和功能正在发生着变化。③

王延中在"企业和城市发展：并非全是经济的问题"国际会议开幕式上的致辞指出，在企业发展并且促进城市现代化的过程中，一个值得关注的问题是，如何塑造和强化企业家社会责任感问题。中国的经济发展离不开企业家的创造性，但更需要把创造性与城市社会可持续发展结合起

---

① 田广、周大鸣主编：《工商人类学》，宁夏人民出版社2012年版。

② Tian, Robert Guang, Alfons van Marrewijk and Michael P. Lillis, 2013, *General Business Anthropology* (2nd Edition), Washington, DC: North American Business Press.

③ Wong, Bernard P. and Tan, Chee-Beng, 2013, *Chinatowns around the World: Gilded Ghetto, Ethnopolis, and Cultural Diaspora*, Leiden and Boston: Koninklijke Brill NV.

来。企业家的社会责任心是其中的关键所在。①

  2013年,一本关于企业和城市发展的中文和英文双语论文集正式出版。本文集共有19篇论文,22位作者来自美国、加拿大、日本、瑞典、德国、马来西亚、中国等7个国家,具有一定的国际学术性。该书涉及了"企业与城市发展""企业的社会责任""城市发展:文化产业、就业、教育与消费"等六个分议题,试图对企业与城市发展问题,进行理论性的和实证性的分析研究。② 目前,很多城市政府都非常重视文化产业,希望将之作为城市现在和未来发展的抓手。张祖群总结了当前文化产业发展的六种典型模式,从个体、非物质遗产、产业主导、创意科技资本贡献比例、利益主体、效益评估等六个方面进行比较分析。他认为:文化产业以基于"创意+科技+资本"的三轮驱动,三者不可偏颇;文化产业以复制传播为基本运作方式,同时展示传播也不可忽视;同时,文化产业要重视并打造文化品牌,提升与国内外文化品牌的竞争力。③ 日本年轻学者河合洋尚探讨客家话语与文化产业。他关注广东梅州、广西玉林、四川成都等三个不同城市的个案,根据田野考察资料,探讨这几年来这三个城市利用客家话而兴起客家文化产业的过程。由于历史背景以及文化背景的不同,这三个地区接受客家话的程度不同,促进客家文化产业以及创造地方特色的方法也不同。④ 德国学者古斯塔夫森(Björn Gustafsson)和中国学者丁赛合写了一篇关于中国城市里未就业人员和持续增长的非正式工人的论文。⑤ 这些探讨对于更好地认识城市发展以及企业在城市发展中的作用具有重要的价值,同时促进了企业人类学的发展。

---

  ① 王延中:《城市发展需要大批具有社会责任感的企业家——在"企业和城市发展:并非全是经济的问题"国际会议开幕式上的致辞》,张继焦主编《企业和城市发展:并非全是经济的问题》,知识产权出版社2013年版,第3—6页。
  ② 张继焦主编:《企业和城市发展:并非全是经济的问题》,知识产权出版社2013年版。
  ③ 张祖群:《当前文化产业比较初步研究:六种典型模式比较》,张继焦主编《企业和城市发展:并非全是经济的问题》,知识产权出版社2013年版,第180—190页。
  ④ [日]河合洋尚:《客家话语与文化产业——以梅州、玉林、成都为例》,张继焦主编《企业和城市发展:并非全是经济的问题》,知识产权出版社2013年版,第180—190页。
  ⑤ Gustafsson, Björn and Ding, Sai, 2013, "Unemployment and the Rising Number of Non-Workers in Urban China-Causes and Distributional Consequences", in *Enterprise and Urban Development: Not All Economic Issues*, Zhang Jijiao (ed.), Beijing: Intellectual Property Publishing House, pp. 191–240.

4. 各国学者对城市化、工业化、市场化的持续探讨

考虑到有的美国学者对人类学研究城市化、工业化等的误解。① 自 2012 年起至今，张继焦等人一直致力于组织各国学者，对城市化、工业化、市场化、文化多元化和民族文化传承等进行深入探究，相继推出了两本中英文双语论文集。第一本中英双语论文集《对经济社会转型的探讨：中国的城市化、工业化和民族文化传承》（*Economic and Social Transformation: Chinese Urbanization, Industrialization and Ethnic Culture*），共有 18 篇论文，涉及了五个分议题："城市化与巷道景观、产业转型""城市化与移民的状况""企业与传统文化""可持续发展、工业化与产业转移""民族文化传承"，试图从经济社会转型的角度，对城市化、工业化和民族文化传承等进行理论性的和实证性的分析研究；20 多位作者来自荷兰、比利时、日本、法国、加拿大、马来西亚、中国等 7 个国家，具有一定的国际学术性。② 比如，马来西亚学者王琛发博士认为，当代儒学实非面向韦伯所述的旧式资本世界，而是要考虑如何从坚持本来主张的"仁义"与"天下为公"去回应新自由主义理念建构出的许多当代模式，研究如何从企业生命开展新实践。回顾历史，我们发现，东亚本具根据公众价值观命名商号的传统，主张企业自觉持续社会义务，以市场信誉完善延续企业生态。相对于各国法律赋予企业法人地位而产生"企业公民意识"乃至"企业公民责任"思路，儒家对东亚商业形成从个人到集体道德规范的期许，若能互相对话，最低程度可以在互相结合中监督、推动与完善个人自觉/社会政策/法律观念，有利摸索当代"小康"进路。③ 日本年轻的人类学家河合洋尚注意到：这几年，广州的政府、媒体、人民开始关注再生以往老城区的景观。通过研究广州老城区的巷道景观创造，他认为，广州地方政府、社区、媒体、学术、福利机构、居民等多样的主题，共同生产了"具有丰富岭南文化

---

① 张继焦：《企业人类学的角度：如何看待新一轮的工业化、市场化、城市化》，《创新》2015 年第 2 期。

② 黄忠彩、张继焦主编：《对经济社会转型的探讨：中国的城市化、工业化和民族文化传承》，知识产权出版社 2013 年版。

③ [马来西亚] 王琛发：《儒学传统在当代企业丛林的回转与进路》，黄忠彩、张继焦主编《对经济社会转型的探讨：中国的城市化、工业化和民族文化传承》，知识产权出版社 2013 年版，第 133—159 页。

寄和谐气氛"的巷道景观意象;由老广州人和新广州人构筑的"景观"从表面上看是代理人试图塑造的巷道景观意象,但是从别的角度来看是基于他们的传统上认同感、社会网路、历史记忆的生活风景。① 法国华裔年轻学人王靖通过调查研究巴黎华人的春节活动,分析华人传统民族文化的传承与发展问题。②

第二本中英双语论文集《新一轮的城市化、工业化、市场化、文化多元化:对全球化和现代化的探讨》(*New Round Urbanization, Industrialization, Marketization and Cultural Diversity: With/Under Globalization and Modernization*),从书名中可以看出,该书涉猎了各种引人入胜的学术话题:全球化、现代化、城市化、工业化、市场化、文化多元化等。该书主编张继焦认为:这六个概念可以分为两大类,全球化、现代化两个概念属于宏观层面的,大于其他四个概念;城市化、工业化、市场化、文化多元化等四个概念,可以是宏观的,也可以是中观的,可以开展一些实证的研究。本文集收录20篇论文;20多位作者来自美国、西班牙、俄罗斯、加拿大、印度、阿根廷、印度尼西亚、马来西亚、中国等9个国家,具有一定的国际学术性;本文集涉及了四个分议题,即"大城市:软实力、住房市场与城市间比较""城镇化及其比较研究""人类学对企业研究""全球化下的现代化、市场化、工业化与民族文化传承发展",试图从全球化、现代化两个角度,对城市化、工业化和民族文化传承等进行理论性的和实证性的分析研究。③ 马来亚大学祝家丰博士选择以增建华小和迁校为研究案例是因为在面对城市化浪潮的冲击,华社饱受学额不足之苦,唯有这两种策略可减缓此棘手问题。因此,作者探研的重点之一就是:在这

---

① [日]河合洋尚:《被创造的巷道景观——广州老城区的全球化和景观建设》,黄忠彩、张继焦主编《对经济社会转型的探讨:中国的城市化、工业化和民族文化传承》,知识产权出版社2013年版,第14—30页。

② Wang, Jing, 2013, "Chinese New Year in Paris: Transmission of Chinese Culture, Making a Community", in *Economic and Social Transformation: Chinese Urbanization, Industrialization and Ethnic Culture*. Huang Zhongcai and Zhang Jijiao (eds.), Beijing: Intellectual Property Publishing House, pp. 297–316.

③ 张继焦主编:《新一轮的城市化、工业化、市场化、文化多元化:对全球化和现代化的探讨》,知识产权出版社2015年版。

些困难的冲击下，华社因应的策略及效益。① 清华才子苏腾博士在《城市住房市场的系统动力学解释》中提出了住房市场的"四要素模型"，解释了城市住房市场兴起和发展变化的过程，分析了政策干预的有限性，提出建立信息充分、运行高效、要素均衡和法规健全的市场环境。② 西班牙学者加西亚（Hugo Valenzuela Garcia）的论文分析了西班牙创意文化公司中的人文因素。③ 印度尼西亚学者艾分迪（Nursyirwan Effendi）的论文探讨了印尼乡村民族企业家是如何走出民族自身的局限，努力地逐步走向国际市场。④ 俄罗斯喀山国立科技大学的里契诃夫（Sergey Rychkov）博士的论文，从方法论上探讨了如何使用优势—劣势分析方法来分析企业竞争的商业环境。⑤ 马来西亚韩江传媒大学学院王琛发博士的论文分析了伊斯兰信用卡如何逃离"天谴"借贷制度：伊斯兰世界为了实现伊斯兰教义传统以来对于个人理财的社会公义观，创造出既要替代又能挂钩现代市场经济体系的"伊斯兰信用卡"。在马来西亚，其申请过程是依赖银行与客户虚拟谈判一宗公平买卖以及想象其实现形式，以伊斯兰价值观允许的各种立约方式组构出双方凭着理念创造的"寄存在银行的价值"，建构可使用信用金额的基础。基于伊斯兰信用卡的使用范围和附加价值受到教义的各种限制，不见得每个穆斯林都会重视和申请使用这种信用卡，反而身为当地

---

① ［马来西亚］祝家丰：《城市化对海外华文教育的冲击：以马来西亚华文小学增建和迁校为研究案例》，张继焦主编《新一轮的城市化、工业化、市场化、文化多元化：对全球化和现代化的探讨》，知识产权出版社2015年版，第94—111页。

② 苏腾：《城市住房市场的系统动力学解释》，张继焦主编《新一轮的城市化、工业化、市场化、文化多元化：对全球化和现代化的探讨》，知识产权出版社2015年版，第15—34页。

③ Garcia, Hugo Valenzuela, 2015, "The Rise of 'Human-based Companies' in Spain: New Paradigm or Inevitable Consequence?", in *New Round Urbanization, Industrialization, Marketization and Cultural Diversity: With/Under Globalization and Modernization*. Zhang Jijiao (ed.), Beijing: Intellectual Property Publishing House, pp. 156 – 179.

④ Effendi, Nursyirwan 2015, "Rural Ethnic Entrepreneurialism in Indonesia: An Outgoing Ethnicity in the Global Market Connection?", in *New Round Urbanization, Industrialization, Marketization and Cultural Diversity: With/Under Globalization and Modernization*, Zhang Jijiao (ed.), Beijing: Intellectual Property Publishing House, pp. 180 – 211.

⑤ Rychkov, Sergey, 2015, "Obtaining New Knowledge about the Business Environment: Methodological Aspects", in *New Round Urbanization, Industrialization, Marketization and Cultural Diversity: With/Under Globalization and Modernization*, Zhang Jijiao (ed.), Beijing: Intellectual Property Publishing House, pp. 245 – 270.

少数族群华人里头,却有一些商家和一些宗教人物,会为了伊斯兰信用卡的理财功能、使用范围限制以及其他有益本身的需要,成为伊斯兰信用卡的长期使用者。但这些非穆斯林用户选择伊斯兰信用卡,毕竟是根据自己的价值取向从本身需要出发,并不一定是看重或懂得马国伊斯兰信用卡的操作模式以及其背后的教义论争。①

自20世纪70年代末以来,中国已实行了30多年的改革开放,从沿海到内陆各个城市和地区已经和正在经历一系列巨大的经济社会结构转型——从计划经济转为市场经济、从农牧业转为工商业、从农村社会转为都市社会等,这些都是企业人类学研究必须面对的重大现实议题。

三 不断增强应用性研究和社会影响力

最近几年,企业人类学通过发布相关研究报告和蓝/绿皮书,加强了本学科的应用性研究能力和社会影响力。

1. 关于产业转移的研究报告

中国企业人类学专业委员会领头主持完成的一份专题研究报告——《新一轮的产业转移:对民族地区可持续发展的影响》②,10万多字,于2010年11月29日对外发布。这份关于产业转移的研究报告,阐述了产业转移对中西部地区(特别是民族地区)已经和即将产生的各种经济、社会和文化影响。这是企业人类学公开发布的第一份研究报告,受到了一些知名媒体的关注③。可见,企业人类学的科研成果是受大众媒体关注的,是可以产生一定的社会影响力的。

---

① [马来西亚]王琛发:《伊斯兰信用卡如何逃离"天谴"借贷制度——兼从华人申请看其教义观念对非教徒理财的影响》,张继焦主编《新一轮的城市化、工业化、市场化、文化多元化:对全球化和现代化的探讨》,知识产权出版社2015年版,第271—283页。

② 此为中国人类学民族学研究会领衔主持的国家社科基金2010重大项目"促进民族地区可持续发展"的一个子课题(张继焦主持)的阶段性成果。

③ 刘金松:《产业转移的社会影响评估报告出炉》,经济观察网,2010年11月30日;刘蔚:《产业转移对中西部地区影响报告发布》,《中国环境报》2010年12月2日;《产业转移是把双刃剑——〈产业转移对中西部地区的影响2010年研究报告〉发布》,《中国社会科学报》2010年12月7日;牛锐:《中西部地区居民应以更加主动的姿态参与产业转移》,《中国民族报》2010年12月24日。

2. 老字号皮书的出版与发布

自 2010 年 11 月起,在中国社会科学院张继焦教授的组织下,会聚北京、天津、上海、广州、浙江、辽宁、重庆、云南、湖北、湖南、江苏、吉林、山东、广西等 16 个省市学术研究机构和大专院校的专业人才,共同完成对地域性"老字号"的挖掘研究,2011 年发布了第一部老字号蓝皮书①,2013 年继续发布了老字号皮书②,逐渐形成年度出版与发布老字号皮书的机制。

目前,企业人类学以老字号研究为抓手,已建立起一支全国性的、具有专业背景和行业经验的"驻地研究员"队伍,同时,与各地行业协会、企业 400 余位从业人员保持适时互动。在理论研究成果方面,便于及时快速地掌握老字号企业发展现状,进一步提升"老字号"品牌的研究力量和社会影响。使"老字号"在产业转型升级的当下焕发新容颜,为进一步提升研究成果转化奠定了坚实的基础。

近年,一批研究老字号的论文已经和正在陆续在《思想战线》③《广西民族大学学报》④《创新》⑤《广西经济管理干部学院学报》⑥《中国民

---

① 张继焦、丁惠敏、黄忠彩主编:《老字号蓝皮书——中国"老字号"企业发展报告 No.1 (2011)》,社会科学文献出版社 2011 年版。

② 张继焦、刘卫华主编:《老字号绿皮书——老字号企业案例及发展报告 No.2 (2013—2014)》,中央文献出版社 2013 年版。

③ 比如,张继焦、李宇军《中国企业都"富不过三代"吗?——对"老字号"企业的长寿秘籍和发展前景的社会学分析》,《思想战线》2012 年第 4 期;张继焦《从企业与政府的关系,看"中华老字号"企业的发展——对鹤年堂、同仁堂的比较研究》,《思想战线》2013 年第 3 期。

④ 比如,《广西民族大学学报》(哲学社会科学版)2015 年第 2 期发表了一组老字号论文:张继焦《"自上而下"的视角:对城市竞争力、老商街、老字号的分析》;殷鹏《企业社会责任的中国视角:对"老字号"企业的观察》;尉建文、刘波《"老字号"企业技术创新影响因素的实证分析》。

⑤ 比如,张继焦《企业人类学的创新视角:老字号的研究现状、现实意义和学术价值》,《创新》2015 年第 1 期。

⑥ 比如,《广西经济管理干部学院学报》2014 年第 4 期上发表了一组三篇老字号研究论文:李宇军、张继焦《中国"老字号"企业的经营现状与发展前景》,《广西经济管理干部学院学报》;赵巧艳、闫春《广西"老字号"发展建设研究报告》;陈阁《"老字号"品牌的文化保护与传承——以长沙老字号"火宫殿"为例》。2015 年第 1 期上接着发表了一组两篇老字号研究论文:张继焦、李宇军《观察中国市场转型的一个新角度:地方政府与老字号企业的"伞式"关系》,陈丽红《北京西城区老字号品牌在建设世界城市中的作用》。

族报》》①等报刊和一些国外出版物②上发表，形成了系列性的老字号专题研究论文，大大充实了企业人类学的案例分析和行业研究的内容。与此同时，一部老字号研究的专著也正式出版了③。

总之，老字号皮书的出版与发布，以及老字号研究系列论文的发表和有关专著的出版，已在我国各地政府有关部门和学术界、企业界形成了一定的影响力。

四 结语：现状总结、存在的不足与未来前景

企业人类学的第一篇术论文正式发表于 2009 年、第一本英文著作正式出版于 2011 年。相应的，其各类学术成果不断推出。

1. 现状总结

综述所述，最近六年（2009—2015），企业人类学这门新兴学科在国内外正式出版了各类论著，共 13 部。具体如下。

4 部英文论著：张继焦和马来西亚知名学者文平强教授联合主编的《企业人类学：应用研究和案例研究》（Enterprise Anthropology: Applied Research and Case Study）（2011）、日本学者中牧弘允和英国学者塞奇威克联合主编的《经营与人类学：关注神圣空间》（Business and Anthropology: A Focus on Sacred Space）（2013）、美国学者王葆华和马来西亚学者陈志明联合主编的《世界各地的唐人街：镀了金的非法聚集区、民族都市区、移民文化社群》（Chinatowns around the World: Gilded Ghetto, Ethnopolis, and Cultural Diaspora）（2013）、田广、马勒文杰克、莉莉丝三人合编的《工商人类学通论》（General Business Anthropology）（第 2 版，2013）等；3 部中英文双语论文集：张继焦主编的《企业和城市发展：并非全是经济的问题》（Enterprise and Urban Development: Not All Economic

---

① 比如，张继焦《老字号、老商街如何重拾竞争力》，《中国民族报》2014 年 9 月 12 日第 6 版。

② 比如，张继焦《上海世博会："老字号"企业的盛典性"事件营销"——以上海杏花楼为例》，中牧弘允编《上海万博的经营人类学研究》（研究成果报告书，课题编号：21242035），日本国立民族学博物馆，2012 年 3 月，第 141—154 页；Zhang Jijiao, 2013, The Relationship between Enterprise and Government: Case Study on Two "Chinese Old Brand" Companies (Heniantang, Tongrentang), *Journal of Chinese Literature and Culture*, Vol. 1, No. 2, November, Kuala Lumpur: University of Malaya, pp. 1 – 24。

③ 王焯：《中国老字号的传承与变迁》，知识产权出版社 2015 年版。

Issues)(2013)、黄忠彩、张继焦主编的《对经济社会转型的探讨：中国的城市化、工业化和民族文化传承》(Economic and Social Transformation: Chinese Urbanization, Industrialization and Ethnic Culture)、张继焦主编的《新一轮的城市化、工业化、市场化、文化多元化：对全球化和现代化的探讨》(New Round Urbanization, Industrialization, Marketization and Cultural Diversity: With/Under Globalization and Modernization)(2015)等。

4部中文著作：张继焦、张远华合著的《东南亚50位华人领袖、华商和经理人访谈录》(2009)；张继焦、丁惠敏、黄忠彩主编的《老字号蓝皮书——中国"老字号"企业发展报告No.1（2011）》(2011)；张继焦、刘卫华主编的《老字号绿皮书——老字号企业案例及发展报告No.2（2013—2014）》(2013)；王焯著的《中国老字号的传承与变迁》(2015)。

2部翻译作品：中牧弘允教授代表作的中文译本《日本会社文化——昔日的大名，今日的会社》(2011)和田广、周大鸣联合组织翻译和主编的《工商人类学》(2012)。

上述论著的作者来自美国、西班牙、瑞典、俄罗斯、加拿大、印度、阿根廷、印度尼西亚、马来西亚、荷兰、比利时、日本、法国、德国、英国、丹麦、芬兰、波兰、中国内地、中国香港20个国家和地区，加上6个研究对象国家澳大利亚、葡萄牙、泰国、新加坡、秘鲁、古巴，企业人类学的研究者及其研究对象涉及26个国家和地区。其中，欧洲有西班牙、荷兰、比利时、法国、德国、瑞典、英国、丹麦、芬兰、波兰、葡萄牙、俄罗斯12个国家，亚洲和大洋洲有日本、澳大利亚、印度尼西亚、马来西亚、印度、泰国、新加坡、中国内地、中国香港9个国家和地区，北美洲有美国、加拿大2个国家，南美洲涉及秘鲁、阿根廷、古巴3个国家。可见，企业人类学研究在世界各个国家和地区广泛展开，是一门名副其实的世界性前沿学科，对一些领域的探讨逐步深化和系统化①。

2. 存在的不足

与此同时，我们也应该清醒地认识到企业人类学在兴盛发展的过程中，其研究方法尚存在着一些不足。比如，其个案调查研究比较多，深度

---

① 比如，近几年，老字号皮书和系列论文持续正式出版或发表，使企业人类学对老字号的系统化探究，参与人员越来越多，知识共享和碰撞越来越明显，已经产生了学科聚集效应，通过老字号研究极大地扩大了企业人类学的学术影响，也使其研究队伍已初具规模效应。

的理论探讨比较少；微观性的细致描述比较多，宏观性的整体分析比较少；定性调查研究比较多，定量调查分析比较少。

企业人类学还有一些领域的研究存在空白或者有待进一步加强。比如，人类学正在开展的海外民族志研究，还未跟中国企业走出国门战略相衔接；中国大型国有企业在边疆民族地区的一些投资建设项目，其社会效益尚未被充分挖掘；对跨国公司或外资企业在中国的跨文化管理的调查研究还没有形成系统性的科研成果；对国有企业、私营企业、老字号企业等的现代转型的探究尚不够深入；对我国民间蕴藏的丰富商业文化，还有待进一步的挖掘、整理和分析。

3. 发展趋势

通过世界各国学者的协同、合作和努力，企业人类学取得了上述丰富的学术成果，其学科体系正在不断完善，其在中国国内和在国际上的学术影响力日益增强。

第五节　企业人类学：学科体系建设、发展现状与未来前景

一　企业人类学的"名"与"实"：学科名称的整合

1. 企业人类学之"名"

在一门学科的体系里，学科名称是最为基础性的，也是最为重要的。诞生于20世纪30年代的企业人类学，经过世界各国（主要是美国、中国、日本等三国）人类学者80多年的不懈探索，历经了工业人类学、组织人类学、工商人类学、经营人类学、企业人类学等不同的发展阶段和相应的不同名称[1]，到2009年7月在国际学术界被正式统称为"企业人类学"[2]，是本学科有史以来的第一次整合性学术活动。

这不仅是学科名称的简单整合，而且是学科的"名"与"实"演变

---

[1] 张继焦：《企业人类学的新探索：近些年的学术活动及其研究动态》，《创新》2015年第3期。

[2] 2009年7月下旬，在国际人类学与民族学联合会第十六届世界大会上，通过设立"国际企业人类学委员会"、召开了"第一届企业人类学国际论坛"、统一学科名称为"企业人类学"三件事。企业人类学的国际学科地位得到了确立。参见张继焦《企业人类学：作为一门世界性的前沿学科》，《杭州师范大学学报》（社会科学版）2014年第4期。

发展的结果。最近一百多年来，中国学术界已经习惯了"西学东渐""西学为体，中学为用"。在企业人类学与其他各种名称（如工业人类学、组织人类学、工商人类学、经营人类学）的相互关系和演进中，我们既看到了这门学科的知识从太平洋东岸的美国，传播到太平洋西岸的日本、中国的影子，也看到了太平洋东、西两岸的美国、日本、中国三国之间，存在着各自独立发展的轨迹。

2. 企业人类学之"实"

企业人类学与工业人类学、组织人类学、工商人类学、经营人类学等，不但是名称不同，它们的研究范围、研究对象和研究方法以及所处的学科发展阶段等也稍有不同。比如，工业人类学探究的主要是工业化问题和工业企业问题；工商人类学分析的是企业的营利性经营活动；经营人类学强调的是企业的行政管理问题。进一步地说，企业人类学的研究对象和研究范围不但包括工业人类学、组织人类学、工商人类学、经营人类学等所分别探究的工业、组织、工商、经营等各个方面的具体事项，而且与其他名称相比，企业人类学是一个更为概括和全面的名称。一方面，学科名称的整合，针对的是这个研究领域多年来存在着多个名称（如工业人类学、组织人类学、工商人类学、经营人类学等）的混乱局面，使企业人类学的"名"与"实"达成了一致；另一方面，企业人类学这个名称是以中国学者为主导创立的，这在一定程度上超越了非西方（如中国、印度等）学者老是跟在西方学者后面亦步亦趋的做学问方式。

3. 企业人类学之"名"与"实"

在人类学领域，各国学者都在考虑如何运用人类学的理论和方法研究企业这个问题。比如，世界各地的学者都不约而同地思考一个相关的问题：人们是为了搞好工商研究而利用人类学知识，还是为了促进人类学的发展而研究企业问题呢？笔者认为，企业人类学，不但可以从人类学角度使企业研究兼顾企业的经济性和非经济性，也有利于研究"社会文化"的人类学家跟企业人士和企业研究者进行交往和交流，由此，打通了企业的"经济性"与"非经济性"之间的联系，或者说，在企业研究中的"经济性"与"非经济性"之间建立起了一个相互沟通的平台。

本质上，以企业人类学看企业，首先看到的是企业的社会性，然后才看到企业的经济性，接着就会兼顾企业的社会性和经济性。

二 从学术活动和学术成果看企业人类学的国际性

一门学科是否具有国际性,其学术活动和学术成果的国际化程度是两个重要考察指标。以下我们主要考察自 2009 年学科名称统一为企业人类学以来,其学术活动和学术成果的国际化情况。

1. 学术活动的国际性

自 2009 年企业人类学实现学科名称整合以来到 2015 年这六年间,其学术活动已形成 3 个国际性系列会议、1 个国内系列会议:始于 2009 年的"企业人类学国际论坛",至今已办 4 次(昆明、安塔利亚、曼彻斯特、千叶),2015 年 7 月在泰国办第 5 届(曼谷);始于 2010 年的"经营与人类学"国际会议(大阪、香港、北京、首尔),至今已办 4 次,2016年在日本办第 5 次会议(福冈);始于 2012 年的在国内举行的"国际工商人类学"研讨会(广州、上海、吉首),至今已办 3 次,2014 年在天津办第 4 届;始于 2012 年的国内企业人类学研讨会(兰州、成都、大连),至今已办 3 次,2015 年 9 月在贵州办第 4 届。[①] 近几年,企业人类学在国际人类学与民族学界是最为活跃的分支学科之一。

2. 学术成果的国际性

在 2009—2015 年六年时间里,企业人类学研究以东亚为主战场,在世界各个国家和地区得到了积极拓展,研究者及其研究对象涉及 26 个国家和地区。其中,亚洲和大洋洲有日本、澳大利亚、新加坡、泰国、印度尼西亚、马来西亚、印度、中国内地、中国香港 9 个国家和地区,欧洲有西班牙、德国、英国、丹麦、荷兰、比利时、法国、瑞典、芬兰、波兰、葡萄牙、俄罗斯 12 个国家,北美洲有美国、加拿大 2 个国家,南美洲涉及阿根廷、秘鲁、古巴 3 个国家。通过世界各国各地学者的共同努力,在国内外正式出版了中英文各类论著共 13 部(其中,4 部英文论著、3 部中英文双语论文集、4 部中文著作、2 部翻译作品等)以及一系列研究论文,取得了丰富的学术成果。[②] 作为一门新兴的世界性前沿学科,企业人类学也是国际人类学与民族学界中出版物最为丰硕的分支学科之一。

---

① 张继焦:《企业人类学的新探索:近些年的学术活动及其研究动态》,《创新》2015 年第 3 期。

② 张继焦:《企业人类学:近些年的最新学术成果和研究进展》,《创新》2015 年第 4 期。

由上述学术活动和学术成果两方面的情况，我们可以看出企业人类学是一门国际化程度很高的学科。

三 研究范畴的不断扩展：从传统的到新兴的

几十年来，企业人类学在自身研究范畴（如研究对象、研究范围、研究议题等）的不断扩展中，得以传播和发展。家庭企业是最具有社会性的企业类型，也是企业人类学的传统优势研究范畴，我们就从这里开始谈起吧。

1. 家庭企业：企业人类学的传统研究范畴

在学科历史上，人类学和社会学对家庭婚姻、亲属称谓、亲属制度等有很多研究，自然而然的，当人类学和社会学关注商业经营、企业行为之类的事时，通常也会研究家庭与商业经营、企业行为之间的关系。

自20世纪50年代初以来60多年时间，很多人类学和社会学研究者都在解释海外华人经商致富的原因。他们大都将重视家庭或亲属纽带看作华商成功的主要原因之一。持此论点的代表性人物是英国人类学家弗里德曼（Maurice Freedman，1920—1975）。弗里德曼于1946年结婚，并与妻子与朱迪思·杰莫尔（Judith Djamour）一起进入伦敦政治经济学院攻读人类学，1948年获得硕士学位，其论文是《东南亚种族关系的社会学研究：以英属马来亚为例》（The sociology of race relations on Southeast Asia with special reference to British Malaya）。他的这篇论文对东南亚地区海外华人的家庭、婚姻、宗教和文化有较多的分析。1949年1月至1950年11月，受殖民地社会科学研究理事会（Colonial Social Science Research Council）委派，弗里德曼和夫人朱迪思·杰莫尔一起到新加坡，从事"新加坡华人的家庭与婚姻"和"新加坡马来人的家庭结构"的田野调查工作。调查完成的两项报告——弗里德曼著的《新加坡华人的家庭与婚姻》和他夫人杰莫尔著的《新加坡马来亚人的亲属关系与婚姻》，分别于1957年和1959年出版。在此之前，1956年弗里德曼基于新加坡的调查资料写成了其博士学位论文，并获得人类学博士学位。他有两部研究华南宗族的著作最有名。其一是《中国东南地区的宗族组织》（1958年）。[①] 他没有到过大陆，汉语水平也不高，但他通过对以新加坡为主的海外华人社区的考

---

① Freedman, Maurice, 1965 (1958), *Lineage Organization in Southeastern China*, London: The Athlone Press.

察，翻阅一些中国历史文献，加上阅读葛学溥、费孝通、林耀华、胡先缙、杨懋春、田汝康等人的有关作品，对华人宗族组织进行了深入而细致的剖析。其中，家户是独立的经济单位，家户之间的经济关系事实上或者在原则上受市场自由运作的调整。该书从福建、广东二地经济基础切入，细述了当地宗族的规模和组织结构，具体涉及宗族的房、支、户等各个层级以及不同层级在地方社区中的政治经济功能。他所得出的结论为：中国东南部（如福建、广东一带）大规模宗族组织得以存在的基础是高生产率的水利灌溉系统和稻作经济、共同财产、边疆社会、宗族精英与国家官僚之间的紧密连接①，由此分析宗族之间以及宗族与国家权力之间的关系。其二是《中国宗族的与社会：福建与广东》（1966年）。② 这本书虽然是《中国东南的宗族组织》的续篇，但并未对前面著作所构建的宗族模型进行修正，也没有对其做出任何评论，只是依据后来掌握的某些材料对宗族的具体特性做了更细致的补充和进一步的说明，书中大篇幅讨论了形成地方性群体的原因，试图从整体上把握中国宗族乃至社会全貌。这两本著作作为姊妹篇，共同使他的宗族理论显现出清晰的纹理，并赢得了相当的追随者。③

---

① 比如，土地的共同拥有在经济生活中扮演着重要的角色。主要是宗族和村落共同拥有土地（既是宗族的又是地域的群体）。在福建和广东，宗族和村落明显地重叠在一起。土地出卖受到两种不同权利的限制：（1）土地要么只能在宗族范围内转让，要么在宗族成员选择之后才能转让给族外人。（2）任何一个拥有土地的男人对他的儿子负有义务，任何土地的出卖都需要获得他们的一致同意。这两种限制也适用于许多租赁形式的土地所有，在田皮与田骨的权利之间作了区分。

② Freedman, Maurice, 1966, *Chinese Lineage and Society: Fukien and Kwangtung*, New York: Humanies Press.

③ 从20世纪80年代至今，从台湾到大陆，对美国到中国，不少人类学家对弗里德曼及其宗族理论进行了评述或反思。参见 Watson, L. James, 1982, "Chinese Kinship Reconsidered: Anthropological Perspective on Historical Research", in *China Quarterly*, No. 92；陈奕麟《重新思考 Lineage Theory 与中国社会》，《汉学研究》1984年第2卷第2期；陈其南《房与传统中国家族制度——兼论西方人类学的中国家族研究》，《汉学研究》1985年第3卷第1期；叶春荣《再思考 Lineage theory：一个土著论述的批评》，《考古人类学学刊》1995年第50期；王铭铭《宗族、社会与国家——对弗里德曼理论的再思考》，（香港）《中国社会科学季刊》，1996年（秋季卷）总第16期；常建华《20世纪的中国宗族研究》，《历史研究》1999年第5期；杨春宇、胡鸿保《弗里德曼及其汉人社会的人类学研究——兼评〈中国东南的宗族组织〉》，《开放时代》（转下页）

弗里德曼对中国宗族的人类学研究，提出了一个颇类似于库恩（Thomas Kuhn）所界说的"范式"①。在他之前，福忒思（Meyer Fortes）对泰兰西人和埃文思—普里查德（Evans-Pritchard）对努尔人的研究，提出了"裂变宗族制"（the segmentary lineage system）用以说明非洲的无政府、无国家社会。②弗里德曼认为，从非洲的"无文字社会"或"简单社会"中发展出来的模式，并不适用于中国，因为在中国这个文明古国中，既有中央集权式的制度，也存在着民间的宗族制度。他试图以对中国这个"文明社会"的实证研究，来反驳当时人类学界流行的范式。他的这种努力至今仍值得中国人类学家们借鉴。

很多社会学家和人类学家都以弗里德曼的亲缘理论为主要理论，探讨家庭及其亲缘关系对华人工商业经营、企业行为的影响。比如，施坚雅（G. William Skinner）于 20 世纪 60 年比较分析了爪哇与泰国华人经济发展的异同③；吴燕和（David Y. H. Wu）于 1982 年调查研究了巴布亚新几内亚华商④；欧爱玲（Ellen Oxfeld Basu）基于对印度加尔各答华商的

（接上页）2001 年第 11 期；张宏明《宗族的再思考——一种人类学的比较视野》，《社会学研究》2004 年第 6 期；吴作富《弗里德曼中国宗族研究范式批判——兼论宗族研究范式的认同取向》，《南京大学学报》（哲学·人文科学·社会科学版）2008 年第 6 期；杜靖《百年汉人宗族研究的基本范式——兼论汉人宗族生成的文化机制》，《民族研究》2010 年第 1 期；师云蕊《古老异域的"迷思"——读弗里德曼〈中国宗族与社会：福建和广东〉及其他》，《社会学研究》2010 年第 2 期。

① 范式就是一种公认的模型或模式，是人们所共同接受的一组假说、理论、准则和方法的总和。参见 Kuhn, Thomas Samuel, 1962, *The Structure of Scientific Revolutions*, Chicago: University of Chicago Press。

② 在《非洲政治制度》一书中，埃文思—普里查德、福忒思等人已把社会分为两大类，一类是"A 组社会"，即拥有中央化权威、行政机构与法律制度的社会，另一类是"B 组社会"，即无政府统治的社会。无政府社会又分为两种，即政治结构与亲属制度完全融合的社会（社区）和所谓的"裂变宗族制"。参见 Fortes, M., & Evans-Pritchard, E. E. (eds.), 1940, *African Political Systems*, Oxford: Oxford University Press。

③ Skinner, William 1960, Change and Persistence in Chinese Culture Overseas: A Comparison of Thailand and Java, in *Nan Yang Hsueh Pao* (*Journal of the South Seas Society*) (Singapore), Vol. 16 (1-2): 86-100.

④ Wu, David Y. H., 1982, *The Chinese in Papua New Guinea*, 1880-1980, Hong Kong: Chinese University Press.

调查，1985—1992 年发表了一系列论文①，2013 年在其正式面世的中文著作《血汗和麻将：一个海外华人社区的家庭与企业》中，分析了第一、第二和第三代华人制革商的家庭和企业结构②等。尽管他们的观点各异，但在这一点上却是共同的，那就是都认为，家庭主义是华人成功的主要原因。首先，家庭或家族教导给个人价值观及社会行为的准则；其次，华人的同乡会、宗亲会等纽带维系着华人的亲缘网络。

美国家庭社会学家古德（William J. Goode）认为，由于中国有分家均产的习惯，家庭企业难以扩大规模。与中国相比，日本和英国的家庭企业可以把权力和财富都集中于长子身上③。古德的这个观点没有点到问题的要害。其实，日本经济以中小企业为主，30% 以下的企业雇用了日本全国总劳动力的 70%；在美国，中小企业也雇用了全国总劳动力的 40%。④问题的实质应该是为什么家庭企业至今仍为家庭所有而没有发展成为由经理人管理的股份制公司。

美国社会学家科尔曼（James S. Coleman）认为，家庭企业挑选和聘用职员的范围，仅限于以家庭成员和亲属网络为基础的小圈子内，企业职工的平均质量不一定太高，很有可能会给企业带来一定的不良影响甚至损失。⑤毋庸置疑，企业只有在劳动力市场上按工作经验和工作能力选择和聘用职员，才能保证职员的质量和水平。然而，在更有效率的、更正规的

---

① Basu, Ellen Oxfeld, 1985, *The Limits of Enterpreneurship: Family Process and Ethnic Role Amongst Chinese Tanners of Calcuta*, Ph. D. Dissertation, Department of Anthropology, Harvard University; 1991a, The Sexual Division of Labor and the Organization of family and Firm in an Overseas Chinese Community, in *American Ethnologist*, 18 (4): 700 - 7; 1991b, Profit, Loss and Fate: The Entrepreneurial Ethnic and the Practice of Gambling in an Overseas Chinese Community, in *Modern China* 17 (2): 227 - 259. 1992, *Individualism, Holism, and the Market Mentality: Notes on the Recollections of a Chinese Entrepreneur*, in *Cultural Anthropology*, 7 (3): 267—300. 笔者 2004 年 12 月，曾到加尔各答郊区造访了这个华人（客家人）社区。

② [美] 欧爱玲：《血汗和麻将：一个海外华人社区的家庭与企业》，吴元珍译，社会科学文献出版社 2013 年版。

③ [美] 威廉·J. 古德：《家庭》（1964），魏章玲译，社会科学文献出版社 1986 年版，第 266 页。

④ Friedman, David, 1988, *Political Change in Japan*, Ithaca: Cornell University Press, p. 10.

⑤ [美] 詹姆斯·科尔曼：《社会理论的基础》（1990）（上册），邓方译，社会科学文献出版社 1992 年版，第 121 页。

聘用制度尚未形成之前，家庭及其亲缘关系依然是企业配置资源的重要方式。①

哈密尔顿（G. Hamilton）比较了西方和中国之后，指出：家庭企业及其亲缘网络是华人经济的基本单位。这些家庭企业网络的范围具有一定的伸缩弹性，可以根据不同的情境和需要调整自己关系网的范围，有时可以扩大，有时又可以缩小。② 格林哈尔（S. Greenhalgh）③和迈克豪夫（T. Menkhoff）④等的研究都显示：华人商业成就和经济发展应归功于华裔的家庭伦理和家族企业。

在上文中，有鉴于以往经济学界较多地讨论的是家庭企业的消极面，为了改正一些不符合中国现阶段情况的看法，我们更多地讨论了家庭企业中的积极因素。⑤

2. 各类新兴企业：企业人类学的新型研究范畴

自人类学诞生之日起，一直以研究"简单社会"及其简单的社会组织为主。对人类学来说，现代社会是复杂的社会形态，企业组织是复杂的组织形态。

中国改革开放30多年以来，出现的各种类型的国内企业（如乡镇企业、私营或民营企业、股份制企业、少数民族企业等），各种中外合资企业和外国独资企业（如港资企业、侨资企业、跨国公司等），又在各个城市还留存着各种行业的百年老店和中华老字号（如全聚德、同仁堂）。人类学、民族学、社会学、民俗学、历史学等非经济管理类学科的学者，不满足于传统的家庭企业和家族企业研究，对上述各种新兴企业做了大量的调查和研究，形成了一大批有影响的学术成果。

第一，对农村社会兴起乡镇企业的调查研究。改革开放初期，乡镇企

---

① 张继焦：《亲缘交往规则与家庭工业》，《中央民族大学学报》（哲学社会科学版）1998年第4期。

② Hamilton, Gary G. (ed.), 1990, *Business Networks and Economic Development in East and Southeast Asia*, Hong Kong: Centre for Asian Studies, University of Hong Kong.

③ Greenhalgh, S., 1990, Land Reform and Family Entrepreneurship in East Asia, in *Population and Development Review*, Suppl, Vol. 15: 77 – 118.

④ Menkhoff, T., 1993, *Trade Routes, Trust and Trading Network: Chinese Small Enterprises in Singapore*, Saarbrucken Fort Lauterdale: Verlag Breitenbach Publishers.

⑤ 张继焦：《市场化过程中家庭和亲缘网络的资源配置功能——以海南琼海市汉族的家庭商业为例》，《思想战线》1998年第5期。

业异军突起是中国经济腾飞中的一个重大现象。乡镇企业在中国大地的大江南北遍地开花。在乡镇企业的研究领域,中国和德国学者联合完成的一个研究项目值得注意①。关于这些新兴企业的白手起家和兴旺发展,民间流传着各种版本的"传奇故事"。对分布于中国五个不同省份的五个不同村落的乡镇企业进行了调查和研究之后,胡必亮发现,几乎在每一个民间故事中,都可以看到乡镇企业的厂长、销售员或采购员,寻找、利用、编织、生产和再生产各种业务关系网的活动。② 这些社会关系网的背后牵动着项目、批件、资金、设备、技术、原材料等各种稀缺的权力资源和经济资源。马戎、刘世定、邱泽奇等对乡镇企业的调查研究取得了一批学术成果。他们指出,在依靠厂长的关系起家和发展的乡镇企业中,厂长的地位几乎是不可替代的。③ 因为厂长私人掌握着这些特殊的人脉关系,是厂长个人的社会、经济和政治资源。撤换一个厂长,就意味着这个企业失去了"关系网",损失了一批社会、经济和政治资源,甚至可能危及企业的存亡。李培林等从两个方面分析乡镇企业:一方面剖析了乡镇企业对外社会和经济交换的情况;另一方面,注意到在乡村社会中建立企业,可以将人们的特殊关系网络和乡村伦理道德套用在乡镇企业这种新型的企业组织形式上,虽然这有利于降低乡镇企业内部的组织成本,却会增加乡镇企业对外的交易成本。④

第二,关于国有企业社会成本的调查研究。20世纪90年代,李培林、张其仔、张翼、张海翔、杜发春等对国有企业展开调查研究,取得了

---

① 这个研究计划的主要成果是一套由山西经济出版社1996年推出的"当代中国的村庄经济与村落文化丛书",如陈吉元和胡必亮主编的《当代中国的村庄经济与村落文化》、胡必亮和郑红亮的《中国乡镇企业与乡村发展》,以及其他五本分别是关于中国五个不同省份的不同村庄的个案研究专著。

② 胡必亮:《"关系"规则与资源配置:对湖北、山西、陕西、广东、浙江五省乡镇企业发展的典型研究》,(香港)《中国社会科学季刊》1996年(秋季卷)总第16期。

③ 马戎、王汉生、刘世定主编:《中国乡镇企业的发展历史与运行机制》,北京大学出版社1994年版。马戎、黄朝翰、王汉生、杨牧主编:《九十年代中国乡镇企业调查》,(香港)牛津大学出版社1994年版。马戎、刘世定、邱泽奇主编:《中国乡镇组织变迁研究》,华夏出版社2000年版。马戎、刘世定、邱泽奇主编:《中国乡镇组织调查》,华夏出版社2000年版。邱泽奇:《城市集体企业个案调查》,天津人民出版社1996年版。邱泽奇:《边区企业的发展历程》,天津人民出版社1996年版。

④ 李培林、王春光:《新社会结构的生长点:乡镇企业社会交换论》,山东人民出版社1993年版,第64—77页。

一些成果。① 比较显著的成果是：2000 年，李培林等运用国外近年来兴起的过密化理论，以社会成本为核心概念。此概念的内涵不同于科斯所谓的社会成本，它不是私人成本加上交易成本的总和，而是整个社会减去私人净收益所得的差，即国有企业用于承担非经济功能所付出的成本。作者基于对 508 家国有企业进行调查问卷，获得的大量鲜活资料，指出：国有企业亏损的主要原因之一就是它的社会成本巨大。作者通过对国有企业的社会成本的深入分析，找出了国有企业发展艰难的症结，从而寻求到了一条国有企业改革的合理道路。②笔者 2010 年对上海世博会进行了为期十多天的调查研究，发现以下几点。

第一，世博会在上海举行，但其最高经营管理权不是上海市委市政府，而是中央政府。

第二，世博会不是一个完全市场化的项目，而是一个政府主导的项目。因为笔者从世博会的组织管理架构入手，分析了其类似国有企业的运行目标和管理方式。③

第三，跨国公司在中国的本土化问题。全球 500 强跨国公司中，已经有近 400 家直接投资进入了中国市场。在北京，自 1985 年 4 月第一家投资性企业入京以来，到 2002 年底为止已有跨国公司 119 家。④ 到 2003 年底，跨国公司亚太地区或大中华地区总部设在北京的达到 24 家，与此同时更多跨国公司和全球研发中心也落户中国，20 多家外企将其地区总部移到北京，40 多家落户上海。⑤ 加入 WTO（简称"入世"），对于跨国企业来说已经不仅仅是机遇。当中国企业紧锣密鼓改造自己准备迎接"入世"挑战的同时，跨国公司也开始调整在华经营战略，力求尽快、大规模地融入中国经济与社会生活每个角落。跨国公司已经进一步把中国作为了自己的战略重点。笔者大约从 18 年前开始接触跨国公司，即 1997 年第

---

① 参见李培林、姜晓星、张其仔《转型中的中国企业》，山东人民出版社 1992 年版；张海翔、杜发春《民族地区县级国有企业改革研究》，《中央民族大学学报》1998 年第 2 期。

② 参见李培林、张翼《国有企业社会成本分析》，社会科学文献出版社 2000 年版。

③ Zhang Jijiao, "'Shanghai Expo' as a Nation-owned Enterprise A Perspective of Enterprise Anthropology"，[日] 中牧弘允编《上海万博の经营人类学研究》（研究成果报告书，课题番号：21242035），日本国立民族学博物馆，2012 年 3 月，第 91—108 页。

④ 王志乐主编：《2002—2003 年跨国公司在中国投资报告》，中国经济出版社 2003 年版，第 153 页。

⑤ 王志乐主编：《2004 年跨国公司在中国报告》，中国经济出版社 2004 年版，第 114 页。

一次从事外资企业调查工作时,接触的对象是赫赫有名的跨国大公司——摩托罗拉。当时摩托罗拉在中国移动通信市场上处于遥遥领先的地位,在此种有利条件下,它对市场信息的高度重视给笔者留下了深刻的印象。后来,笔者又有幸为微软、惠普、通用电气、飞利浦、海德堡、爱普生、麦肯锡、美国乐泰等近10家国际知名企业提供过调查服务,陆陆续续地对IBM、西门子、思科、趋势软件、SAP、ABB、可口可乐、百事可乐、伊莱克斯、丰田汽车、通用汽车、壳牌、加德士、BP、美孚、爱索、爱森哲等近20家著名跨国公司也进行过研究分析,积累了一定的管理学、市场营销学、人力资源管理等与企业管理有关的理论和知识,出版了一系列管理学著作。[①] 2003年,中国社会科学院民族学与人类学研究所将笔者主持的"外资企业的中国文化适应——对在华跨国公司行为的人类学调查与研究"课题被列为所重点课题。与此同时,中国社会科学院青年人文社会科学研究中心也将笔者主持的"跨国公司在中国的本土化问题"列为15个青年社会调研课题之一。所以,这项成果是笔者多年来从事"在华跨国公司"研究工作写成的一部比较系统的研究专著。笔者认为,中国企业与跨国公司之间的竞争,以1997年为分界线,可以把1978—1997年的竞争称为第一回合的竞争,从1998开始的竞争称为第二回合的竞争。经过第一回合的竞争,跨国公司和中国企业在不同行业的竞争中各有输赢。第二回合的竞争比第一回合的竞争更加残酷和激烈。有些行业,中国企业取得了优势的地位,比如,电视机、冰箱、空调、PC机等。但在另外一些行业,跨国公司占据了主导地位,最明显的是手机,然后是化妆品、洗涤剂、碳酸饮料等。2001年加入WTO之后,中国企业与跨国公司之间进入第三轮的竞争,即全方位的竞争。赢家必须是一个全能的冠军。只有在研发、市场营销、生产管理、企业文化、资金、公关和行业知识等各方面都必须有很强的基础,有很强的竞

---

① 张继焦:《价值链管理:优化业务流程、提升企业综合竞争能力》,中国物价出版社2001年版;张继焦、吕江辉编著:《数字化管理:应对挑战,掌控未来》,中国物价出版社2001年版;张继焦、帅建淮编著:《成功的品牌管理》,中国物价出版社2002年版;张继焦、葛存山、帅建淮编著:《分销链管理——分销渠道的设计、控制和管理创新》,中国物价出版社2002年版;张继焦编著:《控制链管理:防范客户和应收账款风险》,中国物价出版社2003年版;G. 德拉姆德、J. 恩索尔:《战略营销:计划与控制》,张继焦、田永坡译,张继焦校,中国市场出版社2004年版。

争能力，才能在这一轮的竞争中形成优势。竞争中强者和胜者的核心在于世界优势加中国特色。跨国公司在产品研发、市场营销、全球经营体系支持、全面管理技能和雄厚的资金方面有强大的优势。而中国企业则在本地因素重要、行业比较成熟、技术相对稳定或者可以从第三方获得这种核心技术的行业里取得比较大的优势。中国企业在本土化的产品设计、销售渠道、低廉的劳动力产品和本地政府关系方面享有一定的优势。总之，全面技能的提升和单项优势的迅速突破是中国企业下一步发展的必由之路。①

第四，私营企业或民营企业及其接班人问题。多年来，社会学家张厚义、陈光金等对私营企业或民营企业进行了大量的调查研究，出版了一系列成果。② 2010年在上海世博会上，中国民营企业联合馆由中国大陆16家在各领域内最具代表性的私营企业联合展出。③ 此展出显现了改革开放后30多年来，私营企业成为中国由计划经济转为市场经济的开路先锋，是中国经济再度崛起的一股有生力量，具有惊人而旺盛的经营活力。笔者曾就私营企业问题分别于2012年3月和2012年10月在美国威廉—玛丽大学和马来西亚拉曼学院开了一场学术讲座，并以企业人类学的角度撰文向英语世界介绍中国的私营企业。④ 最近这些年以来，许多民企老总感到非常"头

---

① 张继焦主笔：《跨国公司在中国的本土化问题——对在华跨国公司行为的人类学调查与研究》，研究报告（18万字），第175页。

② 参见张厚义、陈光金主编《走向成熟的中国民营企业家》，经济管理出版社2002年版；张厚义、侯光明、明立志、梁传运主编《中国私营企业发展报告（6）》，社会科学文献出版社2004年版；张厚义、明立志、梁传运主编《中国私营企业发展报告（5）》，社会科学文献出版社2003年版；张厚义、明立志主编《中国私营企业发展报告（4）》，社会科学文献出版社2002年版；张厚义、明立志主编《中国私营企业发展报告（3）》，社会科学文献出版社2001年版；张厚义、明立志主编《中国私营企业发展报告（2）》，社会科学文献出版社2000年版；张厚义、明立志主编《中国私营企业发展报告（1）》，社会科学文献出版社1999年版。

③ 它们包括中国最大的私营企业之一上海复星高科技有限公司、网络业龙头企业阿里巴巴公司、房地产大亨大连万达集团公司、家居业霸主之一的红星美凯龙国际家居连锁集团、影视业巨人华谊兄弟传媒股份有限公司，以及中国民生银行、苏宁电器有限公司、易居中国控股有限公司、上海美特斯邦威股份有限公司、浙江爱仕达电器股份有限公司等知名企业。

④ Zhang Jijiao, "China's Private Enterprises: An Enterprise Anthropology Perspective", *Anthropology Newsletter of National Museum of Ethnology*, Osaka, No. 34, June, 2012, pp. 7 – 8.

疼"的问题是"子女难承父业"。① 中国的私营企业或民营企业处于从"创一代"到"富二代"的交接班高峰期。企业领导人的接班问题已成为中国经济下一个10年的重要悬念。对此，不少华人学者认为："富不过三代"是家族企业和民营企业的魔咒和怪圈，不仅是中国企业，而且是全世界华人企业发展的普遍规律。② 目前，"富不过三代"既是民营家族企业发展壮大的烦恼，也是企业在经济新常态下转型升级亟待破解的难题。有没有化解"富不过三代"魔咒的良方和灵丹妙药呢？对于企业领导人交接班这个问题，相对而言，浙江商人的思考和探索比较多。③ 在此，笔者试图从中国学者自己建立的"品牌企业案例库"中，找出清华池这个典型的百年"老字号"企业作为论据，进行企业人类学的案例分析。④

第五，对老字号现代转型的钻研。现代社会中的老字号，近些年成为一些非经济管理学者关注对象。比如，民俗学家对老字号的调查与思考，历史学家人对老字号的口述历史记录和分析。企业人类学以老字号研究为抓手，已建立起一支全国性的队伍：北京、上海、天津、广州、浙江、辽宁、重庆、云南、湖北、湖南、江苏、吉林、山东、广西、福建、河北等16个省市学术研究机构和大专院校的专业人才，与各地行业协会、企业400余位从业人员保持适时互动。大家共同的关注点是：老字号企业的现代转型，即在激烈的市场竞争中（特别是在新一轮的经济危机当中），中华老字号、全国各地的省级和市级老字号，面对严峻的挑战，如何重振昔日雄风？

---

① 比如，近些年万达董事长王健林对王思聪是否接班，充满着纠结：接班我不是一定要传给他。如果他出色，当然是最好的人选；如果不一定能担得起来，也不一定传给他，可以交给职业经理人。要看大家拥不拥护他，这帮老臣是跟了我的，如果传给他，这帮老臣能不能接受、能不能拥护？或是将来他要在我的公司慢慢培养他自己的权威，服众就传，不服众就不传。

② 我多次听到香港大学王向华教授阐述中国家族企业"富不过三代"的观点。由国际企业人类学委员会和香港大学现代语言与文化学院联合主办的"企业与社会"工作坊，于2010年8月12—13日在香港大学举行。参见张继焦《企业人类学的新探索：近些年的学术活动及其研究动态》，《创新》2015年第3期。

③ 参见张继焦《新一代商人群落的研究之一——从企业人类学角度，分析浙商的产生和群体特点》，《企业和城市发展：并非全是经济的问题》（张继焦主编），知识产权出版社2013年版，第123—132页；陈振铎《民营企业家的女性代际传承——浙江个案的企业人类学研究》，张继焦主编《新一轮的城市化、工业化、市场化、文化多元化：对全球化和现代化的探讨》，知识产权出版社2015年版，第284—294页。

④ 张继焦：《如何破解"富不过三代"的魔咒：百年老字号"清华池"案例的企业人类学分析》，《广西经济管理干部学院》2015年第2期。

这个老字号研究团队的成果不断推出：2011年发布了第一部老字号蓝皮书，2013年和2015年继续发布了老字号皮书，一批以老字号为研究对象的论文已经和正在陆续在《思想战线》《广西民族大学学报》《广西经济管理干部学院学报》《创新》《中国民族报》等期刊报纸和一些国外出版物上发表，案例分析和行业研究的内容丰富多彩，形成了系列性的老字号专题研究论文，极大地推进了企业人类学的学科建设、提升了企业人类学的学科地位。

总之，与传统人类学主要研究简单社会组织不同，企业人类学对现代社会中的各种类型的企业，如乡镇企业、国有企业、跨国公司、私营企业或民营企业、老字号企业等复杂组织进行了调查研究，大大扩展了人类学的研究对象。由此，企业人类学的研究内容和研究议题也相应地得到了丰富和发展，涉及乡镇企业兴起的原因、国有企业的社会成本、跨国公司在中国的本土化、私营企业或民营企业的接班人问题、老字号的现代转型等复杂的现代组织问题，扩充了企业人类学的研究范围。在很大程度上，对各类企业组织的研究夯实了人类学作为现代学科的基本研究范畴，不但增强了人类学研究当代组织的学术能力，而且强化了人类学与经济学、管理学等学科的对话能力。

四 研究方法的持续创新：三个方面的转变

一门学科要确立学科地位和获得长足发展，必须有自己创新性的研究方法。然而，人类学用于研究简单社会组织的那些研究方法，在面对复杂的现代企业组织时，显得有些捉襟见肘，需要有所创新。

1. 整体论：从简单组织到现代复杂企业

整体论（holism）是很多学科都经常使用的分析视角。在人类学圈里，整体论被视为本学科的一种独特的方法，[①] 也是一种人类学界公认的、最常用的分析方法。但是，由于传统人类学主要研究的是传统的村落或简单的社会，所以，它所谓的整体观通常指的是对简单的社会或组织的整体观。

美国人类学家提出的"人际关系"理论，是人类学在研究企业时对古典整体论的发展。这个理论把社会科学方的各种有关理论、方法和技术

---

① ［美］高斯密：《论人类学诸学科的整体性》，张海洋译，《中央民族大学学报》（哲学社会科学版）2000年第6期。

等，用来研究企业内部个人与个人之间的关系、企业中的正式组织和非正式组织的关系，以及企业与外部社会环境的关系等。

在中国、苏联、东欧等前社会主义国家发生变革之前，支配西方社会科学界对这些社会主义国家的研究思路主要有两种研究范式：极权主义范式和现代化范式。然而，20世纪80年代以来，苏联、东欧和中国发生了一系列的重大经济社会变革，这两种范式显然都没有足够的解释力。一般认为，影响资源配置和经济社会发展主要有两只手：一只是"看得见的手"——"政府"，另一只是"看不见的手"——"市场"。早在1992年，李培林首次提出了"社会结构转型"理论，或称"另一只看不见的手"理论。他认为，中国正处于一个社会结构的全面转型期，即从农业社会向工业社会、从乡村社会向城镇社会、从封闭半封闭社会向开放社会等的结构性转型。社会结构自身拥有相当大的活动空间和变动弹性，在发生社会结构性变动时，处于社会结构之中各种行为方式、风俗习惯、道德伦理、价值观念、利益格局和运行机制等，会形成一种巨大的推动力量。这"另一只看不见的手"作为一种资源配置的实际方式，不仅从整体上推动着社会发展，而且会从深层次上影响产业结构的调整方向和经济体制的改革方向。① 由中国学者提出的这一理论，推动经典的整体论向前发展了一大步。它提倡从整个社会结构的角度看资源配置和经济社会发展，对国内外社会科学界都有一定的影响。

在李老师的"社会结构转型"理论影响下，经过多年思考，笔者对中国的经济社会结构转型，先后创新性地提出了一对（两个）新概念：2014年提出的"伞式社会"，用于观察和分析政府主导的资源配置和经济社会发展②；2015年提出了"蜂窝式社会"，用于观察和分析普通老百姓自我开展的资源配置方式和对经济社会发展的影响③。上述两篇企业人类

---

① 关于"社会结构转型理论"的基本命题，主要体现在被称为"社会结构转型三论"的三篇论文里：李培林《"另一只看不见的手"——社会结构转型》，《中国社会科学》1992年第5期；《再论"另一只看不见的手"》，《社会学研究》1994年第1期；《中国社会结构转型对资源配置方式的影响》，《中国社会科学》1995年第1期。

② 张继焦：《"伞式社会"——观察中国经济社会结构转型的一个新概念》，《思想战线》2014年第4期。

③ 张继焦：《"蜂窝式社会"——观察中国经济社会转型的另一个新概念》，《思想战线》2015年第3期。

学论文，都是从社会结构和市场转型的整体性视角，探讨了中国经济崛起的内在动因和巨大的经济社会转型的结构性因素。

2. 研究范式的转变

对城市新移民经济社会的有关研究，二分法是最为常用和基本的分析框架。社会学和经济学出现了不少经典的"传统—现代"二分法模式。比如，如梅因（H. Maine）关于"身份社会"与"契约社会"的对立（1861）[1]，滕尼斯（F. Tonnies）关于"礼俗社会"与"法理社会"的对立（1887）[2]，涂尔干（E. Durkheim）关于"机械团结"与"有机团结"的对立（1893）[3]，韦伯（M. Weber）关于"前现代社会"与"现代社会""实质合理性—形式合理性"和"传统性统治—合法性统治"的对立[4]，雷德菲尔德（R. Redfield）关于"俗民社会"与"都市社会"的对立[5]，帕森斯（T. Parsons）关于"特殊价值"与"普遍价值"的对立[6]，刘易斯（A. Lewis）关于"传统部门—资本主义部门"的对立[7]等，都体现了"传统—现代"处于两极的研究思路。

李培林针对"传统—现代"的二元对立分析模式，提出了"连续谱"的概念。他指出，在我们那些已经习以为常的二元对立（如私有企业和国有企业、乡村和都市、传统与现代等）之间，事实上都存在着"连续

---

[1] Maine, Henry James Sumner, 1861, *Ancient Law, Its Connection with the Early History of Society, and Its Relation to Modern Ideas* (1st edition). London: John Murray, p. 170.

[2] Tonnies, F., 1887, *Gemeinschaft and Gesellschaft* (*Community and Society*), Leipzig: Fues's Verlag, 2nd ed. 1912, 8th edition, Leipzig: Buske, 1935, translated and edited by Charles P. Loomis, 1957, The Michigan State University Press, pp. 223 - 231.

[3] Durkheim, E., 1893, *The Division of Labour in Society* (*French: De la division du Travail Social*), Translated by W. D. Halls, 1997, New York: Free Press, Chapter II: Mechanical Solidarity, Or Solidarity by Similarities.

[4] Weber, M., 1922, *Wirtschaft and Gesellschaft* (*Economy and Society*), 2 volumes, Germany; Bendix, Reinhard, Max Weber, 1921—1922, The Theory of Social and Economic Organization, Translated by Parsons together with Alexander Morell Henderson in 1947.

[5] Redfield, Robert, 1947, The Folk Society, In *American Journal of Sociology*, 52: 293 - 308.

[6] Parsons, T., 1951, *The Social System*, New York: The Free Press.

[7] Lewis, W. Arthur, 1954, "Economic Development with Unlimited Supplies of Labor", *Manchester School of Economic and Social Studies*, Vol. 22, pp. 139 - 191.

谱"的真实世界。① 陈国贲和张齐娥也认为：城市移民并不是一个新的研究课题。但是，将移民与企业家精神联系起来，去认识移民如何随着时光的推移把自己改造为小商小贩、商人、企业家、实业家的过程却是相当新颖的。他们摆脱了原有的社会经济结构和被埋没的能力，得到了新的发展机遇，在城市中找到了新的生活，创造出了新的社会经济结构。②

因此，对城市移民及其经济社会的研究，笔者超越"对立—同化"二分法，吸收了有的社会学家、人类学家等提出了"并存"分析模式和有的经济学家、政治学家等提出了"联结"分析模式，采用了"并存—联结"分析模式，简称"并联"分析模式。③ 由此，我们可以类推出，在中国少数民族新移民在城市中要转变或创建本民族的经济社会结构。民族企业是一个经济社会组织形式，是转变或创建本民族在城市中新的经济社会结构的社会基础，没有民族企业这个结构性的实体作为依托，新的经济社会结构将无立足之地。在民族企业这个实实在在的经济社会组织中，企业家可以运用本民族自身显著的家庭、民族价值观、文化特征、社区、社会关系网络等民族资源，获得创业资本、廉价劳动力、商业信用等，谋求民族企业和本民族新型经济社会结构的创立和发展。④

3. "自下而上"和"自上而下"两个视角相结合

人类学家通常喜欢选择弱势群体、少数民族、妇女儿童、底层百姓等作为研究对象，对弱者具有天生的同情心，其研究视角通常是或者非常草根，或者是"自下而上"的，很少有向上的研究或者"自上而下"的视角。

如何将学者们常用的"自下而上"研究思路与各级政府常用的"自上而下"工作思路两种视角，更好地结合起来，是人类学界长久以来一直没有很好地解决的问题。笔者正在思考这个问题，希望大家也一起思考

---

① 李培林：《巨变：村落的终结》，《中国社会科学》2002 年第 1 期。

② 参见该书的中文版：陈国贲、张齐娥《出路——新加坡华裔企业家的成长》，中国社会科学出版社 1996 年版，第 386—387 页；该书的英文版：Chan Kwok Bun & Claire Chiang See Ngoh，1994，*Steppin Out：The Making of Chinese Entreprenuers*，Simon & Schuster（Asia）Ltd.

③ 张继焦：《经济文化类型：从"原生态型"到"市场型"——对中国少数民族城市移民的新探讨》，《思想战线》2010 年第 1 期。

④ 张继焦：《中国城市民族经济文化类型的形成——民族企业和民族企业家的作用》，《广西民族大学学报》（哲学社会科学版）2010 年第 5 期。

这个问题。

比如，对老字号、老商街与城市竞争力三者之间的关系，笔者分别从"自下而上"的视角和"自上而下"的视角，各写了一篇文章。

基于"自下而上"视角的分析框架，大致分为三个层次：第一个层次为微观地对老字号经营方式的个案分析；第二个层次为中观地对城市局部地区（尤其是那些老字号集聚的老商街）的分析；第三个层次为宏观地对城市竞争力进行整体性分析。①

与基于"自下而上"视角的分析框架相反，基于"自下而上"视角的分析框架的三个层次：第一个层次为宏观地对城市竞争力进行整体分析，主要表现为"城市发展规划"。在城市发展规划的顶层设计框架下，把老商街、老字号企业作为局部区域或个别企业放在其中；第二个层次为中观地对城市街区的分析，常见的表现为"商业街发展规划""城市商业发展规划"。老商街上的各家老字号企业，只是政府制定这两类发展规划时的参考性个案资料；第三个层次为对老字号企业个案的微观记录和描述，只是政府制定上述两种城市规划的个案性、基础性资料。②

由此，我们体会到：一方面，与"自上而下"的研究视角相比，"自下而上"的分析路径有些不足：有时候会"只见树木，不见森林"，只看到个别老字号企业、个别老商街，看不到整个城市发展的全貌；有时候会忽视城市政府的发展规划、老字号企业所在商街的发展状况。另一方面，老字号、老商街是一个值得不断挖掘的宝藏。与城市规划者和城市经济学者不同，企业人类学可以以老字号和老商街的实证研究为基础，来分析城市竞争力。城市规划者的城市商业分析和城市经济学者的城市竞争力分析，由于缺乏对老字号和老商街进行微观的、基础性研究，其城市商业分析和城市竞争力分析是不够深入和扎实的。

我们希望：越来越多的城市政府官员和城市规划者意识到，企业人类学者基于老商街和老字号的"自下而上"调查研究的学术价值和现实意义。老字号和老商街是城市发展的宝藏，如果能够不断挖掘老字号的经济资源和复兴老商街的商业活力，可以深化城市商业的分析，可以进一步增

---

① 张继焦：《老字号、老商街如何重拾竞争力》，《中国民族报》2014年9月12日。
② 张继焦：《"自上而下"的视角：对城市竞争力、老商街、老字号的分析》，《广西民族大学学报》（哲学社会科学版）2015年第2期。

加城市竞争力。

总之，在一批学者的不断努力和尝试下，针对"传统—现代"二分法僵化研究模式，提出了"连续谱"的概念，实现了研究范式的转变；有些学者正在尝试着将"自下而上"和"自上而下"两个视角相互结合；人类学的整体论从研究简单组织的视角，转变为了分析现代复杂企业的观点；李培林1992年首次提出的"社会结构转型"理论（或称"另一只看不见的手"理论）已被中国企业人类学奉为最为重要的理论源泉之一，大大提升了人类学对企业的分析能力和对经济社会转型的解释力。企业人类学的研究方法有了一定的创新和发展，其理论水平也上了一个台阶。

五 总结、思考和启示：企业人类学的兴起和未来发展前景

1. 总结：企业人类学的产生标志着人类学第四次革命

在人类学发展的100多年时间里，用人类学知识探讨了当今各类企业现象。当20世纪30年代企业人类学产生的时候，其名称为"工业人类学"，因其从属性太明显，尚未开启人类学真正意义的第四次革命。[①] 其后经历了组织人类学、工商人类学、经营人类学等不同发展阶段，因其独立性都不太充分，只能算是为开启人类学第四次革命的不同准备过程。经过几十年的积累，到了2009年国际学术界正式统称为"企业人类学"，才真正开启了人类学的第四次革命。

由上述我们可以知道，在国内外一大批学者80多年来的持续探索基础上，2009年以来的六年间这个学科在学科名称、研究对象、研究范围、研究方法、学术活动、学术成果等各个方面，不但已有相当多的开拓性探索，而且已创新地形成了一套比较完整的学科体系，所以我们说，企业人类学是真正意义上人类学的第四次学科革命。换言之，与工业人类学、组织人类学、工商人类学、经营人类学等相比，企业人类学是名副其实的人类学第四次学科革命。

在研究范畴方面，企业人类学突破传统的家族企业研究模式，进入一些新兴的研究领域、研究对象、研究议题等。企业人类学克服了人类学侧重于研究简单社会组织学术传统的束缚，展开了对各种复杂企业（如乡

---

① 人类学的第一次革命是对原始民族的研究，第二次革命是对农民社会的研究，第三次革命是对都市社会的研究，第四次革命是对现代各类企业的研究。

镇企业、国有企业、跨国公司、私营企业或民营企业、老字号企业等）的调查研究，大大扩展了人类学的研究对象。企业人类学好像注入了新鲜血液一样，其研究主题也相应地变得丰富起来，涉及了一些现实经济社会中的重大议题，如乡镇企业兴起的原因和途径、国有企业运营的社会成本、跨国公司在中国的本土化、私营企业或民营企业未来发展的接班人问题、老字号企业在市场经济下的现代转型等复杂的现代组织问题，扩充了企业人类学的研究范围。这些对复杂企业组织的探索性研究，进一步夯实了人类学作为一个现代学科的基本研究范畴，不但增强了人类学研究当代各类企业组织的学术能力，而且强化了人类学与应用经济学、企业管理学等显性学科的对话能力。因此，我们可以说，称企业人类学开创了人类学第四次学科革命，是名正言顺的。

最近一些年，企业人类学的研究方法也有了明显的创新，其理论水平也登上了一个新的台阶。在国内外一些知名学者的学术倡导或理论引导下，"传统—现代"二分法这种被奉为经典的研究模式，得到了突破，研究范式实现了重大的转变；有的企业人类学者不但努力走出人类学"自下而上"研究视野的樊篱，提出了"自上而下"的新角度，而且正在尝试着将"自下而上"和"自上而下"两个不同的学术视角有机地结合起来；有的企业人类学者已经突破了整体论主要用于研究简单社会和简单组织的局面，已经使用整体论来分析复杂的现代企业；"社会结构转型"理论（或称"另一只看不见的手"理论）被中国企业人类学尊为最主要的理论源泉之一，极大地增强了人类学对复杂的企业的解析能力、对经济社会结构及其转型的解释能力。

近些年，企业人类学的学术活动已形成了比较制度化的学术交流机制，其学术成果比较丰富和体系化。在学术活动方面，已出现了一系列定期和不定期召开的国际学术会议和国内研讨会，已呈现了一套比较规范的国际或国内学术交流机制；在学术成果方面，已正式出版了十多部中、英文著作和一系列中英文论文。企业人类学研究者及其研究对象涉及五大洲（亚洲、大洋洲、欧洲、北美洲、南美洲）的 26 个国家和地区。简言之，企业人类学的学术活动和学术成果两方面的国际化程度都很高。因此，企业人类学的兴起不只是中国人类学民族学的事，也是国际人类学民族学的一件大事。

总的来说，企业人类学虽然诞生于 80 多年前，但是，直到最近几年在国际上完成了学科名称统合，并逐渐形成一门具有独特的研究范式、拥有比较完整知识体系的学科。从学理上特别是从学科知识体系上看，我们说企业人类学开创了人类学第四次革命，不是徒有虚名的，与工业人类学、组织人类学、工商人类学、经营人类学等不同名称相比较，这门学科基本实现了"名"与"实"相结合，真正称得上"实至名归"的人类学第四次革命。

2. 思考：企业人类学的兴起意味着人类学发展的局部突破

最近一些年，人类学民族学研究议题呈现多元化和分散性、学科理论更新换代较少。① 笔者认为，无论是整个国际人类学民族学界，还是整个中国人类学民族学界，都不可能出现全局性的、飞跃性的发展，只有可能出现个别或一些局部性的突破，如某个学科或某个研究领域在某些研究对象、研究方法等的尝试或创新。换言之，我们所期待的：全世界的或全中国的人类学民族学出现全面性的腾飞，只是一种奢望，这样全局性的学科繁荣不可能会出现。企业人类学的产生只是意味着人类学民族学发展的局部突破。

由于亚洲"四小龙"（韩国、新加坡、中国台湾、中国香港）的兴起，中国作为新兴经济体的崛起，特别是亚洲"四小龙"和中国发生了城市化、工业化、市场化的巨变过程②，出现了各种类型的企业及整个经济社会结构的剧烈转型，整个学术市场出现了对各种类型企业研究的巨大需求，企业人类学在学术"需求—供应"驱动下应运而生，成为整个人类学民族学停滞或缓慢发展中的局部突围，算是人类学民族学发展中新兴的学术增长点。

在目前的国际和国内学术背景下、在学术市场的"需求—供应"条件下，人类学民族学较为可行的发展路径有两条：其一，寻找新的发展空间，并通过努力获得新的学科发展增长点；其二，在传统的学科领域里，进行创新性的探索。以中国人类学民族学的现状来看，与企业人类学的情况类似，在非物质文化遗产、民族旅游、民族节日等几个方面，都找到了

---

① 2014年11月，在日本大阪国立民族学博物馆参加一个会议期间，笔者当面请教黄树民教授："当今国际人类学民族学的发展状况如何？"黄树民教授认为："当今的国际人类学民族学没有一种主导性的理论或主流的研究领域，呈现出分散性和多元化的特点。"

② 张继焦：《企业人类学的角度：如何看待新一轮的工业化、市场化、城市化》，《创新》2015年第2期。

新的学术发展空间，都是人类学民族学发展出现局部突破的体现。相反，由于学术需求不强，欧美作为人类学民族学传统的优势地区却出现了衰落。因此，企业人类学的兴起在一定程度上意味着人类学民族学在中国和亚洲的局部崛起。

3. 启示：中西方人类学的关系与企业人类学的未来发展

西方学术界之所以傲视我们非西方学术，是因为我们只有事实陈述而没有自己的理论，我们的研究只是为他们的理论提升提供原始材料。弗里德曼曾指出，人类学对中国社会的传统研究不乏事实材料，应该通过系统性的重组，将民族志和历史材料结合起来进行深入分析，形成一些表述清晰的理论观点。[1] 作为一个国际性学科，企业人类学不但打通了中国与西方人类学的通道，而且由于最近30多年来中国和亚洲一些国家和地区的经济腾飞，使这些国家和地区成为人类学民族学创新发展之地，实现了人类学民族学局部突围和学科转型。

笔者认为，中国人类学民族学的研究不能只停留在悲情的事实描写，或者愤青式揭露问题，中国各种类型企业的兴起及其引发的整个经济社会结构转型，必有自己的运行规律，值得我们提升到一定的理论。我们应该有中国人的理论自信，应该运用社会科学各种原理，应该也可以基于本土的调查思考，并提出本土的企业人类学新理论。希望本书能够抛砖引玉，激发起我们新一代学者的共同努力，一起形成中国特色的人类学理论和学派。

---

[1] Freedman, Maurice. 1963, "A Chinese Phase in Social Anthropology", in *British Journal of Sociology*, 14.1: 1 – 19; Skinner, G. William. (ed.), 1979, *The Study of Chinese Society: Essays by Maurice Freedman*, Stanford: Stanford University Press, pp. 417 – 419.

第二章 企业人类学的新范式：对经济社会结构转型的探索

自20世纪80年代末以来，中国已实行了30多年的改革开放，从沿海到内陆各个地区已经和正在经历工业化、市场化、城镇化、现代化、全球化等"新五化"，已经和正在发生一系列巨大的经济社会转型：从计划经济转为市场经济、从农牧业转为工商业、从农村社会转为都市社会等，这些都是人类学民族学①研究必须面对的重大现实议题。然而，为什么我们的美国同行对中国的发展现实会这么冷漠呢？

第一节 观察经济社会转型的三大方面：新一轮的工业化、市场化、城市化

2011—2012年，笔者在加拿大多伦多大学做一年的访问学者。其间，英国肯特大学的朱莉安娜（Giuliana B. Prato）当主席的国际都市人类学委员会（CUA）与笔者负责的国际企业人类学委员会（CEA）② 合作，计划于2012年9月在意大利那不勒斯联合主办的一个国际会议。为了筹备这个国际会议，笔者从2012年11月开始策划组织一个主题为"中国的城市化、工业化和民族文化传承"的专题会议。

---

① 在中国，人类学民族学可以说是一门学科的两种不同称呼。在国外，由于学术传统不同，英美学界称之为"人类学"，德国、俄罗斯等东欧学界称之为"民族学"。目前，国际上可以将人类学民族学并称，但是使用人类学作为统称的情况越来越明显。

② 这两个专业委员会都是国际人类学与民族学联合会（IUAES）下属的专业委员会。国际人类学与民族学联合会在联合国教科文组织（UNESCO）支持和资助下，作为联合国教科文组织所属的B类组织，于1948年8月23日成立，其会员遍布100多个国家和地区，设有31个专业委员会。参见 Peter Nas and Zhang Jijiao（eds.），2009，*Anthropology Now*，Beijing：Intellectual Property Publishing House，p. 2。

于是，笔者开始对外发信展开国际联系，向世界各国学者征集论文，其中，收到了美国常春藤名校——康奈尔大学人类学系一位教授给笔者的来信。他在信中对笔者说：他认为，笔者要组织讨论的这个主题"中国的城市化、工业化和民族文化传承"，跟人类学没有什么关系。所以，他不准备参加这个会议，也不想把笔者的会议征文通知转发给他的同事和他认识的同行。①

一 研究工业化、市场化、城市化的紧迫性和重要意义

的确，在对待工业化、市场化、城市化上面，中国的人类学民族学界有着不同的看法：有的学者认为，笔者研究的是农村村落或草原牧区，或者民族文化，跟城镇化、工业化关系不大；有的学者认为，城市化、工业化、市场化的确都很重要，但是不知道怎么去研究；也有的学者跟那位美国老兄一样，认为城市化、工业化、市场化不是人类学民族学的研究领域。

对人类学民族学界里的不同观点和态度，我们不必大惊小怪。② 在当今全球化和市场化的时代，消费者行为和企业行为已经成为我们这个社会的重要现象，并得到了很多非经济管理类学科（如心理学、社会学、政治学、公共管理学等）的关注和研究。然而，人类学民族学者并不清楚自己的学科在企业行为、消费者行为分析和市场营销学中的地位和作用。的确，30多年前没有一位人类学民族学家去调查研究消费问题。1982年，当理查德·韦尔克（Richard R. Wilk）和埃里克·阿诺德（Eric Arnould）两位美国人类学者向《美国人类学家》投稿一篇关于发展中国家消费文化新模式的论文时，吃了闭门羹。退稿的理由是"这不是一个人类学关心的主题"。其实，在市场营销学界，人类学一直被当作其三大基础学科之一（其他两个为社会学和心理学），这说明人类学对跨文化交流和消费者行为研究的重要贡献是被外界认可的。人类学墙内开花墙外香，我们自己却毫不知情。直到最近一些年，关于不同消费文化的民族志调查与跨文化研究，作为人类学民族学的重要研究领域之一，已经越来越多地登上正

---

① 虽然到如今，时间已过去两年多了，但笔者一直保留着这位美国人类学教授发给笔者的信件。这是笔者30年人类学学术生涯中一件令笔者印象深刻的事。
② 参见张继焦《人类学方法的特点、不足和改进方向》，《民族研究》2002年第5期。

式的学术殿堂。① 如今，在美国和日本的大学里，已经有越来越多的教授开设企业人类学课程。施乐、诺基亚、英特尔、通用汽车等跨国公司聘用了人类学专业的人士担任其高级管理人员。②

在上述意大利国际会议③的开幕式上，作为主办方之一的国际企业人类学委员会主席，笔者在致辞中指出：当下人类学的日子并不好过，世界各国的同行都面临着严峻的挑战。比如，如何将自己研究从农村转到城市、从农业转向工业、从穷人转向富人、从自然经济转向知识经济、从传统村落转到现代企业、从少数群体转到主流社会，等等。又比如，如何帮助民族学专业毕业生在城市里或高科技企业中，找到一份高薪的好工作。④

我们在意大利国际会议上召开的这个专题会议，因为议题是"中国的城市化、工业化和民族文化传承"，不被美国康奈尔大学人类学教授看好，实际上，这个专题会议开得很成功，分为5个单元来展开研讨，有14位代表参加，分别来自美国、法国、德国、中国、意大利等5个国家的近10个不同机构，如美国纽约州立大学、法国国立社会科学高等研究院、意大利博洛尼亚大学、德国马普宗教与民族多样性研究所、中国社会科学院民族学与人类学研究所、中国社会科学院研究生院、云南财经大学、中央民族大学、西北民族大学等。

国际人类学与民族学联合会⑤曾在《当代人类学》（*Current Anthropology*）杂志（1979）上，以会长的名义发表过一项对未来世界人类学的声明草案："从人类利益的角度看，人类学的研究范围包括这样一些当代世

---

① 张继焦：《企业人类学的实证与应用研究》，《云南民族大学学报》2009年第1期。
② 张继焦：《企业人类学关注什么》，《管理学家》2013年第9期。
③ 这次意大利国际会议的主题是"合理性议题：企业文化、公司责任和都市发展"，吸引了来自人类学、民族学、社会学、经济学、管理学、历史学等不同学科的约200位各国学者。
④ 李宇军：《走向国际的中国人类学——"对可持续发展的探讨：中国的城镇化、工业化和民族文化传承"国际会议综述》，黄忠彩、张继焦主编《对经济社会转型的探讨：中国的城市化、工业化和民族文化传承》，知识产权出版社2013年版，第333—338页。
⑤ 国际人类学与民族学联合会（IUAES）既是国际社会科学理事会（ISSC）的成员之一，也是国际哲学与人文科学研究理事会（CIPSH）的成员之一，还是国际科学联合会理事会（ICSU）的成员之一。参见［荷］彼特·J. M. 纳斯、张继焦主编《当今国际人类学》，知识产权出版社2009年版，第2页。

界的主要事件。"① 人类学民族学是跨学科、综合性很强的学科。2009 年 7 月 27—31 日，在中国昆明举行的"国际人类学与民族学联合会第 16 届大会"包括 217 个专题会议，按学科和主题划分，初步归并为 36 个大的类别，即 36 个分支学科或研究领域：历史人类学、理论人类学、旅游人类学、都市人类学、传播人类学、发展和经济人类学、企业人类学、环境人类学、人文生态学、文化多样性研究、民族文化研究、民族关系与民族认同研究、宗教研究、老年人与老龄化研究、艾滋病人类学、考古人类学、儿童与青少年研究、食品与营养人类学、性别研究、全球化研究、人权研究、土著知识与可持续发展、法律多元化、语言人类学、数学人类学、移民人类学、医学人类学和流行病、博物馆和文化遗产、游牧民族研究、体质与分子人类学、影视人类学、心理人类学、体育人类学、紧急人类学等 30 多个专业领域或分支学科。其中，人类学与企业管理、工业经济学、区域经济学、产业经济学、政治学、历史学、社会学、环境科学等不同学科之间的合作非常活跃，人类学中原有的一些研究领域现在正在凸显为专业化研究方向甚至分支学科，如生态/环境人类学、企业人类学、都市人类学、发展/经济人类学、历史人类学、移民人类学、教育人类学、旅游人类学等。从学科建设的角度看，人类学民族学的学科发展进入了一个全新的阶段。②

在中国，人类学民族学通常比较多关注的是欠发达的民族地区或发展相对滞后的少数民族同胞。最近十多年来，随着"西部大开发"、"十二五"规划、"兴边富民"政策等的实施，中西地区也将发生巨大的变化。其中，中西部地区的城镇化、工业化和市场化，各民族文化的保留、传承与创新等，是国内外学者和政府有关部门高度关注的议题。新一轮的工业化、市场化、城市化③已经来到了中西部民族地区，已经摆到了我们人类

---

① Belshaw, Cyril S., 1979, "Message from the President", *Current Anthropology*, 20 (1): 244–245.

② 张继焦：《从第16届世界大会，看中国人类学民族学的现状与发展趋势》，黄忠彩、张继焦主编《世界的盛会 丰硕的成果——国际人类学与民族学联合会第十六届大会最新学术成果概述》，知识产权出版社2012年版，第93—112页。

③ 本书中"新一轮的工业化、市场化、城市化"，特指的是中国的工业化、市场化、城市化已经从东部沿海地区转移到中西部民族地区。换言之，中国新一轮的发展波及中西部民族地区。

学民族学研究者的面前，我们不得不去面对、不得不去思考和研究。作为一门世界性的前沿学科，企业人类学的应用研究与案例分析的范围是相当广泛的，至少包括产业转移、城市化与流动人口、企业文化、企业组织、消费者行为分析、跨文化管理、企业的社会责任、企业的地方性和群体性、民族企业家等 15 个领域。① 企业人类学正在顺应中国中西部民族地区的现实发展需求，伴随着中国新一轮的工业化、市场化、城市化，试图获得进一步的发展。

二 企业人类学的新视角：新一轮的工业化、市场化、城市化

当前，我国已存在珠江三角洲、长江三角洲"两角"经济增长极，环渤海湾经济增长极正在形成。因此，将出现产业由东部向中西部的转移，这不但是一个巨大的经济现象，也将是值得关注的社会、文化和环境现象。从东部到中西部地区的产业转移，将是中西部地区的一次规模巨大的工业化、市场化、城市化过程，特别是对民族地区来说，它将对民族地区及各少数民族的社会、文化和生态环境等造成极大的冲击，因此，我们也应该从非经济学（比如，人类学、民族学等）的角度探讨产业转移将对中西部地区（特别是民族地区）的社会和文化造成的影响。这不但将使一些像人类学民族学之类的非经济学学科能够跟上我国社会经济发展的步伐，也可以强化这类学科的应用性研究。②

比如，地处西部民族地区的凯里市，作为苗族主要聚居地区，不但是中国的欠发达地区之一，也是中国新一轮工业化、市场化、城市化等的发展之地，包含中国未来发展的巨大空间和潜力。因此，我们可以探讨这个发生在中国民族地区的新一轮经济社会转型。通过对处于工业化和城市化双重过程的凯里市的调研，我们多少可以为探讨"中国式经济社会转型"的理论提供一个实证的研究案例。2013 年笔者负责主持在贵州省凯里市

---

① 张继焦、李宇军：《企业人类学：应用研究和案例分析》，黄忠彩、张继焦主编《世界的盛会 丰硕的成果——国际人类学与民族学联合会第十六届大会最新学术成果概述》，知识产权出版社 2012 年版，第 249—293 页。

② 张继焦：《中国东部与中西部之间的产业转移：影响因素分析》，《贵州社会科学》2011 年第 1 期。

开展一个项目调研①。我们项目组的调查得到凯里市政府的大力支持。市政府不仅开具了专门的调查通知文件，而且先后责成市统计局、市民族宗教局两个单位负责接待和协助调查②。我们分别走访了十多个政府部门③。我们分别实地调查了三类农村——较富裕村、中等村、贫困村，并入户访问了一些典型家庭；还分别实地考察了一些典型地区和机构，如工业开发区、经济开发区、新开发旅游区、民族旅游村、企业、医院、学校等。收集到了大量纸质印刷材料和电子文档资料。④

在下文，我们将分别探讨新一轮的工业化、市场化、城市化三个大方面，为此，我们以企业人类学的相关研究为线索或基础，结合凯里的具体情况和其他的个案情况，进行一些实证的分析。

1. 如何看待新一轮的工业化

（1）早期企业人类学对中国农村工业化的探索

由于中国是农业大国，我国企业人类学也起源于对农村工业化的调查研究。20 世纪 20—30 年代，中美两国学者联合对中国农村开展调查研究。为了解决农民生活贫穷、农村人口过多、生产力落后等问题，农村工业化被迫提出来了。比如，对河北定县的情况，李景汉认为工业化是解决农村人口过密的有效途径之一⑤；在探讨乡村建设时，梁漱溟也提出了由农而工的农村工业化途径⑥；他的《江村经济》探讨的核心命题也是农村工业化。

在中国，费孝通先生是最早探讨农村工业化问题的人类学者，被尊称

---

① 此项目是中国社会科学院民族学与人类学研究所所长王延中研究员主持的"21 世纪初中国少数民族地区经济社会发展综合调查"大项目中的一个子课题。

② 我们组织了一些市级的政府部门，召开了一次座谈会；还组织黔东南州一些政府部门，召开了一次座谈会。

③ 包括凯里市统计局、市民族宗教局、市发改局、市规划局、市建设局、市人力资源和社会保障局、市农业局、市卫生局、市教育局、市人大、市旅游局、市招商局、市环保局、计生委、市文化局、扶贫办等。

④ 我们收集到凯里市各有关部门近年的市统计年鉴、市志、工作报告等各种内部报告、公开出版的纸质材料，约有 1 米高；各种工作总结报告、发展规划等内部报告和材料，50 多份。

⑤ 李景汉：《华北农村人口之结构与问题》，《社会学界》1934 年第 8 卷，第 1—18 页。

⑥ 梁漱溟认为，中国近代工业化与西方是不同的，"西洋近代是由商而工，我们是由农而工；西洋是自由竞争，我们是合作图存"。"从农业引发工业是我们的翻身之路。"参见梁漱溟《梁漱溟全集·第 2 卷·乡村建设理论》中专门探索"工业化问题"的一节，山东人民出版社 1989 年版，第 508—515 页。

为"中国企业人类学"的祖师爷。企业人类学诞生于20世纪30年代的美国。由于费孝通等老一代学者开拓，中国企业人类学的起步并不晚很多，只是比美国企业人类学稍晚几年。费孝通对江苏省吴江县开弦弓村（学名"江村"）的调查，是采用人类学方法调查研究农村工业化的一个典型。他在《江村经济》（1939年）中陈述调查开弦弓村的"理由"时说：开弦弓是中国国内蚕丝业的重要中心之一。因此，可以把这个村子作为在中国工业发展变化过程中有代表性的例子；主要变化是工业代替了家庭手工业系统。农村工业化是一个普遍过程，目前仍在我国进行着，世界各地也有这样的变迁。在中国，工业的发展问题更有其实际意义，但至今没有任何人在全面了解农村社会组织的同时，对这个问题进行过深入的研究。①

1939年，张之毅调查研究了中国西部省份——云南省易门县一个手工业比较发达的村庄，学名叫"易村"，出版了一本专著《易村手工业》。费孝通为《易村手工业》所写的序言，不但为该书进行了理论总结，也成为中国乡村工业社会学和企业人类学的范文。费孝通的这篇序言论述了5个方面②，其要点是：一般的发展规律是从乡村工业发展到都市工业。但是，由于中国乡村发展滞后，受外国工业资本的冲击，中国的乡村工业很难顺利地发展成为都市工业。

在此，我们并不想全面回顾人类学对中国农村工业化进行调查和研究的整个历史，只是想大致提及几个代表性作品，以说明对人类学而言农村工业化并不是什么新的研究课题，而是几十年前就做过的老课题。

（2）对改革开放之后中国乡镇企业的研究

中国20世纪80年代改革开放之后，对农村工业化的研究主要体现在对乡镇企业的研究。80年代中期，江苏浙江一带形成了"乡镇企业看苏

---

① 费孝通：《江村经济：中国农民的生活》（1939），戴可景译，江苏人民出版社1986年版，第18页。

② 第一，乡村中农业与工业的界限：在传统的农村中，农业与工业没有一条清楚的界限。第二，乡村工业的功能：可以帮助农业养活庞大的农村人口。第三，乡村工业的基本形式：一种是家庭手工业，可以利用剩余的劳动力；另一种是作坊，可以利用剩余的资本。第四，乡村工业与都市工业的差别：前者是小规模的手工生产，后者是大规模的机器生产。第五，乡村工业的复兴和前途，在于其技术和组织方面的变迁。参见张之毅《易村手工业》（1943年由重庆商务印书馆出版），费孝通、张之毅《云南三村》，天津人民出版社1990年版，第288—290页。

南，家庭工业看温州"的局面。比如，温州家庭工业自80年代初起，经过几年的快速发展，到1985年，已创造出令世人瞩目的经济奇迹。一些经济学家将温州农村家庭工业的发展途径或方式，称为"温州模式"。①之后，1986年初，费孝通在考察温州之后，以"小商品大市场"来概括"温州模式"，认为其特点是家庭工业加专业市场。"简单地说，苏南模式是从公社制里脱胎出来的集体企业，温州的家庭工业则是个体经济。"②

1990—2000年这十年间，一些社会学和人类学家如李培林、王春光③、马戎、刘世定、邱泽奇等④对乡镇企业的调查研究，形成了一大批学术成果。如李培林、王春光合著的《新社会结构的生长点：乡镇企业社会交换论》（1993），马戎、王汉生、刘世定主编的《中国乡镇企业的发展历史与运行机制》（1994），马戎、刘世定、邱泽奇主编的《中国乡镇组织调查》（2000）等。

（3）对新一轮农村工业化的观察与思考

发生在中西部地区的新一轮农村工业化，农产品的工业化是其中重要的组成部分。2003年12月，我们来到处于中国西部地区的河西走廊一带——张掖市甘州区农村，从事一项调研工作。⑤ 在对党寨镇、新墩镇、安阳乡、小满乡和长安乡等进行实地调查和入户走访时，我们出乎意料地发现，几乎每个乡镇都建有一家到几家蔬菜脱水厂。这些小型蔬菜加工企业主要是对当地出产的青椒、黄瓜、豆角等蔬菜进行脱水加工作业，其排

---

① 桑晋泉：《温州三十三万人此事家庭工业》，《解放日报》1985年5月12日。

② 费孝通：《小城镇·大问题》，《行行重行行：乡镇发展论述》（1983），宁夏人民出版社，第379页。

③ 李培林、王春光：《新社会结构的生长点：乡镇企业社会交换论》，山东人民出版社1993年版。

④ 马戎、王汉生、刘世定主编：《中国乡镇企业的发展历史与运行机制》，北京大学出版社1994年版；马戎、黄朝翰、王汉生、杨牧主编：《九十年代中国乡镇企业调查》，（香港）牛津大学出版社1994年版；马戎、刘世定、邱泽奇主编：《中国乡镇组织变迁研究》，华夏出版社2000年版；马戎、刘世定、邱泽奇主编：《中国乡镇组织调查》，华夏出版社2000年版；邱泽奇：《城市集体企业个案调查》，天津人民出版社1996年版；邱泽奇：《边区企业的发展历程》，天津人民出版社1996年版。

⑤ 2001—2006年，日本综合地理环境学研究所和中国社会科学院民族学与人类学研究所签订合作研究协议，对黑河流域的"水资源与生态环境"开展了历时五年的调查研究。其间，2003年日本综合地理环境学研究所单独立项，委托中国社会科学院民族学与人类学研究所开展了本次调查工作。本调查由张继焦和杜发春两位具体实施。

放的废水五颜六色,气味异常刺鼻难闻。这些可能含有防腐剂、干燥剂等有毒化学成分的蔬菜加工废水,一般没有经过任何处理就被直接排放到当地的河流中,在6—10月的蔬菜收获旺季,这种情况更为严重,致使沿河居住的居民即使在离河几公里的地方,也常常为这些气味难闻的废水而感到十分无奈和气愤。这些废水困扰着当地居民,威胁着他们的生活和健康。①

最近一些年,特别是"十二五"(2010—2015)期间,中国的食品工业继续高速增长,其在中西部地区的增速大于东部地区的增速。在很大程度上,这种提速发展主要来自食品工业由东部向中西部的产业转移。虽然有一些地方政府出于地方保护主义、追求政绩和经济业绩等考虑,可能会忽视对食品工业环境污染的防范和治理,但是,也有越来越多的地方政府和食品企业,为了促进食品工业的可持续发展,采取了一些防范和治理食品工业环境污染的办法。②

2013年我们在凯里市的调查:该市正在促进工业可持续发展,积极承接产业转移,到2015年,将初步建成"一个中心"和"三大工业体系":以炉山工业园区为工业中心,以铝矾土精细化加工及深加工(包括铝工业和磨料)、能源和建材及原材料工业、生物制药及特色食品加工为主的特色产业三大工业体系,实现③工业强市。从产业经济分布分析,食品行业(特色食品)、纺织行业应该成为承接转移的劳动密集型产业的首选行业。资源型企业也是产业转移主要内容。

根据钱纳里④等的划分方法,将工业化过程大体分为工业化初期、中

---

① 色音、张继焦、杜发春:《水资源与生态环境——黑河流域水资源状况的社会学调查》,社会科学文献出版社2008年版,第204页。

② 李宇军、张继焦:《中国的食品工业:产业转移、环境污染及其对策》,黄忠彩、张继焦主编《对经济社会转型的探讨:中国的城市化、工业化和民族文化传承》,知识产权出版社2013年版,第277—293页。

③ 凯里市统计局提供的数据:截至2010年末,凯里全市市属规模以上工业企业数为58户,比"十五"期末的50户增长16%,其中,产值上亿元的企业3户,与2005年持平;产值上5000万元的企业7户,比2005年增加3户。2010年末全市规模以上工业企业的就业人数为5822人,比2005年的5649人增加3.06%。"十一五"期间全市规模以上工业企业实现利税总额58677万元,利润总额12043万元,较"十五"期间分别增长265.32%、647.55%。

④ [美]钱纳里等:《工业化和经济增长的比较研究》,吴奇等译,上海三联书店1989年版。

期和后期,再结合相关理论和国际经验,凯里市的经济发展处于工业化的中期阶段。

2. 如何看待新一轮的市场化

(1) 早期企业人类学对市场化的探索

20世纪30年代,费孝通在《江村经济》指出:江村的家庭蚕丝业是一种迫于人多地少压力而内生的发展,工厂工业的下乡则是迫于外来力量的挑战而产生的挽救乡村工业破产的应对。这里所说的"外来势力"既指现代技术的引进,也指西方列强的工业扩张和帝国主义的入侵。

(2) 对改革开放以来市场化的研究

现如今,市场化和工业化几乎侵入世界的每个角落,这使西部地区越来越多的少数民族同胞无法再保持自给自足的原生态状态,他们被越来越深地卷入市场体系和现代工业的浪潮之中。温士贤在怒江峡谷秋那桶村的调查发现,市场化、工业化与当地怒族的生计转型密切相关,怒族自给自足的家计经济受到了冲击。人们不得不采用挖药材、找菌子、外出打工等市场化的新生计方式,以维持日常生活的正常运转。怒族社会的生计模式面临新的抉择。①

西部地区的国有企业也面临着市场化的挑战。2005年,游正林对西部地区的一家工厂进行了深入的调查研究。西厂(化名)是一家国有机械制造企业,始建于1958年,位于我国西部某省会城市的近郊区。西厂在生产形势最好的1994年,工业总产值达20057万元,实现利润1000.78万元,职工人数达2400余人。它曾是国家定点生产QZ机(化名)和JS器(化名)的专业厂家,是省政府直接管理的25户大型国有企业之一,曾多次被评为机械部"先进企业"。1997年以后,西厂连年大幅度亏损,平均每年亏损2500万元以上。截至2001年底,企业总资产为4亿元,总负债为4.8亿元,资产负债率高达120%。2003年4月1日,西厂被宣告破产。2003年10月28日,西厂的实物资产被拍卖给以高定为首的几位私人老板,以1.73亿元成交。从2004年1月1日起,收购者将西厂更名为某股份有限公司继续生产原来的产品(即QZ机和JS器),原西厂的一

---

① 温士贤:《市场经济与怒族社会生计转型——以怒江峡谷秋那桶村为例》,《广西民族大学学报》(哲学社会科学版) 2014年第1期。

些管理人员和生产工人继续留在私有西厂工作。①

（3）对新一轮市场化的探讨

西部民族地区多是欠发达地区，在市场化的浪潮冲击下，发生了巨大的经济社会结构转型。

陈刚等人对泸沽湖地区的调查显示：从20世纪80年代中期开始，有少量的游客来到泸沽湖地区游玩。1986年泸沽湖被云南省政府确定为省级自然保护区。湖边村民自发地接待来此游玩的游客，比如，发展较早的落水村里起初只对村民服务的小商店转而为游客提供食品饮料、日常生活用品、急需药品等。90年代以后，前往泸沽湖观光游玩的游客逐年增多，当地旅游业逐渐发展起来。1994年泸沽湖被云南省政府确定为省级旅游区。旅游业的发展带动了诸如家庭旅馆、餐馆和零售小商店等满足游客吃、住、行及日常生活的相关产业发展。②

凯里市作为以苗族为主体的多民族聚居城市，城镇化进程快速推进，苗族传统文化在保护与开发并重的发展策略推动下经历着深刻的文化重构，在文化旅游产业融合发展的道路上，开拓民族文化产业化转型的创新模式。邢启顺认为，自凯里市民族文化产业逐渐发展以后，民族文化企业③逐渐成为凯里市民族文化产业发展的中坚力量。现有旅游商品生产企业13家，分别是贵州仰阿莎民族工艺品有限公司、民风扎染厂、尚古公司、兰启凤蜡染厂、好花红银饰工艺品销售公司、苗妹民族工艺品有限公司、阿幼朵民族工艺品有限公司、苗缰民族工艺品有限公司、陆氏牛角工艺品有限公司、玉寿堂食品有限公司、紫日茶业有限公司。产品有银饰

---

① 游正林对西厂进行研究的主题是国有企业内部干群之间的冲突关系。首先，他从组织公正的理论角度提出了一个分析企业组织或工作场所中的干群冲突问题的理论框架，然后，在占有大量的经验资料和文献资料的基础上，利用这个理论框架对1979年以来发生在国有企业（西厂）内部的干群冲突现象进行了历时性的描述和分析。他从一个特别的角度记载了我国国有企业改革的历史，在一定程度上揭示出了国有企业内部干群冲突的某些逻辑，并从处理干群关系的角度对国有企业的改革历程进行了反思。参见游正林《西厂劳工——国有企业干群关系研究（1979—2006）》，中国社会科学出版社2007年版。

② 陈刚、白廷斌：《川滇泸沽湖地区民族文化旅游商品市场调查——以工商人类学的视角》，《黑龙江民族丛刊》2012年第3期。

③ 所谓民族文化企业，就是指以民族文化资源为基础进行产品开发、生产、消费的企业。以产品类型分为旅游商品企业和文化消费企业，也包括设计、创作以及提供直接消费的企业。以规模来分，总体上包括注册的公司、小型商户和家庭作坊、个人工作室等。

品、银画、根艺、布艺、扎染、牛角、食醋、茶叶、绣品、蜡染、草编等。随着旅游业的发展，凯里市旅游商品加工企业特别是手工艺品加工企业从无到有，基本形成了一个产业，全产业年实现产值 1000 余万元，上缴利税 100 余万元，带动了广大的农村匠人就业，推动了凯里市民族文化产业的发展。在民族文化保护和发展的矛盾中，民族文化旅游业一方面直接对传统民族文化造成重大冲击和破坏改变，另一方面也使一些已经逐渐尘封的民族文化重新焕发生机，现代文化、外来文化、民族传统文化在文化旅游业中相互影响、相互渗透、相互融合，使传统民族文化发生深刻的重构。①

3. 如何看待新一轮的城市化

（1）早期企业人类学对城市化的研究

早期人类学对中国城市化研究的典型案例，是对昆厂劳工的调查研究。20 世纪 30—40 年代，中国乡村除了出现工业化之后，还出现了大量的劳动力外流，进入大中城市或小城镇务工经商。针对这类农民工群体，史国衡写了一本《昆厂劳工》。"昆厂"是一个学术假名，是昆明一个约有 500 人的国有军需用品制造厂。史国衡于 1940 年 8 月 25 日到 11 月 10 日，在这个工厂进行了全景式的社区调查。调查了工人的来源、技工向内地的迁移、内地劳工的蜕化、工人的态度和工作效率、工资、工人的生计、工人的保养（公共食堂、工人宿舍、医务、健康保险和储蓄、工人教育、娱乐与休闲等）、厂风、劳工安定性、劳动的扩充与继替、工厂的管教等。

《昆厂劳工》涉及农民转变为工人过程中几个很有意思的问题：第一，农民向工人转变的模式。尽管有相当一部分工人来自农民，但是，由农民直接成为工人的只占 13.5%；农民出身的工人中有 68% 的人在进入昆厂之前经历过非农职业（如当兵、商贩、手工业、短工等）。第二，农民向工人的转变，不但是工作方式的变化，也是生活方式的变化，更是乡村文化与都市文化的相互协调过程。这本书通过分析工人的社会环境、家庭背景、社会状况、人际关系等，来分析工业化过程中出现的各种问题。

---

① 邢启顺：《少数民族城市民族文化产业化发展现状分析——以贵州凯里为例》，《广西民族师范学院学报》2014 年第 2 期。

它带有浓厚的"人际关系学派"的理论背景。①

（2）改革开放之后对城市化的看法

中国和亚洲的许多国家现在都处在迅速发展的时期。在这个时期，城市化是一个不可逾越的发展阶段，也是一个必须面对可持续发展诸多挑战的过程。

1983年9月，费孝通在"江苏省小城镇研究讨论会"上发表了著名的"小城镇、大问题"讲话，运用类型比较方法把吴江的小城镇分成了5个类型。1983年12月，费孝通在《小城镇·再探索》一文中，提出了"区域经济系统"和苏南"发展模式"两个新概念，通常称为"苏南模式"。很快，"模式"一词不但成为概括农村工商业发展路子的新概念，也成为继"小城镇"之后形成的又一个研究热点，引起了政府和学术界的广泛关注。这个时期，小城镇的发展问题也进入了企业人类学的研究视野。

改革开放30多年以来，中国的城市化进程突飞猛进，城市化率由1978年的17.40%激增到2009年的46.59%。目前，我国城镇化水平达到约55%，城镇化水平每提高1个百分点，都意味着资源配置效率的提高，而我国城镇化水平估计要达到75%才能稳定下来。②

最近十多年，中国城市化的建设和发展对老商街和老字号的生存和发展的影响很大。在城市中，老字号、老商街都坐落在繁华闹市区人流聚集的地段。一旦实施修建新住宅区、新公路、新商场等城市改造工程，老字号的店址就很容易受到影响。比如，北京市的永安茶庄成立80年来已经搬迁几次：1935年创办时，在北京前门外西珠市口大街东头路南；1987年，恢复老字号营业，在前门西珠市口大街原址翻修；1994年8月，为改善经营环境，再度翻修；2003年4月，迁址于珠市口西大街27号；2008年4月，再度迁址到西城区煤市街1号。造成老字号永安茶庄多次搬迁的主要原因之一就是北京市的城市化建设。所以，我们在知道城市化的同时，还需要从企业人类学的角度关注和研究老字号、老商街。

---

① 费孝通在《昆厂劳工》的"后记"中写到，1943年他去美国哈佛大学，在人际关系学派的领军人物梅奥的帮助下，把《昆厂劳工》翻译成了英文。

② 李培林：《新型城镇化与突破"胡焕庸线"》，《人民日报》2015年1月8日。

(3) 对新一轮的城市化的研究

中国新一轮的城市发展主要发生在中西部地区:一方面,目前,在中国东部沿海地区已形成了三个主要的都市群:长江三角洲、珠江三角洲和环渤海等 3 个城市密集地区,这三个都市群已成为我国经济社会发展的龙头和综合国力提高的引擎。另一方面,在中西部地区出现了一大批正在形成中的城市群雏形,如以成都和重庆为中心的四川盆地城市群(简称"成渝城市群")、以武汉为中心的江汉平原城市群(简称"武汉城市群")、以长沙为中心的湘中地区城市群(简称"长株潭城市群")、以西安为中心的关中地区城市群(简称"关中城市群")、以郑州为中心的中原地区城市群(简称"郑州城市群")等。①

面对城市发展和企业的关系,有大量的问题需要我们从以民族文化为本的视野来剖析。中国的人类学民族学擅长于研究民族文化,却很少关注企业发展和城市发展的现象。在"企业和城市发展:并非全是经济的问题"国际会议②上,王延中在开幕式致辞中指出:城市发展需要大批具有社会责任感的企业家。在企业发展并且促进城市现代化的过程中,一个值得关注的问题是,如何塑造和强化企业家社会责任感问题。经济发展离不开企业家的创造性,但更需要把创造性与城市社会可持续发展结合起来。企业家的社会责任心是其中的关键所在。③

第一,凯里当地的城市化。

美国著名城市地理学家诺瑟姆(Ray M. Northam)于 1979 年提出,发达国家城市化进程的阶段性轨迹是一条有规律的曲线,是一条被拉平的倒 S 形曲线,类似正弦波曲线上升的过程。亦称"诺瑟姆曲线"。④

---

① 李宇军、张继焦:《中国的新一轮城市化:可持续发展、挑战及对策》,《贵州社会科学》2011 年第 12 期。

② 张继焦,《"企业和城市发展:并非全是经济的问题"国际会议纪要》,《民族研究》2013 年第 1 期。

③ 王延中:《在"企业和城市发展:并非全是经济的问题"国际会议开幕式上的致辞》,张继焦主编《企业和城市发展:并非全是经济的问题》,知识产权出版社 2013 年版,第 1—4 页。

④ 诺瑟姆指出,从城市人口比重占总人口比重的变化来看,城市化进程可分为三个阶段:第一是城市化起步阶段,城市化水平在 30% 以下,为初期平缓发展阶段。农业占据主导地位,农村人口占绝对优势,农业剩余劳动力释放缓慢,工农业生产力水平较低,工业提供的就业机会有限,经济发展速度也较慢,因而城市化水平较低。第二是城市化加速阶段,城市化水平(转下页)

据调查,"十一五"(2005—2010)期间,凯里全市规划区面积由72.8平方公里扩展到278平方公里,城市建成区面积不断扩大,达32平方公里;全市城镇人口由25.3万人增至31万人。到2010年末,凯里市城镇化率接近60%,标志着该市将进入城镇化发展加速期。凯里"一心三轴"城镇体系雏形初步形成,区域发展的协调性得到加强,正在成为贵州的次中心城市。"一心"即凯里市中心城区,是凯里市城镇空间的极核,也是黔东南州城镇体系的一级中心。"三轴"包括:沿GZ60城镇空间发展主轴线;西翼城镇发展次轴线;东翼城镇发展次轴线。凯里市中心城区已成为全市经济增长极和发展引擎,中心城区对周边地区的辐射和带动作用显现,三条城镇发展轴轮廓初现。

根据"诺瑟姆曲线",凯里市的城市化水平在30%—70%,为中期高速增长阶段。在此城市化加速阶段,工业吸收大批农业人口,人口向城市迅速聚集,城市化推进很快。

第二,凯里人外出的城市化。

我国东西部地区社会经济存在着不平衡,在市场机制的作用下,东部地区的巨大市场机会和收入回报,吸引西部地区的劳务输出经济快速发展,促使西部劳动力大批向东部地区转移,形成了西部农村劳动力人口的"异地城市化"趋势。比如,西北民族地区循化县A村的村民在外开餐馆的有60多家,开宾馆的有12家,做包工头的有2家,全村有45辆工程车在青海省内及西北各地从事货运,在外打工的有110多人,外出人口占到了全村总人口的70%左右,主要从事批发零售业(虫草、皮毛、服装等)、餐饮业(开拉面馆)、住宿业(开宾馆)和运输业(开工程车、出

(接上页)为30%—70%,为中期高速增长阶段。工业吸收大批农业人口,且人口向城市迅速聚集,城市化推进很快。随着人口和产业向城市集中,市区出现了劳动力过剩、交通拥挤、住房紧张、环境恶化等问题。小汽车普及后,许多人和企业开始迁往郊区,出现了郊区城市化现象。第三是城市化成熟阶段,城市化水平为70%以上,则为后期趋于平缓的成熟阶段。城市化水平比较高,城市人口比重的增长趋缓甚至停滞。在有些地区,城市化地域不断向农村推进,一些大城市的人口和工商业迁往离城市更远的农村和小城镇,使整个大城市人口减少,出现逆城市化现象。参见 Northam, Ray M., 1979, *Urban Geography* (2nd edition), New York: John Wiley & Sons Inc.。

租车）等工作。①

随着中国经济由再分配向市场的转型，原先严格的城乡二元划分逐渐松懈。在高度集中的计划经济体制下，人口迁移被纳入国家计划，从根本上否定了人口流动在生产要素配置中的作用。改革开放以后，农村剩余劳动力逐步获得流动的自由并开始迁移。凯里市的外出打工最早可以追溯到20世纪80年代中期，到2013年已有近30年的历程。2000年以来，凯里外出打工者逐年迅猛递增，10年来翻了一番，从2002年的19553人上升到2011年的54403人，一些乡村还形成了"务工专业乡"或者"务工专业村"。比如，凯棠乡共有653人，其中268人在外打工，占村人口总数的41%。2004年，凯里还被列为黔东南州劳务输出基地。外出打工者人数的快速增长，加快了凯里市农村剩余劳动力的向外流动。从绝对数量来看，2011年，外出打工者人数占到凯里农村劳动力总数的1/3左右。这些外出打工者绝大多数人都选择到省外打工，主要分布在长江三角洲和珠江三角洲地区，包括广东、福建、浙江、江苏、上海等省（市）。

三 小结：关于城市化、工业化、市场化、文化多元化、现代化、全球化的初步看法

目前，全球化、现代化、城市化、工业化、市场化、文化多元化等都是引人注目的学术话题。对这六个概念，笔者的初步看法是：可以分为两大类，全球化、现代化两个概念属于宏观层面的，大于其他四个概念；城市化、工业化、市场化、文化多元化等四个概念，可以是宏观的，也可以是中观的，笔者更愿意把它们看作中观的概念，可以开展一些实证的研究。②

通过上文的阐述，我们可知，人类学对城市化、工业化、市场化这三个议题并不陌生，已经有几十年的研究历史。企业人类学也是在探索这些问题时诞生的。

进入21世纪以来，中国已进入一个经济社会结构的全面转型期，即

---

① 良警宇、李平：《城镇化建设、产业转型与旅游业发展——以西北民族地区循化县为例》，黄忠彩、张继焦主编《对经济社会转型的探讨：中国的城市化、工业化和民族文化传承》，知识产权出版社2013年版，第31—43页。

② 张继焦主编：《新一轮的城市化、工业化、市场化、文化多元化：对全球化和现代化的探讨》，知识产权出版社2015年版，第1页。

从农业社会、乡村社会、封闭半封闭社会向工业社会、城镇社会和开放社会转型。最近十多年以来，一直处于欠发达状态的中西部民族地区迎来了因新一轮的工业化、市场化、城市化而带来的一系列巨大的经济社会变迁，我们人类学民族学研究者不能再故步自封，必须要学会诸如企业人类学之类的新视角，去面对和思考这些新的、紧迫的课题。

民族地区是中国全面建设小康社会的难点和重点之一，也是中国成功实现经济社会结构转型、顺利发展成为现代化国家不可缺少的重要区域。中西部民族地区有很多地方还保留着历经千百年的古典村落社会和丰富多彩的少数民族传统文化，随着新一轮的工业化、市场化、城市化，中西部地区已经和正在发生一次规模巨大的现代化过程，特别是对民族地区来说，它们将对民族地区及各少数民族的社会、文化和生态环境等造成极大的冲击，将在很大程度上或大或小地、或早或晚地影响那些典型村落和民族文化的传承和发展。这是一个不可避免的过程，也是企业人类学研究者必须积极应对的新课题。企业人类学还有很多研究工作需要进一步开展，还有很大的成长空间可以进一步扩展。

第二节 "伞式社会"——观察中国经济社会结构转型的一个新概念[①]

一 问题的提出

最近 30 多年以来，中国的 GDP 始终以 10% 左右的速度高速增长，出

[①] 本节是笔者主持的中国社会科学院"创新工程"项目——"城市民族问题调查研究"和王延中所长主持的国家社会科学基金特别委托项目"21世纪初中国少数民族地区经济社会发展综合调查"（批准号13@ZH001）的部分成果。本节初稿第一次公开宣读是2011年在北京参加"中国民族学人类学理论创新与田野调查"中日学术研讨会期间（11月18—19日），当时的题目是"伞型社会——观察中国的一个视角"。论文宣读之后，引起了日本方面的渡边欣雄教授、韩敏教授、秦兆雄教授；中国方面的周大鸣教授、高丙中教授、包智明教授、麻国庆教授、刘世哲编审、色音研究员、刘海涛副研究员等关注和议论。刘世哲建议，将"伞式社会"改为"伞式社会"；渡边欣雄认为，能够提出"伞式社会"这样一个本土的理论和概念，这是中国人类学理论的一个创新。在另外一次学术交流中，王延中所长对笔者提出的"伞式社会"框架表示赞赏；龙远蔚研究员则让笔者注意"属地管理"问题。在此，笔者对上述评议过本论文的各位学者，一并表示致谢。

现经济增长的"中国奇迹",2010 年中国超过日本成为世界第二大经济体,世界经济增长的重心悄悄地从大西洋向太平洋和亚太地区转移;在经济转轨的同时,处在亚太地区并具有 13 亿多人口的中国,也正处于一个社会结构的全面转型期,即从农业社会、乡村社会、封闭半封闭社会向工业社会、城镇社会和开放社会转型。中国正处于经济社会的"千年未有之变局"中。由此,我们提出几个相关基本的问题:中国经济崛起与大规模的经济社会结构转型有什么关系?政府与企业在其中起到了什么样的作用?

二 理论准备和分析框架

1. 理论准备与研究范式

第一,关于中国市场转型的主要观点和争论。

长期以来,极权主义范式和现代化范式这两种研究范式支配西方社会科学界对东方社会主义的研究思路主要。然而,使用这两种范式来解释 20 世纪 80 年代以来中国和苏联东欧发生的巨大转型,都显得苍白乏力。1989 年,倪志伟(Victor Nee)提出了著名的"市场转型理论"[①]。于是,出现了一种新的研究范式——新制度主义范式[②]。在中国学界,洪银兴和曹勇对地方政府推动市场化的作用进行了全面的分析[③]。杨瑞龙从制度变迁的视角分析了地方政府在转型期的特殊功能和角色[④]。张继焦探讨了经济文化类型从"原生态型"到"市场型"的转变[⑤]。

第二,如何看待中国的市场转型与社会结构转型之间的关系。

我们应该如何认识自 20 世纪 80 年代改革开放以来,中国的市场转型与社会结构转型之间的关系?李培林就提出了"社会结构转型"理论,或称"另一只看不见的手"理论。"另一只看不见的手"不仅推动着社会

[①] Victor Nee, 1989, A Theory of Market Transition: From Redistribution to Market, *American Sociological Review*, Vol. 54.

[②] 此研究范式弥补了极权主义范式和现代化范式两种旧范式忽视制度的缺陷,同时又要与凡伯伦和康芒斯等人在 20 世纪早期倡导的制度主义区别开来,所以被统称为"新制度主义范式"。

[③] 洪银兴、曹勇:《经济体制转轨时期的地方政府功能》,《经济研究》1996 年第 5 期。

[④] 杨瑞龙:《我国制度变迁方式转换的三阶段论》,《经济研究》1998 年第 1 期。

[⑤] 张继焦:《经济文化类型:从"原生态型"到"市场型"——对中国少数民族城市移民的新探讨》,《思想战线》2010 年第 1 期。

发展，而且会从深层次上影响着资源配置的实际方式、产业结构的调整方向和经济体制改革的方向。这一理论命题的意义在于：建立起一种新的解释框架，以说明中国经济体制改革和经济成长的过程。

2. 研究假设和分析框架

党的十八届三中全会将市场在资源配置中的作用提高到"决定性"的高度，充分显示出今后主要由市场或市场主体充当"运动员"，政府则主要充当"裁判员"的角色，从而厘清了政府与市场的行为边界①。这是中国未来"全面深化改革"的目标和方向。但是，目前我国社会主义市场经济的基本特征之一仍然是：在所有制结构上，以公有制（包括全民所有制和集体所有制经济）为主体，外资、私营等多种所有制经济共同发展。这种属地经济体制中，中国各级政府的"官本位"不仅作为市场经济资源配置的主导者，而且在现行的垂直任命制的管理体制得到强化②。

在属地管理、"官本位"和经济主体以国有企业为主的情况下，地方政府与当地企业的关系会是一种什么样的关系呢？两者是分离的关系，还是紧密的关系？如果两者是紧密联系的关系，又是什么样的紧密关系类型？

基于波兰尼的三种经济类型③、倪志伟等的"市场转型"理论、费孝通的"差序格局"理论和李培林的"社会结构转型"理论，我们假设：在"市场转型"和"社会结构转型"条件下，中国的经济社会转型出现了两种明显的发展方向：其一是"伞式社会"，向市场经济转轨之后，社会经济发展很快，但是，总体来看，政治体制改革滞后，特别是干部管理体制和计划经济（即再分配经济）相比，没有太大的改变。其中，最典型的就是沿袭了计划经济的垂直任命制，给强化"官本位"带来了体制土壤和体制条件。在中国各地经济社会转型中，地方政府与当地企业的关

---

① 《中国共产党十八届三中全会公报》，新华社和中央电视台 2013 年 11 月 12 日全文发布。

② "官本位"一词最早出现于 20 世纪 80 年代，相对于经济学专用名词——"金本位"而被广泛应用。以"官"的意志为转移的利益特权、"唯上是从"的制度安排、以"官"为本的价值取向、以是否为官和官职大小评价社会地位的衡量标准。

③ 卡尔·波兰尼（Karl Polanyi）在他的名著《伟大的转折》中对人类的经济生产方式做出了三种类型的概括，即市场经济、再分配经济和互惠经济。参见 Polanyi, Karl, 1957, *The Great Transformation*, Boston: Beacon Press。

系依然是紧密的"庇护"与"被庇护"的伞式关系,而且这种"伞式关系"对当地的资源配置和经济社会发展起着非常重要的作用。其二是"蜂窝式社会",将在下一节探讨。

在本节中,笔者主要从"伞式社会"的视角,探讨中国"市场转型"和"社会结构转型"。

三 从"地方"和"企业"两类案例,看中国的"伞式社会"

为了论证中国经济社会转型过程中所具有的"伞式社会"特征,本节选用了"地方"和"企业"两类不同的案例作为论据。因为"地方"和"企业"两类案例都可以通过实地调查获得资料,真实可靠,是实证研究的典型论证材料。

1. "地方"案例:兴隆华侨农场"伞式"关系下的市场转型与旅游业兴起

20世纪80年代以来,中国发生的巨大市场转型,对兴隆华侨农场产生了什么样的影响呢?兴隆华侨农场[①]由计划经济的体制和管理模式转为社会主义市场经济新体制,由计划导向转为市场导向,由单一经济结构调整为多元经济结构,是一次值得关注的市场转型。[②]

(1) 兴隆华侨农场的市场转型:当地旅游业兴起的影响因素分析

兴隆华侨农场是在特殊历史时期,国家为安置被迫迁回中国的大批归难侨设立的国有农业企业。它具有双重属性,既有国有农业企业的经济属性,又有难民安置的政治属性;它体现着中国政府签署"国际难民公约"对国际社会的庄严承诺。华侨农场的这种双重属性,决定了我们在考虑华侨农场改革与发展的问题时,必须要统筹兼顾其经济发展与政治稳定两个方面。1985年,中国中央政府(26号文)决定对华侨农场进行经济体制

---

① 海南兴隆华侨农场同全国86个华侨农场一样,是国务院侨务办公室创办的,带有事业性质安置归、难侨的国营华侨农场。1985年前,均由国务院侨务办公室和省侨务部门管理,属中央级国有华侨企业,享县团级建制。1985年之后,成为省级国有华侨企业。

② 笔者是海南人,20世纪80年代曾去过兴隆华侨农场游玩,以前曾听说过一些关于这个农场的事。为了撰写此文,对这个农场的实地调研有两次,第一次调研在2011年5月,一起去调查的有何琳贻、郭春林两位;第二次调研在2012年8月,一起去调查的有何琳贻、郭春林、郭晓菲三位。

改革①。总体来看，本着"对内搞活，对外开放"的宗旨，在兴隆华侨农场的各种市场化改革中，最为主要变革发生在与原有的以种植业、养殖业为主的农业关系较小的旅游经济，以免影响原有的产业结构和利益格局。

据我们2011年和2012年的两次实地调查，该农场的市场转型，总体上使其从一个以农业为主的、实行计划经济的国有企业，变成了一个初具规模的农、工、商、旅游综合发展的华侨企业，其中，最具有市场经济特点的是新兴的旅游业，这也是该农场最为主要的经济增长点。2003年该农场的旅游及其相关产业的产值，占农场当年国内生产总值的50%以上。

地理上，在兴隆华侨农场所在地——万宁市兴隆镇的中心地带，我们可以明显地区分出两种分别代表传统经济和新兴经济的不同区域：以太阳河为界，河的西边地域是农场的传统地盘，包括象征农场政治和经济中心的农场总部，是农场传统生活区的集贸市场、老街道和商铺、职工居住区等；河的东边地域是农场的新兴经济地盘，以"兴隆华侨旅游城"为主，还包括几个附近的主要景区景点。比如，有占地6000多亩的54洞康乐园高尔夫球场；有集科研、科普、生产、加工、观光和种植资源保护于一体的兴隆热带植物园，融自然、人文、园艺、园林与环境生态于一体的兴隆热带花园等景区景点9家。新兴起的旅游业，在一定程度上是兴隆华侨农场"对外开放"的"第二国民经济体系"。

客观上，兴隆华侨农场旅游业的崛起与当地独具良好的旅游条件有关，如：交通便利（地处海南东部旅游热线的中点，东线高速公路贯穿其境内）、旖旎的热带风光、盛产可供温泉浴的地热矿泉、浓香的咖啡、浓郁的侨乡风情、丰富的土地资源、因多位党与国家领导人造访②形成的名气、国内日益兴旺的旅游需求、外来的投资需求等。

兴隆华侨农场自身的市场化改革努力也不可忽视。从1990年起，兴隆华侨农场把发展旅游经济作为振兴兴隆华侨农场的龙头，建成以旅游休闲为主体、以健身康乐为内容的兴隆温泉旅游城，集温泉浴、娱乐、购物、旅游观光于一体。1993年被海南省政府列为华侨旅游度假城胜地，成为海南旅游知名品牌。目前，"兴隆华侨旅游城"里，建筑风格各异的

---

① 《中共中央、国务院关于国营华侨农场经济体制改革的决定》（中发〔1985〕26号，简称"中央26号文件"）。

② 农场成立60年来，得到了党与国家领导人很多关怀与支持，朱德委员长、刘少奇主席、周恩来总理、邓小平副总理、李鹏总理、江泽民总书记、胡锦涛总书记等都先后莅临。

宾馆、酒家鳞次栉比，已开业经营的有58家（其中五星级1家，四星级11家），接待床位13000多张，年接待国内外游客约300万人次，成为海南旅游的一大亮点。按业内人士的说法，到海南3天以上的旅游团，其中必有1天入住兴隆华侨农场。

（2）农场管理机构的角色转变：从"代理者"变成了"谋利者"

作为一个政企合一的国有企业，是什么动力促使兴隆华侨农场以旅游经济为主进行市场化改革的呢？

在海南省侨务办公室和万宁市政府的"庇护"下，作为"代理型政权经营者"，兴隆华侨农场以党政管理为其组织模式，用企业化的方式经营其土地、房产等资产和管理其职员，以经济增长速度为衡量农场业绩和职员表现的基本标准；为了最大限度地获取利润，不惜利用手中的权力争夺可资利用的资源；以"将政策用足，打政策的擦边球"等方式谋求更多的自由政治空间，以将变通普遍化和常规化为一种正当的体制运作方式为自己集团的利益服务。

从当地旅游资源的开发、利用和经营角度看，农场管理机构以土地和温泉为的开发和经营为主。在此，我们以农场党政管理机构主导的"兴隆华侨旅游城"开发为例，说明兴隆旅游经济的发展情况[①]。

"兴隆温泉迎宾馆"的前身是兴隆华侨农场招待所，最初是因为发现温泉而兴建起来的，后来成为大规模发展"兴隆华侨旅游城"的发源地。这家宾馆与农场的发展历史紧密相连。为了接待国内外贵宾，兴隆华侨农场招待所于1959年建成。50多年来接待了不少中国的主要领导人，如刘少奇、朱德、周恩来、邓小平、江泽民、李鹏、朱镕基、胡锦涛等，以及一些外国元首、大使等。20世纪80年代改革开放后，该农场利用得天独厚的旅游和温泉资源，以旅游带动各行业发展，面貌得以快速改变。90年代初，兴隆华侨农场将招待所改建成兴隆温泉迎宾馆，一部分对外开放接待游客，为一家三星级宾馆，拥有客房250多间，年接待能力18万人次；另一部分仍保留接待贵宾。比如，兴隆温泉迎宾馆的一号楼，是接待贵宾的地方。另外，还在附近的小湖边兴建了一个可容纳几百人同时用餐

---

① 此部分的资料来源：2012年8月18日，对农场原副场长杜添江先生（印尼难侨子女，73岁）进行了深度访谈。访谈之后，在杜先生陪同下，我们调查组一行4人进行了实地考察。杜先生1989年从兴隆中学调到农场，担任副场长，主管旅游经济，1999年退休。作为农场领导之一，他曾参与"兴隆华侨旅游城"的规划编制和立项申请工作。

的大型水上餐厅①。

20世纪90年代初，兴隆华侨农场缺乏资金，开始时，以土地入股，与公安部下属的一家香港公司，在兴隆温泉迎宾馆的周围，共同开发了"康乐园"第一期工程。后来，又通过土地转让，得到了500万元。该农场机关干部对此议论纷纷。农场从500万元中拿出400万元，自己投资了"槟榔园"酒店，模仿"康乐园"的小别墅格式，盖了6幢，自己管理。后来，有一个老板出资1000万元收购了"槟榔园"酒店②。杜先生特别指出："我们这些归侨是从资本主义国家回来的，了解资本的使用情况。'槟榔园'既是用来做个形象，也是用来赚钱。"

90年代初，兴隆华侨农场也缺乏管理人才，经过自营的兴隆温泉迎宾馆、向"康乐园"学习而经营的"槟榔园酒店"，农场培养出了一些酒店管理人才、财务人才；学到了一些建筑设计和客房布置的知识，积累了酒店服务经验；赚到不少钱，积累了一些资金。

农场用出售"槟榔园酒店"得来的1000万元和从温泉迎宾馆周边多家小旅馆收到的400万元租金，投资兴建了另一家大型的新宾馆，叫"兴隆温泉宾馆"。最早建设的是A楼区（当地人俗称"A幢"），1992年正式建成开业，1993年迎来了时任总书记的江泽民来访。此后，随着资金的累积，农场又陆续对温泉宾馆进行投资，兴建了B楼区（当地人俗称"B幢"），还有C区的20栋独立别墅③。"兴隆温泉宾馆"是农场全资下属国有企业，四星级酒店，占地面积110多亩，建筑面积18887.92平方米，共拥有舒适豪华客房449余间，其中，观景房380间、豪华大套房6套、小套房13套、池畔客房50间。

"兴隆华侨旅游城"规划面积为20平方公里，已开发利用土地12平方公里。粗略来算，农场的兴隆温泉宾馆（110多亩）和兴隆温泉迎宾馆（约10亩）的用地以及公路和公共空间等的用地，应不超过2平方公里，其余10平方公里的土地，都被农场划分为不同的地块，以出租、出让或

---

① 20世纪90年代，水上餐厅是个高档的就餐场所，经常顾客盈门，生意兴隆，气派风光。如今却面临的拆除的命运。当我们2012年8月19日实地考察时，看到的是残垣断壁，好不荒凉。

② 后来，这位老板又以1300万元的价钱，将"槟榔园酒店"转让出去。我们2012年8月现场调研时，"槟榔园酒店"处于停业状态。据说它已经停业多时。

③ 经过模仿"康乐园"的别墅，自建自营"槟榔园酒店"的6幢别墅，已经具有了一定的盖别墅经验，所以，兴隆温泉宾馆C区的20栋独立别墅，都是农场自己投资、设计和建造。

转让等不同的方式,给50多家酒店、一些房地产开发商和旅游景区了。比如,五星级宾馆康乐园大酒店占地5.5万平方米;四星级宾馆银湖假日酒店占地面积1.1万平方米;兴隆热带花园占地400万平方米。

(3) 小结

由上述各种实例可以看出,无论是地方政府(海南省侨务办公室和万宁市政府)与兴隆华侨农场的关系,还是"代理型政权经营者"(兴隆华侨农场)与下属企业(如兴隆温泉迎宾馆、槟榔园酒店、兴隆温泉宾馆)的关系,都不但是一种上级与下级的从属关系,也是一种庇护与被庇护的"伞式关系"。

根据戴慕珍和林南的理论,我们可以看到,在海南省侨务办公室和万宁市政府等地方政府的庇护下,作为"代理型政权经营者",兴隆华侨农场主要通过以下四个杠杆控制和介入下属企业的经营运作:第一是企业管理。为了让地方政府(海南省侨务办公室和万宁市政府)或"代理型政权经营者"(兴隆华侨农场)对下属企业更好地进行干预与控制,把企业承包或者租赁给个人而不是实行私有化。比如,90年代,兴隆温泉迎宾馆的大型水上餐厅。在水上餐厅实施的承包制,把对农场下属企业(兴隆温泉迎宾馆)日常的经营管理权分散下放,并且用金钱激励宾馆经理提高工作效率和增加经济效益。承包者可以对水上餐厅的投资、经营、人事及发展提出建议,但是,最终决定权掌握在地方政府(海南省侨务办公室和万宁市政府)或"代理型政权经营者"(兴隆华侨农场)手里。第二是资源分配。地方政府掌握着中央调拨给地方的计划内价格的物资和本地拥有的稀缺资源(如土地),进行有选择的分配。1993年,兴隆华侨农场被海南省政府列为华侨旅游度假城胜地。旅游城已开发的10平方公里土地被划分为不同的地块,以出租、出让或转让等不同的方式,给了近60家不同的经营者(如宾馆、酒家、度假村等)。第三是行政服务。包括协助企业取得营业执照、产品合格证、产品奖和减税机会等常规服务,甚至直接给予企业行政拨款。比如,该农场协助"兴隆华侨旅游城"取得营业执照的高级酒店,五星级的有:海南兴隆海航康乐园温泉度假大酒店和兴隆老榕树温泉度假大酒店;四星级的有:兴隆金银岛温泉度假酒店、兴隆银湖温泉度假酒店、兴隆港隆大酒店、兴隆明阳山庄大酒店、兴隆明月度假大酒店、兴隆金叶桃源大酒店、兴隆南山温泉度假酒店、兴隆太阳岛度假大酒店、兴隆忆云山水温泉度假酒店、兴隆金日大酒店、兴隆鑫侨大酒店等十多家。第四是投资与贷款。控制投资和贷款决定是地方政府引导经济发展最有效的杠杆之一。比如，兴隆农场20世纪90年代对兴隆温泉迎宾馆、槟榔园酒店、兴隆温泉宾馆的A、B、C三个区等的投资和开发建设。总之，市场转型期兴隆农场之所以呈现出上述特征，主要原因在于：（1）财政压力以及农场自身的财政剩余索取权使其产生独立的利益意识；（2）事权下放过度与财权下放不足、考核强化与事权不清等之间的矛盾决定了农场必须把目标转移到加快经济发展、提高财政收入、扩大社会就业、与下属企业形成类似超级企业集团的利益关系上。在经济发展过程中，农场可以将下属企业纳入行政序列中，形成类似董事会和经营者一样的组织结构关系。概括来看，戴慕珍将这种政府与企业结合的新制度形式称为"地方法团主义"①；林南将这种地方性的发展方式称为"地方市场社会主义"②。

2. "企业"案例：北京市政府与"老字号"企业的"伞式"关系

根据西城区商委提供的资料，截至2012年底，在国家商务部重新认定的北京地区两批117家"中华老字号"中，西城即有56家，占47.86%。这56家中华老字号占目前西城89家老字号的62.92%，成为西城老字号的主体，发挥着"龙头"的引领作用③。在北京六处老字号（含分店、专柜）比较集中的街区（大栅栏、琉璃厂、西单和西四、王府井、东单和东四以及前门）中，西城有三处，占50%④。特别是在大栅栏地区，集聚了大量不同类型的老字号。据统计，在大栅栏街道辖区内（含大栅栏、琉璃厂等地区），仅"中华老字号"就有25家。2010年11月，大栅栏商业街区被中国商业联合会、中华老字号工作委员会授予全国首个"中华老字号积聚区"⑤。由此可见，北京特别是西城老字号资源的丰富和聚集的密度。

在本节中，我们用来观察中国经济社会转型过程的地方政府与企业"伞式"关系的另一类案例是，笔者2011—2014年一直关注和调研的

---

① 参见 Oi, Jean, 1992, "Fiscal Reform and the Economic Foundation of Local State Corporatism in China", *World Politics* 45 (1): 118 – 122。

② 参见 Lin, Nan, 1995, "Local Market Socialism: Local Corporatism in Action in Rural China", *Theory and Society* 24 (3)。

③ 西城区商委：《新西城区老字号企业（全）》名录，2013年。

④ 丁维峻主编：《北京的老字号》，人民日报出版社2009年版，第53页。

⑤ 大栅栏街道工委、办事处编印：《大栅栏故事——魅力老字号》"前言"，2012年12月。

"老字号"企业①中的两家北京"中华老字号"企业——全聚德和同仁堂。

(1)"全聚德"案例②

全聚德始建于1864年(清同治三年),至今已有140年的历史③,跨越了三个世纪,经历了晚清衰亡、民国建立、北洋军阀统治、全民族抗战、新民主主义革命、中华人民共和国成立等几个重大历史时期。

新中国成立前夕,由于长年战乱影响,全聚德的经营已经岌岌可危,当时第四代老板的夫人为了维持经营,当掉了自己的嫁妆。当时刚刚成立的北京市政府对中国的老字号品牌非常重视,认为全聚德这样知名的餐饮企业不能倒。北京市政府注入资金以后,全聚德又重新发展起来。所以,全聚德在1952年成为第一批实现公私合营的企业,并作为具有外事接待能力的特色餐饮企业,隶属于当时的北京市服务事业管理局。公私合营拯救了濒临破产的全聚德。

从20世纪50年代初期开始,周恩来总理曾多次把全聚德"全鸭席"选为国宴④。周恩来总理不但对全聚德有精彩的诠释——"全而无缺,聚而不散,仁德至上",而且建议在前门、崇文门、宣武门一带选址建立一家全聚德分店⑤。

在全聚德一系列重大的发展历程中,我们可以清晰地看到来自北京

---

① 参见张继焦、丁惠敏、黄忠彩主编《老字号蓝皮书——中国"老字号"企业发展报告No.1 (2011)》,社会科学文献出版社2011年版;张继焦、刘卫华主编《老字号绿皮书——"老字号"企业案例及发展报告No.2 (2013—2014)》,中央文献出版社2014年版。

② 笔者承担了一个西城区老字号调研课题,在全聚德有关领导的陪同下,2013年11月15日到全聚德和平门店和全聚德博物馆进行了实地调查。

③ 全聚德的创始人是河北冀县人杨全仁,以做北京烤鸭闻名,其首创的挂炉烤鸭,色香味都不次于原来的焖炉烤鸭。

④ 全聚德和平门店是宴请国内外政要首脑的重要场所,因此该店以"名人、名店"效应为出发点。其中,"名人苑"的设计思想以歌颂新中国三代领导人为主题,描写龙凤呈祥、群贤毕至的意境;由众多国家元首在全聚德用餐时留下的珍贵照片组成的"名人墙"以及100多个国家的大使签名留言组成的"百名大使签字墙"更是引得顾客驻足观赏;金碧辉煌的四楼"金色大厅"运用现代多媒体技术和舞台灯光效果,更显名店风范。

⑤ 当时选址选在前门老火车站东边那个地方,后来因为离市公安局太近,怕国民党特务搞破坏,才又选在和平门。主要是考虑到交通比较方便,且距离中南海和人民大会堂都比较近。从地图上看,中南海新华门、人民大会堂、和平门全聚德三点正好构成一个等边三角形。

市政府的强大支持：1993年5月20日，组建成立了北京全聚德集团，整合了分布于前门、王府井、和平门的三家门店，翻开了全聚德历史的崭新一页①。1994年6月，由全聚德集团等6家企业发起设立了北京全聚德烤鸭股份有限公司。1999年1月，"全聚德"被国家工商总局认定为"驰名商标"，是中国第一例服务类驰名商标。2004年4月，首都旅游集团、全聚德集团、新燕莎集团实施战略重组。首都旅游集团成为北京全聚德烤鸭股份有限公司的第一大股东。2005年1月，北京全聚德烤鸭股份有限公司更名为中国全聚德（集团）股份有限公司。更名之后的全聚德，随即收购了北京华天饮食集团30.91%股权，并列成为第一大股东，使之更名为聚德华天控股有限公司。2007年4月，仿膳饭庄、丰泽园饭店、四川饭店等一些北京著名老字号餐饮企业也进入全聚德，至此，中国全聚德（集团）股份有限公司已发展成为涵盖烧、烤、涮、川、鲁、宫廷、京味等多口味，汇聚京城多个餐饮老字号品牌的餐饮联合舰队。

(2) "同仁堂"案例②

自1952年北京市政府开始实施私营工商业改造时起，同仁堂③经理乐松生开始慢慢说服自己的家里人接受公私合营。1954年，同仁堂率先实行了公私合营，带头向国家递交了公私合营申请，接受北京市政府的直接管理④。

---

① 20世纪80年代改革开放以后，全聚德前门、王府井、和平门三家店，在北京的影响力都大大提高了，都成为国家外事接待的窗口。不过，这三家店分别隶属于不同的行政管理部门，三家店为了品牌、商标的所有权发生了争论。在这种背景下，到了1993年，北京市政府决定成立全聚德集团：把前门店从旅游局里拿出来，和平门店、王府井店从服务局拿出来，单独成立一个全聚德集团，作为政府计划单列企业直接归市政府管理，从体制上解决品牌的归属问题，解决各自为政的问题。

② 本小节的有关内容，请参见张继焦《从企业与政府的关系，看"中华老字号"企业的发展——对鹤年堂、同仁堂的比较研究》，《思想战线》2013年第3期。

③ 同仁堂（原名"同仁堂药室"，"同仁堂药铺"）创办于清康熙年间，在1669年前后。同仁堂的创办人姓乐，祖籍浙江宁波，早在明永乐年间就来到北京，以串铃做游方医生为业。其后世第四代乐显扬当了太医院吏目，并创办"同仁堂药室"。创始人乐显扬的三子乐凤鸣子承父业，1702年在同仁堂药室的基础上开设了"同仁堂药店"。1723年（清雍正元年）由皇帝钦定同仁堂供奉清宫御药房用药，独办188年之久官药，历经八任皇帝。

④ 1954年7月28日，同仁堂接受由11人组成的工作组入驻。那时，同仁堂成立了清产核资领导小组，起草公私合营协议书。8月27日，同仁堂公私合营大会召开，公私双方在协议书上签字。这家古老的私营企业在风雨飘摇258个春秋之后，迈进了社会主义大门。对于（转下页）

由于同仁堂在公私合营运动中的积极表现，不但得到北京市地方政府的大力支持，而且获得了中央政府甚至中国最高领导人的赏识，① 建立了跟北京市地方政府和中央政府最高层的"庇护"关系，从一家"自负盈亏"的私营企业变成为一家受到地方政府和中央政府保护和大力扶持的国有企业。

在同仁堂的发展中，我们可以明显地看到北京市政府和中央政府强大"庇护（大力扶持）"的身影。在同仁堂的一系列重大动作中：1989 年国家工商行政管理局商标局认定"同仁堂"为驰名商标，受到国家特别保护②；1991 年晋升为国家一级企业、1992 年组建集团公司③、1997 年上海股市上市④、2000 年香港股市上市⑤、2010—2011 年进行企业重组和多元

（接上页）同仁堂的工人们来说，公私合营是令人高兴的事，因为他们感觉一下子解放了。原来同仁堂有一个规矩，就是招来工人都要改名字，工人们虽然感觉受了侮辱，但是也没有办法。合营后，工人们自己的名字恢复了，大家也都更积极地去做工了。1956 年，同仁堂建立了工厂管理委员会，简称"工管会"，目的是对同仁堂实现企业民主管理。工管会只承担决策，而不是一个生产管理的执行机构。"工管会"的建立，进一步完善了同仁堂的管理体制。

① 比如，1955 年初，彭真到同仁堂检查工作并会见了乐松生，肯定了他在公私合营中的表现。接着，乐松生在中南海受到毛泽东主席和周恩来总理的亲切接见。同年，乐松生被选为北京市人大代表，并出任北京市副市长。历任全国一、二、三届人大代表，全国工商联副主任委员。又比如，1985 年 2 月，北京市政府在人民大会堂隆重召开同仁堂成立 315 周年庆祝大会。党中央、国务院对这次纪念活动十分重视，李先念、彭真、乌兰夫、王震、薄一波、郑天翔、方毅等国家领导人为同仁堂题词达 30 余幅。

② "同仁堂"商标还是中国第一个申请马德里国际注册的商标，大陆第一个在台湾申请注册的商标。

③ 1992 年 7 月，北京市政府决定，把北京市的中药资源全部集中起来，交给同仁堂经营，建立起集团公司；7 月 3 日，以北京药材公司、同仁堂制药厂和同仁堂药店等 21 个核心单位注册组成了"中国北京同仁堂集团"；8 月 19 日，在人民大会堂隆重召开集团成立大会。江泽民主席为同仁堂题词，"发扬同仁堂质量第一的优良传统，为人民保健事业服务"。

④ 1997 年，国务院确定 120 家大型企业集团为现代企业制度试点单位，同仁堂作为全国唯一一家中医药企业名列其中。6 月，由同仁堂集团公司六家绩优企业组建成立北京同仁堂股份有限公司。同年 7 月，同仁堂股票在上海证券交易所上市。这标志着同仁堂在现代企业制度的进程中迈出重要步伐。当时，同仁堂集团剥离出 2 亿元资产上市，成功筹集 3 亿多元资金。现在，这部分资产市值已经超过 200 亿元。

⑤ 2000 年 5 月，成立了北京同仁堂科技发展股份有限公司（简称"同仁堂科技"）。2000 年 10 月，同仁堂科技在香港成立了同仁堂和记（香港）药业发展有限公司，在香港创业板上市，实现了国内首家 A 股分拆成功上市，募集资金 23878.4 万港元，为同仁堂产品进入国际主流市场迈出了关键一步。这是国有股分拆 H 股上市的第一例，被称为"同仁堂模式"。同仁堂香港上市公司，于 2010 年 7 月 9 日正式由香港联交所创业板转至主板上市，股票代码 01666。

化发展①等。

（3）小结

从全聚德和同仁堂这两家北京"中华老字号"企业的发展中，我们都可以清楚地看到北京市政府（还有中央政府）大力的支持。这些支持具体表现为：政府保护其品牌、扶持其升级和壮大，政府支持其在国内和海外股票市场上市，政府鼓励和支持其规范化和多元化发展等三大个方面。

在全聚德和同仁堂两个案例中，北京市政府甚至中央政府的支持都成为其资本积累和扩张最为可靠的资源，全聚德和同仁堂与政府间"庇护"关系的增强导致其企业自身的强势发展。全聚德和同仁堂作为两家成功的"老字号"企业案例不难说明企业与政府的关系为直接管理（即政府为企业"庇护人"）时，会为企业带来强大的发展动力，相应地提高企业自身的市场竞争力。

四 讨论与分析：社会结构转型下的"伞式关系"——另一只看不见的手

从上述"地方"和"企业"两类不同的案例中，我们都可以发现，影响资源配置和经济社会发展不止是两只手——"政府"这只看得见的手和"市场"这只看不见的手，在不同的历史时期，地方政府与当地企业之间的新型"庇护"关系，作为一种新型的社会结构，也是一种特殊的资源配置形式。

1. 从"地方"案例看"伞式关系"的资源配置

在市场转型过程中，兴隆华侨农场自身以及当地各种企业在大大小小的保护伞底下，寻求自己的利益。一方面，在海南省侨务办公室和万宁市

---

① 2010年7月，由北京市政府授权的中国北京同仁堂（集团）有限责任公司正式揭牌。这标志着同仁堂实现了规范化的公司制的转变，也是体制上的一次重大变革。2011年，同仁堂下属10家子公司重组已经启动，其计划将10家子公司整合，重组后包括同仁堂股份集团、同仁堂科技集团、同仁堂国药集团、同仁堂健康药业集团、同仁堂药材（参茸）集团与同仁堂商业集团在内的六大二级集团。目前，同仁堂已经形成了在集团整体框架下发展现代制药业、零售商业和医疗服务三大板块，配套形成十大公司、两大基地、两个院、两个中心的"1032"工程，其中拥有境内、境外两家上市公司，零售门店800余家，海外合资公司（门店）28家，遍布15个国家和地区。

政府等地方政府的庇护伞下，兴隆华侨农场扮演着国家利益的代理人和谋求自身利益的行动者的双重角色。市场化转型和财政体制改革，使兴隆华侨农场获得了谋求自身利益的动机和行动空间。农场管理机构因其自身利益的出现而具有不同于以往基层政权的特性，由此，兴隆华侨农场也从改革前的"代理型政权经营者"转变为"谋利型政权经营者"。特别是，2007年，海南省人民政府将兴隆华侨农场下放到属地的万宁市之后，该农场成为真正意义上的"谋利型政权经营者"。在此之前，该农场名义上还是"代理型政权经营者"。另一方面，市场化改革之后，地方政府或兴隆华侨农场与有关企业也形成了多种庇护伞。比如，对下属企业是一种"父爱式庇护"（如兴隆温泉迎宾馆、兴隆温泉宾馆），对合资企业是一种"亲戚式庇护"（如海南兴隆海航康乐园），对私营企业是一种"朋友式庇护"（如兴隆银湖温泉度假酒店）。此外，地方政府或华侨农场与当地企业之间正式或非正式的"庇护"与"被庇护"保护伞关系，经常被转化为地方官员或华侨农场领导与当地企业家之间"庇护"与"被庇护"的私人保护伞关系。

2. 从"企业"案例看"伞式关系"的资源配置

新中国成立初期，通过公私合营之后，全聚德和同仁堂都从私营家族企业"摇身一变"成了北京市政府下属的国营企业。由于全聚德和同仁堂与北京市政府之间的这种特殊关系，在政府主导各种资源的计划经济时代，这两家企业都成为北京市政府甚至中央政府的重点扶持企业，相应地得到了资金、厂房、技术、人员、优惠政策等多方面的关照，分别成为所在行业（餐饮、中药）的领导企业。1978年改革开放之后，逐步实行市场经济，虽然各方一直在努力改变"政企不分"的关系，表面上好像解除了一些，但是，在政府做强做大国有企业的旗帜下，由于全聚德和同仁堂与北京市政府之间的特殊上下级隶属关系以及由此而来的"庇护"关系，实际上是"近水楼台先得月"，优先获得了北京市政府上述三个方面的大力支持：保护其品牌、扶持其升级和壮大，支持其在国内和海外股票市场上市，支持其规范化和多元化发展等，可以充分享受或配置来自政府的和市场的两种资源。

比如，从全聚德这类中华老字号的发展中，我们可以清楚地看到北京市政府甚至中央政府的大力支持所起到的三个方面的作用。

第一，政府保护其品牌、扶持其升级和壮大。

20世纪80年代以后，全聚德有前门、王府井、和平门三家门店，在北京的影响力都大大提高，都成为国家外事接待的窗口。不过，这三家店分别隶属于不同的行政管理部门，三家店为了品牌、商标的所有权发生争论。在这种背景下，到1993年，北京市政府决定成立全聚德集团：把前门店从旅游局里划出，和平门店、王府井店从服务局划出，单独成立一个全聚德集团，作为政府计划单列企业，直接归市政府管理，从体制上解决品牌的归属和各自为政的问题。1999年，"全聚德"商标被国家工商局认定为中国服务业中的第一个"驰名商标"。2006年，"全聚德"品牌被商务部认定为"中华老字号"。

中央文明办、全国总工会、国家质检总局、中国商业联合会等单位曾授予全聚德"中国餐饮十佳企业""国际餐饮名店""国际美食质量金奖""全国质量管理先进企业""国际质量金星奖、白金奖和钻石奖""全国商业质量管理奖""中国十大文化品牌""中国最具竞争力的大企业集团""北京十大影响力企业""全国文明行业示范点""全国五一劳动奖状"等荣誉称号。①

第二，政府支持其在股票市场上市。

以全聚德在国内上市为例，在西城区政府和北京市政府的大力支持下，2007年4月，全聚德完成对仿膳饭庄、丰泽园饭店和四川饭店三家企业的收购，从而形成相互促进的中高档餐饮品牌系列，为实施多品牌战略奠定基础。2007年11月20日，中国全聚德（集团）股份有限公司在深圳股票交易所挂牌上市，成为餐饮行业上市的第一股。全聚德的上市，标志着中国历史最悠久的餐饮公司正式登陆A股市场，体现了监管机构和广大投资者对老字号、对民族品牌的信任与支持②。当日上午，北京市

---

① 关于"全聚德"的无形资产价值，即品牌评估价值，经全球权威的品牌价值研究机构——世界品牌实验室评估，1994年1月1日是2.69亿元人民币；2004年6月28日上升到84.58亿元人民币；2005年8月6日价值为106.34亿元人民币。2007年9月，"全聚德"品牌在第二届亚洲品牌盛典中荣获第320强，是亚洲餐饮行业唯一进入亚洲500强品牌的企业。2008年12月30日，在"2008世界品牌价值实验室年度大奖"评选活动中，全聚德荣获"中国最佳信誉品牌"大奖。

② 全聚德新股上市首日一开盘就因涨幅过大而暂停交易。全聚德的表现，让我们可以再次审视品牌价值对投资观念的影响。长期以来，我们喜欢拿巴菲特说事，喜欢念念不忘他的长线价值投资。巴菲特只买能看得见、看得懂、有成长性的好股票，在他的股票池里，可口可乐和麦当劳是持有时间最长的股票之一，而且只买不卖。巴菲特之所以这么做，完全是以一种战略眼光来审视自己的投资的，他更坚信品牌的力量。

政府副秘书长王晓明与公司董事长姜俊贤在深圳证券交易所敲响开市宝钟。姜俊贤在上市仪式上表示，全聚德将在百年老店文化积淀和技术传承发展的基础上，继续奉行"弘扬中华饮食文化，提升民众健康生活"的企业使命，秉承"全而无缺、聚而不散、仁德至上"的企业理念，努力实现"中国第一餐饮，世界一流美食，国际知名品牌"的企业愿景。当日，全聚德的开盘价为36.81元①。

第三，政府鼓励和支持其规范化和多元化发展。

全聚德的主营业务为提供以"全聚德"品牌中高档烤鸭为代表的系列菜品和相关的餐饮服务及食品加工、销售。目前，在北京、上海、重庆、长春等几个城市拥有9家直营全聚德烤鸭店、61家特许加盟店（其中，中国内地56家，海外5家），还拥有两个生产基地（即生产全聚德烤鸭专用鸭坯和各种鸭类、熟制品的肉食品生产基地和以生产面食品、专用调料为主的面食品生产基地）和一个配送中心（负责物流配送任务为主）。

全聚德通过ISO9002质量认证和"国家特级酒家"的达标、贯标，企业和员工的质量意识明显提高，纠正了实际操作中存在的各种问题，大大提高了整体质量管理水平。在其中，前门全聚德烤鸭店起到了示范和带头作用，是"全聚德"第一家获得"国家特级酒家"称号的企业，也是首批进行ISO9002质量体系认证的试点企业。它已完成了《质量手册》《程序文件》《作业指导书》《服务规范》《质量记录》的编写，重新修订和印发《全聚德餐厅服务规范》，充实服务内容，规范操作程序，细化岗位服务职责，建立起了一套标准的质量管理体系。2000年通过全面的预算管理工作，有效地控制和保证公司各项预算指标的完成②。

中央和地方政府与全聚德间"庇护"关系的增强导致了企业自身的

---

① 金字招牌无疑将使公司本身的价值水涨船高。以全聚德为例，其品牌目前的评估价值已经达到84.58亿元，折合每股高达73元。光品牌就值这么多，不被追捧才怪。将这一观念推开来看，我们不难发现，很多知名品牌A股上市公司，存在着不错的投资价值。百年老店同仁堂，目前品牌价值约30亿元，折合每股近7元；白酒之王五粮液，目前品牌价值约360亿元，折合每股近10元；国酒贵州茅台，目前品牌价值约200亿元，折合每股近20元。

② 在项目上涵盖了经营类、人工成本类和资产类预算；在范围上包括了各企业预算、各职能部室预算；在内容上建立了预算程序、预算指标体系、预算编制制度、预算执行情况、统计台账体系、预算执行情况定期分析制度和预算管理的电算化体系。

强势发展,北京市各级政府鼓励和支持全聚德规范化和制度化发展,为企业带来了强大的发展动力,相应地提高了企业自身的市场竞争力。

在西城区,聚德华天(全称"聚德华天控股有限公司")也是一个典型的例子。该公司于 2004 年 12 月根据西城区委区政府和区国资委的决定成立,是北京华天饮食集团公司的下属子公司①。聚德华天是在原北京华天饮食集团公司基础上改制而成立的有限公司,注册资本 5500 万元。其股权结构分别为中国全聚德(集团)股份有限公司、北京华天饮食集团公司和民营企业福建超大集团有限公司各占 30%,企业骨干占 10%。公司旗下老字号云集,拥有鸿宾楼、烤肉季、烤肉宛、砂锅居、峨嵋酒家、同和居、同春园、延吉餐厅、西安饭庄、又一顺、新路春、曲园酒楼、西来顺、玉华台、大地西餐厅、柳泉居饭庄、马凯餐厅、厚德福酒楼、杏园餐厅、合义斋、新川面馆、护国寺小吃、庆丰包子、香妃烤鸡连锁店、华天凯丰餐饮有限公司和惠丰酒家等 20 多家老字号品牌、100 多家门店。这些企业大都是经营百年以上的历史名店,经营网点遍布北京城区,主营京、湘、鲁、苏、豫、川、清真等不同菜系,涵盖中式正餐、快餐、小吃、西餐等不同业种,年销售 2 亿多元。

在这种结构性条件下,尽管当前经济社会发生重大转型,但是,北京市政府与老字号企业的关系依然保持着原有的、紧密的"庇护"与"被庇护"的伞式关系。而且经进一步考察发现,无论是计划经济时期还是市场经济过渡时期,政府和市场资源配置的优先次序,与政府和企业这种特殊的"伞式关系"都紧密相关。

3. 社会结构转型下的"伞式关系":另一只看不见的手

基于"地方"和"企业"两类案例,分析社会结构转型作为一种特殊的资源配置形式(另一只看不见的手)时,有一个值得深入探究的问题是:"伞式社会"的基础性或结构性因素是属地管理、"官本位"和经济主体以国有企业为主。由于属地管理和"官本位"的存在,在一定地域范围内,必然形成基于"差序格局"的政府与企业间的远近亲疏"庇护"与"被庇护"的伞式关系。在这种结构性条件下,尽管中国各地发

---

① 在西城区委区政府和区国资委的支持下,北京华天饮食集团公司是由北京华天饮食集团公司母体和北京万方实业总公司母体合并重组而成立的大型国有集团公司。现有在岗职工 4000 多名,拥有全资企业和控股企业 70 余家,共有经营网点 274 个,年营业额 5 亿多元。北京华天饮食集团公司形成了三大业务板块,餐饮业态主要由子公司聚德华天控股有限公司经营。

生了大规模的经济社会转型，但是，地方政府与当地企业的关系依然保持着原有的、紧密的"庇护"与"被庇护"伞式关系，而且无论是计划经济时期还是市场经济过渡时期，政府和市场资源配置的优先次序与政府和企业这种特殊的"伞式关系"远近亲疏关系都紧密相关。

当处于从计划经济向市场经济转型的过渡阶段，中国原有的政府计划解体了，新生的市场经济尚未成熟，转型过程中出现了体制断裂，形成"体制洞"[1]。地方政府有必要扮演积极的角色弥补体制的缺陷。同时，由于地方政府掌握着某些特殊的资源（如土地、资金等的供应），使之具有参与经济的"本钱"。这样，我们可以从市场化转型这一角度理解为何中国的地方政府扮演了比成熟的市场经济之下的政府更多更积极的角色。俗话说"大树底下好乘凉"。地方政府与企业的正式关系，地方官员与企业家的私人关系，分别形成了正式的、非正式的"庇护"关系，体现为政治上很强的保护，经济上很多的关照。比如，改革初期实行"双轨价格"，地方政府掌握着部分计划价格物资的分配权，政府与企业之间的远近亲疏"伞式"关系，使之有可能对辖下企业实行选择性的扶持。又比如，北京市政府对全聚德和同仁堂、海南地方政府对兴隆华侨农场的优惠政策支持。

五　小结：经济社会转型中"伞式社会"依然发挥作用

尽管中国未来"全面深化改革"的目标和方向是市场或市场主体取决定性作用（充当"运动员"），政府主要充当"裁判员"的角色。但是，通过对"地方"和"企业"两类案例分析，我们发现，在很大程度上，过去30多年中国经济崛起的推动力和发展方式之一是大规模的经济结构转型下企业与政府之间"伞式"的资源配置方式。在中国从计划经济转变为市场经济过程中，企业与政府之间的"庇护"与"被庇护"伞式关系是一种重要的资源配置方式，可能比企业的市场开拓能力还重要。无论是海南兴隆华侨农场还是"老字号"企业全聚德和同仁堂，都是国有企业，它们都是中国经济崛起的主要动力之一。

实际上，地方政府与企业的正式关系，地方官员与企业家的私人关系，分别形成了正式的、非正式的"庇护"关系，体现为政治上很强的

---

[1] 边燕杰、张文宏：《经济体制、社会网络与职业流动》，《中国社会科学》2001年第2期。

保护，经济上很多的关照。比如，改革初期实行"双轨价格"，地方政府掌握着部分计划价格物资的分配权，政府与企业之间的远近亲疏"伞式"关系，使之有可能对辖下企业实行选择性的扶持。又比如，前述有关北京市政府各方面的优惠政策支持，对全聚德、同仁堂、聚德华天在新时期的高速发展产生了重大引导和拉动作用。

在中国各地经济的发展中，尽管发生了巨大的经济结构转型，但是，政府与企业之间传统的远近亲疏的关系还在起作用。我们都可以看到，在属地经济和"官本位"体制下，地方政府与当地企业的关系依然是"庇护"与"被庇护"的伞式关系，在大大小小的各种庇护伞状结构下，当地的资源配置和经济社会发展表现出明显的"伞式社会"特点。

第三节 "蜂窝式社会"——观察中国经济社会结构转型的另一个新概念

一 研究缘起和问题的提出

经过多年思考，笔者于 2014 年提出了一个解析中国经济社会结构转型（特别是市场转型）的新概念——"伞式社会"①。此观点提出之后不久，就得到一些年轻同行的欢迎，笔者深受鼓舞，愿意继续探讨中国的经济社会结构转型（特别是市场转型），这次献上"伞式社会"的姊妹篇——关于"蜂窝式社会"的探讨。

在本节中，我们将探讨的是：在中国的巨大市场转型中，普通老百姓担当了什么样的角色？发挥了什么样的作用？在中国的经济社会发展中，普通老百姓是受益者还是受损者？

二 研究假设、理论基础与实证材料来源

1. 研究假设

观察中国这么复杂的经济社会结构转型（特别是市场转型），光有"伞式社会"这么一个概念显然是不够的，基于对立统一学理和学术概念

---

① 张继焦：《"伞式社会"——观察中国经济社会结构转型的一个新概念》，《思想战线》2014 年第 4 期。

配套的考虑，笔者打算对中国的经济社会结构转型（特别是市场转型），提出至少一对（两个）新概念——"伞式社会"用于观察"官方"主导的资源配置和经济社会发展，"蜂窝式社会"用于观察"普通老百姓"自我开展的资源配置和对经济社会发展的影响。

由官方主导的经济社会是一种"伞式社会"。在中国各地"政府主导"的资源配置和经济社会发展中，呈现出大大小小的各种庇护伞状结构下，表现出明显的"伞式社会"特点。"伞式社会"的结构包括国家级、省级、地州级、县级、乡镇级等五个层级，其三种主要"伞式"功能包括对下属企业是一种"父爱式庇护"、对合资企业是一种"亲戚式庇护"、对私营企业是一种"朋友式庇护"等，简称"五×三·伞式"结构与功能。

平民老百姓的经济社会生活是一种"蜂窝式社会"。它是指在从计划经济向市场经济过渡的进程中，权力和特权都将会出现转移，即从拥有权力和特权的管理者手中转移到普通的直接生产者手中，平民老百姓的获利机会和对剩余产品的支配权会增加，他们的劳动积极性会提高，于是，个体工商户、小商小贩、私营老板、蓝领工人、办公室白领人士、职业经理人、自由职业者等不断增多。对这种老百姓参与度较高的市场发展情况，我们将比喻为"蜂窝式社会"，即每个平民百姓都像辛勤的蜜蜂那样，通过个人或家庭的努力，编织自己的关系网络，构筑属于自己的蜂窝。

简言之，笔者试图用"伞式社会"和"蜂窝式社会"这两个（一对）新概念，来观察和分析中国经济社会结构转型中"官方"和"民间"两个不同的重要侧面。本节中，主要探讨普通老百姓自我开展的资源配置和参与经济社会发展活动的。

2. 理论基础和基本思路

（1）理论基础

提出"伞式社会"和"蜂窝式社会"这样一对新概念，理论源泉和学理基础包括卡尔·波兰尼的"三种经济类型"理论、费孝通的"差序格局"理论、中根千枝的"纵式社会"理论、格兰诺维特（Mark Granovetter）的"网络分析"理论[①]、倪志伟的"市场转型"理论、李

---

① 在波拉尼倡导的"嵌入性"（embeddedness，经济关系嵌于社会关系之中）的基础之上，格兰诺维特于20世纪70年代发展起来的"社会网络分析"方法是一种有用的分析工具。参见 Mark Granovetter, 1973, "The Strength of Weak Ties", in *American Journal of Sociology*, Vol. 78: 1360 - 1380, 1974, *Getting a Job: A Study of Contacts and Careers*, University of Chicago Press。

培林的"社会结构转型"理论、科尔曼的"社会资本"理论[①]等七种社会学和人类学理论。限于篇幅，在此就不对这些理论进行详细的阐述了。

（2）基本思路

从上述几种理论中，我们可以认识到，经济社会结构转型（特别是市场转型）通过资源配置与经济社会发展来实现，其主要的影响因素有四种：权力、资源、市场空间、发展机会等。

3. 分析框架："蜂窝式社会"的结构与功能

根据上述几种有关理论，权力、资源、市场空间、发展机会等这四种影响资源配置与经济社会发展的重要因素，在官方社会（"伞式社会"）和民间社会（"蜂窝式社会"）将分别有什么样的地位和作用呢？笔者认为，代表官方的"伞式社会"拥有较多的权力和资源；代表平民百姓的"蜂窝式社会"虽然没有很多权力和资源，但依据自身努力争取了更多的市场空间和发展机会。

中国20世纪80年代改革开放以来，在市场转型过程中，城市里出现了两个现象：一是城里涌进了大量来自农村的流动人口，二是城里冒出了大量的个体工商经营户和私营企业。

本节中，笔者主要从就业性视角分析流动人口的"蜂窝式"结构与功能，从经营性角度探讨个体工商经营户和私营企业的"蜂窝式"结构与功能。从这两个维度剖析中国社会的这两个典型现象，在很大程度上可以说清楚中国"蜂窝式社会"的结构与功能。

4. 实证调查及其材料

本节使用的实证材料及其田野调查来源，包括笔者最近十几年来的实地调查，如1995年在天津的调研，1996年在海南琼海市和贵州凯里市的调查，2001年在北京市和深圳市对少数民族流动人口的调查，2007—2008年在青岛市、呼和浩特市、昆明市、深圳市四个城市的调查，2011—2012年在海南的调查，2013年在贵州凯里市和广州市的调查等。

---

① ［美］科尔曼：《社会理论的基础》第12章，邓方译，社会科学文献出版社1992年版，第330—354页。

三 就业性"蜂窝"结构及其功能

基于笔者对城市流动人口十多年的调查研究,外出务工者自行构建"蜂窝"的主要原则是互帮互助,其主要表现为"链式"和"网式"两种"蜂窝"形态。①

1. 外出就业者为何需要有自己的"蜂窝"(社会资本)

一个人离开农村地区,闯进不熟悉的城市里,靠什么才能够混到一口饭吃、有一个安居的小窝呢?从经济学角度看,一个人只有拥有良好的体力、一定的劳动技能或知识、一定的资金等经济资本,才能在城里安身立命。从人类学和社会学的角度看,一个人外出务工经商除了经济资本之外,还需要有一定的社会资本(如社会关系)。②

笔者2001年对207位北京市外来打工者的问卷调查显示:他们获得目前工作的途径,比例最高的首先是依靠亲戚介绍(占35%),其次是依靠朋友介绍(占25%),两者合计60%。可见,外出打工最主要的途径是利用自己的"强关系"③(如亲戚、好友)。④

---

① 参见 Zhang Jijiao, 2007, "Migrants' Social Network Used in Seeking Employment in Urban Areas", in *Urbanization and Multi - Ethnic Society*, Edited by Buddhadeb Chaudhuri and Sumita Chaudhuri, India: Inter - India Publications, pp. 427 - 466; Zhang Jijiao, 2009, "The Orientation of Urban Migrants' Social Network: A Comparative Survey on Six Minorities in the Cities of China", in *Chinese History and Society*, Germany: Berliner China - Hefte, Vol. 35, pp. 127 - 139; Zhang Jijiao, 2012, "Migrant Social Networks: Ethnic Minorities in the Cities of China", in *Wind over Water: Migration in an East Asian Context*, Edited by David Haines, Keiko Yamanaka, and Shinji Yamashita. USA, New York: Berghahn Books, Chapter 3, pp. 47 - 59。

② 最早提出社会资本(social capital)概念的是法国人类学家布尔迪厄。他在1979年发表的《区别:趣味判断的社会批判》中,提出了三种资本形式:经济资本、社会资本和文化资本。但他没有对社会资本展开分析。参见 Pierre Bourdieu, 1994, *Distinction: A Social Critique of The Judgement of Taste*, Translated by Richard Nice, Roultedge Press。

③ 格兰诺维特把人们之间的关系划分为强关系和弱关系。这种划分是基于人们之间互动的频率、感情强度、亲密程度和互惠交换等四个方面的尺度。他把朋友关系看作强关系,把一般的相识看作弱关系。强关系存在于本群体内部,而弱关系则存在于不同群体之间。参见 Mark Granovetter, 1973, "The Strength of Weak Ties", in *American Journal of Sociology*, Vol. 78: 1360 - 1380; Mark Granovetter, 1974, *Getting a Job: A Study of Contacts and Careers*, University of Chicago Press。

④ 张继焦:《关系网络:少数民族迁移者城市就职中的社会资本》,《云南社会科学》2006年第1期。

也是 2001 年，在深圳①某台资木具厂调查时，有一位男性侗族同胞告诉我们："（19）94 年 8 月来过深圳一次。带了 1500 元，在这里找了 1 个多月的工作，没找到，钱花完了就跑回老家去了。（第二年）95 年又再来深圳。经过老乡介绍，在这家台资木具厂找到了工作。先在车间做了一年多，后来，老板根据我当过兵的经历，叫我做保安。"②

可见，一个人从西部偏僻的农村地区跑到东部地区繁华的城市找工作，光凭一身力气和不怕困难外出闯荡的念头，是完全不够用的，还需要有一定的人脉关系。上述这位来自贵州的侗族小伙子因为以前多年在外当兵，与老乡联系较少，所以，第一次到深圳打工没有靠得上的亲友和老乡。因此，才体会到"找工作要有人带，好落脚，好进"。一个人离开家乡刚出来到不熟悉的城市谋生时，特别需要亲朋好友的支持和帮忙。当他第二次闯深圳时，由于有了老乡和朋友介绍工作和热心帮忙，不像第一次那样，在当地不好找到一份工作。我们可以预料，在以后的日子里，这位老兄当过兵、干过保安的工作资历，可以成为他未来就业的重要资本。

一个人所具有的复杂社会关系是一种社会资本，这种关系资本在城市就职中会发挥不同程度的作用。这种关系不但是两个人之间的相互联系，而且两个人之间的相互责任，这种双方相互之间紧密的关系和明显的责任，可以让任何一方发出求助的时候能够得到另一方的帮助或资源。人们之间的人情关系就像银行里的存款一样，随时都可以取出来使用（类似"人情信用卡"）。③

2. 外出就业者建构"蜂窝"的三个发展阶段

根据我们 1996—2013 年十多年在海南、贵州、北京、深圳、广州等多地的观察和调查，外出就业者"蜂窝"结构及其功能大致呈现出三个发展阶段。

---

① 深圳与国际大都会香港一水之隔，是中国大陆最早改革开放的特区之一（1980）。90 年代，其制造业非常发达，遍地都是工厂，吸引了很多外地的打工仔和打工妹。比如，《外来妹》是由广州电视台推出的 10 集电视连续剧，1991 年在中央电视台播出，轰动全国。这部电视剧主要描述 6 个从穷山沟赵家坳到广东打工的女性的命运。

② 资料来源：访谈时间为 2001 年，地点为广东省深圳市。

③ 科尔曼是对社会资本进行理论分析的第一位重要学者。他在其 1990 年由哈佛大学出版社出版的《社会理论的基础》中，把社会资本定义为一种达成某个目的的生产性因素，它是藏于社会结构中的、基于信任的关系资源。参见［美］科尔曼《社会理论的基础》第 12 章，邓方译，社会科学文献出版社 1992 年版，第 330—354 页。

(1) 第一阶段:"先遣式"个体外出就业

这是人们外出闯荡的第一步或试探性时期。比如,笔者1996年在贵州省东南部一带的调查发现,80年代初期,当地个别不满于现状的年轻人在听说深圳办特区搞改革开放的宣传鼓动下,就不管天高地厚,开始独自来到深圳特区闯荡。这些无所畏惧的先遣者在新的城市里没有可以利用的人际关系,主要靠着自己"敢于第一个吃螃蟹"的勇气和年轻气盛的精力,有不少人从做小工开始,单打独斗谋求生存和发展的机会。在几乎没有什么可以利用的社会资本条件下,闯到陌生的城市找饭吃,靠一个人的胆量和力量独步天下,其难度可想而知,其风险也极大。可以想见,个人先遣式外出就业的结果必然是成功的个案寥寥无几,值得称道的经验屈指可数,更多的是失败和教训。

(2) 第二阶段:"链式"群体外出就业

这时个体先遣式的闯荡阶段已经结束,在前者的不断摸索和积累下,已经建立起了一定范围的社会关系。经过第一批个人先遣式外出就业者的多年开拓和逐渐积累,开拓者的家属、亲戚(有时还包括其朋友、同村人甚至同乡),不但可以在第一时间得到外出务工或经商成功的信息,而且可以顺着第一批外出者这个可以依赖的强关系,尾随着开路先锋迁移到同一个城市,形成"链式"群体外出就业。比如,1996年笔者在海口市调查期间,在汽车站遇到12位来自贵州省台江县的男性苗族农民。他们的领头人叫L. X. L,年龄28岁,三四年前漂洋过海来到海南西部偏僻的昌江县某农场打工。上一年(1995),L. X. L曾带着自己的两个兄弟和两个亲戚,共5人一块到昌江打工。这次,他带着更多的同村亲朋好友外出打工,跟随者从4人增加到了11人。他们都是初中毕业生,年龄从18岁至30岁。他们从贵州台江县方召乡的山区出发,经过广东省的雷州半岛,跨越琼州海峡,行程上千公里,才到达目的地——海南昌江县。[①] 在先遣者个人强关系的牵引或带队下,这些后来者自然地形成了一条外出就业的链条,我们也可称之为"带队式"群体外出就业。相对第一阶段个人先遣式外出就业而言,第二阶段的"链式"或"带队式"群体外出就业,

---

① 笔者1996年在海南省海口市的调查资料。Zhang Jijiao, 2003, "Ethnic Minority Labor Out-migrants from Guizhou Provinces their Impacts on Snding Areas", in *China's Minorities on the Move: Selected Cases*, edited by Robyn Iredale, Naran Bilik and Fei Guo, New York, M. E. Sharpe, Inc, p. 148。

由于有了先遣者积累的社会资本和就业经验,跟随开拓者的关系链条外出的后来者,既有现成的社会关系和就业信息可以利用,也有前人的经验和教训可以借鉴,其风险降低了不少,其成本也大大减少了。

(3) 第三阶段:"网络式"群体外出就业

这是在第二阶段"链式"或"带队式"群体外出就业基础上,发展出来的外出就业第三阶段,此时社会关系得以进一步扩展并形成网络,具有群体"网络"的支撑。比如,据2001年我们的调查,在深圳某台资木具厂里共有侗族122人(其中,男61人,女53人),苗族3人(其中,男2人,女1人)。他们绝大多数来自贵州省天柱县,少数几个来自湖南省新晃县。① 这100多人之所以在同一个工厂里工作,不是由一个人"带队式"或"链式"传帮带带出来的,而是由多个人你带我,我又带他,"网络式"互帮互助、陆陆续续走出来。每一个迁到外地的就业者的身后,不但有一连串由家人、亲戚等血脉或姻亲相连的链条,而且还有在这些血缘或姻缘关系基础上扩展出来的人脉关系,如邻居、同学、朋友、同村人、老乡、同事、同行、老板等非血缘、非姻缘关系。这个横向人际网络源于也基于纵向的人脉链条,不仅使先遣者而且使后来者获得更多的人际网络作为在城市中谋求生存和发展的依托。②

3. 外出就业者的"蜂窝"结构及其功能

在市场化的经济社会结构转型中,权力、资源、市场空间、发展机会等是影响资源配置与经济社会发展的四种重要因素,政府及其行政官员拥有较多的权力和经济资源,平民百姓没有掌握什么政治权力和经济资源,如何获得一点市场空间、发展机会呢?对于一穷二白的外出打工者来说,比较可行的办法是利用自己与生俱来或先赋性的资源(如血亲关系和姻亲关系)以及传统行为规则(如互帮互助的家庭道德伦理)。这些先赋性的资本和传统性的规则,正是城市外来者首先构建起群体性链式"蜂窝",接着建立群体性网络式"蜂窝"的社会基础和规则基础。

从整个社会来看,民间的"蜂窝式社会"是如何在官方"伞式社会"中找到自己的位置和发挥自己的作用呢?在政府主导和搭台、资本唱戏的

---

① 张继焦:《关系网络:少数民族迁移者城市就职中的社会资本》,《云南社会科学》2006年第1期。

② 张继焦:《差序格局:从"乡村版"到"城市版"——以迁移者的城市就业为例》,《民族研究》2004年第6期。

市场转型中,无权无势的外出就业者要想自己搭个"蜂窝",不是一日之间就能够做到的,需要经过一个摸索的过程,在最初的个体"先遣式"外出就业时期,连自己最亲密的亲人好友都指望不上,因为缺乏可利用的社会资本,其成本和风险都很高,简言之,在第一阶段,外出就业者根本没有构筑"蜂窝"的条件和可能。到了第二阶段,先遣者像一只蜂王,带着工蜂般的亲朋好友一起外出就业,这时就有条件自己构筑"蜂窝"。这种带队式的群体性外出就业,是一个以领队者为主、采用"链式"关系将同群人连接起来、共同构筑"蜂窝"的过程,其构建"蜂窝"依托了一定范围的人际关系基础,即带队人的家人、亲戚等有血缘、姻缘关系的人员。进入第三阶段,由于外出就业的群体性关系网络越织越大,其网络范围已超越了血亲和姻亲的关系,有足够的条件构建起网络式"蜂窝"。具有群体性"网络式"的第三阶段,不但结束了第一阶段"个人先遣式"形单影只的局面,而且逐步超过了第二阶段"链式"群体性网络局限于血亲和姻亲关系的局面,群体性"网络式"社会资本不但拥有先赋性的血亲关系和姻亲关系,而且还经过不断开发扩大到了许多非血缘关系、非亲缘关系,如邻居、同学、朋友、同村人、老乡、同事、同行、老板等后天性的社会关系,网络式"蜂窝"比链式"蜂窝"能够集结越来越广泛的社会关系,其社会资本也变得越来越强大。外出就业者所建构的由小到大的"蜂窝"结构,就是这样一步一步地按照"差序格局"原理逐渐形成的,并且在"蜂窝"机构内能够聚集和分享越来越多的资源。总之,外出务工者自行构建"蜂窝"的主要原则是互帮互助,其主要表现为"链式"和"网式"两种"蜂窝"形态。民间的"蜂窝"式社会可以成为官方"伞式"社会的补充部分而存在,两者各司其职、相辅相成。

为什么外出就业者需要构建这样一种共享式、互助性的"蜂窝"结构呢?卡尔·波兰尼在《伟大的转折》一书中,将人类的主要经济生产方式划分为三种类型:市场经济、再分配经济和互惠经济。[①] 那么,这三种类型的经济生产方式与外出就业者建构"蜂窝"的三个发展阶段("先遣式"个体外出就业、"链式"群体外出就业、"网络式"群体外出就业)有什么关系呢?从经济方式或经济制度来看,对离开农村进入城市的打工者,意味脱离农村互惠式的自然经济制度,进入城市里陌生的等价

---

① 参见 Polanyi, Karl, 1944, *The Great Transformation*, New York: Farrar & Rinehart。

交易的市场经济或/和政治性的再分配经济，为了在这套城市里强势的经济方式或经济制度找到安身立命的空间，外出打工者首先利用的是从家乡带来的已有的互惠经济方式，接着通过群体性链式和网络式"蜂窝"等群内制度性的共享方式，逐渐再从再分配经济转型为市场经济的空白地带找到了立足之所，或者嵌入制度化的再分配经济和市场经济的边缘地带。

可以说，在市场转型中，对现有旧制度的突破，始于个体性的突围，接着是群体性"蜂窝"式不懈的共同努力，这两者都是非制度性的行为，借此最终才能形成制度化的市场经济体系。换言之，一方面，新制度的建立，来自个人或群体的非正式的努力或试错，即新制度有一个从非正式到正式的制度化变迁过程；另一方面，制度变迁的过程，大致经历了从个体到群体再到整个社会的过程，即从原生性到制度性的调适过程。

四 经营性"蜂窝"结构及其功能

经笔者多年的调研与观察发现，经商者的"蜂窝"主要有三种类型：以家庭为中心的互惠互利网络、以价值链为中心的合作共赢网络和以本族裔为中心的互惠共赢网络。

1. 家庭式"蜂窝"：以家庭为中心的互惠互利网络

对家庭普遍流行的看法为：它是夫妻俩为了生儿育女、传宗接代，一起居住和生活的地方。经济学家通常认为，经济市场化转型是组织化程度很高的商业行为，不必依托家庭。在中国，越来越多的经济学者不重视家庭的经济功能。然而，社会学、人类学和民族学等学科的学者普遍认为，家庭不仅具备各种显著的社会功能，而且其经济功能也是很重要的。古德曾指出："人们常常忘记现代家庭也是一个经济单位，即使它已不再是一个农作单位。"[①] 贝克尔（Gary S. Becker）也指出："在一切社会，包括现代的市场经济社会，家庭仍然对相当大的经济活动——一半以上的经济活动——承担责任。"[②]

[①] [美] 威廉·J. 古德：《家庭》(1964)，魏章玲译，社会科学文献出版社1986年版，第14页。

[②] [美] 加里·S. 贝克尔：《家庭经济分析》(1981)，彭松建译，华夏出版社1987年版，第227页。

(1) 家庭商业是城镇市场化的开路先锋

1996年，笔者在海南省琼海市做调研了解到：20世纪80年代初期，由于实行允许多种经济成分并存的政策，个体工商户作为最早的一批市场主体，在城镇市场化过程中出现了：1983年时，有2836户，3449人；1990年增至5746户，77007人。为什么家庭商业会成为城镇市场化进程的开拓者呢？笔者认为，其政治、经济、社会原因主要有以下几个方面。

第一，城镇"个体户"是一种应运而生的产物。一方面，家庭商业在计划经济体制下是指令性计划不能贯彻到底的经济单位，也是计划经济体制下最为薄弱的领域，自然地也就成了城镇市场化最早的突破口。另一方面，改革开放以前，家庭经济也是现实中最受压抑的经济单位，无论是城市里的私营商业，还是农村的家庭经营，都到了濒临灭绝的程度①。私营的家庭商业被压抑得越久，其复活的欲望就越强烈，一旦政府解除禁令，它们就像雨后春笋般快速生长起来。

第二，在改革开放初期，由于现行的计划经济体制依然很强大，第一批的市场化萌芽和变革发生于而且也只能发生于那些不触动既有的经济利益和制度结构的行业中。于是，我们可以看到：由于个人或家庭的自发性努力，个体工商业和私营服务业在城镇中获得了较早、较快的发展。

第三，家庭式私营商业之所以能够复兴，有一个重要的客观原因，即国有商业和集体商业因为经营不善、经济效益降低，正在走下坡路。在城镇市场化初期，由于市场开放了，公营商业失去了独家经营的垄断地位，一方面不适应存在着牌价和市价之间价差的市场竞争环境，另一方面国营企业因为机构僵化和臃肿、组织和人员成本高，其市场竞争力也逐渐下降了。②

第四，家庭商业的社会性基础是"家庭"式的经营。笔者1996年在

---

① 1953年，对私营商业，实行"利用、限制、改造"的方针，至1956年，被改造的私营商店有612家，从业人员777人，入股资金179037元。1958年，公私合营商店全部并入国营或供销商业，个体商贩被强令歇业。1961年，在经济调整中，允许一些个体商贩营业。1963至1964年，对无证商贩清理整顿，发给临时营业证。"文革"时期，个体经营（商业）濒于绝迹。参见琼海市地方志编纂委员会编《琼海县志》，广东科技出版社1995年版，第305页。

② 比如，1990年，琼海市国营商业系统52个核算单位，有32个单位亏损，亏损总额248.8万元，全市供销系统亏损512.4万元，待处理损失590万元，待摊费用177万元。参见琼海市地方志编纂委员会编《琼海县志》，广东科技出版社1995年版，第302—304页。

琼海市看到了很多"夫妻开店"的例子。在加积镇中心市场①及其周边的街市上，我们可以看到，很多家庭式店铺所采用的常规格局：楼下是夫妻经营的店铺，楼上是一家人生活起居的地方，商店的经济性和家庭的社会性成为一个整体中两个相辅相成、密不可分的方面。在家庭内，夫妻两人之间有着不言而喻的明确分工和默契合作，而且符合当地的习俗习惯。比如，按当地风俗，丈夫对外的社交活动，主要方式是与商业伙伴或朋友一起上午喝早茶或下午也喝午茶，此时妻子必须留守在门店里接待顾客。到了做饭时间，女人就离店回家操持家务，而男人则留守为来客服务。李培林认为，对个体工商户和私营业主而言，家庭不单是他们社会活动的组织形式，也是他们经济活动的组织形式，就像工厂或公司是企业经济活动的组织形式一样；而家庭的伦理道德规范就是家庭式经营的组织管理规范，就像工厂或公司的科层制组织管理规范是企业的组织管理规范一样。②2001年，笔者在北京的调查显示，家庭式小企业的运营方式通常是：丈夫作为业主和掌柜的，妻子负责管财务，其子女和年轻的家族亲属作为普通员工打下手。其工作人员从2—3人到7—8人不等，个别的员工超过10人。在家庭式小企业里，丈夫或妻子作为一家之主享有绝对的权威，夫妻俩的关系在小企业内部的人际关系中居于主导地位，家族成员之间的关系和人们之间的工作关系相对于夫妻间的关系都处于从属的地位。在小企业内部，所有家族成员的生活、起居、收入、分配和消费等各个事项，都由身为一家之长的业主兼户主来安排。③

(2) 家庭商业与利他性的家庭伦理

经济学一般认为，每个人都是自私自利的经济人，都在追求自身的利润最大化。社会学、人类学等非经济学科认为，在家庭式商业中这种自私自利的人性假设是不灵验的。经济学通常爱将经济活动与社会活动分开来

---

① 加积中心市场位于加积镇的中心地带，是集资建起来的。按不同类型的铺位，每户交4500元或5000元，作为集资款，可得一铺位，并以这笔钱的利息作为1989—1997年八年的铺位租金。1997年12月到期时，再议铺位租金问题。个体户共集资100多万元，琼海市工商局出资200多万元，共300多万元，建起此市场，共三层，一层有干鲜、水产、日杂、猪肉、蔬菜等铺位，二层专营服装，三层为行政办公场所。

② 李培林：《中国社会结构转型——经济体制改革的社会学分析》，黑龙江人民出版社1995年版，第85页。

③ 张继焦：《城市的适应——迁移者的就业和创业》，商务印书馆2004年版，第91—92页。

看，但是，在现实中，特别是在家庭式经营中，这两者是很难分开的。家庭式经营不仅是追求利润和家业延续的经济行为，也是追求爱情亲情和家庭幸福美满的社会行为，对上述这两个方面，身为一家之长的私营业主会进行成本与收益的计算。

为何家庭商业中存在有明显的"利他主义"倾向呢？笔者在海南省琼海市的调研表明：私营业主们之所以愿意起早贪黑、不辞辛劳、忙忙碌碌，是为了使家庭的共同生活过得更美好，是为了让子女有更好的未来。这也是他们的精神支柱和经营动力。

身为私营业主的父母们勤勉地经营不仅是为了自身的利益、社会地位和家庭的共同生活，也是为了给子女创造一个比自己创业前更好的生活条件和学习环境，让子女的人生起点比自己的高一些。笔者访问过的几个家庭商业主都有类似的经历和想法：干鲜零售商 Ch. X. H 夫妇和批发商 Y. K. X 夫妇，都有离乡背井来到县城闯荡经商的艰苦经历。服装经营户 H. Zh. A 告诉笔者："做生意的很大一部分收入，都用于供孩子上学。"日杂零售及批发商 L. Y. Zh 年龄稍大一些，他仿佛大松一口气地对笔者说："孩子们都安排好了。"① 家庭中的利他主义观点是由贝克尔在《家庭经济分析》（*A Treatise on the Family*）一书中首次提出来的。家庭商业主以经营收入为经济来源，对其家庭成员的教育、健康及其他人力资本等进行投资。② 家庭可以超越个人短暂的生命，维持世代相传。家庭里的每一代人来到这个人世间的起点，都是上一辈人多年奋斗和积累的成果。身为父辈如果不为子女的生长打下比较好的基础，就会愧对自己肩上的家庭责任，也很难获得下一代人的尊重。至此，我们从社会学意义上对"可怜天下父母心"这个利他性的家庭伦理，给出了一个较好的解释。

在家庭商业中，资源配置的原则是"互惠互利"，而在市场上正像资源配置的原则是"追求利润"③。因此，我们看到：在市场上，不同的家庭商业主作为利益主体，都在对外进行展开竞争，极力追求自身利润，而

---

① 张继焦：《市场化过程中家庭和亲缘网络的资源配置功能——以海南琼海市汉族的家庭商业为例》，《思想战线》1998 年第 5 期。

② ［美］加里·S. 贝克尔：《家庭经济分析》（1981），彭松建译，华夏出版社1987年版，第 227 页。

③ 李培林：《中国社会结构转型——经济体制改革的社会学分析》，黑龙江人民出版社1995 年版，第 90 页。

在家庭内部，户主对家庭内部成员则采取互惠互利的利他主义原则，追求共同的利益。可以认为，利他主义是家庭生活甚至是群体生活的"自然法则"之一。

（3）家庭商业的交易成本与"蜂窝"式亲缘网络①

笔者近 20 年来在多地（如 1996 年在琼海市、2001 年在北京市、2013 年在贵州凯里市）的调查显示：愿意给白手起家者援助或支持的，绝大多数是家人或沾亲带故的亲戚（如具有血亲或姻亲关系的亲戚），有时是已有长期交情的老同学、老战友、好朋友。

为什么在创业者尚未成为功成名就的企业家，既没有较多财富也没有较高社会声望的时候，他的亲朋好友不太计较得失或过多考虑风险，就无私地给予他各种帮助（如给创业资金）？

华裔美籍人类学家许烺光认为，相互依赖是中国人的基本行为模式。特别是在亲属关系网络中，人们之间的相互依赖非常明显。每个人的义务和责任都十分明确，被赋予的东西要回报（尽管回报的时间也许很迟）也是十分明确的②。与政府、企业不同，家庭商业的资源配置，主要地不是依靠政府行政指令、法律规章制度、市场供求关系等，而是依靠血亲和姻亲关系以及家庭伦理规范等非经济因素的作用，其中家庭亲属关系、家庭伦理道德规范等非制度化规则起着主导性的作用。家庭或家族的商业活动在亲缘网络内，以某个家长或某个德高望重的人为中心，每个人都被固定在由家庭和亲属联结的关系网上，扮演着一定的角色，形成了一套类似"蜂窝"式的装置：一家人可以按着"有钱大家赚"的规则，使一家之内的所有成员，都有机会共同努力并分享其好处。

在这种大家共生共荣的"蜂窝"里，人们通过"一家人"和"圈内人"共同的隐形关系网，可以在资金、供货、人力、客户等几个方面随时共享信息或相互支持。在经营领域方面，亲戚好友们也会有意无意地从事同一个行业或相关的行业，以便大家可以互帮互助或互通有无。比如，

---

① 亲缘网络，即亲缘关系，包括家庭、家族、血亲关系、姻亲关系等。在一定意义上，朋友关系、邻里关系等可以被看成是亲缘关系的延伸。它是一种多线的、具有持久性特征的社会关系。

② ［美］许烺光：《宗族、种姓、俱乐部》（1963），薛刚译，华夏出版社 1990 年版，第 277 页。

笔者1996年在琼海市访问了服装经营户H. Zh. A①。他表示只是熟悉服装行业，对其他行业不是很熟悉，对今后的营生既不想扩大经营，也不想转行。笔者认为，H. Zh. A不想破坏现有的稳定发展局面，因为如果他转行或扩大业务，不但会失去现有的亲缘互助网，而且一下子找不到可靠有效的支持力量。在家庭商业活动中，亲缘网络内的这种互帮互助、互利互惠，表现出来是一种交换，但其本质却不一定是一对一等价的经济交易，也不是短期的、一次性的买断式交易，而是一种交织着经济交易和社会交换的过程，是一种包含着亲情的社会经济交往和长期交换的过程。

当市场化尚不成熟、市场制度尚不健全时，基于亲缘网络的"蜂窝"型资源配置方式有其存在的合理性，家庭商业的发展会相当活跃。家庭商业以家庭为中心的亲属关系网，类似一个基于亲缘网络式的"蜂窝"，按照一套家庭伦理道德规范行事，家庭内和亲属间既不需要讨价还价，也不需要签订契约，这套人们世代相传的习惯性行为规则和伦理道德既可以减少组织成本和管理成本，也可以减少交易成本。

2. 价值链式"蜂窝"：以价值链为中心的合作共赢网络

在此，笔者以在琼海市对家庭工业②的调查资料为实证材料，分析以价值链为中心的合作共赢网络（即价值链式"蜂窝"）。

清末时期，琼海市的家庭手工作坊、匠铺就遍及城乡，涉及陶器、造纸、皮革、铁器、制糖、造船等30多个行业。新中国成立之后，1952年，家庭工厂增至37家，产值突破百万元大关，达103.77万元。1954—1956年，经过合作化和公私合营之后，家庭手工作坊里有420名雇员被精简回乡务农。1962年，各墟镇从集体工业中调整出22家，作为家庭手工业单独经营，自负盈亏。1966—1976年（"文革"期间），家庭工业都被当作"资本主义尾巴"砍掉了。80年代实行改革开

---

① 1980年起，H. Zh. A开始做小生意，是加积镇最早的一批个体工商户。由七八百元起家，资金来源除了自家的存款之外，还从两位亲戚那里借了点钱。最初卖点文具、百货什么的。一年之后，1981年开始做服装生意，最初资本为两千元左右，除了一些积累资金之外，还从亲戚处借了一些钱。后来，在经营过程中，也经常向亲戚借钱。借用一段时间后归还，不立文书凭证，只凭口头承诺，完全靠信用。只要收回资金之后，都会主动还钱。

② "家庭工业"一词大致有两层含义，第一层是指家庭拥有的工厂，即工厂的资产全部为一个家庭所有；第二层指以家庭成员为主要的劳动力，即技术、管理和财务等全由家里人掌握。参见张继焦《市场化中的非正式制度》，文物出版社1999年版，第94页。

放以后，家庭工业迅速恢复和发展起来：1984年，全市有家庭工厂4440家，从业人员7141人，总产值2547万元。① 正当许多国有企业和工厂的经济业绩持续下滑，出现严重亏损，甚至停产之时，私营家庭工厂却在昼夜不分地开动机器生产，力求在市场上分得一块属于自己的小"蛋糕"。这种由个人及其家庭自发推动的私营家庭工业，怀着没有敌意的"反抗"心理②，悄无声息地冲破了现有僵化计划经济体制的束缚，逐渐发展成为小巧精干、富有竞争力的市场新主体之一③，不断推动着市场转型和制度变迁。

家庭工厂的主要特征和功能之一是：将亲缘网络关系交往的那套伦理道德规则，从家庭工厂内部，扩展到它与供应商、批发商、零售商三者之间的相互关系之中；反之，供应商、批发商和零售商对这个家庭工厂，也会采取同样的伦理道德规范和处事规矩。家庭工厂、供应商、批发商、零售商四方之间，形成了一条价值链④，并以家庭工厂主为主，以价值链为主线形成合作共赢网络，即家庭工厂、供应商、批发商、零售商等四个利益相关方共同构建起来的"蜂窝"，我们可以称之为价值链式"蜂窝"。家庭工厂主就是一个个价值链式"蜂窝"里的小蜂王。

1996年，在琼海市，一个受访的家庭工厂主对笔者说："我们的产品在全岛各地都有。我们主要通过各市县商品批发部门经销，也通过其他各种渠道推销。我厂与经销商从来不订合同，全靠讲信用。利他也是利己，

---

① 琼海市地方志编纂委员会编：《琼海县志》，广东科技出版社1995年版，第241页。

② P. 马特拉（Philip Mattera）在论及地下经济时曾说，人们在自己有限的能力范围内反抗现行的经济制度。这是一种较为复杂的反抗形式，是没有组织的，并且人们对于反抗的经济制度在某些方面也不是敌对的。参见 Philip Mattera, 1985, *Off the Books: The Rise or the Underground Economy*, New York: Sr. Martin's Press, p. 129。

③ 笔者认为，从一定意义上讲，家庭商业、饮食服务业、家庭工业等都表示了老百姓对僵化的计划经济的自发性"反抗"。

④ 参照波特的价值链分析学说，笔者认为，市场竞争不只是发生在企业与企业之间，而且发生在企业各自的价值链之间。真正按照"链"的特征实施企业的业务流程，使得各个环节既相互关联，又具有处理资金流、物流和信息流的自组织和自适应能力，使企业的供、产、销系统形成一条珍珠般项链"价值链"。这就是价值链管理系统实际所要解决的主要问题。参见张继焦《价值链管理：优化业务流程、提升企业综合竞争能力》，中国物价出版社2001年版，第4页。

利他也是给自己创造一个轻松的环境。"①

家庭工业比上文所述的家庭商业将亲缘网络的行为规则扩展到更大的范围之中。家庭工厂主就像蜂王一样，以价值链为主线，与供应商、批发商和零售商之间逐渐形成了互相信赖的关系网络。对家庭工厂来说，这套逐步建立起来的价值链式"蜂窝"，作为一个较为稳定可靠的供、产、销网络关系，不但是它进行采购、生产、经营和销售的可靠关系网，而且是它与供应商、批发商、零售商等三方之间高效合作共赢的运行方式。

3. 族裔式"蜂窝"：以本民族为基础成员的互惠共赢网络

少数民族从边疆民族聚居地区迁往人口异质性较高的城市，是否都会变成"碎片化"群体？在四川各城市的调查显示，离开农村进入城市的彝族依然带有强烈的家支观念。在彝族内部，同一家支的人在经济和社会活动中互帮互助、互相支持、互惠互利；两个家支的成员之间发生矛盾和纠纷时，每个家支都会保护自己家支的成员；在对待外民族上，特别是在与其他民族（如汉族）发生纠纷时，不论是非曲直，所有成员都要一致对外。②

（1）从单个企业来看，其经营方式、聘用员工等带有民族性

2001年，我们在北京对民族特色私营企业调查时发现：它们主要聘用本民族同胞，因为本族人了解本民族的风俗习惯、会讲本民族语言等。比如，在北京的傣族、维吾尔族、蒙古族、藏族、苗族等民族特色餐厅，由一个本民族的服务员给顾客介绍具有本民族特色风味的饮食，更能够使食客感到真实而可信。有一个典型的例子是，前些年在北京城区西部有一个腾格里塔拉酒楼，下设有一个"北京腾格里塔拉艺术团"，共聘用了几十名蒙古族舞蹈和演唱演员③。这两年，在海淀区魏公村一带开了一家敖

---

① 资料来源：笔者1996年在海南省琼海市对面条工厂主W.J的访谈。W.J的面条厂建于1992年，产品皆为"得乐牌"，主要有高级波纹蛋黄面和高级宽条蛋黄面两种产品。1995年，该厂被评为"1994年 琼市先进乡镇企业""1994年度海南省先进乡镇企业"。1996年，该厂的生产线是海南岛的第18条生产线。在强手如林、竞争激烈的市场中，该厂注重保证产品质量，在必要的时候也压低价格。从这两方面着手，近年来，尽管市场常有波动，但该厂一直在不断发展。

② 杨健吾：《成都市少数民族流动人口状况及其主要问题》（论文，2000年打印稿）。

③ 笔者曾于2001—2002年到过腾格里塔拉酒楼好几次，访谈了个别主管经理和民族歌舞演员，领略过"北京腾格里塔拉艺术团"丰富多彩的民族歌舞表演。

包会,以演出鄂尔多斯婚礼为主,也聘用了几十名蒙古族演员①。这两个蒙古族餐厅在北京都算是比较有组织、有规模地使用本民族同胞的例子。又比如,在一些朝鲜族经营单位(如韩国烧烤店、韩式美容美发店、韩国食品店等)里,来了韩国或朝鲜族客人,店内人员如果可以用韩语或朝鲜语与顾客交流,可以增加顾客的亲近感和满意度。对87位来京务工经商的朝鲜族的调查显示,他们都在朝鲜族特色私营企业里工作,有81位会讲本民族语言——朝鲜语,比例高达93.10%。

2001年笔者在北京的调查也发现,总体来说,外来的少数民族对亲友的依赖程度比汉族要相对高一些。对从小生活在边疆农牧区、对城市不熟悉的少数民族来说,离家进城从事非农业工作是一件大事。在陌生的城市中,如果没有任何亲友提供住宿、饮食或工作等之类的帮助,他们就不会贸然离开家乡前往城市。除非有亲友在要去的城市里,并能够提供一定的帮助,他们才敢离开自己熟悉的家乡,来到陌生的城市。②

(2)从同一民族整体来看,其经营特色具有民族性

从边疆地区来的少数民族如果在城市中创业,开办民族特色私营企业是主要的形式之一。这些少数民族同胞可以依靠自己独特的民族文化和关系网络,独自或与他人共同创业,这不但可以让自身获得生存和发展的机会,而且可以给所在城市带来别具风格的民族文化。创业型企业具有"民族性特征"是一个重要的市场进入条件,也是一个重要的市场竞争优势。在市场营销和企业经营中,因"民族性特征"而在市场上与众不同,这种"差异化"正是吸引顾客眼球的重要因素。这些创业型企业的"民族特色"正好满足了多元化需求市场上的"空白点"或"缝隙"。

笔者依据2007—2008年在中国一些城市调查获得的第一手资料,对

---

① 笔者曾于2012—2013年到过敖包会好几次,领略过其盛大华丽的民族歌舞和演唱表演。

② 笔者在北京与一位公司的副总交谈时,她帮笔者分析道:"为什么有些外来打工者情愿拿低工资在一些提供吃住的公司(如餐饮店、宾馆等)工作呢?因为吃住问题解决了,他们得到了基本保障,才可以安心工作。"笔者在住家附近每天都可以看到那些在一家叫H.A肥牛餐馆工作的男女青年从地下室里走出来上班。他们在厨房和餐厅打工,每次笔者去就餐时他们都精神饱满地工作着。他们吃苦耐劳和敬业的工作精神,经常给笔者鼓舞。

影响不同民族的"经济文化类型"① 转变的因素进行了分析,并指出青岛市朝鲜族、呼和浩特市蒙古族、昆明市会泽回族等一些少数民族移民在城市中的经济文化类型,出现了从"原生态型"向"市场型"的转变。其中,青岛市的朝鲜族移民的经济文化类型是"依附—移植式"的、呼和浩特市蒙古族移民的经济文化类型是"创新—移植式"的、昆明市会泽回族移民的经济文化类型是"半自创半融入型"的。比如在内蒙古,一大批蒙古族离开草原牧区,迁移到呼和浩特市区,牧区和市区两者虽然存在着差别,但是,两者都没有脱离蒙古族自己的草原民族文化地盘。这样,在共同的蒙古族民族文化大背景下,蒙古族一旦离开牧场来到城市,开展商业化的饮食服务、民族工艺品商贸等经济活动,推动草原产品的城市化和市场化,一方面,他们正在呼和浩特形成相对集中的经营聚集区;另一方面,他们自然地就会把牧区和市区联系起来,将牧民的来源地和流入地联系起来。概括来看,蒙古族的移民和民族企业家在城市中正在创建一种新型的经济文化类型:一头是草原牧场,另一头是牧区之外的市场(包括内蒙古自治区内的各城市市场,甚至整个中国市场和外部更大的国际市场)。这些蒙古族的民族企业在社会文化生活方面,成为城市与牧区之间、现代与传统之间、工业文明与牧业文明之间的"联结体"。它们在经营方式、社会身份、文化认同等方面具有很明显的民族性。②

(3) 形成族裔式"蜂窝"的社会性基础

2001 年,笔者在北京对朝鲜族、蒙古族、藏族、傣族所经营的家庭式小企业(如餐厅、理发店、美容店等)进行调查时发现,这些从外地来北京的少数民族业主所雇佣的员工绝大多数是本族人,而且多以自己的家人如丈夫、妻子、子女和年轻的家族亲戚为主。其中,朝鲜族的民族特

---

① 经济文化类型理论,是 20 世纪 50 年代两位苏联学者——列文、切博克萨罗夫为了对世界民族进行语言谱系以外的分类而提出的一个分类体系概念。它在中国取得的学术成果,就是由林耀华和切博克萨罗夫两位教授于 1958 年 8 月联手完成的《中国的经济文化类型》一文。这篇长达 3 万字的论文于 1961 年在苏联用俄文发表,曾被翻译为日文于 1965—1967 年在日本的《东亚民族学论文集》中连续刊载。直到 1985 年这篇论文终于在国内公开用中文发表。参见林耀华《民族学研究》,中国社会科学出版社 1985 年版,第 104—142 页。

② 张继焦:《经济文化类型:从"原生态型"到"市场型"——对中国少数民族城市移民的新探讨》,《思想战线》2010 年第 1 期。

色私营企业比较多①,也比较典型。这些例子说明了朝鲜族创业与经营者从家乡来到北京如何利用家庭关系和家族亲缘关系作为社会资本、雇用员工的情况。②

表 2-1　　　　　外来少数民族在城市中的社会关系网络比较③

序号	关系类型	网络强度
类型 1	家庭关系	最强的
类型 2	家族亲缘关系	较强的
类型 3	地缘和业缘关系	有时强有时弱
类型 4	新的业缘和朋友关系	较弱的

由此可见,将社会关系作为社会资本来利用的主体并不是就业者,而是那些创业与经营者,他们就是一个个族裔式"蜂窝"的小蜂王。从表2-1中我们可以看到:支撑着这类族裔式"蜂窝"的社会结构基础是同一民族框架下的基本社会关系。类型 1"家庭关系"是家庭式企业在创业与经营中最基本的关系网和社会资本,而类型 2"家族、亲缘关系"是家庭式经营在招募和使用雇员时所利用的主要关系网和社会资本。在家庭式企业中,无论是网络强度最强的类型 1"家庭关系"还是较强的类型 2"家族、亲缘关系",其发挥作用的规则基础都是家庭伦理道德。而类型 3"地缘和业缘关系"的网络强度有时强有时弱,类型 4"新的业缘和朋友关系"的网络强度通常较弱。类型 3 和类型 4 这两类社会关系网络都是不太强的,需要进行开发才可以使用。

表面看,族裔式"蜂窝"的社会性基础与一般"蜂窝"的社会性基

---

① 2001 年在北京的调查资料,包括海淀区以中央民族大学为中心的魏公村一带的 29 个样本、海淀区以北京语言大学为中心的五道口一带的 19 个样本、朝阳区新源里和麦子店一带的 39 个样本等。

② 张继焦:《城市的适应——迁移者的就业和创业》,商务印书馆 2004 年版,第 91 页。

③ 这个社会关系网络分类表是基于费孝通的"差序格局"理论而做出来的。这种关系网以建立在血缘关系基础上的家庭为内核,先外延到本家族的各种亲缘关系层面(如姻亲、远亲等),再延伸到聚族而居的地缘(如同村、同寨、同乡等),进而拟人化地扩展到同学、朋友、战友、同乡和同事等其他"自家人"关系的认同。其基本规则是"依赖人们之间互相帮助、互相信任、互相拖欠未了的人情"。参见费孝通《乡土中国》(1941 年),生活·读书·新知三联书店 1985 年版,第 21—28 页。

础，都是依托于社会关系网，两者没有什么大的差别。实际上，族裔式"蜂窝"与一般"蜂窝"的社会性基础是不同的，不同之处在于族裔式"蜂窝"的社会关系网带有民族性，即其社会关系网通常只限于本民族之内，以本族人为基本成员建立互惠共赢网络。

4. 经营者的"蜂窝"结构及其功能

由上述分析可知，经商者"蜂窝"有三种主要类型：家庭式"蜂窝"、价值链式"蜂窝"和族裔式"蜂窝"，他们共同的基本原则都是互惠互利、合作共赢。

这些大大小小的私营民族企业和民族企业家的成长民族企业和民族企业家的成长不只是靠做生意赚钱之类的经济能力，还需要有一定的社会文化基础。私营民族企业及其经营者具有一定的民族资源，即显著的民族文化特征、独特的民族语言、民族价值观、家庭和亲缘关系、社区关系等①，这些特征使他们在离开家乡之后，在城市里形成了大大小小的各种"蜂窝"，以获得创业资本、廉价劳动力、商业信用等，开展一些商业活动和企业经营②。在越来越多民族企业和民族企业家有一定实力的情况下，在本民族各式大大小小的家庭式"蜂窝"和价值链式"蜂窝"的人脉基础之上，会形成本民族商业群体。

本来，"蜂窝"式网络的经济性和社会性功能比较强，但政治性比较弱。如果一个民族的企业和企业家的"蜂窝"网络，已经形成了这个民族的商业群体。那么，这个民族的"蜂窝"式网络将有可能在原先具有的社会性、经济性基础之上，增添一种新的功能——政治性。这个民族的商业群体领袖将可以把代表这个民族的民间愿意与代表官方的政府机构衔接起来。于是，会出现一些民族商业团体的领袖与政府有关部门的组织性联系，或个别民族企业家与政府官员的个人性联系。总之，"蜂窝"式社会一旦具有民族性，其政治性将不可忽视，可以说，族裔式"蜂窝"不但具有资源配置的功能，也是一种推动市场化制度变迁的力量。

---

① Aldrich, Howard & Roger Waldinger, 1990, "Ethnicity and Entrepreneurship", in Annual Review of Sociology, Vol. 16, pp. 111–135.

② 张继焦：《中国城市民族经济文化类型的形成——民族企业和民族企业家的作用》，《广西民族大学学报》（哲学社会科学版）2010年第5期。

五　小结：对"蜂窝式社会"的总体性阐释

本节中提出的"蜂窝式社会"这个新概念，是与笔者2014年提出的"伞式社会"相对应的一个概念。在此，笔者对"蜂窝式社会"概念进行通俗性阐释和总结性描述。

为什么把普通百姓比喻为"蜜蜂"，把他们的生活比喻为共筑"蜂窝"？

第一，普通百姓像不知疲倦采花粉的"蜜蜂"一样勤劳，无论是在自己的家乡农村务农，还是来到城市讨生活，都是依靠自己辛勤的双手，流着辛苦的汗水，自力更生地谋求生计。第二，普通老百姓虽然没有像"政府官员"那样拥有雄厚的政治资本，也没有像"富有商人"那样拥有丰富的经济资源，但是，由于改革开放，市场转型，出现了很多的市场空间和发展机会，老百姓可以通过就业或经商挣到钱，获得自身的发展，即他们可以像勤劳的蜜蜂那样，日夜不停地采集花粉，"一分耕耘，有一分收获"，酝酿和收获着属于自己的甘甜蜂蜜。如果没有市场化，普通老百姓不会有这么多市场机会。第三，在巨大的社会结构中，每位普通老百姓既不是一个单独的个体，也不是生活在孤岛上，他们是相互联系来生活的，各位老百姓之间的联系会像蜜蜂那样一起共同构建起一个蜂窝（关系网或交往圈）。很多时候，这些"蜂窝"多表现为以某个家庭或家族为中心构成一个关系网或交往圈。俗话说："金窝、银窝，不如自己的狗窝"，即同一关系网或交往圈的人会相互联系一起构建一个共同的互惠共赢网络，以便大家互帮互助，共同分享市场转型的红利。第四，每一个看不见的关系网或交往圈虽然各不相同，但它们都还有另一个共同的特点，即每一个"蜂窝"都有一个"蜂王"带领着或多或少的"工蜂"，不断地在窝外辛劳地采集花粉，回到窝内与自己伙伴一起共同建筑属于大家的"蜂窝"。第五，普通老百姓自发形成的这些大大小小的"草根"关系网或交往圈（"蜂窝"），在政治上没有很大的权力、社会上没有拥有很多的资源，通常以家庭伦理为基础，以传统道德和风俗习惯为常用的行为规范，勇敢地去争取市场空间和发展机会，并在市场转型中形成了一些影响市场资源配置和经济社会发展的民间机制。第六，普通老百姓的这些各式各样的关系网或交往圈（"蜂窝"），虽然是看不见的或无形的，但是，它们已成为非官方经济社会结构中的一部分。"蜂窝式社会"是经济社会结构的主要特征之一。

本节中，笔者主要从就业性和经营性两个视角，分析了五类"蜂窝"基本结构与功能，包括就业者"蜂窝"有链式和网式两种形态，以及经商者"蜂窝"以家庭、价值链、本族裔为中心三种类型。简称"二×五·蜂窝"结构与功能。"蜂窝"式关系不但涉及初级群体和次级群体的社会关系，而且涉及都市社会和商业社会中的陌生人的关系；不但涉及关系网络中的社会性交换，而且涉及人们的经济性。这些看不见的交往圈或关系网虽然各种各样，但它们都有一个共同的特点，即它们都不是无主之网，与每个蜂窝都有一个"蜂王"类似，这些大大小小的关系网都有类似"蜂王"的领头人。这些领头人对其关系网或交往圈通常具有一定的引领或指导作用，但他们大都是无冕之王。他们有时可能是一位家庭户主，有时可能是一位德高望重的老者，有时可能是一位成功的商人。

第四节 对"伞式"关系和"蜂窝式"关系发展趋势的分析

一 "伞式"关系的发展趋势及政府行为模式的变化

本章探讨了一个需要政府和学术界认真思考和研究的重大问题：在企业的发展过程中，政府与企业的关系及其资源配置功能及其与市场转型的相互关系。

如上所述，在属地经济和"官本位"体制下，地方政府与企业的关系依然是"庇护"与"被庇护"的"伞式"关系。在大大小小的各种庇护伞状结构下，地方政府的资源配置和经济社会的发展表现出明显的"伞式社会"特点。

通过对地方政府与企业关系的分析发现，在很大程度上，过去三十多年中国经济崛起的推动力和发展方式之一是：大规模的经济结构转型下企业与政府之间"伞式"的资源配置方式，在提升企业发展实力等方面发挥了不可忽视的重要作用。

如今，中国的改革开放已经进入一个前所未有的、全面深化的新阶段，社会主义市场经济应起决定性的作用，使市场或市场主体成为"运动员"，而政府则主要是充当"裁判员"的角色，这对政府与企业的关系模式提出了新的挑战。

在这种时代背景下，如何更科学地认识原有的政府与企业之间"伞式"关系，既要看到它的现实合理性，更要看到它的历史局限性，以更好地发挥其合理因素的推动作用，限制以至杜绝其负面影响，并推动其向更加科学、合理的方向转化，以进一步优化各项社会资源的配置，是一个亟待认真解决的重大问题，需要政府、企业以及其他相关方面深入思考，通盘设计，妥善处理。

1. 政府与企业之间"伞式"关系的发展趋势

如前所述，政府与企业之间这种"伞式"关系，是在一定历史条件下形成的，反映出传统计划经济体制下经济与政治关系的时代特点，反映出中国企业不同于西方市场经济中企业的特殊处境和行为模式，在优化资源配置、促进企业发展和满足群众需要中也发挥了不容否认的积极作用。而且现实情况显示，在未来相当长一段时间里，它还将发挥其他方式不可替代的作用。但是，从长远来看，这种关系毕竟存在一个根本缺陷：不符合发展社会主义市场经济体制的要求，不符合加快政府职能转变的趋势，不符合中国经济社会全面转型的方向。因此，需要也必然伴随着市场经济的发展逐渐改变这种状态，推动中国的政企关系走上更加成熟、更加合理、更加高效的阶段，以进一步推动企业的健康发展。

(1) 市场经济的决定性作用得到全面确认。认真贯彻落实党的十八届三中全会精神，围绕实现经济社会全面转型的总目标，积极创造各种必要的法治、制度、舆论条件，努力形成社会共识，完善游戏规则，提高运行效率，按照使市场真正成为资源配置决定性力量的方向，进一步规范政府与企业之间的关系。突出并确保"规则"的权威，坚持市场规则的唯一性、系统性和动态性，逐步建立起涵盖社会经济活动所有方面、涉及各种市场要素、作用市场经济全过程的规则体系，最终形成"系统完备、科学规范、运行有效的制度体系"，以进一步优化社会资源配置。这是当代中国发展的大趋势，由此决定着地方政府与企业之间"伞式"关系转变的客观必然。

(2) 企业的主体作用得到有效发挥。作为社会主义市场经济中的活动主体，企业把推动经济社会全面转型作为自己责无旁贷的历史使命，进一步强化责任意识、发展意识、创新意识。按照建设现代企业制度的方向，自觉推动各项改革，逐步规范自己与政府的关系，完善各项管理制度，拓展市场营销，提高企业的核心竞争力，学会在市场经济的大潮中"游泳"，成为市场经济中具有创新意识和无限活力的经营主体。这是市场经济得以完善和发展的基本条件。

（3）政府职能转变的拉动作用得到正确行使。各级政府切实转变执政理念，按照"小政府、大社会"的方向，全面分析"伞式"关系的利弊，积极探索新的社会管理方式，从以直接管理为主转向以立法保护、政策引导、舆论支持为主，逐步退出直接经营领域，为建立健康、科学、规范的政企关系奠定坚实基础。政府强化"引导"意识，顶层设计的宏观指导作用更加有效，管理机制更加优化，公共服务更加完善，促进企业合理发展的社会环境更加健全。这是市场经济体系得以建立的根本保证。

2. 市场经济条件下的政府行为模式

适应上述发展趋势要求，各级政府必须主动转变观念，大胆推动体制创新，积极探索新的行为模式，为企业创造更加优化的生态环境，在引导中国经济发展中更好地发挥自己的作用。

（1）各级政府要增强法治意识，推进企业市场地位、所有制形式、企业经营形态、财政支持、商标保护等方面的立法，加强制度建设，科学界定政府与企业的关系，为企业健康发展营造良好舆论和制度环境。在"伞式"关系尚未完全失去历史合理性的情况下，政府要加强顶层设计，注重整体规划，在继续认真履行行政管理职责的同时，进一步转变观念，抓紧制定规范自身行为的"权力清单"和推进政府职能转变的"路线图"，学会自觉采取法律、经济、政策等有效措施指导企业发展，逐步减少行政管理部门对企业活动的直接干涉，削弱企业对政府的附属性、依附性，确立企业的市场主体地位。

（2）各级政府要按照党的十八大和十八届三中全会的要求，主动转变职能，积极简政放权，为企业提供更大的发展空间。要将促进企业发展纳入地区发展规划，从政策、资金、人才等方面大力支持企业创新发展。要积极引入社会组织力量，以购买公共服务的方式，为企业提供技艺传承、人才培养、管理培训、营销策略等方面的帮助。

（3）各级政府要自觉增强自身素质，不断提高服务水平。要适应市场经济发展的需要，从"管理"向"服务"转变，增强政府工作人员的经济意识，提高工作人员的综合服务能力和经济管理水平，学会按照客观规律办事，减少臆断，提供切实符合企业发展需要的服务。要转变政府的考核指标体系，把服务意识、服务能力、服务水平、服务效果作为考核各级政府促进企业发展成效的主要业绩指标，以企业的发展状态为检验政府政策正确与否的根本标准和调整相关政策的基本依据。

二 对蜂窝式社会发展趋势的看法

十几年来，笔者一直在思考中国的市场转型与资源配置和制度变迁之间的关系问题。[①] 如果说，中国的经济社会结构是一种"二元结构"：代表官方"大传统"的政府主导"伞式社会"与代表普通百姓"小传统"的民间"蜂窝式社会"，那么，这两者是一直处于分离状态，还是会有一定的衔接呢？具有民间性质的"蜂窝式社会"没有很多权力和资源，但依据自身努力争取更多的市场空间和发展机会；其经济性和社会性比较强，但政治性比较弱。当社会上的各种"蜂窝"由很小发展到一定程度，形成了群体性网络、地域性网络[②]或民族性网络。这些群体性或民族性"蜂窝"将有可能在原先具有的社会性、经济性基础之上，增添政治性这一种新的功能。即社会上各种基于网络关系的"蜂窝"，一旦具有群体性或民族性，将同时具有经济性、社会性和政治性，它们不但具有资源配置的功能，也是推动市场化制度变迁的力量。由此，基于一定规模"蜂窝"的群体或民族，其社会团体就可以与政府有关部门建立起组织性联系，推动市场化制度变迁。简言之，与"伞式社会"自上而下进行资源配置和推动制度变迁不同，民间社会自下而上的行为，如果试图参与资源配置和推动制度变迁，必须要形成群体性或民族性"蜂窝"式社会结构，才能形成影响力或发挥作用。

[①] 参见张继焦《非正式制度、资源配置与制度变迁》，《社会科学战线》1999年第1期；张继焦《市场化中的非正式制度》，文物出版社1999年版。

[②] 比如，浙江省的商人，简称"浙商"，目前在中国是一个有经济实力和政治影响力的商人群体。参见张继焦《新一代商人群落的研究之一——从企业人类学角度，分析浙商的产生和群体特点》，张继焦主编《企业和城市发展：并非全是经济的问题》，知识产权出版社2013年版，第123—132页。

第三章 人类学的新课题：从东部到中西部的产业转移及其影响

2010年8月25日，国家发展和改革委员会公布了《促进中部地区崛起规划实施意见》；紧接着，9月6日国务院发布了《国务院关于中西部地区承接产业转移的指导意见》，以指导中西部地区有序承接产业转移，并从财税、金融、产业与投资、土地、商贸、科教文化6个方面明确了若干支持政策；10月，"十二五"规划建议出炉，提出加快转变经济发展方式；11月初，西部大开发"十二五"规划①编制工作正式启动。随着产业转移不断推进和高铁网络快速建设，中西部地区将成为下一个10年我国经济发展中心。从东部到中西部地区的产业转移，将是中西部地区一次规模巨大的工业化和城市化过程。

第一节 中国东部与中西部地区之间的产业转移：影响因素分析②

在我国正在执行"十三五"规划和实施新一轮的西部大开发③战略之

---

① 西部大开发总体规划可按50年划分为三个阶段：2001—2010年为奠定基础阶段，2010—2030年为加速发展阶段，在前段改善基础设施、调整结构战略和制度建设取得成就的基础上，进入西部开发的冲刺阶段，巩固提高基础，培育特色产业，实施经济产业化、市场化、生态化和专业区域布局的全面升级，实现经济增长的跃进。2031—2050年为全面推进现代化阶段。

② 本节为张继焦主持的"产业转移"子课题（国家社科基金2010重大项目"促进民族地区可持续发展"）的部分成果。

③ 西部大开发的范围包括陕西省、甘肃省、青海省、宁夏回族自治区、新疆维吾尔自治区、四川省、重庆市、云南省、贵州省、西藏自治区、内蒙古自治区、广西壮族自治区、湖南湘西、湖北恩施、吉林延边等12个省、自治区、直辖市以及3个少数民族自治州，面积为685万平方公里，占全国的71.4%。2002年年末人口3.67亿人，占全国的28.8%。2003年，国内生产总值22660亿元，占全国的16.8%。但由于自然、历史、社会等原因，西部地区经济发展相对落后，人均国内生产总值仅相当于全国平均水平的2/3，不到东部地区平均水平的40%，迫切需要加快改革开放和现代化建设步伐。

际,科学地评估最近一些年以来产业转移对中西部地区已经和即将产生的各种影响,是一个紧迫的、很有现实意义的课题。

一 产业转移:相关理论及其在中国的发展历程

1. 产业转移的相关理论

产业转移(Industrial Transfer)是指由于资源供给或产品需求条件的变化,产业在各国之间或一国内部、以企业为主导的转移活动,是通过生产要素的流动从一个区域转移到另一个区域的经济行为和过程。产业转移理论源于赤松要(Kaname Akamatsu)的雁形产业发展形态理论[1]、佩鲁(Francois Perroux)的增长极理论[2]、弗农(R. Vernon)的产品生命周期理论[3]、威廉·阿瑟·刘易斯(William Arthur Lewis)的劳动密集型产业

---

[1] 参见 Akamatsu, Kaname, 1962, A Historical Pattern of Economic Growth in Developing Countries, in *Journal of Developing Economies*, 1 (1): 3-25, March-August。赤松要1935年提出雁形产业发展形态说。他对日本棉纺工业从进口发展到国内生产,再发展到出口的过程进行考察后得出后进国家的产业发展应遵循"进口—国内生产—出口"的模式相继更替发展,其理论模型在图表上酷似飞行中的雁阵。按照该模式一国的产业结构升级依次分为劳动和资源密集型、资本密集型和技术密集型三个梯度。后来,日本学者山泽逸平先生将赤松要先生的"雁形产业发展形态"理论进行了扩展,提出了引进—进口替代—出口成长—成熟—逆出口五个阶段,从而更加详尽地展示出:后进国家如何通过进口先进国家产品和引进技术,建立自己的工厂进行生产以满足国内需求,不仅可供出口,而且后来居上取代"领头雁"地位并最终实现经济起飞。

[2] Perroux, Francois, 1955 (1953), "The Theory of Monopolistic Competition—A General Theory of Economic Activity" (English Translation by Krishnan Kutty of Perroux's Preface to the French Translation of E. H. Chamberlin's Theory of Monopolistic Competition, Paris: Presses Universitaires de France), in *The Indian Economic Review*, 2 (Feb.): 134-43. 法国经济学家佩鲁1955年提出了增长极(growth pole)理论。针对古典经济学家的均衡观点,他指出:现实世界中经济要素的作用完全是在一种非均衡的条件下发生的。其基本观点是:"增长并非出现在所有地方,它以不同的强度首先出现在一些增长点或增长极上;它通过不同的渠道向外扩散,并对整个经济产生不同的影响。"20世纪60年代以来,布代维尔(Boudeville, 1966)、赫希曼(Hirschman, 1958)、弗里德曼(Friedmann, 1966, 1973)、汉森(Hansen, 1972)等人进一步修正和发展了佩鲁的增长极理论。

[3] Vernon, Raymond, 1966, International Investment and International Trade in the Product Cycle, in *The Quarterly Journal of Economics*, MIT Press, United States. 美国经济学家雷蒙德·弗农(Raymond Vernon),1931年出生,第二次世界大战以后国际经济关系研究方面最多产的经济学家之一,产品生命周期理论的提出者。从1959年开始,他在哈佛大学任教,是克拉维斯·狄龙学院的国际问题讲座教授。1966年,发表《产品周期中的国际投资和国际贸易》一文,提出了著名的产品生命周期理论。1968年,在《产品周期中的国际贸易》一文中进一步完善了其产品(转下页)

转移理论[1]、小岛清（Kiyoshi Kojima）的边际产业转移理论[2]等。产业转移一般是从劳动密集型产业开始，进而到资本、技术密集型产业；通常主要是从发达地区（国家）向较发达地区（国家），再由较发达地区（国家）向欠发达地区（国家）渐次推进。

2. 产业转移在中国的发展历程

自20世纪80年代中国改革开放以来，大致承接了三次国际产业转移浪潮：第一次是80—90年代，我国抓住国际上以轻纺产品为代表的劳动密集型产业向发展中国家转移的历史机遇，加快了轻纺产业升级换代步伐。第二次是90年代以来，我国抓住国际产业结构调整和转移的难得机遇，成为国际产业转移的主要目的地，产业转移的重心从原材料工业转向加工工业、从制造业转向高附加值工业、从传统工业转向新兴工业、从制造业转向服务业。第三次是2000年前后，由于加入WTO带来的新机遇，我国抓住新一轮以信息产业为代表的高科技产业生产制造环节大规模向我国转移，长江三角洲、珠江三角洲、环渤海湾、福建沿海地区初步形成了各具特色的信息产业基础。中国不但已成为东亚区域产业循环中梯度转移的主要承接者，而且已成为世界"制造中心"。广东、福建、上海、浙江、江苏、山东等东部沿海省（市）具有产业转移和承接产业转移的双重任务。改革开放之初，东部沿海地区正是在承接国际产业转移中迈上"第一级台阶"。而今，中国开启产业梯度转移第二幕：东部向中西部转

（接上页）周期理论。他认为，商品与生命相似，有一个从出生、成熟、衰老的过程，弗农把产品的生命周期划分为三个阶段：新产品阶段、成熟产品阶段和标准产品阶段。产品生命周期理论可以解释发达国家出口贸易，技术转让和对外直接投资的发展过程。

[1] Lewis, William Arthur, 1978, *The Evolution of the International Economic Order*, Princeton University Press. 美国发展经济学家阿瑟·刘易斯通过对劳动密集型产业区际转移现象的探讨后认为：发达国家由于人口自然增长率下降、非熟练劳动力不足，劳动力成本趋于上升，这种成本的变化导致劳动密集型产业比较优势的逐步丧失，最终使之向发展中国家转移。劳动力成本上升是产业转移的根本原因，劳动密集型产业是产业转移的主体。

[2] ［日］小岛清：《对外贸易论》，周保廉译，南开大学出版社1987年版。小岛清为日本经济学家，一桥大学教授。小岛清根据20世纪60年代末日本对外直接投资的情况，1978年提出了边际产业转移理论。其基本含义在于：一个国家的某些产业在本国已经或即将失去发展空间，（既处于或即将处于劣势地位），成为该国的"边际产业"，而同一产业在另一些国家可能正处于优势地位或潜在的优势地位，这样一国就应从本国已经处于或即将处于劣势地位的边际产业开始依次进行海外直接投资。其观点反映了日本战后经历的"引进现代产业部门—创造了比较优势—失去比较优势—向外转移"的过程。

移。新一轮的产业转移不仅属于东部沿海，属于中西部地区，也属于整个中国。

二 影响东部向中西部产业转移的因素分析

东部发达地区经过长期经济高速发展，造成资源紧张，直接带来土地、劳动力、水、电等要素成本大幅度上升，沿海发达地区纷纷把工业或工业的加工环节向中西部地区扩散，其本身则由工业生产中心转向工业调控中心。王先庆认为，由不同经济—地理空间存在的"成长差"与不同区域产业主体之间的相关"利益差"共同构成"产业差"是产业转移的基础，正是由于"利益差"的存在，各类产业总是向着能获取最大利益的区域转移。①

1. 资源和要素成本是导致东部产业转移的直接原因

据国务院发展中心预测，到2010年，沿海9个（北京、天津、上海、江苏、浙江、福建、山东、广东、辽宁）发达省市工业增加值占全国的比重将从现在的54%下降至46%。要素成本大幅提升成为东部劳动密集型产业向内陆中西部地区转移主要动力。比如，2006年，浙江拥有耕地3188万亩，农保率85%，划定基本农田2711万亩，除去已供建设用地177万亩和生态保护地100万亩，只有200万亩可以用于建设，最多只能用上10年。从2004年起国家实行最严格的土地管理制度，建设用地指标成为最稀缺资源，2006年上半年，一个县只能分配到500亩的建设用地指标，而往年一个县实际供出土地为5000亩至1万亩。土地供给的无弹性使企业在当地扩张受阻，开始寻找向外发展的路径。土地、能源、环境三大资源的刚性制约迫使一些浙商痛下决心外迁，从某种意义上讲，这是一种被动性外迁因素。② 温州780万人有280万在外地经商。在温州，一般乡镇的土地价格就在80万元/亩以上，温州附近的土地更是高达1000万/亩以上。因此，现在在浙江当地办厂是比较奢侈的想法。温州皮革工业园的地价是160万元/亩，而重庆铜梁县是7万元/亩；浙江的普工至少要1300元/月，而重庆是800元/月。温州很多项目都在准备西迁，因为

---

① 参见王先庆《产业扩张》，广东经济出版社1998年版。
② 俞军备、王仁涛：《浙商在甘肃发展的动因及其可持续性分析》，《甘肃社会科学》2007年第1期。

一方面温州的土地成本和劳动力成本都远远高于重庆；另一方面，浙江全省已经开始了产业结构升级，有不少产业都在被淘汰之列。①

沿海地区企业外迁的另外一个主要原因是，当地劳工短缺现象突出，工资支出不断提高。② 比如，一些工作环境较差的行业如制鞋、塑料等招工难的现象非常严峻。

我国东部沿海地区经过多年的快速发展，资本相对饱和，土地、劳动力、能源等供给趋紧，企业商务成本升高，资源环境约束矛盾日益突出，经济转型和产业向外转移已经刻不容缓。

2. 东部产业结构调整、传统产业转移是必然选择

随着东部地区经济的发展，产业面临升级的压力，东部地区目前都将发展技术密集产业作为地区新一轮产业优化升级的选择。比如，在珠江东岸以深圳、东莞、惠州为主的电子信息产品产业群和西岸以广州、佛山、江门、珠海为主的电器产品产业群，聚集了大量知名的高新技术企业。而长三角地区产业结构调整的战略是，优先发展高新技术产业、装备制造业和现代服务业，淘汰和转移低层次劣势产业，积极培育新兴产业，提升区域产业的整体竞争力。

东部沿海产业从2005年已经开始向外转移，有的转移到内陆地区，有的则转移到东南亚国家。2000年前后，东部沿海地区已经越过初级工业化阶段，开始迈入高级工业化阶段，需要完成从规模扩张向结构提升的转变，加工工业和低端的劳动密集型产业"腾笼换鸟"向中西部地区转移的趋势日趋明显。

3. 市场拓展成为东部产业转移的重要驱动力

中西部地区潜在和现实的庞大市场成为东部地区产业特别是劳动密集型产业投资与转移的重要驱动。比如，娃哈哈集团早在20世纪90年代初就出资4000万元兼并了重庆涪陵区三家特困企业，此后有计划地在西部安排投资、生产、销售和技术开发等业务活动。该集团已在21个省市建立了28个生产基地和38家子公司。

---

① 资料来源：重庆铜梁县招商局的胡建处长，2008年4月25日。
② 比如，安徽省和江西省平均月薪分别比广东省少32%和40%。湖北省商务厅提供的劳动力成本表格显示，生产工人的工资最低仅为每月500元，最高也不过2000元，远低于长三角地区。

4. 高铁网络对中西部地区产业转移的影响

据铁道部公布的信息：按照国家《中长期铁路网规划》和目前的建设进度，到 2012 年，中国高速铁路总里程将超过 1.3 万公里；到 2020 年，将达到 1.6 万公里以上。届时，北京到全国省会城市都将在 8 小时以内。比如，作为西部重要的交通枢纽，贵州省 2010 年 11 月 9 日召开铁路建设大会，提出到 2020 年建成铁路项目 27 个，铁路营运里程达到 5700 公里，这一数据接近目前的 3 倍。在"十二五"规划启动之即，中国西部地区开始向"两地千里一日还、夕发朝至省市间"的"高铁时代"冲刺。

此前大企业选择在沿海城市落户，交通方便、物流成本低是最大的吸引力之一。一旦交通状况改善，具备人力成本优势、原材料优势等诸多特点的中西部地区必会更受投资者青睐。比如，武广高铁开通仅半年，目前对沿线的粤湘鄂三地已显示出对产业结构调整的强大拉力。据有关专家测算，仅武广高铁就将带动上千亿元产业转移。

中国的高铁网络建设，极大地拉近了东部沿海地区与中西部地区的距离。有专家预测，高铁沿线将带来几千亿元的产业转移，可以说，高铁时代对于中西部地区承接东南沿海地区的产业转移获得了强大的助推力。高铁建设在消除城市间、区域间产业布局障碍的同时，也推动了东部与中西部之间的区域产业结构调整。

5. 迁移企业自身的考虑

魏后凯从产业转移的微观主体企业角度认为，企业是否决定迁移不仅取决于来自现有区位的推力和来自目标市场区位的拉力的大小，还取决于一些促使企业在现有区位的阻力因素，这些因素主要涉及企业迁移所造成的固定资本和可变资本的损失，维持现有劳动就业关系，来自地方政府的压力以及管理者执行成本增加等。[①]

虽然上海、广东、福建、浙江、江苏等地不少城市一些劳动密集型产业的边际收益下降，产业生存发展的压力日益增大。但是，东部沿海地区的企业多以外向型经济为主，特别注重港口交货速度、零配件配套采购、外包服务等产业集群条件。例如，浙江的小家电企业依赖周围众多的小电

---

① 魏后凯：《产业转移的发展趋势及其对竞争力的影响》，《福建论坛》（社会经济版）2003 年第 4 期。

缆、小电池、小五金等企业的配套供应，若其中某个企业转移过来，会因"生物链断裂"而死亡；它们的纺织服装业因以出口为主，主要关注出口订单和交货速度，不看重与外地的原料互补问题。一些东部沿海地区的企业主认为：企业搬厂并不简单，在当地建立的上下游产业链很难照搬到外地，而重新建造配套设施、发展客户资源，将大大耗损企业的资金。

6. 对中西部民族地区传统社会和民族文化的巨大冲击

中西部民族地区有很多地方还保留着历经千百年的典型村落社会和丰富多彩的少数民族传统文化，随着产业转移带来的大规模工业化，将在很大程度上或大或小、或早或晚地影响那些典型村落和民族文化的传承和发展。这是一个不可避免的过程，也是非经济学研究者必须积极应对的新课题。特别是对人类学、民族学等学科的学者而言，这是一个极大的挑战，因为他们一直以来研究的都是前工业化的社会和文化。反过来说，深入探究自己的研究对象所研究的工业化、城市化进程，对人类学、民族学等学科的学者而言，也是一次重大的历史机遇。

三 影响中西部承接东部产业转移的因素分析

1. 中西部承接东部产业转移：机不可失、时不我待

英国《金融时报》曾评论道，中国沿海地区的工业化，是人类历史上规模最大的脱贫现象。目前，中国新一轮从东部到中西部的产业转移引起了国际舆论的关注。因此，可以说中西部承接国际和沿海产业转移机不可失，并且最关键的就是最近这几年时间。

2000年以来，东部沿海地区向中西部的产业转移规模越来越大，转移的重点以加工制造业为主，尤其是劳动密集型加工业、对资源和能源依赖较强的上游产业转移势头较猛。比如，根据2007年国家出台的加工贸易限制类商品目录，纺织、塑料等商品加工贸易新增项目不得在东部地区开展，同时，已开展的项目也要实行台账保证金实转制度。这无疑为中西部地区承接加工贸易产业转移提供了一个良好的契机。从2007年到2010年，国家开发银行安排300亿元信贷资金，支持中西部地区承接加工贸易梯度转移。

东部产业向西部转移的来源地相对集中，大多来自长三角、珠三角、闽三角等地。据测算，到2010年，仅广东、上海、浙江、福建四省市需

要转出到中西部地区的产业产值就达到 14000 亿元左右。例如，上海因申办世博会成功，在 2010 年前将数千家企业外迁，一批传统产业退出了上海。

当前，中国产业正由东部向中西部转移，这是经济发展的大趋势。沿海经济发达地区向中西部地区产业转移正呈现出速度增快、由"量"向"质"蜕变迹象。特别是中部地区由于具有区位优势、交通优势，特别是拥有劳动力、资源等有利因素，成为承接东部地区产业转移的理想区域。西部大开发战略实施 10 年来，尤其是近年来，在我国经济结构加快调整的背景下，东部沿海地区的产业转移正呈现加速之势，从传统的加工制造业到汽车、装备制造等重型工业，再到电子信息、服务贸易等，都出现了向中西部转移、延伸的热潮。从近期来看，在沿海企业向中西部城市的"梯度转移"中，一些劳动密集型产业，如纺织、机械制造、电子等行业，将对中西部地区加快工业化进程、完善现代产业门类起到关键作用。

2. 中西部地区政府的政绩要求

最近一些年，东部产业向西部的转移依然是以政府主导为主的。自 20 世纪 90 年代开始，在中央宏观政策的引导下，以中西部地方政府为主力军的形态尚未改变，目前还处于市场自发探索期，各地方和城市政府正在寻求突破粗放的招商引资形态。比如，重庆有一群特殊的人，他们活跃在东南沿海各大城市的各种场合，进行招商推介。这群人有一个形象的称谓——"招商保姆"。重庆到底有多少"招商保姆"，目前没有一个比较准确的数据。2008 年重庆市党政代表团走访沪浙苏粤等省市，成功签约 91 个项目，总投资近 1000 亿元。2009 年，又办了"重庆佛山周""重庆宁波周""重庆广东经贸活动"等活动，签约合作项目 405 个、总投资 885 亿元。

3. 中西部地区承接产业转移的优惠政策

新一轮国际产业转移的黄金周期只有 3—5 年，国内东部地区大规模的产业转移预计 5 年左右完成。机遇是流动的资源，稍纵即逝。近些年以来，东南亚一些国家利用低廉的劳动力和资源等优势，争夺日韩、我国港澳台以及东部地区的产业转移。2006 年以来，商务部推进"万商西进工程"后，中部地区有 20 个城市（开发区）被确定为东部加工贸易梯度转移的重点承接地。中西部竞相承接沿海产业转移，拼成本、抢客商、争项目,态势逼人。① 比如:2010年6—7月,富士康将要内迁的消息接连不断,河南、天津、重庆均有这样的传言。郭台铭也曾表示有计划将厂房内迁。此前,舆论也曾猜测,多地传出富士康将要落户的消息,很可能是郭台铭"狡猾狡猾"——让各地斗来斗去,以便从中渔利。显然,富士康这样体量的投资体对经济欠发达地区极具吸引力,各地很有可能在政策、招工、用地等环节给予富士康很多优惠,这也是它们在招商引资中惯用的手法。②

中西部地区为承接沿海产业转移出台了不少优惠措施。比如,按照商务部、国家开发银行《关于支持中西部地区承接加工贸易梯度转移工作的意见》规定,重庆市承接的加工贸易项目可以享受国家中长期贷款、短期贷款和技术援助贷款支持。对进入重庆的加工贸易重点企业和重点项目,国家开发银行可以提供优惠贷款条件,给予10%以内的利率下浮。又比如,湖南推行了涉及税收、工商、财政、人力、交通等多个部门的34条优惠新政。其中,建设用地方面实现"征转分离"。标准厂房建设变传统的"筑巢引凤"为"为凤筑巢",并提供财政补贴支持。

4. 中西部发展城市群对产业转移的带动作用

下一阶段我国经济发展中心将在中西部地区,特别是中部地区。这将会极大地促进中部地区"六大城市群"(即武汉城市圈、中原城市群、长株潭城市群、皖江城市带、环鄱阳湖城市群和太原城市圈)③ 和西部地区一些城市群/带④的发展。这些城市自然被推到区域经济领头羊的位置,然后再由它们辐射到周边城市,连点成片,带旺整个经济带。比如,广西正在加

---

① 资料来源:《商务部关于实施"万商西进工程"的通知》(商资发〔2006〕530号)。为全面贯彻落实党中央、国务院关于区域协调发展的战略部署,大力推进国际和东部开放型产业向中西部地区梯度转移,商务部决定实施"万商西进工程"。其主要任务是:采取有效措施,支持中西部地区具有区位优势的城市创造条件承接东部地区加工贸易梯度转移;以东部、中西部国家级经济技术开发区和具备条件的中西部省级开发区为载体,加强东中西部互利合作,促进东部地区"腾笼换鸟"产业优化升级,支持中西部地区"筑巢引凤"承接国际和东部开放型产业梯度转移;加强东中西投资促进合作,充分发挥国家级开发区在促进产业转移进程中的窗口、示范、辐射和带动作用。
② 徐冰:《北上,富士康引领产业转移?》,《中国经济时报》2010年7月1日。
③ 据中国社科院《2009中部蓝皮书》测算数据分析,中部城市群GDP总量已接近4万亿元,达39647.88亿元,占整个中部GDP的62.25%。
④ 比如,成渝城市带、关中城市带等。

快建设和完善南宁—河内—金边—曼谷—吉隆坡—新加坡的铁路和高等级公路，逐步形成贯通中南半岛的南宁至新加坡的城市群经济走廊。①

在下一个 10 年的西部大开发中，西部的交通、水利、能源、通信等重大基础设施建设取得了实质性进展，具备了承接产业转移的能力。随着中国西部大开发战略的逐步实施，西部地区进一步加快开放，基础设施条件日趋完善，承接东部和境外产业转移的能力大幅增强。

四 小结：产业转移不是简单的"企业搬家"

由东部向中西部的产业转移不是简单的"企业搬家"。对东部企业来说，简单算算（原材料、劳动力等）成本、土地租金账，仍不足以做出搬迁的决策。虽然中西部地区在劳动力、土地、责任资源等要素成本上有先天优势，但也受到配套能力、物流体系、软环境等方面的制约，一旦低廉的要素成本优势被物流成本和交易成本所抵消，就失去了承接产业转移的比较优势。对于中西部地区来说，吸引产业转移，承接产业转移，同样是新课题、新挑战。目前，中西部各地，都在各自范围内探索新的办法。

第二节 食品工业向中西部地区的产业转移：环境污染及其对策②

一 问题的提出

2003 年 12 月，我们来到处于中国西部地区的河西走廊一带——张掖市甘州区农村，从事一项"水资源与生态环境"的调研③。在对党寨镇、新墩镇、安阳乡、小满乡和长安乡等进行实地调查和入户走访时，我们出乎意料地发现，几乎每个乡镇都建有一家到几家蔬菜脱水厂。这些小型蔬菜加工企业主

---

① 刘奇葆：《泛北部湾区域的"M"型战略》，人民网，2006 年 8 月 3 日。

② 本节为张继焦主持的"产业转移"子课题（国家社科基金 2010 重大项目"促进民族地区可持续发展"）的部分成果。

③ 2001—2006 年，日本综合地理环境学研究所和中国社会科学院民族学与人类学研究所签订合作研究协议，对黑河流域的"水资源与生态环境"开展了历时 5 年的调查研究。其间，2003 年日本综合地理环境学研究所单独立项，委托中国社会科学院民族学与人类学研究所开展了本次调查工作。本调查由张继焦和杜发春两位具体实施。

要是对当地出产的青椒、黄瓜、豆角等蔬菜进行脱水加工作业,其排放的废水五颜六色,气味异常刺鼻难闻。这些可能含有防腐剂、干燥剂等有毒化学成分的蔬菜加工废水,一般没有经过任何处理就直接排放到当地的河流中。6—10 月蔬菜收获旺季,这种情况更为严重,致使沿河居住的居民即使在离河几公里的地方,也常常为这些气味难闻的废水而感到十分无奈和气愤。这些废水困扰着当地居民,威胁着他们的生活和健康。[①] 如果不是亲自到农村调查走访的话,只是看到甘州地区大面积绿油油的农业灌溉区,我们还以为这里是一片纯净的无污染的绿色世界呢,以为这里不存在水污染的问题,还以为水污染主要发生在城镇等工业地区。

食品工业是一个既传统又新兴的轻工行业,也一直是一个高排放、较污染的行业。2009 年 5 月 18 日,国务院在中国政府网全文公布了《轻工业调整和振兴规划》,中国一些省、自治区(特别是中西部地区)政府相应地制订了"食品工业调整和振兴规划",将食品工业作为支柱产业来抓。在中西部地区,新一轮的食品工业调整和振兴与从东部到中西部地区的产业转移密切相关。有关研究显示:在中国开始实施"十二五"规划、中部崛起和西部大开发战略之际,这一轮与产业转移有紧密关系的、规模巨大的食品工业发展过程,将使中西部地区(特别是中部地区[②])成为下一阶段中国食品工业发展的中心区域,与此同时,也将对中西部地区的生态环境、食品安全、节能减排、循环经济等产生巨大的影响[③]。

二 本节采用的环境经济学理论

自人类进入工业社会以来,在追求经济增长的驱使下,人类对自然环境展开了大规模的前所未有的开发利用。特别是第二次世界大战以后,出于战后重建家园的强烈愿望,一些工业化国家一味追求经济的快速增长,

---

[①] 色音、张继焦、杜发春:《水资源与生态环境——黑河流域水资源状况的社会学调查》,社会科学文献出版社 2008 年版,第 204 页。

[②] 中部地区安徽、湖南、湖北、河南、山西、江西六省 GDP 与苏浙沪的对比变化:1997 年,苏浙沪地区 GDP 比中部六省少 1700 亿元;2001 年苏浙沪超过中部 719 亿元,2005 年超过 3667 亿元,2007 年超过 4579 亿元,总量的差距越拉越大。人均 GDP 的差距变化:2001 年苏浙沪人均 GDP 比中部六省多 9717 元,2005 年多 18324 元,2007 年差距就拉大到 24224 元。

[③] 2010 年 11 月 29 日,中国都市人类学委员会与国际企业人类学委员会联合,在北京发布了《产业转移对中西部地区的影响 2010 年研究报告》。刘蔚:《产业转移对中西部地区影响报告发布:生态环境将受巨大影响》,《中国环境报》2010 年 12 月 2 日第 5 版。

表现出了空前的增长热潮。但同时，也给人类社会带来了巨大的危害和不利影响。仅20世纪50—60年代的"八大公害"事件就曾使成千上万的人直接死亡。卡尔逊（Rachel. Carson）写的科普著作《寂静的春天》引起的轰动。该书描绘了一幅由于农药污染所带来的可怕景象，惊呼人们将会永远失去"明媚的春天"。

运用外部性理论来解释环境恶化的原因实际上来源于庇古的思想（1920年庇古出版了《福利经济学》①）。庇古提出了纠正外部性的办法——对引起外部性的活动征税或补贴（后者适用于正外部性行为）。庇古税也因此成为环境经济学家们为解决环境污染问题开出的最早的经济药方。科斯因1937年发表《厂商的性质》②一文和1960年发表《社会成本》③一文，创立了产权理论（"科斯定理"），指出了环境问题的根源不是由市场缺陷而是由环境资源产权的不明确所致。哈丁（Hardin 1968）关于"公地悲剧"的研究最能说明这一点④。

在外部性理论和产权理论的指导下，经济学家们提出了以直接管制、征税、排污权交易等各种途径来解决环境问题。

三 食品工业：从东部向中西部的转移

我国食物资源丰富，粮食、油料、蔬菜、水果、肉类和水产品等农产品产量均居世界首位，但是，以这些农产品为原料的食品加工、转化增值程度偏低。在产值方面，食品工业总产值与农业总产值之比是衡量一国食品工业整体发展水平的重要指标。发达国家的比例为2—3∶1，其中美国为3.7∶1、日本为2.2∶1。2008年我国食品工业产值与农业产值的比值为0.6—0.8∶1，远低于发达国家。从工业食品占食品消费量的比重来看，发达国家为90%，发展中国家低于38%，而中国仅为20%，略高于

---

① Arthur C. Pigou, 1920, *The Economics of Welfare*, First Pub. (1920), London: Macmillan and Co.

② Coase, Ronald, 1937, "The Nature of the Firm", *Economica*, Vol. 4 (16), pp. 386 – 405.

③ Coase, Ronald, 1960, The Problem of Social Cost, *Journal of Law and Economics*, Vol. 3, pp. 1 – 44.

④ Hardin, Garrett, 1968, "The Tragedy of the Commons", *Science*, Vol. 162, pp. 1243 – 1248.

发展中国家一半的水平，不到发达国家的1/4。在加工量方面，目前我国加工食品占消费食品的比重仅为30%，远低于发达国家60%—80%的水平。其中，我国经过商品化处理的蔬菜仅占30%，而欧盟、美国、日本等发达国家占90%以上；我国柑橘加工量仅为10%左右，而美国、巴西达到70%以上；我国肉类工厂化屠宰率仅占上市成交量的25%左右，肉制品产量占肉类总产量只有11%，而欧盟、美国、日本等发达国家已全部实现工厂化屠宰，肉制品占肉类产量的比重达到50%。这些都反映了中国食品工业与国际食品工业先进水平差距相当大，整体发展水平比较落后。

虽然国内多数省份均将食品工业作为支柱产业重点发展，区域市场竞争日趋激烈，但是，中国食品工业的区域发展存在着不平衡。目前，我国食品工业主要分布在东部发达地区。在产品销售收入方面，目前东、中、西三大区域食品工业的比重约为3.2∶1.3∶1；在产品深加工方面，东部地区的食品工业与农业的总产值之比为1.05∶1，中部地区为0.50∶1，西部地区为0.40∶1。中西部地区由于食品工业发展滞后，丰富的原料资源优势没有转化为产业优势。2003年，东部、中部、西部的人口之比为41.7∶35.2∶23.1，食品工业的产值区域结构与人口区域结构严重脱节，东部的产值比例高出人口比例25.7个百分点；相反，中部和西部的产值比例分别比人口比例低9.7个百分点和16个百分点。可见，中部特别是西部的人均食品工业产值大大低于东部，食品工业严重滞后。

国家对西部大开发和中部崛起的重视和加大投入、中西部地区经济发展和人民群众生活水平提高、食品工业从东部到中西部地区的产业转移等因素影响，为食品工业的初级农产品原料供给和消费提升提供了发展契机。中西部地区是我国重要的农业主产区，农村人口比重大，劳动力比较充裕，拥有丰富的食物资源，发展食品工业不仅潜力巨大，而且也具备了快速发展的基础。因此，中西部一些省（自治区）和城市将会引发食品工业区域产业布局从东部到中西部的调整和变化。

中西部地区发展在食品工业时，不仅利用了其自身原有的食品工业基础、自然资源和人力资源丰富的优势，而且紧紧抓住了食品工业从东部到中西部大规模产业转移的机遇，使其食品工业成为主导产业，促进了当地经济的快速发展。

因此，我们应该认识到：（1）虽然目前我国食品工业主要分布在东部地区，但是，由于中部崛起和西部大开发战略，"十三五"期间中西部地区的食品工业将出现快速追赶东部地区的发展势头，即中西部地区的增速将大于东部地区的增速；（2）在中西部地区新一轮的工业化进程中，由东部向中西部的产业转移对其食品工业发展的推动作用是非常显著的；（3）在关注中西部地区食品工业高速发展的同时，不能忽视食品工业可能带来的环境污染，即注意到经济发展与环境保护的关系问题；（4）一些地方政府出于追求政绩和经济业绩、地方保护主义等考虑，一些食品企业出于短期经济效益的考虑，可能会放松对食品工业环境污染的防范和治理。

四　食品工业：环境污染及其对策

"十一五"时期，在中国食品工业轰轰隆隆发展的过程中，面临着一个重大的挑战：环保要求高，废水污染较严重，资源消耗量大，发展成本增加等。一方面，我国食品工业企业规模普遍偏小，远没有达到合理的经济规模，一部分企业难以支付污染治理的成本。另一方面，食品工业部分行业的能耗和水资源消耗比较大，不利于资源节约利用。按照建设节约型社会和环境友好型社会的要求，"十二五"时期，食品工业发展面临着加强环保治污和减少资源消耗的双重压力和约束，提高了食品企业的行业准入门槛。

2009年5月18日，国务院在中国政府网全文公布了《轻工业调整和振兴规划》，提出了2009—2011年我国轻工业调整和振兴的原则、目标、主要任务及相关政策措施等。从近些年的情况看，轻工业节能减排面临的任务仍然比较繁重，主要污染物（COD）排放量占全国工业排放总量的50%，工业废水排放量占全国工业废水排放总量的28%，食品行业是轻工业污染物排放的主要行业之一，也是节能减排任务较重的行业之一。在《规划》目标中明确提出了污染物排放明显下降要求。到2011年，主要行业COD排放比2007年减少25.5万吨，降低10%；其中，食品行业减少14万吨。废水排放比2007年减少19.5亿吨，降低29%，其中食品行业减少10亿吨。[①]

一方面，理论上，产业转移不能把污染转移进来，不能把落后产能

---

① 资料来源：国务院《轻工业调整和振兴规划》，发布时间2009年5月18日。

转移进来，产业转移要与产业升级结合起来。然而，面对"真金白银"的项目，要做到这一点并不易。伴随着中西部地区的产业转移和城镇化的快速发展，沿海发达地区的一些高污染食品企业开始进入中西部地区的乡镇。在新一轮产业布局调整链条中，出现了一批高污染产业向乡镇转移现象。目前可持续发展、注重环保等科学发展观念在不少乡镇可能还是盲区，乡镇财政压力、政绩考核体系导致了乡镇干部的"短视"[①]。另一方面，由于中国中西部地区的乡镇、民营企业在食品行业中的比重较大。这些企业生产设备落后，管理水平低下，环境意识不强，治理设施陈旧，跑冒滴漏严重，属于粗放型经营方式，治理一步到位的难度较大。

根据外部性理论和产权理论，目前，食品工业防范和治理环境污染的办法主要有两种：第一是采用 ISO14001 环境管理体系，在企业内部推行清洁生产。因为 ISO14001 环境管理体系的核心是推进"全面管理、预防污染、持续改进"的管理思想。笔者认为，将 ISO14001 环境管理体系[②]引入食品行业的环境保护工作中不仅可以有效地控制污染，减少资源、能源的浪费，还可以通过对 ISO14001 环境管理体系运行的三级监控手段加强自我监督完善机制，使食品工业走可持续发展之路[③]。第二是建设生态工业园区，在企业内部和企业之间推行循环经济。我国很多食品企业大都以农副产品原料初加工为主，附加值低，不仅浪费了资源，还污染了环境。面对环境污染问题，食品工业的对策主要是全面树立循环经济[④]的理念，提高资源综合利用水平和食物出品率，尽可能做到"吃干榨净"，降低资源消耗，确保资源的合理利用和永续利用。食品工业主要利用可再生资源为原料，其生产消费过程产生的废弃物可以再利用或者还田，具有循

---

① 中国都市人类学委员会与国际企业人类学委员会联合，于 2010 年 11 月 29 日在北京发布了《产业转移对中西部地区的影响 2010 年研究报告》，第 76 页。

② "ISO14001 环境管理体系"由国际标准化组织（ISO）于 1996 年颁布实施，2004 年进行了第一次修订并执行至今，在世界各国得到了普遍响应和大力推行。

③ 李宇军：《ISO14001 环境管理体系认证对企业履行环境责任的作用研究》（提交给香港大学与国际企业人类学委员联合组织的"公司与社会"研讨会的论文。该会议于 8 月 12—13 日在香港大学举行，来自日本、荷兰、泰国、马来西亚、中国内地、中国香港等的近 20 位学者参会，发表了 14 篇论文。)

④ 所谓循环经济，即在经济活动中，遵循生态学规律，将清洁生产、资源综合利用、生态设计和可持续消费融为一体，使经济系统和自然生态系统的物质和谐循环，维护自然生态平衡。

环经济的特征。比如，属食品工业的白酒酿造业，与以矿物质为原料的产业相比，更接近生态系统，各项硬性指标要求更高更严，其酿酒副产品、下脚料和废弃物与炼铁、化工和造纸等传统高耗能产业相比具有更低的污染性，更容易进行废物处理和循环利用，具有实现循环经济的优势和潜力。循环经济是一种以资源的高效利用和循环利用为核心，以"减量化、再利用、资源化"为原则，以低消耗、低排放、高效率为基本特征，符合可持续发展理念的经济增长模式，是对"大量生产、大量消费、大量废弃"的传统增长模式的根本变革。

五 小结

在"十二五"期间，中国的食品工业高速增长。由于实施中部崛起和西部大开发战略，食品工业在中西部地区的增速大于东部地区的增速。在很大程度上，这种提速发展的推动力来自食品工业由东部向中西部的产业转移。中国政府重视发展循环经济，为食品工业发展营造了良好的宏观环境。虽然有一些地方政府和食品企业出于追求政绩和经济业绩、地方保护主义等考虑，可能会放松对食品工业环境污染的防范和治理。但是，也有越来越多的地方政府和食品企业注意到经济发展与环境保护之间的关系问题，或将ISO14001环境管理体系引入企业环境管理中，在企业内部推行清洁生产；或建设生态工业园区，在企业内部和企业之间推行循环经济；或两者同时并举。总之，在食品工业加速发展的时候，更需要处理好发展与环境之间的关系，如此才能促进食品工业朝着快速、健康、可持续的方向发展。

第三节 新一轮产业转移与中西部民族地区可持续发展

在本节中，我们将对新一轮产业转移与民族地区可持续发展的关系，提出一些建议与对策。

一 新一轮产业转移与中西部民族地区可持续发展

改革开放之初，东部沿海地区正是在承接国际产业转移中迈上"第一级台阶"①。而今，中国正在开启产业梯度转移第二幕（或称"新一轮的产业转移"）：东部向中西部民族地区转移。新一轮的产业转移不仅属于发达的东部沿海地区，属于欠发达的中西部民族地区，也属于整个中国。

目前，作为产业转移承接地，原来处于欠发达状态的中西部民族地区正在从"被遗忘的区域"便成为"受重视的地区"。随着新一轮产业转移不断推进和高铁网络快速建设，中西部民族地区（特别是中部地区）将成为下一个5年我国经济发展中心。

目前，学术界和政府有关部门主要把产业转移作为一个经济现象来研究，其实，产业转移将对包括民族地区在内的中西部地区的社会、文化和生态环境等产生前所未有的深刻影响。新一轮的产业转移已经和正在使民族地区经历市场化、工业化、城镇化、现代化等"新四化"，已经和正在使民族地区发生一系列巨大的经济社会转型：从自然经济和计划经济转为市场经济、从农牧业转为工商业、从农村社会转为都市社会等，这些都是我们从非经济学（比如，人类学、民族学等）的角度必须面对的重大现实议题。我们应该高度关注产业转移对民族地区可持续发展的影响。这不但将使一些像人类学、民族学之类的非经济学学科能够跟上我国社会经济发展的步伐，也可以强化这类学科的应用性研究达到"围绕中心，服务大局"的效果。

最近一些年，新一轮的产业转移在中西部民族地区呈现出一些显著的特点：

第一，东部产业向西部的转移依然是以政府主导为主的。自20世纪90年代开始，在中央宏观政策的引导下，以中西部地方政府为主力军的

---

① 自20世纪80年代中国改革开放以来，大致承接了三次国际产业转移浪潮：第一次是20世纪80—90年代，我国抓住国际上以轻纺产品为代表的劳动密集型产业向发展中国家转移的历史机遇，加快了轻纺产业升级换代步伐。第二次是20世纪90年代以来，我国抓住国际产业结构调整和转移的难得机遇，成为国际产业转移的主要目的地，产业转移的重心从原材料工业转向加工工业、从制造业转向高附加值工业、从传统工业转向新兴工业、从制造业转向服务业。第三次是2000年前后，由于加入WTO带来的新机遇，我国抓住新一轮以信息产业为代表的高科技产业生产制造环节大规模向我国转移，长江三角洲、珠江三角洲、环渤海湾、福建沿海地区初步形成了各具特色的信息产业基础。中国不但已成为东亚区域产业循环中梯度转移的主要承接者，而且已成为世界"制造中心"。广东、福建、上海、浙江、江苏、山东等东部沿海省（市）具有产业转移和承接产业转移的双重任务。

形态尚未改变，目前，还处于市场自发探索期，各地正在寻求突破粗放的招商引资形态。

第二，目前，东部产业向中西部转移已经渐成气候，在今后相当长的时间里，这种趋势还会继续加强。一是产业转移的层次会逐步提高，产业转移的重点由以前的劳动密集型产品，向资本密集型产业、技术密集型产业转化；二是生产能力转移不再是个别企业的孤立行为，产业转移从原来的单个项目、单个企业，或者说是单个产业，转变为包括产业的整体性转移。

第三，在产业转移中，浙商、粤商、台商、港商等的表现比较活跃。其中，浙商最为抢眼。浙江已成为中国最大的内资（主要是民间资金）输出省份，浙商也已成为中国最大的民营经济投资创业主体。浙江资本的流向和产业转移方向是由东向西、由南向北，预计5年之内，浙江的产业将会完成转移。其外迁企业以劳动密集型产业为主，比如，温州以生产阀门、水泵、电机、塑料编织、皮革加工、汽车配件、服装及印刷业企业外迁为主；台州外迁企业主要集中在医药化工、塑料制品、食品、纺织、模具、泵业、工艺品、汽车配件业等。据不完全统计，目前约有140万浙商分布在西部12个省（区市），创办企业总数1.3万多家，累计投资总额1300多亿元。浙江企业已经成为西部开发中的一支中坚力量。

研究显示，影响东部地区转移产业的因素主要为：资源问题和要素成本是导致东部产业转移的直接原因，市场拓展成为东部产业转移的重要驱动力，东部产业结构调整、传统产业转移是必然选择，中西部民族地区政府的政绩要求，迁移企业自身的考虑等。

对产业转移的影响或效应，绝大部分政府官员和学者主要从国际产业转移或区际产业转移方面对国家或区域层面的转入地（发展中国家或地区）与转出地（发达国家或地区）经济影响展开分析，但是，对产业转移的社会效应、文化效应和环境效应进行系统研究比较少。

最近几年，新一轮的产业转移将对中西部民族地区已经或可能产生以下几个方面的显著影响：产业转移对中西部地区的经济发展、产业结构、生态环境、城市建设、政府管理方式、城市形象建设、各地之间的竞争、扩大社会就业、工资水平、传统社会和民族文化等11个方面。

二 处理好承接产业转移与民族地区可持续发展的关系

中西部民族地区承接产业转移不能是简单地复制东部地区的工厂。随着产业转移的到来，处于新一轮发展周期的民族地区迎来的发展机遇是前所未有的，面临的挑战也是异常严峻。

1. 民族地区应将外源式发展方式转变为内源式发展方式

国家对民族地区的发展援助大致可划分为"实物性援助"和"非实物性援助"两类。"实物性援助"是指财力、物力和人力的援助，是一种救济式扶贫；"非实物性援助"也称"制度性援助"，主要指政策、权利、规则等制度性因素向落后地区的倾斜或注入。

20世纪80年代中期至90年代初，中国对民族地区的扶贫方式以实物性援助为主；从90年代初开始，针对"输血"式救济型扶贫很难从根本上解除贫困问题，国家的扶贫政策逐渐转变为以建立民族贫困地区"造血"功能为主的开发式扶贫。如今，各民族地区开展了形式多样的"造血式"扶贫工作，有以提高人口素质为主的"教育扶贫"，有为少数民族提供法律援助的"法制扶贫"，有推动民族地区特色经济发展的"产业扶贫"，等等。青海循化撒拉族自治县政府就通过发放小额创业贷款的方式，扶持了441户撒拉族家庭创业，同时国家以"公司+农户"的模式先后扶持了当地10个农牧业产业化和民族传统手工业龙头企业，培育了具有鲜明地方特色的民族经济品牌，当地少数民族居民的生活状况得到了极大改善。①

实践经验表明，外部输血式的推动不能代替民族地区自身的造血式发展，民族地区经济的持续、稳定、长期发展，必须依赖于该地区内在的发展动力和能力，需要党和国家逐步淡化以往优惠政策的安排与人、财、物等实物性救济色彩，依据民族地区发展的实际需要开展形式多样的开发式扶贫，强化民族地区自我发展的"造血"功能，使其走上自力更生的经济发展道路。

对民族地区而言，如何认清产业转移的规律，将产业转移这种外源式发展方式转变为内源式发展方式。这是值得思考和认真对待的问题。

目前，东部产业向中西部民族地区转移已经渐成气候，在今后相当长的时间里，这种趋势还会继续加强。一是产业转移的层次会逐步提高，产业转移的重点由以前的劳动密集型产品，向资本密集型产业、技术密集型产业转

---

① 李菲、钱荣、马勇：《大扶持、大变化、大发展——我国扶持人口较少民族发展取得显著成效》，新华网，2009年7月13日。

化；二是生产能力转移不再是个别企业的孤立行为，产业转移从原来的单个项目、单个企业，或者说是单个产业，转变为包括产业的整体性转移。不同产业之间的相互整合，也从单纯的制造业向制造业、服务业和研发业转移，转移的领域更宽、更大；三是产业转移的主导角色转变，从政府的主导作用向企业主导作用转变，企业主导作用越来越强；四是产业转移既给中西部、东南亚地区的经济发展创造了机遇，也提出了挑战。传统产业采取梯度方式，主要着眼于劳动力优势与区位优势；而资本密集型产业、技术型产业转移以跨越方式，更注重承接地的技术、人才、研发能力等综合优势与信息基础设施、体制条件等，这使得承接地机遇和挑战并存。

比如，国家新一轮西部大开发启动，贵州省黔中经济区被列入了国家主体功能区规划的18个重点开发区域和12个重点经济区之一。惠水县正好在黔中经济区的核心区。惠水县长田山地生态工业园位于惠水县北部，分为长田、大坝、永红、大龙四个区，聚集了食药品加工、装备制造、新型建材、精细化工、包装印刷家具物流等五大产业，总规划面积53平方公里。目前，该园区入驻企业达114家，投产68家，在建46家，解决就业1万余人。作为打造"工业强县"的"主战场"，长田山地生态工业园区将建设成基础设施齐全、产业发展集中、民族特色鲜明、生态环境良好的新兴工业城市，使之成为珠三角地区和贵阳产业转移的主要承接地，最终将产业转移这种外源式发展方式转变为内源式发展方式。

以往研究多强调产业承接方对产业形式和产能的引进，属于典型的"产能增长"模式。广大中西部地区固然有产业培育和提高产能的客观要求，但更关键的是应转变经济发展方式和实现自身产业结构升级。有的学者指出，未来中西部地区对产业转移和承接机制的建立，应采用新的"内生性发展"模式。通过甄别产业转移的不同类型，做到产业承接中"有所为""有所不为"，推动承接产业和产业结构升级良性互动，实现相应区域经济社会又好又快的发展。①

民族地区可遵循以下不同的产业价值链流向建构内生性发展的产业网络：一是以自身较为富集的资源和能源为基础，提高资源开采利用的技术效率及产成品质量，进一步延伸基础制造业的产业价值链；二是以区域经

---

① 郭元晞、常晓鸣：《产业转移类型与中西部地区产业承接方式转变》，《社会科学研究》2010年第4期。

济腹地和市场容量为依托,通过产业深化和生产性服务业的发展拓展服务链和供应链;三是以低碳经济、循环经济和体验经济为导向,扶持新能源、新材料等新兴产业部门的发展,形成相对完整的现代经济部门配置,提升产业经济的生产绩效水平。由此,充分挖掘和激活中西部地区自然、人文资源和地理环境的巨大潜力,优化配置有形和无形的资本因素,以产业承接、新兴产业培育以及高科技对传统产业改造为西部经济发展的"三驾马车",带动产业结构升级和优化,最终实现经济发展方式的根本性转变。

比如,利用高新技术或先进适用技术改造民族地区传统产业。民族地区应重点扶持具有比较优势产业的生产技术改进和工业设备技术改造,提高民族地区产业科技生产能力,促进民族地区产业结构的调整与升级。同时,利用先进生产技术改进产品结构或设计,促进产品升级换代,增强产品在国内或国际市场中的竞争力,为民族地区经济增长方式转变提供良好的产业基础。

2. 民族地区不能再走消耗资源、污染环境的老路

理论上,产业转移不能走消耗资源的老路,不能把污染转移进来,不能把落后产能转移进来,产业转移要与产业升级结合起来。比如,在西部民族地区某地,一方面国家投资近百万元该地建设了国家安全饮水工程;另一方面,一个在别处屡屡碰壁的高污染的企业也被镇里"招商引资"引入该乡镇。伴随着中西部民族地区的产业转移和城镇化的快速发展,一些沿海发达地区的高污染、高能耗产业开始进入中西部民族地区的乡镇。在新一轮产业布局调整链条中,出现了一批高污染、高能耗产业向乡镇转移现象。民族地区在承接产业转移中实现崛起,不能再走消耗资源、污染环境的老路。

近年来,我国民族自治地方与全国其他省区相比,其粗放型、投资拉动型、政府主导型的经济增长方式,使其区域可持续发展状况较为低下,是我国区域可持续发展状况最不容乐观的社会经济复合型属性区域。中西部民族地区经济与社会发展缓慢,一个重要的现实原因就是产业结构调整严重滞后,没有实现由传统产业结构向现代产业结构的转换,致使产业结构极不合理、极不协调,制约着现代经济的形成与发展,进而阻碍了中西部民族地区的社会发展进程。

东部沿海地区第一产业占国内生产总值的比重小,已经达到英格尔斯

现代化指标①关于农业产值占国内生产总值12%—15%的标准,第三产业占国内生产总值的比重高。其中,北京、上海、天津第三产业占国内生产总值的比重分别为60.5%、50.7%和46.6%,达到英格尔斯现代化标准。中西部民族地区第一产业占国内生产总值的比重相对偏高,高出东部沿海地区9.2个百分点;第三产业占国内生产总值的比重过低,分别低于北京、上海、天津21.54个百分点、11.74个百分点和7.64个百分点②。中西部民族地区产业结构的这种不合理现状,直接影响着该地区的经济与社会发展。为此,民族地区各级政府应当以市场为向导,立足发挥自身比较优势,调整和优化产业结构,并注意发挥自身比较优势,着力培育和发展特色经济及优势产业,构筑具有民族特色、地区特色的产业结构体系,促进民族发展。

民族地区传统的可依赖模式是"突进发展"。突进发展又称突进的经济增长方式,其主要特点是以经济增长为社会奋斗的目标,以牺牲环境质量,延期环境消费(即资源的过量消费),轻视环境保护为代价来达到强制的、单一的经济发展目标。突进发展或增长往往以很高代价(经济要素资源投入)换取"立竿见影"短期的经济增长速度,而不顾这种增长对自然、人类和社会是否带来实际的好处,故生态环境的破坏,区域资源的浪费和枯竭乃是其必然的结果;经济大起之后势必大落,形成经济社会生态环境发展的不可持续性。

以往人们习惯于民族地区生产资源性产品,形成的根深蒂固的思维惯性是民族地区的产业都位于产业链的上游。但民族地区工业增长中也出现了一些积极变化。以2006年为例,民族地区增长速度超过20%的工业品中,既有钢铁、有色金属、煤炭等依赖资源开发、加工的采掘和原材料工业产品,也有一些加工工业产品。例如,内蒙古的移动电话机、布匹、彩色电视机、载货汽车;广西的化肥、内燃机、汽车;贵州的化肥、啤酒、家用电冰箱;云南的化学医药、发电设备、变压器;宁夏的轮胎外胎、塑料树脂及共聚物、数控机床;新疆的化肥、罐头等。这些产品不仅能够在民族地区生产,而且维持较快的增长速度,说明以地域或民族为判断产业结构的思路与现实有较大偏差。虽然民族地区此类工业品规模小,在全国

---

① 孙立平:《社会现代化》,华夏出版社1988年版,第24—25页。
② 国家统计局:《中国统计年鉴2002》,中国统计出版社2002年版,第59—61页。

所占比重小，但能够在竞争性领域出现群体扩张之势，说明产业竞争力在提高之中。①

民族地区产业发展中的优势之处是资源开发，薄弱之处也是资源开发。民族地区采掘业与原材料工业在整个经济中所占比重较大，容易产生资源开发型的路径依赖。萨克斯与华纳（Sachs & Warner）通过对1970—1989年多国的数量分析表明，自然资源丰富与经济增长呈反向相关关系，自然资源丰富的国家经济增长率偏低，而自然资源短缺的国家经济增长率偏高，从而有所谓"资源之咒"的说法。

值得注意的是，民族地区存在着对资源的粗放性开发问题。比如，在资源开发环节存在着掠夺性、无序性与低效性开发现象。在煤炭、铁矿等资源开发中，存在采富弃贫、采厚弃薄现象，缩短了资源开发的时限；在生物资源开发中，存在着竭泽而渔的问题。目前，民族地区产业升级与经济发展方式还未完成从第一阶段向第二阶段的转变。当前的主要任务是：应该在总体上立足于从第一阶段向第二阶段转型的同时，对从第一阶段向第二阶段推进中的不足部分加以补短。②

为了进一步提高经济发展质量，少数民族地区经济的发展必须由主要依靠增加物质资源消耗向主要依靠科技进步、劳动者素质提高、管理创新转变来推动产业结构优化升级，增强发展协调性和可持续性，从而实现经济增长由粗放型向集约型转变。因此，这种转变就要求在发展少数民族地区经济时，应该更加注重全要素生产率的作用；民族自治地方应转变经济增长方式，促进区域可持续发展，实现民族自治地方的长期稳定发展。

3. 民族地区要摒弃过分强调困难的观念、积极参与产业转移

少数民族有其独特的语言、文化、风俗、习惯，这既是民族地区的特色所在，也是民族地区经济发展中的限制因素所在。投资者进入民族地区时，必须考虑到语言、文化、生活习惯等方面的差异，从而增大了交易成本。而国内外经济发展的趋势是经济一体化；就是经济要素尽可能无阻

---

① 周民良：《论民族地区经济发展方式的转变》，《民族研究》2008年第4期。
② 周民良认为，第一阶段：资源开发的初级阶段。充分利用国内外市场对资源需求旺盛的机遇，以资源开发为起点，吸引国内外的资本进入民族地区，重视矿产资源、水电资源、生物资源等方面资源的开发。第二阶段：资源开发的扩展阶段。在经济实力增强、资本深化的过程中，提高资源开发的集中度，实现更加集约与更有规模的开发。第三阶段：资源开发的巩固提升阶段。参见周民良《论民族地区经济发展方式的转变》，《民族研究》2008年第4期。

力、无障碍地向低成本的洼地集中。相对的，进入壁垒高的区域比进入壁垒低的区域难以吸收更多的生产要素。而民族地区本身的封闭惯性，对国内外与民族地区经济的一体化发展构成阻碍，限制了要素的快速流入，削弱了区域经济潜力的发挥。

中西部民族地区的人习惯于说自己最偏远、最贫穷、条件最差，这种过分强调困难的观念，只会继续受穷。浙江的发展为中国书写了一本很好的市场经济教科书。浙江人的市场意识和浙商的创业精神特别值得中西部民族地区的人们学习。在浙江这块土地上，有一种浓厚的创业氛围，只要是在创业，哪怕是做小拉链、小食品，只要在干事，都会被人尊重。浙江的市场意识、开放意识和创业、创新精神令人佩服。市场需要什么就做什么，哪里有市场就到哪里去，没有市场的地方，也可以创造一个市场，在本地资源有限的情况下，敢于走出去在全国、在全世界配置资源，体现了浙江开门做市场、开放促发展的强烈意识。浙江经济是源于草根的民本经济，始于普通百姓的创业，对中西部民族地区很有意义，很好学，很有用。工业兴县，带动了浙江区县的快速发展；品牌提升，把小商品做大做强，用品牌战略提升地位，带来市场；民营为本，形成尊重创业，尊重追求个人财富积累的风气；平台支撑，创建工业园区，设立大项目办，帮助解决问题，建标准厂房等，都值得学习。

4. 民族地区在承接产业转移中，传承和发展传统文化

产业由东部沿海地区向中西部民族地区转移，不但是一个经济现象，也是值得关注的社会文化现象。不论中西部地区的居民是否选择工业化和现代化，他们都会被卷入由产业转移带来的工业化和现代化潮流中去。工业化和现代化是一个社会文化变迁的过程，由此引起的文化移入、文化冲突、文化调适、生态环境变迁等不断变化的过程。

中西部民族地区有很多地方还保留着历经千百年的典型村落社会和丰富多彩的少数民族传统文化，随着产业转移带来的大规模工业化，将在很大程度上或大或小地、或早或晚地影响那些典型村落和民族文化的传承和发展。这是一个不可避免的过程，也是非经济学研究者必须积极应对的新课题。

从东部沿海地区到中西部民族地区的新一轮产业转移，是中西部民族地区一次规模巨大的工业化、城市化、市场化和现代化过程，势必对包括民族地区居民在内的产生前所未有的深刻影响。

包括产业转移首先需要土地来修建大量厂房，这就带来一个征地问题。对当地居民而言，当推土机开到家门口的时候，失去原有的土地家园是产业转移最直接、最基本也是最重大的影响。2006年5月，笔者曾经对金沙江向家坝水电站的移民问题做过调查。当时，水电站计划建在江边上，而江边有温泉，围绕着温泉发展起来了旅游业，而水电站的修建使江边的度假村、餐厅、旅店等都需要搬迁；在水电站上方的垂直区域是农村，那里的村民需要搬迁；建水电站还需要一条路，原本居住在这条规划路线上的居民也需要搬迁。这3处需要搬迁的地方，属于不同类型的经济区。对于山上的农民来说，失去了土地，他们的传统生计就维持不下去了，必须寻找新的生计方式；对于江边从事旅游业的人来说，他们的生计会有短暂的停滞期，需要寻找新的发展机会；对于城区的居民而言，最主要的就是住房和店铺问题。①

在产业转移中，离开土地的居民该做什么？如果缺乏市场化的经历或者从业经验，他们就会面临很大的挑战。对中西部民族地区而言，参与市场/企业活动的先例对当地居民是具有示范作用的。外出打工的年轻人是最早接触外界市场和工厂的人，也可以说是一批可能带来新的"地方性知识"的人。我们重点要看年轻一代对市场的适应，要看返乡务工人员能不能很快地进入角色，带动当地居民融入市场。产业转移会吸引一部分外出务工人员返乡，这些人能够带回资金、技术和经验，应该充分发挥他们的作用。

5. 民族地区应在承接产业转移中，培育一批少数民族企业家

民族地区承接产业转移绝不仅是政府的事情，政府只是提供环境，创造机会，更重要的是需要创业者、企业家们的觉悟与参与，要借全球产业大转移之机打造一批新兴的当地企业家，特别是培育出一个新的少数民族企业家群体。

历史已经证明了这一点。在东部沿海地区，我们可以看到，从改革开放以来，当地人就抓住了全球产业转移的机会，率先在国内发展起来门类众多的现代化工业集群，形成了无数在国内外都颇具影响的产业基地，同时也形成了一大批新的当地企业家群体，如浙商，如粤商，如闽商……沿

---

① 牛锐：《中西部地区居民应以更加主动的姿态参与产业转移》，《中国民族报》2010年12月24日。

海地区经济的高速发展，离不开这一大批新兴企业家群体。

对于产业转移这个机会，如果能够真正把握得住、承接得好的话，那一定是因为我们培育出了一批新的企业家群体。如果没有一批新的当地企业家出现，承接产业转移虽不至于是空话，但最终难以成大业。企业家可以说是当地承接产业的动力组合中最具爆发力的一部分。

有的专家在分析一些地区承接产业转移问题的时候，仅列举了"物流成本较高、配套能力不强、人才较为缺乏"三大因素，偏偏忽略了企业家群体缺位这个核心问题。在产业转移潮中涌进来的外来投资，除了要与承接地的招商政策、营商成本、市场空间、产业配套对接之外，更重要的还需要与承接地的一大批企业经营者、创业者以及企业家在理想、观念、人格、经营手法、经济实力、生活方式等方面对接。外来投资者需要大批当地商人与他们同台唱戏。

6. 民族地区应在承接产业转移中，注重保护少数民族员工的权益

在新一轮的产业转移中，民族地区将有越来越多外来的企业，也将有越来越多的少数民族成为这些企业的员工。如何保护这些企业中少数民族员工的权益，将是一个很重要的问题。

富士康的"十三跳"和一月内两次加薪，一定意义上触发了此起彼伏的加薪热潮。而本田南海公司的罢工事件以及最终取得的加薪结果，也不妨看作紧随其后各地多起"罢工—加薪"事件的标杆。尽管据有关学者计算，中国农民工的工资在2004年后每年有大约两位数的增长，2009年增长16%。但工资的增长值，显然与中国经济的强劲增长并不般配。

发生在深圳富士康的员工跳楼自杀事件虽然或许画上了句号，但是，它应该唤醒了我国的各级政府部门和各位企业家对工人利益的关注。中国工业化进程是在缺少自身资本积累的基础上起步的，为了摆脱贫困落后的面貌，各地为了打造自身的"工业帝国"，不得不引进外资。长期"资本不足"甚至"资本稀缺"，使得"资本"这一生产要素所具有的价值评价，在相当长一个时期内，比劳动力、土地、原料、知识、技术等其他生产要素的价值评价高很多，甚至一些地方政府和企业把"资本"当成了撬动经济增长的唯一"杠杆"，于是，不惜一切代价去吸引外国资本的流入。

导致"中国制造"背后低工资的原因和影响因素有很多，但要特别强调的是，其真正的幕后推手其实就是地方政府。某些地方政府部门不仅

把拥有丰富充足的"低廉劳动力"作为吸引外资的口号,而且打着"保护外资投资环境"的旗号,以"你发财,我发展"的糊涂思想,无耻地声称政府"只管围墙外的事"。还有一些地方政府,甚至站在外资企业的立场上,对于工厂压榨劳工而导致的事故等,采取息事宁人的做法,个别管理部门对于一些打工者的合理要求,甚至以对待所谓"刁民"的做法来对待。可以说,正是某些地方政府的"土政策"甚至"奴性"的做法,变相怂恿外资企业对劳工的掠夺性"使用"。他们将引进外资的重任看得"至高无上",对工人的基本生活要求和安排熟视无睹。只要外资能进来,只要外商高兴并愿意投资,其他似乎都可以忽略不计。很少有地方政府主动出台保护当地外来工权益的政策法规。外来工权益根本没有被纳入地方政府的责任体系中。①

民族地区在承接产业转移时,必须尽快走出早期工业化时期过度的"物质性",以牺牲工人和农民的代价换取资本扩张的机制必须尽快革除,在整个经济运行体系中,必须多些"人性"的元素,比如,在中西部民族地区招商引资的相关法规中,增加类似于工人待遇的规定。

在中西部民族地区,将有越来越多的少数民族企业的员工,劳动力不只是"劳工",他们同时也是工人,也是多少年来被尊称的"主人",却在整个经济发展已经进入"小康"阶段以及工业化进程已经迈入后期的情况下,还在"享受"着工业化初期的低工资。经济成长似乎与近亿名农民工无关。显然,这就是一种"片面工业化"的恶果。

7. 民族地区应在产业转移中发挥后动优势

亚历山大·格申克龙(Alexander Gerchenkron)② 1962 年出版其经典之作——《经济落后的历史透视》,在总结德国、意大利、俄国、奥地利、法国、保加利亚等六国经济追赶成功经验的基础上,创立了后发优势理论。③ 所谓"后发优势",也常常被称作"落后得益""落后的优势"

---

① 王先庆:《"外资崇拜"、政府失责与"低工资"根源》,2010 年 6 月 29 日,http://blog.sina.com.cn/wangxianqing。

② 格申克龙(1904—1978),著名经济史学家,出生于俄罗斯,犹太裔;在维也纳大学接受经济学奥地利学派训练,1928 年获得博士学位;1938 年移民美国,从 1948 年起成为哈佛大学教授。

③ Gerschenkron, Alexander, 1962, *Economic Backwardness in Historical Perspective*, *A Book of Essays*, Cambridge, Massachusetts: Belknap Press of Harvard University Press.

"落后的有利性"等。

目前我国西部后发的民族地区应充分发挥模仿、吸收和采纳有效制度的成本优势、时间优势和经验优势，通过强制性和诱制性制度移植变迁，提高资源配置的效率、改变激励机制、降低交易费用和风险。具体首先应通过制度移植变迁，大力发展非公有制经济，建立健全现代企业产权制度，充分发挥地区经济特色和当地资源优势；其次，西部后发民族地区要通过向东部先发地区学习，解放思想，更新观念，树立现代市场意识，消除地方保护主义，扩大市场领域，建立、完善市场体系和机制，从而缩小同东部先发地区在制度和机制方面的发展差距；最后，通过政府干预，发挥政府第一推动力作用，实行区域经济政策倾斜，使西部后发地区获得制度性后发利益，并使其地区经济能高速发展。

8. 民族地区政府在承接产业转移时，应优化现有的体制机制

在计划经济时代，民族地区地方政府习惯性地将国家实施的民族经济政策等同于国家直接投资，而在制度创新方面却显不足。比如，民族地区的软环境建设严重滞后于全国平均水平，其中差距最大的是市场环境，高达 17 个百分点。[①] 随着改革的深入和市场经济的飞速发展，民族地区需要顺应时代潮流进行制度变革，变被动承接为主动利用国家为民族地区提供的各项优惠政策，并在实施过程中立足于本民族、本地区实际，进行合理调整，凸显民族经济政策时空的特殊针对性。

民族地区政府机构组织开展的招商引资活动成为中西部地区承接产业转移的主要机制和形式。这一方面利用政府公信力，降低了产业转移主体的信息搜寻和交易成本，解决了企业在融资、配套设施保障等方面的后顾之忧；另一方面，招商引资带来的产业投资和产出增量，在一定程度上缓解了当地的就业压力，推动了中西部地区由传统二元经济结构向工业化和城市化经济体系的快速转变。

有效率的经济增长都建立在市场对资源有效配置的基础之上。但是，民族地区的体制和机制转换还不能完全适应要素市场化配置的需要。民族地区政府部门的管理效率还不够高，服务意识不够强，管理体制与机制还远远不能适应市场化改革与经济发展的需要。比如，据统计，中国民族经

---

① 舒燕飞：《TFP 对少数民族八省区经济增长贡献研究》，《湖北社会科学》2010 年第 6 期。

济政策的平均稳定程度是63.41%,其中稳定程度较高的有就业政策、文化教育政策、扶贫优惠政策,而税收优惠政策、财政优惠政策、工业发展政策的稳定程度较低,对少数民族经济发展尤为重要的民族贸易政策的稳定程度仅为20%。①

中西部民族地区在体制、机制等方面还不够完善,在市场经济条件下,仍需利用政策调控手段,出台产业发展规划,加大对西部产业的政策倾斜,调动东部企业参与西部开发的积极性。同时,中西部民族地区政府部门也应大力改善西部投资的行政效率、法制、人才等宏观环境,在客观上为东部企业创造良好的"西进"条件。

中西部民族地区必须是主动的承接,而不是被动的承接;必须是科学的承接,而不是盲目的承接。必须把承接产业转移与自身产业结构调整、产业升级、推进新型工业化等紧密地结合在一起,通过吸纳发达地区的资金、先进设备、管理方法、经营理念、高新技术和先进适用技术,形成自己特色的产业结构。比如,从当前实际情况来看,安徽省涉外经济承接长三角产业转移也不能忽视劳动密集型产业,如目前在沿海生存比较困难的鞋业和玩具等;能源需求量较大的产业,如陶瓷、化工等,空间需求大的产业,如家具、钢构等。这些产业如需要扩大产量,将受土地的限制,目前在长三角已很难做到。

梁嫚和熊依琳采用区位商评价方法,选取9个具有代表性的劳动密集型产业②,对浙江、广东两省和西南四省(即四川、重庆、云南、贵州)产业在全国区域分工中所处的地位与作用进行比较性的评价。从2006年浙江、广东两省和西南四省(即四川、重庆、云南、贵州)区位商的计算结果看,浙江省在选取的9个劳动密集型产业中,除了食品和饮料制造业,剩下6个产业的区位商都大于1,其中纺织业和皮革、毛皮制造的区位商超过了2。而广东省除了食品、饮料、纺织业,其他5个产业的区位商都大于1。从西南四省的区位商看,四省的比较优势产业都集中在食品和饮料业,而大多数劳动密集型产业都没有比较优势。上述的结果表明,到目前为止,东部地区的劳动密集型产业在总体上仍具有比较优势。根据

---

① 温军:《中国民族经济政策稳定性评估(1949—2002)》,《开发研究》2004年第4期。
② 选取的9个劳动密集型产业,即食品加工、食品制造、饮料制造、纺织业、服装、皮革、家具制造、造纸、塑料制造业。

产业转移思想，东部沿海地区失去优势的劳动密集型产业应该转移到劳动力资源比较丰富的西部地区。但目前通过区域优势产业的现状来看，劳动密集型产业并未像人们预期的那样，大规模地转移到西部地区，产业转移也并未真正实现[①]。

在实际转移过程中，不少东部企业宁愿承受要素价格上升的压力，也不愿离开长三角和珠三角地区。东部企业西移不仅延长了运输距离还加大了运输成本，而对于低效率的政府办公和繁杂的报关程序，企业还要花费大量的时间成本，这些方面的差距极大地弱化了劳动力优势的吸引力。从制度环境方面来讲，西南地区深居内陆，改革滞后于东部沿海地区，市场发育程度低，对外开放程度小，存在政府机构办事效率低、营商环境差等问题。同时，西南地区虽然劳动力资源充足，但基础教育、职业教育落后，高素质的管理和技术人才严重缺乏。东部省区内部经济发展水平差异很大，像江苏的苏南和苏北，广东的珠江三角洲地区、粤北和粤西山区，浙江的浙东、浙南地区和浙西山区。如果发生产业转移，东部省区内部会首先承接本省先进地区的产业转移，其次才是地区间的产业转移。

鉴于产业集群的极化效应带来的东部劳动密集型产业西移的困难，集群整体转移的模式可能是解决问题的一种方法。产业集群转移模式是指一群原本在地理上集中、关系密切的产业群体，整体搬迁到另一地区，产业的网络关系保持不变。因而东部地区开发区和企业可以通过租赁、股份经营等方式在西南地区现有开发区和工业园区内设立"区中区""园中园"。用这种合作的方式，既消除了产业集群黏性造成的劳动密集型产业转移的困难，也使东、西部开发区存在错位发展、合作共赢的巨大空间。

西部大开发的实施以及"十一五"规划提出要健全区域协调互动机制，促进生产要素在区域间的自由流动；2003年底成立的"泛珠三角"经济区都给西南地区带来了产业转移的机遇。西南地区应利用好这些契机，积极引导东部产业转移到内地。东部地区劳动密集型产业多为中小型民营企业，民族地区政府可以针对民营企业融资难的问题给予"绿色通道"，从而提供移入企业的融资便利和优惠。另外，民族地区可以根据西进企业所增加的创业机会给予不同额度的补贴，加速劳动密集型产业向西

[①] 梁嫚、熊依琳：《西南地区承接东部沿海劳动密集型产业转移的探讨》，《商业时代》2009年第12期。

南地区转移。

9. 民族地区应关注转移企业所承担的社会责任

民族地区产业转移的主体是各种类型的企业。迁移企业在民族地区的发展过程中，应承担相应的社会责任。首先强调的是第一圈（内圈）责任。指迁移企业在民族地区自身已有的权利和必尽的责任，主要包括两个方面——经济责任（如提供产品和服务，提供工作机会等）和法律责任（如遵纪守法、诚信经营等），以便满足最主要的利益相关者（特别是股东、公司高层管理者、员工等）的需求。接着是第二圈（中间圈）责任。指迁移企业在民族地区对外应有的权利和应尽的责任，如环境保护、善待客户、礼待政府等，以便满足企业的利益相关者（包括客户、社区、政府等）的需求。最后考虑的才是第三圈（外圈）责任。指迁移企业在民族地区对外自愿额外承担的社会责任。比如慈善捐赠、消除贫困等。这个层面既不是企业已有的权利和必尽的责任，也不是企业应有的权利和应尽的责任，而是企业基于道德、伦理、良心等，自愿承担的社会责任。①

承担的社会责任，既是迁移企业获得可持续发展的基础，也是民族地区获得可持续发展的动力。

---

① 参见张继焦《"三个圈"模型厘清社会责任边界》，《WTO 经济导刊》2009 年第 12 期；李宇军、张继焦《从价值链角度看企业发展与承担社会责任的关系》，《思想战线》2011 年第 3 期。

第四章　人类学视角下的城市转型：老字号、老商街与城市竞争力

在中国，越来越多的城市政府正在保护和开发一些老字号及其所在的老商街（比如：上海：南京路、豫园；北京：大栅栏、前门大街、鲜鱼口街、王府井；广州：下九路、北京路、中山五路等），并将其作为激活城市商业活力的方法。

在城市中，老字号、老商街是一种什么样的经济社会要素？它们与城市发展有什么关系？我们的"老字号"和"老商街"研究，将如何跟城市发展相结合，为各地城市发展提供更多的智力支持？我们应该运用什么理论进行分析呢？

第一节　"自下而上"的视角：对老字号、老商街与城市竞争力的分析

一　引言：从习总书记吃庆丰包子、逛南锣鼓巷谈起

2013年12月28日，中午12点20分左右，中共中央总书记习近平和一行人乘面包车到达位于北京市西城区的庆丰包子铺月坛店吃午饭。这里距离钓鱼台国宾馆不到2公里。店铺位于一片居民区中，500平方米的店内，摆放着60多张四方的小餐桌和不带靠背的板凳。"庆丰包子铺"创建于1948年，是一家经营包子、炒肝等北京传统小吃的中华老字号"中式快餐店"，在北京有上百家店面，以个儿大馅多的包子和低廉实惠的价格而闻名京城。习近平总书记排队买包子，点了二两猪肉大葱馅的包子，一碗炒肝，一份芥菜，共花费21元，还自己埋单、端盘子、取包子。北京聚德华天有限集团总经理朱玉岭在接受采访时表示，对习近平总书记来就餐毫不知情，"总书记今天点的猪肉大葱包子、炒肝和芥菜是最传统的

老北京菜,我也爱吃"。

2014年2月25日上午11时15分许,习总书记前往南锣鼓巷西侧的雨儿胡同。先前往街道办,后探访了两户人家,与居民握手并询问生活情况。临别前,习大大主动询问是否需要合影。事后,不少居民前往被探访的民宅合影留念。

最近一段时间,北京南锣鼓巷游客暴增,为了看看习总书记来过的地方是什么样的。比如,2014年3月2日,习近平探访雨儿胡同后的第一个周六。因习近平的探访,接下来的数个周末南锣鼓巷游客爆满。不少巷内店铺因为游客量大而提早开门营业,雨儿胡同也成为多数游客慕名而来的必访景点之一。据雨儿胡同一家烟酒商店的老板介绍,自从2月25日习近平探访雨儿胡同内的两个大杂院后,雨儿胡同的游客量就比往常增加了不少。①

庆丰包子是北京的一个老字号,南锣鼓巷是北京的一个老商街。"老字号""老商街"是一个值得不断挖掘的宝藏。

二 研究思路

本节的研究思路或分析框架,分为三个层次:第一个层次为微观地对老字号的分析;第二个层次为中观地对城市局部地区——老商街的研究,特别是对老字号集聚的老商街的分析;第三个层次为宏观地或整体地对城市竞争力进行分析,其中涉及城市竞争力与老字号、老商街的关系。

本节通过对老字号、老商街与城市竞争力的分析,探讨民族文化②的新功能。老字号、老商街是代表传统民族历史文化的景观和商业经营场所。费孝通指出,民族文化是一种资源,可以开发和利用。③ 老字号、老商街,作为民族文化的承载体,是城市发展的动力,也体现了城市竞争力重要组成部分。

---

① 比如,来自河北秦皇岛的杨先生和妻子先后在雨儿胡同的30号院前拍照留念。杨先生称,原先他们夫妻俩只是打算逛南锣鼓巷,雨儿胡同并不在两人此次北京行的行程之列,"在新闻上都看了,习主席来了29号、30号院,我们就找过来看看是什么样"。
② 本书中民族文化、民族历史文化、民族传统文化、传统文化、中华民族文化、历史文化、商业传统、中华文化等几个概念之间的关联性很多,有时是近义词或同义词。
③ 费孝通:《西部开发中的文化资源问题》,《文艺研究》2001年第4期。

三 第一个层次：微观地对老字号的分析

1. 相关理论——品牌理论、价值链理论、集体记忆理论

在对老字号进行微观分析的时候，我们将使用管理学的品牌理论和价值链理论和人类学的集体记忆理论。

(1) 品牌管理理论

"品牌"一词起源于西班牙的游牧民族，最初来源于牛屁股上用烙铁打上的标记性印记。通过这一印记，人们可以很快认出自己的牛。为了在交换时与他人的牲畜相区别，因此，品牌为烙印的意思。直到1960年，营销学词典中给品牌下了一个比较确切的定义：用以识别另一个或另一群产品的名称、术语、记号或设计其组合，以和其他竞争者的产品和劳务相区别。

品牌意味着高质量、高信誉、高效益、低成本。支撑品牌的六大要素为质量、文化、信誉与形象、服务、管理、广告与公关等。[①] 品牌的背后就是一个在市场竞争中始终立于不败之地的成功企业。比如，长盛不衰的"老字号"企业。

(2) 价值链管理理论

价值链管理（Value Chain Management，VCM）将企业的业务过程描绘成一个价值链（Value Chain），具体地说，怎样将企业的采购与生产、品牌与营销、财务、人力资源等方方面面有机地整合起来，做好计划、协调、监督和控制等各个环节的工作，使它们形成相互关联的整体。真正按照"链"的特征实施企业的业务流程，使各个环节既相互关联，又具有处理资金流、物流和信息流的自组织和自适应能力，使企业的供、产、销系统形成一条珍珠般项链"价值链"。这就是价值链管理系统实际所要解决的主要问题。[②]

(3) 集体记忆理论

集体记忆（The Collective Memory），又叫"群体记忆"。这一概念最早由法国学者莫里斯·哈布瓦赫（Maurice Haibwachs，1877—1945）提

[①] 张继焦、帅建淮：《成功的品牌管理》，中国物价出版社2002年版，第8—18页。

[②] 张继焦：《价值链管理：优化业务流程、提升企业综合竞争能力》，中国物价出版社2001年版，第3—4页。

出,是指一个特定群体之成员维持、发展和传递他们对"过去"经验的共同印象的能力、过程和结果。哈布瓦赫认为,集体记忆并非天赋,而是一种社会建构的概念,是集体认同的核心,集体与记忆之间是相互建构的。集体记忆再现通过人们对集体记忆的阐释,将过去的集体经验纳入叙事中来,与今天的中心主题相联系,从而产生现实的意义。也就是过去的集体经验,要借由特定的叙事方式被记忆,才可能产生集体的某种认同。他还指出,"每一种社会群体皆有其对应的集体记忆,该群体借此得以凝聚及延续"。他将记忆分为自传记忆和历史记忆两种不同的集体记忆类型。[①] 20世纪初以来,许多社会学家、心理学家、人类学家对人类的集体记忆产生了极大兴趣,他们共同之处就是将人类记忆放在社会环境中探讨。[②]

对于有着数十年、上百年甚至几百年的"老字号",消费者与其的关系绝对不是个体行为,应该是一个集体记忆或群体行为。消费者对"老字号"的集体记忆,在很大程度上,指的是消费者对"老字号"的认知度、美誉度、忠诚度。

2. "老字号":品牌诊断、受到的冲击及企业转型

(1) "老字号":品牌三角模型分析

1949年,中华人民共和国成立之后,中国有老字号1.6万多家。1994年国家内贸部颁布过一批"中华老字号"。2006年,商务部开始实施"振兴老字号工程",并在当年颁布了第一批"中华老字号"企业名录,共430家。2008年,商务部等14部委联合印发了《关于保护和促进老字号发展的若干意见》的通知。2011年,商务部又颁布了第二批"中华老字号"名录,共698家。到目前为止,已有1128家企业被国家商务部授予"中华老字号"称号。这些企业涵盖了几大类行业——食品类、

---

① 自传记忆是个人生命历程中亲身经历的事件的记忆,是个人亲身经历的时间的记忆,这种记忆会随着时间的流逝而褪色,在一定程度上可以起到加强参与者之间关系纽带的作用。历史记忆虽然只能借由文本或其他类型的记录接触到社会成员,却可以通过庆典纪念、法定节日等类似的活动而存续起来,具有确保文化连续性和维持社会连接作用。在历史记忆里,个人并不是直接去回忆某个事件,而是通过听他人的讲述或通过自己的阅读,或是在纪念活动和公共节日等诸如此类的场合中,当一群人聚在一起,共同回忆群体成员的事迹时,这种记忆才被间接地激发出来,那些随着时间的流逝而渐渐消散的过去和集体思想才得以重现。参见[法]莫里斯·哈布瓦赫《论集体记忆》,毕然、郭金华译,上海人民出版社2002年版,第95页。

② 王明珂:《集体历史记忆与族群认同》,《当代杂志》1993年第91期,第6—19页。

餐饮类、中医中药类、酿造类、酒类、茶叶类、珠宝类、手工业产品类、服装鞋帽类等。

在1993年，原国家内贸部首次给全国1600家"中华老字号"授牌，推动了社会各界对老字号的关注和研究。2006年4月，《商务部关于实施"振兴老字号工程"的通知》提出了振兴老字号的基本思路和主要任务，宣布从2006年开始在全国范围内实施"振兴老字号工程"，全面收集整理老字号资料，计划利用三年时间重新认定1000家"中华老字号"。商务部在2006年12月19日颁布《"中华老字号"认定规范（试行）》，指出"中华老字号"（China Time-honored Brand），是指历史悠久，拥有世代传承的产品、技艺或服务，具有鲜明的中华民族传统文化背景和深厚的文化底蕴，取得社会广泛认同，形成良好信誉的著名品牌。并明确规定，凡是申报为老字号的企业，必须具备"拥有商标所有权或使用权""品牌创立于1956年（含）以前""传承独特的产品、技艺或服务""有传承中华民族优秀传统的企业文化""具有中华民族特色和鲜明的地域文化特征，具有历史价值和文化价值""具有良好信誉，得到广泛的社会认同和赞誉"以及"国内资本及港澳台地区资本相对控股，经营状况良好，且具有较强的可持续发展能力"等七个方面的条件。由此确立了老字号的权威标准和认定程序。

文化部根据《中华人民共和国文物保护法》制定的《文物认定管理暂行办法》，自2009年10月1日起施行。其中规定，商业老字号等特殊类型文物，按照本办法认定，省级文物行政部门应该根据国务院文物行政主管部门的要求，认定特定的文化资源为文物。这从一个角度为依法管理老字号提供了重要根据。

2006年11月7日，商务部印发《商务部关于认定第一批"中华老字号"的通知》（商改发〔2006〕607号），正式公布第一批430家"中华老字号"名单。2011年3月7日，商务部发出关于进一步做好"中华老字号"保护与促进工作的通知，公布了第二批"中华老字号"名单；同时对做好"中华老字号"的保护与促进工作提出更加明确的要求，对中华老字号资格撤销程序、中华老字号信息管理系统使用等问题作出具体规定。

北京地区具有众多独具古都特色的老字号，目前仍有经营活动的有二百多家，其中百年以上历史的超过百家。在2006年国家商务部公布的首批重新认定的430家"中华老字号"中，北京市有67家企业（包括餐饮住宿、食品加工、商业、医药、服务等类）入选。

有的人从非物质文化遗产的角度认为，"老字号"企业拥有世代传承的产品、技艺或服务；有的人从商标和品牌价值的角度分析，"老字号"企业形成了具有良好信誉的和相当价值的品牌；还有的人从弘扬传统文化的角度指出，"老字号"企业具有鲜明而深厚的中华民族文化底蕴。[①]

从品牌管理理论来看，"老字号"品牌会引起的名牌效应有：质量保证（可靠性、稳定性）、光环效应（品牌知名度、美誉度：口碑好）、磁场效应（品牌偏好度、忠诚度：回头客多）、核裂变效应（传播和带动能力强）、内敛效应（企业文化鲜明、内部凝聚力强）。

比如，北京稻香村的品牌故事将企业文化与中国古代精英文化相结合。稻香村在介绍自己的品牌故事时，开篇便引用了节选自老子《道德经》第八章："上善若水。水善利万物而不争，处众人之所恶，故几于道。居善地，心善渊，与善仁，言善信，政善治，事善能，动善时。夫唯不争，故无尤。"第六十六章："江海所以能为百谷王者，以其善下之，故能为百谷王。"第七十八章："天下莫柔弱于水，而攻坚强者莫之能胜，以其无以易之。"老子认为，上善的人，应该像水一样造福众生，滋养万物。[②] 江海之所以能够成为一切河流的归宿，是因为它乐于并善于处在下游的位置，容纳百川，因而成为百谷王。天下没有什么事物能像水这么柔弱，然而它却能胜过世界上最坚硬的东西。北京稻香村恰到好处地将企业文化中诚实守信、厚德人本、包容利他、沉稳坚韧等品质与水相结合，使自己的企业文化富有中国古代知识分子所代表的古代传统的精英文化的气息。[③]

民国初期，北京不少文艺界名人都是稻香村的常客，特别是鲁迅先生。作家谢冰心、清华大学著名体育教授马约翰、京剧名角谭富英，都经

[①] 张继焦、丁惠敏、黄忠彩主编：《老字号蓝皮书——中国"老字号"企业发展报告 No.1 (2011)》，社会科学文献出版社 2011 年版，第 1—2 页。

[②] 水孕育了人类的文明，具有利他、谦虚、柔德这些优秀的品质，是中国古代文化中重要的审美资源，中国的古代知识分子乐于与它为伍。在浩瀚的中国古代文学作品中，关于水的作品数不胜数；仁者乐山、智者乐水，仁智是圣人的品德，水符合了圣人的审美，象征着高尚的情操。

[③] 郭晓菲：《老店新生："老字号"企业讲故事研究》，硕士学位论文，中国社会科学院研究生院，2013 年，第 27—28 页。

常到稻香村购物。1912年5月,鲁迅先生来到北京,寓居宣武区南半截胡同的绍兴会馆,这里离观音寺稻香村仅有两三里路。据《鲁迅日记》记载,从1913年到1915年,短短两年多时间,鲁迅先生有记载的到稻香村购物就有15次。比如,他在日记中有一次提到稻香村:"三日……过稻香村买饼干一元……二十四日 午后赴劝工场,欲买皮箧,无当意者。过稻香村购饼饵、肴馔一元。"[1] 鲁迅先生是绍兴人,稻香村的精致美味的南味点心颇合其口味,加之距离较近,从其日记中可以读出他路过稻香村时顺便采购些点心已经形成了一种习惯。人们通过这段叙事,将老字号北京稻香村与历史和文化联系起来。[2]

老字号是数十年或百年之后商业和手工业竞争中留下的极品,都各自经历了艰苦奋斗的发家史而最终统领一行。然而,由于历史原因和体制转换的影响,中国老字号企业在发展中遇到许多新情况和新问题。

"老字号"面临着三大变化的影响:第一,消费者的变化:消费者需求增加;消费者变得更加挑剔;消费者更喜欢寻求娱乐和刺激;消费者也学会了讨价和比较;消费者的需求层次增加和消费习惯的变化。第二,市场环境的变化:竞争更加剧烈;产品和质量的差异减少;恶性竞争的恶果;品牌的求异战略受到挑战;产品的可替代性增强;国际品牌的冲击。第三,企业本身的变化:产品的创新受到挑战;人才的流动性加大;组织结构面临挑战;企业文化的障碍;资金不足的烦恼;市场的分裂和不稳定性等。

这三种明显的变化,使企业认识到在未来没有品牌的产品或服务是很难有长久生存空间的。而且只有成功的品牌管理,才有持续成长的企业和未来的辉煌。

对此,从消费者的角度进行品牌分析的三角模型包含三个假设。假设①:品牌知名度、品牌美誉度、品牌忠诚度为三角形的三边边长,分别为A、B、C。绝大多数情况下 A > B > C。假设②:品牌知名度、品牌美誉度、品牌忠诚度在企业品牌运作完全理想的状况下,三者在三角形中的线段长度相等。假设③:本模型仅对已经获取相当高的知名度的品牌进行分

---

[1] 《鲁迅日记》,人民文学出版社2006年版,第161—223页。
[2] 郭晓菲:《老店新生:"老字号"企业讲故事研究》,硕士学位论文,中国社会科学院研究生院,2013年,第27—28页。

析，当品牌美誉度或品牌忠诚度与品牌知名度相等时，假定企业品牌忠诚度或美誉度建设趋于理想。①

第一种情况：A＞B＞C。即品牌知名度高于品牌美誉度，品牌美誉度高于品牌忠诚度。这是大多数企业在品牌经营过程中面临的"困境"，创知名度容易，建立品牌美誉度与忠诚度难。通常，导致企业品牌建设过程中出现这种情况的主要原因有三点：（1）处于品牌的导入阶段；（2）企业只注重品牌知名度的宣传，忽视美誉度与忠诚度建设；（3）企业自身的经营发展问题。对老字号来说，不存在品牌导入和品牌知名度的宣传这两方面的问题，主要问题出在第三种原因，即企业自身的经营发展问题。我们2011年问卷调查显示，"老字号"企业的首要优势是"品牌"（26.4%）；其次是"产品质量"（22.6%）；再次是"传统工艺技术"（15.2%）。"老字号"企业的不足首先体现在"新产品少"（15.1%），其次是"管理落后"（14.0%），再次是"政府支持不够"（13.0%），此外，还体现在"品牌影响不够"（11.9%）、"宣传广告不够"（10.8%）、"技术工艺陈旧"（9.0%）等方面。②

案例：南京冠生园月饼事件③

2001年9月3日，中央电视台《新闻30分》报道有关南京冠生园月饼陈馅翻炒再制成食品出售一事，全国各地消费者对南京冠生园的恶劣做法表示强烈不满，同时纷纷去信去电南京冠生园，质疑该公司的月饼和其他产品的质量，福州、山西、杭州、山东、石家庄、苏州、常州等地多家商场、超市打电话询问，甚至部分冠生园"生"字牌月饼被撤出柜台。（摘录于相关报纸杂志）

案例分析：

谁也没有预料到南京冠生园事件被媒体曝光后造成的恶劣影响如此深远，月饼市场遭遇了前所未有的寒冬。据统计，2001年的月饼市场销售量较1999年整体滑坡四成。最惨的要数南京冠生园的同姓兄弟企业，原

---

① 张继焦、帅建淮编著：《成功的品牌管理》，中国物价出版社2002年版，第227—230页。

② 张继焦、丁惠敏、黄忠彩主编：《老字号蓝皮书——中国"老字号"企业发展报告No.1（2011）》，社会科学文献出版社2011年版，第12—16页。

③ "南京冠生园月饼事件"的案例及其分析，引自张继焦、帅建淮编著《成功的品牌管理》，中国物价出版社2002年版，第232—233页。

本以为挂上冠生园就能沾点老字号的光，谁知竟受了牵连——成了一条绳上的蚂蚱，全栽了进去。老字号所遵循的诚信老理儿一直给人们留下深刻的印象，如今却蒙上了巨大的信誉阴影，失去了消费者的信任，老字号便危险了。经济是实力，文化是魅力；有了经济才有地位，而有了文化就有了品位，老字号给我们留下了无可估算的精神财富和文化内涵，我们也应该学会去继承、去维护、去发展，中华老字号才能在新时期展现新的光彩。

结合品牌诊断的三要素来进行分析，我们可以清晰地发现这次事件可以说是导致"南京冠生园"品牌的"知名度"急剧上升，然而对于美誉度可以说降至极点——引发了整个行业的震动，一个中华老字号就有可能没落在这件事情当中。希望此案例能对众多只重视品牌知名度建设而忽视品牌美誉度建设的企业有所借鉴。

第二种情况：$A = B > C$。即品牌知名度等于品牌美誉度，但大于品牌忠诚度。其形状为等腰锐角三角形。一般情况下，比较成熟的品牌会遇到这种情况。企业在市场中已经建立了比较强大的品牌知名度与美誉度，但由于某种原因没有建立起消费者对此品牌的忠诚度。其主要原因有三：（1）企业品牌定位不够明确；（2）品牌过度延伸；（3）企业对品牌的后续宣传力度不够。其实处于这个层次的企业已经相对比较成功了。在当代中国，已产生了许多处于这种状况下的企业品牌如海尔、联想等。对于这类品牌，企业一定要注意精心维护已经建立起来的品牌知名度与美誉度，并进一步加强对消费者品牌忠诚度的建设。

第三种情况：$A = B = C$。即品牌知名度等于品牌美誉度与品牌忠诚度。其形状为等边三角形。这是一种企业品牌比较理想的状态。处于这个层次的品牌已经获得了较高的知名度、美誉度与忠诚度。比如，北京老字号中的同仁堂、全聚德，已经名冠天下。企业需要做的就是要加强对现有品牌的维护与管理，密切留意市场上新的发展动态，跟踪消费者需求的变化趋势，并不断研制出适合品牌特性的新产品或改进现有产品使其能够满足消费需求的不断变化。

通过对品牌三角形模型的分析中，我们可以发现众多"老字号"企业的"软肋"是品牌美誉度与忠诚度，特别是品牌忠诚度，因为其直接对消费者的重复购买产生影响，也是众多知名企业保持其强大的市场占有率的法宝。

(2)"老字号"的企业转型:对工业化、城市化、市场化的应对

目前,"老字号"需要企业转型,因为它们面临着来自工业化、城市化、市场化三大方面的冲击。

第一,工业化的冲击与"老字号"的企业转型。"老字号"将从传统的作坊式小规模生产或前店后厂式的经营,转变为大规模的工业化机械制造和多店面的连锁经营。互联网、电子商务以及全球经济一体化的迅猛发展,正在对企业的管理造成巨大冲击,中国企业开始重新审视和改进自己的管理模式了。企业改革的方向应该是真正按照"链"的特征改进企业的业务流程和组织结构,使企业的供、产、销或进、销、存系统形成一条珍珠般项链"价值链"。[①]

第二,城市化的冲击"老字号"的企业转型。不少老字号通常是繁华闹市区人流聚集的经营场所。城市的建设和发展往往会影响到老字号的生存和发展。一旦实施修建新公路、新商场、新住宅区等城市改造工程,老字号的店址就很容易受到影响。比如,北京市的永安茶庄成立以来已经多次搬迁:1935年创办时,位于北京前门外西珠市口大街东头路南;1987年,在前门西珠市口大街原址翻修,恢复老字号营业;1994年8月,再度翻修;2003年4月,迁址于珠市口西大街27号;2008年4月,永安茶庄迁址到西城区煤市街1号。据调查,广州市政府已在荔湾区对泮塘路进行修整,搞起了广州手信一条街,再次引进了广州酒家、北园酒家、皇上皇等老字号,打造老字号手信街,为方便游客带走"老西关味道"[②],更希望游客们能"食过返寻味"。

第三,市场化的冲击"老字号"的企业转型。老字号,蕴含着老客户群,消费者的老需求或传统型的需求。各家老字号正在应对两种新的消费人群或者两种新的消费需求:新一代的客户群,主要为年轻人的时尚消费;外来的客户群,主要为外来游客的旅游消费。关于营销上"关注消费者的新需求"方面采取的措施,我们2013—2014年的问卷调查显示,"老字号"企业最常采取的措施是"收集消费者反馈信息"(33.5%),

---

[①] 张继焦:《价值链管理:优化业务流程、提升企业综合竞争能力》,中国物价出版社2001年版,第1页。

[②] 泮塘在广州西关,故称"西关"。泮塘路位于荔湾区"西关民居民俗风情区"的入口,南起龙津西路荔湾湖公园正门口,北接中山八路。扩宽石路头街建成。长396米,宽26米,双向4车道,属于城市交通次干道。2003年3月动工兴建,4月下旬竣工通车。

排在第一；其次是"迎合时尚消费"（14.6%），排在第二；再次是"增加环保和绿色产品"（14.2%），排在第三。很明显，"收集消费者反馈信息"受到了高度的重视，其所占比例超过三成，比排在第二和第三的选项都约高出 20 个百分点。我们也可以看到，"老字号"企业也在与时俱进谋求发展，非常注意"迎合时尚消费"和"增加环保和绿色产品"。①

总之，对老字号企业来说，其价值链的各项业务活动间的联系不仅存在于老字号企业价值链内部，而且存在于老字号企业价值链与供应商和渠道的价值链之间。简而言之，价值链就是从供应商开始直到顾客价值实现的一系列价值增殖活动和相应的流程。企业竞争不是发生在企业与企业之间，而是发生在企业各自的价值链之间的。只有对"老字号"价值链的各个环节（业务流程）实行有效管理的企业，才有可能真正获得市场上的竞争优势。

四 第二个层次：中观地对老商街的聚集经济分析

1. 相关理论——聚集经济理论

对老字号集聚的老商街进行分析，属于第二层次，中观地对城市局部地区——老商街的研究。主要使用聚集经济理论。

聚集经济（Economies of Agglomeration），也称聚集经济效益、聚集规模效益，是指企业向某一特定地区集中而产生的利益，是城市存在和发展的重要原因和动力。老字号的集聚效应主要体现在城市老商街的聚集。

20 世纪 80 年代末，经济活动在地理上的聚集现象开始受到主流经济学派的关注，特别是 90 年代以来，聚集经济研究的新理论、新方法和新成果不断出现，且研究聚集经济各学派的理论交叉融合的趋势尤为明显，产生了许多有说服力的新学说。在这些新理论学说中，尤以新经济地理学、新经济增长理论、新马歇尔理论、创新经济学和地区竞争优势理论最为突出。集聚效应是一种常见的经济现象。比如，产业的集聚效应，最典型的例子当数美国硅谷，聚集了几十家全球 IT 巨头和数不清的中小型高科技公司。又比如，在经济发达的珠江三角洲地区，佛山的"佛山陶瓷"，南海的"盐步内衣"，中山市的"古镇灯饰"，东莞市

---

① 张继焦、刘卫华主编：《老字号绿皮书——老字号企业案例及发展报告 No. 2（2013—2014）》，中央文献出版社 2014 年版，第 4 页。

的"虎门服装",广州的"新塘牛仔服装"等,分别申请注册集体商标,用法律手段保护这一产业区域品牌不受非法损害,并提升区域品牌核心竞争力。

2. "老商街"案例:昆明、广州、上海、北京

现阶段,主要的商业街发展模式:(1)"一站式"购物街,(2)功能主题化专业街,(3)"生活街"模式,(4)民俗休闲商业街模式,(5)商旅文融合型商业街模式,(6)城市交通复合体模式,(7)社区商业模式,(8)仓储式商业街等。

"老字号"企业在老商街为何往往群居在一起而不是分居的?集聚为什么有助于产生竞争优势?

(1)昆明的老字号、未办成的老字号一条街①

2006年12月,由国家商务部评出的第一批430家获得"中华老字号"称号的企业中,云南企业共有11家,其中有7家是昆明市企业:昆明吉庆祥食品有限责任公司(注册商标:吉庆)、昆明冠生园食品有限公司(注册商标:梅花)、昆明酿造总厂(注册商标:昆湖)、昆明桂美轩食品有限公司(注册商标:桂美轩)、昆明福林堂药业有限公司(注册商标:福林堂)、昆明老拨云堂药业有限公司(注册商标:老拨云堂)、昆明饮食服务有限公司(注册商标:建新园)。② 于是,2006年12月30日,昆明市老字号企业协会成立,共有成员32家,分别来自食品、药业、工艺品、服饰、眼镜等行业。在协会成立后的首次理事单位会议上,通过选举,昆明桂美轩食品有限公司董事长陈静当选为会长,成为协会的"女当家"。陈静还说出了自己的一个愿望,希望昆明能有一条专门经营老字号企业产品的"老字号一条街",让昆明人及来昆明旅游的人们都能方便地买到具有昆明特色的老字号产品。③ 但是,到目前为止,昆明还没有建成这个"老字号一条街"。

---

① 笔者2007—2009年多次到昆明,2014年4月曾到昆明考察老字号企业。

② 云南的其他4家"中华老字号"企业:云南省腾冲制药厂(注册商标:腾药)、昭通月中桂食品有限责任公司(注册商标:月中桂)、云南通海宏斌绿色食品有限公司(注册商标:调鼎斋)、云南通海民族银饰制品有限公司(注册商标:孔雀牌)。

③ 新华网云南频道:《昆明老字号协会成立,擦亮"中华老字号"招牌》,《春城晚报》2006年12月31日。

(2) 广州老字号、刚建成老字号一条街①

广州市人民政府,于 2001 年 3 月 25 日举行《广州历史文化名城保护条例》施行二周年纪念日暨广州市第一批"老字号"授匾仪式,向首批 27 家"老字号"授匾。广州老字号一条街首期投资总计约 3000 万元,2013 年 10 月落成,一、二期整体 2014 年 6 月底完工。选址在越秀区北京路北段及相邻的中山四路、广卫路、昌兴街等路段建。集展示、体验、旅游、购物于一体,为老字号的重振、延续、创新发展搭设载体。首批共 10 家企业获得进驻。其中包括广州酒家集团股份有限公司、广州市宝生园有限公司、广州王老吉大健康产业有限公司、广州金银首饰有限公司、广州皇上皇集团有限公司、广州市沧洲肉食制品有限公司、潮州市湘桥区碧丽嘉潮绣工艺坊、广州市越秀区锦泉眼镜店、广州市越秀区仁信甜品店(佛山市顺德区仁信甜品店)、广州风行牛奶有限公司。

(3) 上海南京路——中华商业第一街②

上海南京路,曾经被誉为"十里洋场",如今被称为"中华商业第一街"而名冠中华,这是因为在这里有着许多的老字号店铺为世人所难忘。比如,一条街上仅仅食品土特产行业就有"邵万生""老大房""三阳""泰康"几家交相辉映的商贸景观。不少老字号商店还把"始创于清光绪×年""始创于清咸丰×年"的"祖传宝贝"摆放在了最显眼的位置。南京路的老字号文化,是上海商业最宝贵的财富。前几年,这些老字号进行了外立面整修,把上海老字号的文化底蕴提炼出来了。

从 2002 年开始,南京路上的老字号企业向"旗舰店"和"形象店"全面转型。有些老字号商店的外观,以中国古典建筑的飞檐做装饰,使用了民俗文化中大俗大雅的金色、红色作为外立面的主色调。上海南京路步行街上出现了一批历史悠久的老字号商店的旗舰店,它们以"旗舰 + 连锁"的现代商业模式迎接即将到来的冲击波,并采用连锁业态向上海全市乃至全国扩张网络。

(4) 北京的老字号、各具风格的几条老商街③

第一,老北京南城的传统商业街区。

---

① 笔者 2012 年 12 月和 2013 年 11 月,曾两次到广州考察老字号企业。
② 笔者 2010—2011 年多次到上海,2013 年 6 月曾到上海考察老字号企业。
③ 笔者 2011 年 6 月和 2013 年 11 月,曾在北京两次考察老字号企业。

老北京南城的传统商业街区，由前门大街、鲜鱼口街、大栅栏街共同构成，这一带汇聚了北京著名的老字号餐饮、戏园、茶楼和手工艺作坊等，是典型的北京民俗市井商业区域。

● 前门大街

2008年9月7日，北京著名的商业街——前门大街，经过了一年多的修缮，正式开街，重现清末民初时最繁华的商业街铺比邻模样。全聚德烤鸭店、都一处烧麦馆、壹条龙饭庄、大北照相馆、庆林春茶庄、亿兆百货、长春堂药店、中国书店、月盛斋酱牛羊肉馆、张一元茶庄、尚珍阁工艺品店、谦祥益衣帽店等12家老字号，重回"根据地"。封存了一年多的全聚德百年炉火将再度燃起①。都一处烧麦馆、壹条龙饭庄都将以"老样子"亮相前门大街。

● 大栅栏

大栅栏的老字号有：同仁堂药店总店、张一元茶庄、祥义号绸布店、内联陞鞋店、瑞蚨祥绸缎店、步瀛斋鞋店、大观楼影院（中国电影诞生地）、狗不理包子店、张小泉刀剪店、云南商店等。

● 鲜鱼口街

北京鲜鱼口街成市于明朝正统年间，至今已有570多年历史。1999年，被列为北京市历史文化保护街区；2004年，被划为北京25片历史文化重点保护区之一。从2007年起，北京市东城区政府每年拨专款1000万元人民币扶持老字号发展。此次鲜鱼口招商计划中，老字号的比例超过70%，京味儿老字号不低于老字号总数的70%。经过改造后的鲜鱼口街两侧总建筑面积约5.6万平方米，延续原有的业态和历史风貌。重新聚集了大批老字号店铺，延续原有的业态特色和历史风貌，成为展示古都文化、京商文化的重要窗口。2011年5月8日上午，鲜鱼口美食街正式重新开街，便宜坊、天兴居炒肝、锦芳小吃、永丰莜面、烤肉季、金糕张、天源酱园、炸糕辛、力力餐厅、锅贴王等12家老店铺当天开门迎客。

第二，老北京风情街。

2009年7月12日，老北京风情街在王府井隆重开街，再现了老字号

---

① 全聚德前门店是"全聚德"品牌的起源店，此次改造，在原址复原的"老门面墙"最吸引人。这面墙始建于1888年，连每块砖以及门窗的位置都是原版，是"全聚德"百年发展史最古老的见证，重现了20世纪初期前门大街老字号店铺的风格。

汇聚老北京庙会热闹的市井景象。在王府井步行街，沿好友商场北侧的大甜水井胡同向西行 100 米，跃入眼帘的就是老北京风情街的北门。沿街可以看到栩栩如生的"北京大爷""祥子与洋车""卖糖葫芦""老掌柜"等，反映了老北京百姓生活的景观雕塑；沿街布置了多幅老照片，有 100 多年前的朝阳门、东直门、西直门、阜成门、崇文门等城楼景观，再现了古都的历史风貌；沿街还汇集了庙会里常见东西，比如拉洋片、吹糖人、糖葫芦、棉花糖、捏面人、抖空竹、风筝等"非遗"项目。整个街面布局继承了老北京四合院的建筑传统，风情街东、西、北侧各有一座复古牌楼。院落南侧是利用原经济日报社的废旧厂房改建的主楼，主楼的 3 个通道上方分别悬挂着"东安门""安定门""西安门"牌匾。主楼一层卖的是北京烤鸭、北京果脯、牛栏山二锅头、老北京布鞋、景泰蓝、稻香村等北京特产；二层不仅有北京烤鸭、北京涮羊肉、粗粮馆，还有美食广场，经营的 400 多个品种，150 余种老北京风味小吃将豆汁儿、焦圈、炸糕一网打尽。在老北京茶馆内，一些老艺人表演天桥绝活儿：京剧、曲艺、相声等节目。

3. "老字号"在"老商街"集聚的分析

从上文所述广州、上海、北京等城市的几条特色老商街，如广州老字号一条街、上海南京路、老北京南城的传统商业街区（前门大街、鲜鱼口街、大栅栏街）、王府井的老北京风情街等，我们可以看出，"老字号"在"老商街"结网和集聚的效应、"老字号"对老商街的植根本地与区域认同等特点。

（1）"老字号"对老商街的植根本地与区域认同

"老商街"区域认同是"老字号"企业在文化上的一种归属感，商街内"老字号"企业都认识到，自己属于所在的老商街，"老字号"企业文化与"老商街"区域文化相协调，区域优势对企业的竞争优势有举足轻重的影响。"老字号"植根本地"老商街"就是立足本地、扎根本地，可以将自己的战略选择与"老商街"发展甚至城市发展联系在一起。

（2）"老字号"在"老商街"结网

"老字号"在当地结网，使"老商街"区域内形成网络型产业组织结构，这对区域的竞争优势具有重要的意义。在信息不完全的世界里，寻找合作伙伴的过程在很大程度上取决于"老字号"企业间最初的关系以及其他企业之间的相互关系。"老字号"结网是企业发展战略和区域发展理论中新的重要概念。结网就是企业在激烈竞争的同时，跨越边界，选择性地与其他企业和机构结成长期的、稳定的、互惠的关系。"老字号"结网的方式，既可以是正式的契约，也可以是大量存在的随时发生的非正式交流。

（3）"老字号"在"老商街"的集聚效应

波特指出：产业聚集主要是在某些特定领域中，一群在地理上邻近、有交互关联的企业和相关法人机构，并以彼此的共通性和互补性进行的经济联结。群聚区能够提高生产率，能够提供持续不断的公司改革的动力，促进创新，能够促发新的经营方式或新企业的诞生。产业聚集通常涵盖不同的产业，产业聚集的大小、广度和发展状态也各不相同。产业地理集中有利于地区竞争力的提高，它是地区竞争优势的重要来源。[①] "老字号"在"老商街"的集聚效应至少包含着两个命题：第一，没有集聚就没有竞争优势。第二，集聚并非简单的企业集中。集聚很多"老字号"的"老商街"具有诸多天生的竞争优势。

五　第三个层次：宏观地对城市竞争力的整体性分析

宏观地对城市竞争力的整体性分析，涉及城市竞争力与老字号、老商街的关系。

1. 相关理论——城市竞争力理论、"地方法团主义"理论

（1）城市竞争力理论

欧洲学者最早关注城市竞争力（Urban Competitiveness）问题。他们将城市经济的增长或衰退作为评价城市竞争力的标准。迈克尔·波特（Michael E. Porter）的"钻石"理论（又称"菱形"理论、"国家竞争优势"理论），主要从组织经济学、创新经济学和经济地理学的角度来研究产业聚集现象，提出了地区竞争优势理论。[②] 波特的地区竞争优势理论，研究的是微观层面产业的竞争力及宏观层面上的国家竞争优势。因此，可以借用波特的理论模型来研究建立城市竞争力的理论模型。

美国学者彼得·卡尔·克拉索（Peter Karl Kresl）等一些学者，运用10年或15年的数据，对40个美国城市和7个加拿大城市进行了排名。

---

① 参见［美］迈克尔·波特《国家竞争优势》（1990），李明轩、邱如美译，中信出版社2012年版。

② 同上。

在他们的回归模型中,解释变量被分为 8 个一级变量、5 个二级变量,其中二级变量是对一级变量的解释。他们采用了一个由 3 个变量组成的复合变量。这 3 个变量分别是制造业增加值的变动、零售额的变动以及专业和商业服务的变动。每一个变量的权重为其产值在三者总产值中所占的比重,然后加权平均为一个复合变量。[①] 迪斯(I. Deas)和吉尔丹(B. Giordam)提出了"资产—产出"模型:竞争性资产被分为经济、政策、自然和社会环境四类,同时这些竞争性资产与厂商以及城市的竞争性产出是相互作用、相互联系的。联结城市资产和产出的是当地政府的有效性、当地参与者动员的有效性以及发展规划的适宜性。[②] 也就是说,只要政府机构高效、市民积极参与、城市的发展规划适宜得当,那么城市的竞争性资产就能转变为竞争性的产出。中国学者倪鹏飞于 2001 年开始采用一个由四个变量组成的复合变量来表示城市竞争力。这四个变量分别是综合市场占有率、综合长期经济增长率、综合地均 GDP 和综合居民人均收入水平。[③] 目前,中国与国外学者联合开展城市竞争力的理论探索和实证研究。[④]

老字号、老商街都是城市发展中的竞争性资产,是体现城市竞争力的重要因素。不仅体现在工业竞争力、商业竞争力和服务业竞争力三种竞争力上(特别是后面两种竞争力),而且体现在制造业增加值的变动、零售额的变动以及专业和商业服务的变动等三个变量上(特别是后面两种竞

[①] Kresl, Peter Karl and Singh, B., 1995, The competitiveness of cities: the United States, in OECD (ed.) Cities and the New Global Economy, Melbourne, pp. 424 – 446; Kresl, P. K. and Singh, B., 1999, Competitiveness and the Urban Economy: Twenty – four Large US Metropolitan Areas, Urban Studie, 1999, Vol. 36, (5 – 6), pp. 1017 – 1027; Kresl, P. K. & Sobrino, Jaime, 2013, Handbook of Research Methods and Applications in Urban Economies, Edward Elgar.

[②] Deas, Iain & Giordano, Benito, 2001, "Conceptualising and Measuring Urban Competitiveness in Major English Cities: An Exploratory Approach", Environment and Planning A, Vol. 33 (8), pp. 1411 – 1429.

[③] 这四个变量的权重通过模糊曲线法来确定。他认为影响城市竞争力的因素分为硬因素和软因素两类。硬因素包括人才、资本、科技、环境、区位、基础设施和经济结构;软因素包括文化、制度、政府管理、企业管理和开放。参见倪鹏飞《中国城市竞争力理论研究与实证分析》,中国经济出版社 2001 年版。

[④] 参见倪鹏飞、[美] 彼得·卡尔·克拉索《全球城市竞争力报告(2005—2006)》,社会科学文献出版社 2006 年版;倪鹏飞、[美] 彼得·卡尔·克拉索《全球城市竞争力报告(2009—2010)》,社会科学文献出版社 2010 年版。

(2)"地方法团主义"理论

从老字号、老商街的角度,看城市竞争力,看一个城市的发展,我们需要一种叫作"地方法团主义"理论视角。

林南明确地将地方性作为一种既不同于政府也不同于市场的资源配置因素,也是资源配置过程中发挥作用的社会因素。地方性概念可以是一个村,也可以是一个乡,甚至是一个地区(如一条老商街、一个城市)。在一定程度上,老字号、老商街都是城市发展的地方性因素。在中国,对资源配置进行分权化改革,放权让利的结果并非落实到市场中的基本单位——个体头上,而往往是集中于地方政治精英的手中,中央的分权导致了地方上的集权。这些地方权力精英尽管缺乏现代教育,却很熟悉当地的风土人情,能够聪明地以当地特有的方式应对发展中的种种问题。所谓"上有政策,下有对策"。他们所采取的方式,就是民间社区生活实践中约定俗成的,并非溯源于法律,却是社会中每位成员都应该遵循也自觉遵循的规矩。这些规矩可以看作地方习俗、惯例或土办法、土政策。因此,地方内部资源的管理和分配原则不是关于权利与义务的理想准则,而是地方性文化传统。在一定程度上,地方性文化传统或多或少地改变了市场竞争的原则或其作用的范围,也改变了政府行政权力的政策、法规及其影响范围。在地方与地方之间的交易中,人们依据平等交换原则,进行着铁面无私的自由竞争;在地方内部,实行的却是有情有义的"关系"原则,"按土办法办"的原则。林教授将之归纳为"对内协调,对外竞争"八个字。正是由于地方性这个变量的作用,中国不会走向西方式的自由竞争的市场经济道路,而会因地方性力量的强弱不均而在不同地区形成不同的发展模式。[①] 英国学者沙北岭(Shaun G. Berslin)在分析中

[①] 华裔美籍社会学家林南教授对中国的社会转型与资源配置有一套独到的见解。他认为,中国现在发生的社会转型,主要有三个变量在重新组合和发挥着资源配置的作用:地方性(Local)、市场机制(Market)、社会主义(Socialism)。"社会主义"指的是过去靠计划性行政权力控制绝大多数资源的情况,以及集体经济形式的惯性延续,此为变动着的政治因素;市场机制是正在引进并日益主要的过程,此为变动着的经济因素;"地方性"包括地方观念、乡土观念、地方法团主义等内容,其中,最重要的内容是地方法团主义,"是这样一种制度安排,它包括一个等级排列的组织体系,一个中心权威,一个职能统一体,具有地方性的需要,面临内在协调和外在竞争的双重依赖"则是传统文化的因素,是在改革中发挥作用的社会因素。参见 Nan Lin, 1995, Local Market Socialism: Local Corporation in Action in Rural China, in *Theory and Society: Renewal and Social Theory*, Vol. 24/3, pp. 301–354。

国经济改革的研究中,也注意到由于地方主义的发展,既出现一些符合理性逻辑的现象,存在着一些非理性化、非正规制度化的现象①。

2. 民族文化的新功能——对老字号、老商街与城市竞争力的分析

老字号和老商业街具有传统文化特征。老商街是消费的地方,消费不仅仅是购物,消费涉及生理和心理的需要。玛丽·道格拉斯（Mary Douglas）和巴龙·伊舍伍德（Baron Isherwood）认为,"所有社会中出现的消费,都是'跨越商业范围的';也就是说,消费不限于商业系统,相反,它总是既表现为一种文化现象,又表现为一种经济现象。它既与意义、价值及交流有关,又和交换、价格及经济关系有关"。② 消费的多种特性是消费观念、习俗、时尚、潮流等消费文化的成因。

由老字号和老商街传下来的社会习俗、惯例、传统等都与市场活动有着不可分割的联系。制度经济学鼻祖凡勃伦在《有闲阶级论》中指出,市场制度就是由大多数人普遍接受的、固定的思维习惯所组成的。③ 沿着这种学术思路,康芒斯经过研究也发现,一方面,市场交易乃是社会关系的交换,而习俗与惯例是构成一切人类关系的基础原则;另一方面,任何一个行为者在进行交易时,都必须熟悉沿袭下来的老规矩,按大家惯常的办法行事。④ 换言之,市场竞争绝不是自然的"生存竞争",而是一种人为的安排,是由符合集体行为的道德、符合共同经济利益的习俗与惯例支配着的。从制度角度看,大传统代表的是官方的正式制度,而小传统代表的是民间的非正式制度,比如,老字号、老商街所保留的一些地方性知识和制度。透过这一小传统,我们或许可以明了地域性民间习俗在国家经济和当地群体生活中如何扮演资源配置者的角色。"老字号"和"老商街"所保留的传统商业习俗与惯例是竞争的行为规范,也是激烈竞争的安定剂。

费孝通先生曾说:"强调传统力量与新的力量具有同等的重要性是必

---

① [英]沙北岭:《中国经济改革的逻辑与非逻辑——地方主义的发展》,(香港)《中国社会科学季刊》1996年夏季卷总第15期。

② Douglas, Mary & Isherwood, Baron, 1979, *The World of Goods*: *Towards an Anthropology of Consumption*, New York: Basic Book.

③ 参见[美]托尔斯坦·本德·凡勃伦《有闲阶级论》(1899),蔡受百译,商务印书馆1964年版。

④ 参见[美]约翰·康芒斯《制度经济学》,于树声译,商务印书馆1962年版。

要的，因为中国经济生活变迁的真正过程，既不是从西方社会直接转渡的过程，也不仅是传统的平衡受到干扰而已。"①

老字号不仅是一种商业单位，事实上它也是地域性人群的集体记忆，通过老字号长期性的、跨世代的营运，老字号成为特定地域人群的共同集体记忆，构成地方性知识象征体系的一部分。当过去的集体经验被赋予了特定的文化意义，就可以成为一个群体的特殊性文化资本，以区别于其他的群体，增强群体的凝聚力。为了再现集体记忆，人们通过群体活动，在想象中对过去反复进行重演，甚至利用了所谓"客观的证据"，创制了传统，这种传统就如同 E. 霍布斯鲍姆 T. 兰格所说的是一种传统的发明，"它有别于过去的传统节庆意涵，是为了凝聚及延续一个社会人群，某些记忆被挑选出来重组成新的集体记忆，而背后的根本动机往往是现实中的某种共同利益"②。这种集体记忆的再现或重塑可能达到这两种目的：一是获得团体成员的认同，建立群体凝聚力；二是建立某种地位或关系的权威性或机构的合法性。这两种目的都需要策略性的叙事方式。

现阶段，各种商业街面临着激烈的市场竞争，竞争对手、方式的多元化、复杂性促使商业街去发现、建立难以复制、难以替代的特殊价值。老商业街文化能在消费者心目中形成潜在的文化认同和情感眷恋，让逛街、购物的过程成为一种与众不同的消费体验和个人情感的释放，从中获得美好的生活体验和精神满足感。这也正是各城市政府愿意投资大力保护和发展"老字号"和"老商街"的重要原因。

"老字号"在"老商街"的集聚效应，要求各城市政府在城市发展的招商引资过程中，一定要注意集聚很多老字号的"老商街"具有诸多天生的竞争优势。老商业街文化的形成是一个长期积累的过程，难以复制、不易替代，且形成之后又反过来支配着人的行为模式。文化既有共性，又有差异。商业街文化的特性使其在新的市场条件下对商业街的发展产生越来越大的影响，国际国内一些著名的商业街都越来越重视商业街文化的塑造。"老字号"和"老商街"拥有独特的文化特质，正在成为有效提升商业街竞争力的重要手段。

---

① 费孝通：《江村经济》(1939)，江苏人民出版社 1986 年版，第 1 页。
② 王明珂：《集体历史记忆与族群认同》，《当代杂志》1993 年第 91 期，第 6—19 页。

六 讨论与小结

1. 讨论：如何将"自下而上"与"自上而下"两种视角结合起来

作为学者，我们比较常用的是上述的这种"自下而上"研究思路或分析框架，即将微观地分析老字号企业作为第一个层次，将中观地对城市局部地区——老商街（特别是对老字号集聚的老商街）进行研究作为第二个层次，将宏观地或整体地对城市竞争力（其中涉及城市竞争力与老字号、老商街的关系）进行分析作为第三个层次。

其实，现实世界中还有另一种常用的分析思路是城市政府经常使用的思路。与学者使用的"自下而上"视角不同，这是一种"自上而下"视角。它也分为三个层次：第一个层次为宏观地或整体地对城市竞争力进行分析，具体表现为"城市发展规划"。在顶层设计的框架下，把老字号、老商街放在城市发展规划中来考虑。第二个层次为中观地对城市局部地区——老商街和行业发展的研究，具体表现为"商业街发展规划""城市行业发展规划"。把老字号放在商业街的发展规划中进行研究。第三个层次为老字号企业微观分析，只是上述两种政府规划的基础性研究。

如何将学者常用的"自下而上"研究思路与城市政府常用的"自上而下"工作方式两种视角，更好地结合起来，是我们这一代学者和政府官员共同面临的问题。

2. 小结

老字号和老商业街具有传统文化特征。由"老字号"和"老商街"传下来的社会习俗、惯例、传统等都与市场活动有着不可分割的联系。透过老字号、老商街及其商业传统，我们或许可以明了地域性民间习俗在国家经济和当地群体生活中是如何扮演资源配置者的角色的。"老字号"和"老商街"所保留的传统商业习俗与惯例是竞争的行为规范，也是激烈竞争的安定剂。

"老字号"企业文化与老商街区域文化是相互协调的。"老字号"植根本地"老商街"就是立足本地、扎根本地，可以将自己的战略选择与"老商街"发展甚至城市发展联系在一起。今后，我们的"老字号"研究，将注意跟"老商街"和城市发展相结合，为各地城市发展提供更多的智力支持。

第二节 "自上而下"的视角：对城市竞争力、老商街、老字号的分析

如何将我们非城市规划学者常用的"自下而上"研究思路与城市政府官员和城市规划类从业者常用的"自上而下"工作方式两种视角，更好地结合起来，是我们这一代学者和政府官员共同面临的问题。

一 研究思路：从"自下而上"到"自上而下"

与上述"自下而上"研究思路或分析框架不同，现实世界中还有另一种"自上而下"常用的分析思路，这是城市政府官员和城市规划从业者经常使用的思路。它也分为三个层次，但与"自下而上"的视角相反：第一个层次为宏观地或整体地对城市竞争力进行分析，具体表现为"城市发展规划"。在顶层设计的框架下进行城市发展规划，把老商街、老字号分别作为局部地区或个别因素放在其中。第二个层次为中观地对城市局部地区——老商街和城市行业发展的规划，具体表现为"商业街发展规划""城市业态发展规划"。老商街上的各家老字号情况，只是这两类发展规划的个案性参考资料。第三个层次为老字号企业个案性微观记录和描述，只是制订上述两种城市政府规划的个案性、基础性资料。

二 "自上而下"的三层次分析

1. 第一个层次：宏观地对城市竞争力的整体性分析

如果我们要宏观地对城市竞争力的整体性进行分析，涉及城市竞争力与老字号、老商街的关系。

城市是某个区域内的经济、教育和文化中心，如今各个城市政府都在你争我赶地发展自己。特别是自 2008 年以来，中国先后将十几个区域规划[①]，上升到国家战略层面，如此众多的区域和城市发展规划的密集出台，将中国各地的城市推向了激烈的竞争之中。我国目前城镇化水平达到

---

① 自珠三角一体化发展发轫，至海西经济区，关中—天水经济区，横琴岛总体发展规划，江苏沿海，图们江，黄河三角洲，乃至到 2012 年的鄱阳湖，皖江，海南国际旅游岛，乃至最近的新疆、西藏振兴，成渝经济区等，从东至西，从南到北，几乎全在国家发展战略的棋局之中。

约 55%，城镇化水平每提高 1 个百分点，都意味着资源配置效率的提高，而我国城镇化水平估计要达到 75% 才能稳定下来。① 各个城市蜂起争雄，如何增强城市竞争力，如何避免盲目发展，如何在未来竞争中实现新的飞跃，已成为各个城市政府最为关心的话题。

城市竞争力②不仅体现在工业竞争力、商业竞争力和服务业竞争力等三种竞争力上（特别是后面两种竞争力），而且体现在制造业增加值的变动、零售额的变动以及专业和商业服务的变动等三个变量上（特别是后面两种竞争力）。目前，中国与国外学者联合开展城市竞争力的理论探索和实证研究。

费孝通曾指出，传统的民族文化是一种资源，可以开发和利用，其中包括开发和利用民族文化的新功能。③ 在城市中，老字号、老商街作为民族文化的承载体，是城市发展的动力，也体现了城市竞争力重要组成部分。我们可以将老商街、老字号等，作为城市发展中的竞争性资产，是体现城市竞争力的重要因素。

中国几千年悠久的历史孕育出了一些文化底蕴深厚和发生重大历史事件的城市。1982 年 2 月，"历史文化名城"④ 的概念被正式提出。截至 2016 年 5 月 4 日，国务院已将 129 座城市（琼山市已并入海口市，两者算一座⑤）列为中国历史文化名城，并对这些城市的文化遗迹进行了重点

---

① 李培林：《新型城镇化与突破"胡焕庸线"》，《人民日报》2015 年 1 月 8 日。

② 城市竞争力是在社会、经济结构、价值观念、文化、制度政策等多个因素综合作用下创造和维持的，是城市为其自身发展在区域内进行资源优化配置的能力。具有五大特征：系统性、动态性、相对性、开放性与差异性。

③ 费孝通：《西部开发中的文化资源问题》，《文艺研究》2001 年第 4 期。

④ 国家历史文化名城是 1982 年根据北京大学侯仁之、建设部郑孝燮和故宫博物院单士元三位先生提议而建立的一种文物保护机制。国务院于 1982 年、1986 年和 1994 年先后公布了三批国家历史文化名城，共 99 座。此后，分别于 2001 年增补 2 座，2004 年增补 1 座，2005 年增补 1 座，2007 年增补 7 座，2009 年增补 1 座，2010 年增补 1 座，2011 年增补 6 座，2012 年增补 2 座，2013 年增补 4 座，2014 年增补 2 座，2015 年增补 3 座，2016 年增补 1 座（截至 2016 年 5 月 4 日），共计 130 座（此处为琼山和海口分开计算）。

⑤ 2002 年 10 月琼山市并入海口市。2006 年 11 月，根据国务院秘书二局的意见反馈，要将琼山历史文化名城更名为海口历史文化名城，会在当时已批准公布的 103 座国家历史文化名城中产生连锁反应，建议海口市重新呈报申报文件，直接申报海口为国家历史文化名城。2007 年 3 月 13 日，国务院正式批准海口成为国家历史文化名城。住房和城乡建设部、国家文物局做统计报告及海口市政府编制城市总体规划和历史文化名城保护规划时，均将海口和琼山视作一处。

保护。国家历史文化名城按照特点主要分为七类：（1）古都型城市：以古代王朝都城的历史遗存物、都城风貌为特点，如北京、南京、西安等。（2）传统风貌型城市：保存着一个或几个历史时期遗留下来的完整建筑群，如河南省商丘、山西省平遥等。（3）风景名胜型城市：当地建筑与山水环境相互辉映、特色鲜明，如桂林、苏州等。（4）地方及民族特色型城市：由地域特色、民族风情、地方文化等构成主体风貌，如丽江、拉萨等。（5）近现代史迹型城市：以历史上某一事件或某个阶段的建筑物或建筑群为显著特色，如上海、重庆等。（6）特殊职能型城市：某种职能在历史上占有极突出的地位，如"瓷都"景德镇、"盐城"自贡等。（7）一般史迹型城市：由分散在全城各处的文物古迹体现其主要历史传统，如济南、长沙等。

目前，中国历史文化名街已有 50 个。① 如天津市和平区五大道、广东省广州市沙面街、浙江省杭州市清河坊、山西省平遥县南大街、海南省海口市骑楼街（区）、西藏自治区拉萨市八廓街、福建省福州市三坊七巷等。

在城市中，老字号、老商街是代表传统民族历史文化的景观和商业经营场所。许多老字号都坐落在繁华闹市区人流聚集的地段。最近一些年，城市的建设和发展往往会影响到这些老商街和老字号的生存和发展。一旦实施修建新住宅区、新公路、新商场等城市改造工程，老字号的店址就很容易受到影响。据调查，广州市政府已在荔湾区对泮塘路进行修整，引进了广州酒家、北园酒家、皇上皇等一些知名老品牌，着力重建带有老字号味道的老商街，搞起了"广州手信②一条街"，为方便游客带走"老西关味道"③，更希望游客们能"食过返寻味"。

---

① "中国历史文化名街评选推介"活动，经中华人民共和国文化部、国家文物局批准，由中国文化报社联合中国文物报社举办，于 2008 年 7 月启动。已于 2009 年、2010 年、2011 年、2012 年、2013 年连续举办 5 届，每届推介 10 个，至今共评选出 50 个历史文化名街。评选参照历史要素、文化要素、保存状况、经济文化活力、社会知名度、保护与管理等六大标准。

② 广东话里的"手信"，就是人们通常出远门回来时捎给亲友的小礼物。并非按计划买来的大件或贵重商品，而信手捎来，故称"手信"。手信，是中国古代礼品称呼，最原始的称呼叫"贽"。《左传·庄公二十四年》记载："男贽，大者玉帛，小者禽鸟，以章物也；女贽，不过榛栗枣，以告虔也。"

③ 泮塘在广州西关，故称"西关"。泮塘路位于荔湾区"西关民居民俗风情区"的人口，南起龙津西路荔湾湖公园正门口，北接中山八路。扩宽石路头街建成。长 396 米，宽 26 米，双向 4 车道，属于城市交通次干道。2003 年 3 月动工兴建，4 月下旬竣工通车。

据笔者 2014 年 12 月在海南省的调查，国家历史文化名城海口市拥有一片中国历史文化名街——海口骑楼历史文化街区①，距今有 100 多年历史，是国内现今保留规模最大，保存基本完好的骑楼建筑群。20 世纪 30 年代，海口已有 35 个行业 572 家商铺，如"梁安记""云旭记""大亚旅店""泰昌隆""海口大厦"（俗称"五层楼"）、"远东公司"和"广德堂"等，许多大商号都在老街的骑楼里，展开不见硝烟的经营大战。2000 年以来，在城市化的进程中，海口市拥有历史记忆的骑楼正在逐渐消失。在海口市委和市政府领导下，海口市委宣传部、海口市文物局以及海口旅游投资控股集团公司致力于"海口骑楼建筑保护和综合整治项目"，开展申请"世界物质文化遗产保护"活动，努力把海口的骑楼老街纳入海南国际旅游岛和中国海上丝绸之路的建设中。2010 年 8 月 31 日上午，海口骑楼建筑历史文化街区保护与综合整治工程开工仪式在水巷口隆重举行，标志着海口骑楼老街保护和综合整治工作拉开序幕。近几年来，通过对街区内历史建筑修缮、文化发掘、旅游化改造，更新和增添基础设施，从而推动了街区旅游产业、文化产业和文化事业的转型升级，使街区真正成为集海口老字号和历史文化展示、休闲旅游观光、特色购物三位一体的历史文化老街，吸引了越来越多的本地居民、国内外游客前来观光购物和品味老海口魅力。2014 年 9 月，来自全国各地的城市规划专家对海口骑楼老街进行实地考察，对骑楼的开发和保护给予了充分肯定。

在中国快速的城市化进程中，大江南北的各个城市（如国家历史文化名城）和老商街（如中国历史文化名街），都面临着欧美各国以前和正在经历的城市更新②问题。在城市更新中，对老商街、老字号这些历史文

---

① 海口骑楼老街主要是得胜沙路、博爱北路、中山路、新华路、长堤路等五条老街，是海口城市的重要发源地。骑楼建筑最早见于 2000 多年前的古希腊，近代才流行于南欧及地中海一带，并传至东南亚。始建于 1849 年，20 世纪初一批批从南洋回来的华侨借鉴当时的南洋建筑风格大量投资。据统计，海口的骑楼式建筑占地面积约 2.5 万平方米，骑楼式建筑 200 余座，其中，中山路沿街两旁保留较为完整的骑楼式建筑最多，约 39 座。

② 城市更新是对城市中某一衰落的区域进行拆迁、改造、投资和建设，以全新的城市功能替换功能性衰败的物质空间，使之重新发展和繁荣。它包括两方面的内容：一方面是对客观存在实体（建筑物等硬件）的改造；另一方面是对生态、空间、文化、视觉、游憩等各种环境的改造与延续。1858 年 8 月，荷兰召开第一次"城市更新"研讨会。第二次世界大战后，西方国家一些大城市中心地区的人口和工业出现了向郊区迁移的趋势。面对这种整体性的城市问题，西方许多国家纷纷兴起了一场城市更新运动。现代意义上大规模的城市更新运动始于 20 世纪 60—70 年代的美国。

化遗产的保护和发展，已成为各位城市政府官员和城市规划类从业者遇到的烫手山芋。当中国经历了20世纪80—90年代的城市飞速发展之后，很多城市更新的问题开始显现，比如在城市改造中历史老街区与地方特色文化面临消失的危险境地。基于西方城市更新的历史和经验，80年代，陈占祥把城市更新主要定义为：城市"新陈代谢"的过程，这一过程既有推倒重来的重建，也有对历史街区的保护和旧建筑的修复等。① 这个观点比较强调城市物质环境，而对与城市相关的经济、社会、文化等各个方面涉及较少。90年代，吴良镛从城市的"保护与发展"角度，发表了一系列论文，提出了城市"有机更新"的概念。② 2000年以来，城市规划学者们开始注重城市的整体性与综合性建设，对"城市更新"提出了多种不同见解和观点，譬如：吴晨的"城市复兴"、张平宇的"城市再生"、吴良镛的"旧城保护"等。③

2. 第二个层次：中观地对老商街的聚集经济分析

在中国，谈到一个城市，人们总会自然地联想到这个城市的代表性商业街，比如，说到北京，必提王府井；说到上海，必提南京路；说到成都，必提宽窄巷子……这一条条经典老商街除了拥有热闹的街景和鼎沸的人群之外，还诠释着那座城市的历史沧桑，奠基着一代代人的传承文化。

目前，我国内地有国家历史文化名城129座，历史文化名街已有50个。20世纪90年代，在旧城改造的"现代化"浪潮中，许多古迹和老字号被损毁或被遗忘。最近一些，上海的豫园、云南的丽江等街区走热，人

---

① 陈占祥：《城市设计》，《城市规划研究》1983年第1期；陈占祥：《我对美国城市规划的印象》，《城市规划》1989年第2期。

② 吴良镛：《从"有机更新"走向新的"有机秩序"——北京旧城居住区整治途径》，《建筑学报》1991年第2期；吴良镛：《菊儿胡同试验的几个理论性问题——北京危房改造与旧居住区整治》，《建筑学报》1991年第12期；吴良镛：《展望中国城市规划体系的构成——从西方近代城市规划的发展与困惑谈起》，《城市规划》1991年第5期；吴良镛：《"抽象继承"与"迁想妙得"——历史地段的保护、发展与新建筑创作》，《建筑学报》1993年第10期。

③ 张更立：《走向三方合作的伙伴关系：西方城市更新政策的演变及其对中国的启示》，《城市发展研究》2004年第4期；张平宇：《城市再生：我国新型城市化的理论与实践问题》，《城市规划》2004年第4期；吴晨：《"城市复兴"理论辨析城市的未来就是地球的未来——肯尼斯·鲍威尔》，《北京规划建设》2005年第1期；吴良镛：《北京旧城保护研究（上篇）》（《北京规划建设》2005年第1期）和《北京旧城保护研究（下篇）》（《北京规划建设》2005年第2期）。

们重新认识到：底蕴深厚的老旧街区的文化产业开发可以为城市发展带来不菲的经济、社会效益，传统历史文化街区被视为城市社会的一种潜在财富和新增长动力。城市政府主管部门和城市规划人员等，在一定区域内，依托特有的历史文化、古代建筑等物质及非物质文化遗产，发展出商业旅游文化一体化的街区。例如，上海豫园商圈是基于嘉靖年间流传下来的私家园林，成都宽窄巷子体现了川西民居民俗等。

最近20多年来，各个城市之间面临着激烈的市场竞争，一个城市的"老商街"及其"老字号"，不但是这个城市的名片，也是这个城市发展中的竞争性资产，在一定程度上体现了这个城市的竞争力。在中国，越来越多的城市政府正在保护和开发一些老字号及其所在的老商街（比如：上海：南京路、豫园；北京：大栅栏、前门大街、鲜鱼口街、王府井；广州：下九路、北京路、中山五路等），并将其作为激活城市商业活力的方法。

1998年8月20日，上海市政府决定建设南京路步行街，由黄浦区人民政府负责实施，黄浦区建设发展有限公司承担施工建设，1999年9月20日竣工。南京路步行街一期工程，东起河南中路，西至西藏中路，长1033米。南京路昔日被誉为"十里洋场"，当今被称为"中华商业第一街"，这是因为此处有着许多令世人难忘的老字号店铺。比如，食品土特产行业有"邵万生""老大房""三阳""泰康"等几家老商号交相辉映。不少老字商号还把"始创于清咸丰×年""始创于清光绪×年"的"传家宝"摆放在了最显眼的位置。南京路的老字号，不但是上海市的城市名片，也是上海商业最宝贵的财富之一。从2002年开始，南京路上的这些老字号企业进行了外立面整修，向"旗舰店"和"形象店"全面转型，把上海老字号的文化底蕴提炼出来了。比如，有的老字号"旗舰店"或"形象店"的外观，以中式古典建筑的飞檐做装饰，使用了中华传统民族文化中大俗大雅的金色、红色作为外立面的主色调。上海市政府把老字号作为南京路上宝贵的商业文化遗产，把它们挖掘出来，作为城市发展新的竞争资产。

2001年3月25日，广州市人民政府举行《广州历史文化名城保护条例》施行二周年纪念日暨广州市第一批"老字号"授匾仪式，向首批27家"老字号"授匾。"广州老字号一条街"选址在越秀区北京路北段及相邻的中山四路、广卫路、昌兴街等路段建，首期投资总计约3000万元，

2013年10月落成，一、二期整体2014年6月底完工。广州市的这个老商街首批共10家企业获得进驻，包括广州皇上皇集团有限公司、广州酒家集团股份有限公司、广州市宝生园有限公司、广州王老吉大健康产业有限公司、广州金银首饰有限公司、广州市沧洲肉食制品有限公司、广州市越秀区锦泉眼镜店、广州风行牛奶有限公司等、潮州市湘桥区碧丽嘉潮绣工艺坊、广州市越秀区仁信甜品店（佛山市顺德区仁信甜品店）等，集文化展示、商业体验、旅游观光、逛街购物于一体，为老字号的重振、传承、创新与发展搭设载体。

2007年5月，北京市规划委员会和北京市发展和改革委员会制定的《北京市"十一五"时期历史文化名城保护规划》写道：鲜鱼口历史文化保护区①是"十一五"时期北京历史文化名城保护重点。具体为：按照"三快一缓"②原则，分区域③、有步骤推进前门鲜鱼口地区危旧房改造和风貌保护工作；完成前门大街、鲜鱼口街及前门东侧路沿线传统商业建筑的复原，并尽快向社会开放。北京市东城区政府从2007年起每年拨专款1000万元人民币扶持老字号发展。在鲜鱼口修缮之后的招商计划中，老字号的比例超过70%，京味儿老字号不低于老字号总数的70%。2011年5月8日上午，鲜鱼口美食街正式重新开街，经过改造后的鲜鱼口街两侧总建筑面积约5.6万平方米，重新聚集了大批老字号店铺：便宜坊、天兴居炒肝、锦芳小吃、永丰莜面、烤肉季、金糕张、天源酱园、炸糕辛、力力餐厅、锅贴王等12家老店铺当天开门迎客，延续原有的业态特色和历史风貌，成为展示古都文化、京商文化的重要窗口。

对老字号集聚的老商街进行分析，属于第二层次，中观地对城市局部地区——老字号集聚的老商街的研究。我们要问的是：老字号企业在老商街为何往往群居在一起而不是分居的？集聚为什么有助于产生竞争优势？

从上述上海、广州、北京等城市的几条特色老商街，如广州老字号一条街、上海南京路、老北京南城的传统商业街区（如鲜鱼口街）等，我

---

① 北京鲜鱼口街成市于明朝正统年间，至今已有570多年历史。1999年，被列为北京市历史文化保护街区之；2004年，被划为北京25片历史文化重点保护区之一。

② 三快一缓是指：三快，即前门西片区、市政道路及基础设施、弘善家园要加快建设；一缓，即前门东片区搬迁要放缓节奏、稳步前进。

③ 鲜鱼口历史文化保护区以规划的前门东侧路为界，西侧为前门西片区，东侧为前门东片区。

们可以看出,在"老商街"里"老字号"的结网、植根本地与区域认同和集聚效应等特点。各个城市政府在新一轮的城市发展规划中,不能忽视"老商街"及其"老字号"所具有的这些社会、文化、经济等方面的特征。

第一,"老商街"里"老字号"的结网。在"老商街"区域内,"老字号"在当地结网,形成网络型产业组织结构,这对"老商街"的区域竞争优势具有重要意义。在商业竞争环境里,由于市场信息不完全,寻找合作伙伴的过程在很大程度上取决于"老字号"创业之初与关系企业间的关系以及它们在交易往来和商业发展中的相互关系。"老字号"结网是企业价值链形成、企业发展战略和区域发展理论中一个新的重要概念。结网就是企业在激烈市场竞争条件下,经过一个时期选择性地与其他企业和机构结成稳定的、长期的、互惠的商业关系网络。"老字号"结网的方式,既可以是一个企业与其他企业之间基于正式契约的关系,也可以是一个企业与相关企业之间大量存在的、随时发生的非正式关系。

第二,"老商街"里"老字号"的植根本地与区域认同。"老字号"结网,有助于"老字号"在"老商街"区域文化上形成一种归属感。老商街内"老字号"企业都认识到,自己属于所在的这条老商街。"老字号"基于自己的商业关系网络,在"老商街"形成了互惠互利、共生共荣的植根本区的认同感。"老商街"区域文化与各家"老字号"企业文化相互协调、相辅相成,"老商街"的区域优势对各家"老字号"企业发挥各自的竞争优势,有着举足轻重的影响。"老字号"植根本地"老商街"就是立足本地、服务本地,可以将自己的市场战略选择与"老商街"发展甚至城市发展联系在一起。因此,在新一轮的城市化和工业化过程中,城市政府不能随意地把"老商街"推倒重建,也不能轻易地把街里的"老字号"迁走。

第三,在"老商街"上"老字号"的集聚效应。"老商街"里的"老字号"集聚效应至少有三层含义:第一,一条"老商街"没有"老字号"的商业集聚,就没有市场竞争力。第二,"老商街"的商业集聚并非"老字号"企业的简单集中。第三,在城市的新一轮发展中,需要挖掘的"老商街"因集聚众多"老字号"而拥有的诸多天生市场竞争优势。

笔者希望,各城市政府在城市发展规划(特别是老商街重振规划)的招商引资过程中,一定要考虑到"老字号"在"老商街"的集聚效应,一定要注意到集聚很多老字号的"老商街"具有诸多天生的竞争优势。老式商业街文化是经过长期历史积累而形成的,既难以复制,也不易替代,而且形成之后又反过来支配着人们的商业经营和消费行为模式。费孝通先生曾说:"强调传统力量与新的力量具有同等的重要性是必要的,因为中国经济生活变迁的真正过程,既不是从西方社会直接转渡的过程,也不仅是传统的平衡受到干扰而已。"① 商业文化既有共同性,又有差异性。老商街原有的这种文化特性使其在新的市场竞争条件下对商业街的复兴产生越来越大的影响,国际国内一些著名的商业街都越来越重视商业街文化的塑造或再造。拥有一批"老字号"的"老商街",自然地带着独特的文化特质,这不但已成为有效提升商业街竞争力的考虑因素,也已成为保持城市竞争力的重要手段。

3. 第三个层次:微观地对老字号的分析

20世纪90年代以来,各级政府有关部门都非常重视"老字号"企业的生存与发展问题。1994年,国家内贸部颁布过一批"中华老字号"。2006年,商务部开始实施"振兴老字号工程",同一年重新颁布了第一批"中华老字号"企业名录,共430家。2008年商务部等14部委联合,印发了《关于保护和促进老字号发展的若干意见》,进一步采取措施强力保护和发展"老字号"企业。2011年,商务部又颁布了第二批"中华老字号"名录,共698家。至此,共有1128家"老字号"企业被商务部授予"中华老字号"荣誉称号。这些企业都是1956年以前创立的,即至少有50年历史,它们的经营范围涉及了食品、餐饮、酿造、酒、中医、中药、茶叶、珠宝、服装、鞋帽、手工业产品等几大行业。②

最近一些年,北京、上海、天津、重庆、杭州、广州、沈阳等不少城市政府的商贸或商务部门,都将"老字号"作为各自的城市名片,投入了一定的资金、人力等,设立了老字号协会,扶持和发展"老字号"企业。

目前,我国的城镇化水平达到约55%,估计要达到75%才能稳定下来,城镇化水平每提高1个百分点,都意味着资源配置效率的提高。③ 中

---

① 费孝通:《江村经济》(1939),江苏人民出版社1986年版,第1页。
② 李宇军、张继焦:《中国"老字号"企业的经营现状与发展前景》,《广西经济管理干部学院学报》2014年第6期。
③ 李培林:《新型城镇化与突破"胡焕庸线"》,《人民日报》2015年1月8日。

国的城镇化发展必须实现由追求城镇化率向追求城镇化质量方向转变，城市发展由粗放型向可持续型转变，即从数量型城镇化同绿色城镇化、生态城镇化、低碳型城镇化方向发展。① 笔者希望，在新一轮的新型城镇化过程中"老字号"也获得同步的发展。

第一，新一轮的新型城镇化要给"老字号"留出生存和发展空间。有的城市政府领导和城市规划专家认为："旧城"是历史留下来的烂摊子，是城市发展的沉重包袱，要搞新型城镇化，就要"破旧立新"，快刀斩乱麻，轰轰烈烈大干一场。于是，在一些城市出现了大面积地将旧城区的老宅旧屋全部拆光，然后，在拆除之后的平地上盖现代式新楼房。据我们2011年的调查，北京鹤年堂的门市店铺由于城市规划遭到拆迁，从1992年起至今经历了4次拆迁，共损失了3000多平米的店面，但由于改制导致的产权不明确，无法从政府处获得赔偿，目前有2000多平方米的店面为租赁，租赁费用年逾百万元，加重企业负担。② 据了解，在湖南省长沙市黄兴路的大规模改造过程中，德园、中华国药局、德茂隆、李和盛、酱园、半月亭、双燕馄饨、强民狗肉等一批老字号，或关门大吉，或改头换面，或背井离乡。由于历史原因，老字号一般都留存在繁华的商业区，现代的旧城改造和老街拆迁使老字号深受其害。这样做，城市发展规划设计容易，施工方便，工程进展快，市政府领导政绩显著。但这样一来，却把城市原有的地方风情风貌、文化遗存以及各种老商号老店铺，全都一扫而光了，也就是把城市的历史文脉给割断了。

第二，新一轮的新型城镇化别忘了保护城市的标志性建筑——"老字号"的门店。在很多城市，"老字号"的店铺或门店，是一座城市的象征物、一座城市的亮丽风景。比如，前门大街作为北京著名的商业街，经过了1年多的修缮，于2008年9月7日重新正式开街，试图重现清末民初时商业街铺比邻的繁华模样。12家老字号，重回"根据地"：全聚德百年炉火将再度燃起，都一处烧麦馆、壹条龙饭庄都将以"老样子"再现，大北照相馆、庆林春茶庄、亿兆百货、长春堂药店、中国书店、月盛斋酱

---

① 李宇军、张继焦：《中国的新一轮城市化：可持续发展、挑战及对策》，《贵州社会科学》2011年第12期。

② 2011年6—7月，笔者带着北京调查组的人员，到鹤年堂进行了实地调查，并对其企业领导人进行了深入访谈。参与调研的有中国社会科学院民族学与人类学研究所的张小敏，中国社会科学院研究生院的陈浩、郭晓菲和刘萍萍，中国人类学民族学研究会的褚浩博等。

牛羊肉馆、张一元茶庄、尚珍阁工艺品店、谦祥益衣帽店等老店都一齐登场，开门营业。

第三，新一轮的新型城镇化要擦亮"老字号"这张城市名片和金字招牌。在中国，谈到一个城市的特色，人们自然而然地会说到这个城市的知名老品牌。比如，谈到北京，必提全聚德烤鸭、红星二锅头；说到天津，必提狗不理包子、桂发祥麻花；说到广州，必提皇上皇腊肉、莲香楼月饼……正是这一个个经典老字号，吸引着国内外的来宾和游客。比如，2010年，在广州亚运会期间，商贸部门为了促进旅游业的发展、推动广州特色商品的发展，推出"广州十大手信"①，方便游客选手信（礼品），同时推荐了60家生产企业，不少"老字号"企业在不同种类上分别占据领先地位。如，广州酒家，既入选了广式腊味，又入选了广式月饼。又如，莲香楼、泮溪酒家、趣香食品、陶陶居等几家"老字号"入选了广式饼食。

第四，在新一轮的新型城镇化中，要借助"老字号"延续城市的传统文化脉络。老字号和老商业街具有传统文化特征。对于有着数十年、上百年甚至几百年的"老字号"，消费者与其关系绝对不是个体行为，应该是一个集体记忆或群体行为。老字号不仅是一种商业单位，事实上它也是地域性人群的集体记忆②。消费者对"老字号"的集体记忆，在很大程度上是消费者对"老字号"的认知度、美誉度、忠诚度。"老字号"通过长期的、跨世代的营运，成为特定地域（如某个城市）人群的共同集体记忆，构成地方性知识象征体系的一部分。2009年7月12日，老北京风情街在王府井隆重开街，沿街可以看到栩栩如生的"卖糖葫芦""祥子与洋车""北京大爷""老掌柜"等，反映了老北京百姓生活的景观雕塑，再现了老字号汇聚老北京庙会热闹的市井景象。整个

---

① 广州十大手信包括：广式腊味（腊肠、腊肉等）、广式饼食（鸡仔饼、老婆饼、合桃酥、嫁女饼等）、广州工艺品（牙雕、玉雕、木雕、广彩和广绣等）、广州土特产品（鲮鱼罐头、马蹄制品、蜂产品、茶叶、姜撞奶、龟苓膏、岭南佳果干制品等）、广式月饼（莲蓉、五仁、冰皮等月饼）、广式调味品（酱油、柱侯酱、醋、面豉酱、蚝油、腐乳等）、广式汤料（特色汤料配方等）、岭南药品（枇杷膏、药油等）、广州凉茶（凉茶、植物饮料、凉茶冲剂等）、广式糖果（凉果、润喉糖等）等。

② 20世纪初以来，许多社会学家、心理学家、人类学家对人类的集体记忆产生了极大兴趣，他们共同之处就是将人类记忆放在社会环境中探讨。

街面布局继承了老北京四合院的建筑传统,风情街东、西、北侧各有一座复古牌楼。院落南侧是利用原经济日报社的废旧厂房改建的主楼:一层卖的是北京烤鸭、北京果脯、牛栏山二锅头、老北京布鞋、景泰蓝、稻香村等北京特产;二层不仅有北京烤鸭、北京涮羊肉、粗粮馆,还有美食广场,经营着400多个品种、150余种老北京风味小吃(如豆汁儿、焦圈、炸糕),应有尽有。老商业街和老字号能在消费者心目中形成潜在的情感眷恋和文化认同,人们通过逛街、购物这种消费体验和个人情感的释放过程,从中获得与众不同的生活体验和美好的精神满足感。在一定程度上,北京"老字号"带有城市传统文化的基因,传承和延续着老北京的风情和古都的历史风貌。

面临着来自城市化、工业化、市场化等多个方面的冲击,目前"老字号"企业也需要进行现代转型。比如,2009年,北京市商务委员会对同仁堂、稻香村、王致和等20家重点老字号企业(共41个品牌)进行了调查,结果显示:在金融危机背景下,这些"老字号"企业的销售、利润、税金等几项指标均保持两位数增长。有的学者指出,"老字号"企业的存在说明中国企业并不都是"富不过三代"的短命郎君。[①] 又比如,2011年,我们对同仁堂和鹤年堂两家"老字号"中医药企业的发展历史和现状调查发现,由于两者跟地方政府的关系不同、各自的经营水平和市场开发能力存在差别等,前者已成为了"白天鹅",后者已成为了"丑小鸭"。[②] 有的学者则认为,现代企业管理模式不一定都适合"老字号"企业发展的需求,"老字号"的传统经营方式中包括一些有价值的管理理念和机制。[③] 一方面,有些"老字号"企业"老瓶装新酒",依靠老品牌和新经营,不但走出了经济危机的经营困境,而且重振了昔日的市场雄风;另一方面,有些"老字号"企业由于技术和管理体制落后、组织化程度

[①] 张继焦、李宇军:《中国企业都"富不过三代"吗?——对"老字号"企业的长寿秘籍和发展前景的社会学分析》,《思想战线》2012年第4期。

[②] 张继焦:《从企业与政府的关系,看"中华老字号"企业的发展——对鹤年堂、同仁堂的比较研究》,《思想战线》2013年第3期,之后收入[中]韩敏、[日]末成道男编《中国社会的家族·民族·国家的话语及其动态——东亚人类学者的理论探索》,日本国立民族学博物馆,千里民族志研究丛书第90卷(Senri Ethnological Studies 90),2014年,第207—226页。

[③] 参见任学明《中华老字号经营智慧》,外文出版社2011年版;蔡祥军、薛冰《老字号传统经营理念探析》,《齐鲁学刊》2009年第2期。

低、市场开发能力不足,发展能力有限,处于勉强经营的境地。

三 小结

关于老字号、老商街、城市竞争力三者的关系,在上一节中,笔者采用的是"自下而上"的分析路径①。为了将我们的"老字号"研究,跟中国的"老商街"发展和城市化进程相结合,在本节中,笔者试图采用"自上而下"的分析框架,从宏观、中观、微观三个不同层次,依次分析了城市竞争力、老商街、老字号等三个层面,换一个角度来看老字号、老商街在整个城市发展格局中的地位。一方面,与"自上而下"的研究视角相比,"自下而上"的分析路径有些不足:有时候会"只见树木,不见森林",只看到个别的老字号、老商街,看不到整个城市的全貌;有时候会忽视了城市政府的发展规划和开发动态,不了解老字号所在商街、所在城市的发展状况。另一方面,"老字号""老商街"是一个值得不断挖掘的宝藏。我们需要以"老字号"和"老商街"的实证研究为基础,来分析城市竞争力。没有对"老字号"和"老商街"进行基础研究的城市竞争力分析,是不够深入扎实的。

我国已经从工业化引领的经济起飞阶段进入城市化引领的新成长阶段,城市化已成为继工业化之后发展的巨大引擎。② 在新一轮的新型城镇化过程中,我们不能忽视老字号、老商街及其商业传统,作为地域性商业习俗和民间力量,在国家经济和当地群体生活中所扮演的资源配置的角色。

现阶段,各种商业街区面临着激烈的市场竞争,在各式各样的商业业态中,我们发现,那些原来被城市政府官员和城市规划从业者忽视的"老字号"和"老商街"虽然有的陈旧破烂但具有特殊价值,其文化价值难以复制,其商业价值难以替代。我们希望:越来越多的城市政府官员认识到我们非城市规划类学者"自下而上"地调查研究老商街和老字号的学术价值和现实意义,不但意识到"老字号"和"老商街"是一块宝藏,愿意投资给予大力保护和发展,而且通过不断挖掘老字号的商业资源和复兴老商街的经济活力,进一步增加城市竞争力。

---

① 张继焦:《老字号、老商街如何重拾竞争力》,《中国民族报》2014年9月12日。
② 李培林:《城市化与我国新成长阶段——我国城市化发展战略研究》,《江苏社会科学》2012年第5期。

第五章 民族产业的典型代表——"老字号"企业的现代转型

最近10年以来,中央政府有关部门非常重视"老字号"企业的生存与发展问题。商务部从2006年开始实施"振兴老字号工程",并于同一年颁布了第一批"中华老字号"企业名录。这些企业都是1956年以前创立的,即至少有50年历史,它们的经营范围涉及了食品、餐饮、酿造、酒、中医中药、茶叶、珠宝、手工业产品、服装鞋帽等几大行业。商务部在2008年与十几部委联合,印发了《关于保护和促进老字号发展的若干意见》的通知,进一步加强了我国保护和发展"老字号"企业的措施。到了2011年,商务部又颁布了第二批"中华老字号"名录。到目前为止,被商务部授予"中华老字号"称号的"老字号"企业,一共有1128家。

第一节 中华民族之代表企业——"老字号"的研究现状、现实意义和学术价值

一 为什么要研究"老字号"企业

经常有人问笔者:你为什么要投入那么大的精力钻研"老字号"企业?

最近200多年来,中国由于羸弱,遭到了西方列强的多次凌辱,甚至多次被邻近的小国日本所欺负。从懂事的时候开始,笔者和笔者的同辈就意识到自己生长在一个贫穷落后的国家。很多国人都觉得中国不如欧美、日本强。虽然最近一些年,中国崛起给了我们很多自信,但是,在我们很多国人的内心里,面对欧美国家和日本,总有一种自卑心理。

如何消解国人的自卑呢?2010年11月,笔者开始萌发了搞"老字

号"研究课题的设想。试图通过"老字号"研究,挖掘出中国丰富的商业传统和智慧,在一定程度上减少我们国人在商业上的自卑感。由于近代以来,中国经济落后,后来,又搞计划经济和"文革",很多国人对中国的商业传统知道得很少。"老字号"中所蕴含的丰富商业传统和智慧,应该可以给予国人很大的自信心。

二 企业人类学研究"老字号"的独特视角

1. "老字号"及其研究现状:八个学术视角

被称为"老字号"的企业都是经过几十年、上百年甚至几百年市场竞争和淘汰之后留下的商业珍品(有些知名老企业统领着某个行业),都各自具有艰苦奋斗的发家史和宝贵的商业经营经验。

目前,全国各地的"老字号"企业都面临着新一轮的激烈市场竞争、严峻的挑战与诱人的发展机会,有的处于生死攸关的境地,有的重振了往日的雄风。因此,我们有必要对"老字号"企业的发展动态与发展前景,给予一定的学术关注。

我国人文与社会科学的学术界对"老字号"企业的有关科研成果非常丰富,大致可以分为八个研究视角:商标和品牌价值、法律、非物质文化遗产、经营策略和市场营销、民族文化内涵、企业市场竞争力、历史学和文献学的方法、人类学民族学社会学的视角等。[①] 戴时焱认为,"老字号"是活动于一定时空结构之中的巨系统,根据老字号谱系研究的预期目的和重点内容,依据历史学、经济学、文化学、社会学、地方学、行为科学等学科的相关理论,进行了地方学研究、地方志研究、对比研究、文化研究、产业行为研究、个案研究等六种类型的研究。[②]

笔者倡导以"企业人类学"这门世界性的交叉学科[③]为研究视角,将"老字号"企业作为其主要研究对象[④],深入探索影响"老字号"企业发

---

① 笔者将单独撰文探讨"学术界对'老字号'企业的八种类型研究"。
② 戴时焱:《关于老字号谱系研究方法若干问题的思考——以北京西城为例》,张继焦、刘卫华主编《老字号绿皮书——老字号企业案例及发展报告 No.2(2013—2014)》,中央文献出版社 2013 年版,第 38—56 页。
③ 张继焦:《企业人类学:作为一门世界性的前沿学科》,《杭州师范大学学报》(社会科学版)2014 年第 4 期。
④ 张继焦:《企业人类学关注什么》,《管理学家》2013 年第 9 期。

展的社会、文化、政治等各种非经济因素①。

2. 企业人类学对"老字号"的创新研究视角

企业人类学不属于企业管理、经济学等经济类、管理类的学科,却要在各大城市"老字号"企业中开展调查研究,对此很多同行、亲友都表示很不理解。

笔者认为,与上述企业管理学、经济学、法学等对"老字号"研究不同,企业人类学眼中的企业既有其营利性的一面,也有其承担社会责任的一面,可以形成了自己的创新研究视角,即对企业的经济性和社会性两大方面都进行跨学科的、综合性的探究。

(1) 2010—2011 年对"老字号"的调查研究

出于对"老字号"的热心、关注和思考,我们从 2010 年 11 月开始酝酿,动员了 12 个省和直辖市的一些年轻学者和研究生参与,设立了"老字号"企业课题组②,2011 年 3 月开始启动和实施调查对"老字号"企业的中高层管理人员实施了一次问卷调查,历经近 10 个月的时间,直至 8 月中旬才完成。

这次调查的成果内容包括:

第一,一份调查总体分析报告,即 2011 年度问卷调查总体报告。这份报告的资料来自"老字号"企业受访的管理人员共 378 人,其中广州 51 位、上海 50 位、浙江 41 位、重庆 38 位、天津 35 位、北京 34 位、辽

---

① 张继焦:《企业人类学的实证与应用研究》,《云南民族大学学报》2009 年第 1 期。参见张继焦、丁惠敏、黄忠彩主编《老字号蓝皮书——中国"老字号"企业发展报告 No. 1 (2011)》,社会科学文献出版社 2011 年版;张继焦、刘卫华主编《老字号绿皮书——老字号企业案例及发展报告 No. 2 (2013—2014)》,中央文献出版社 2013 年版。

② 本课题主持人为张继焦博士(中国社会科学院研究员、兼研究生院 MBA 教育中心教授),课题组成员包括:刘朝晖博士(浙江大学人类学研究所副所长、副教授)、臧得顺博士(上海社会科学院社会学所助理研究员)、冯希莹博士(天津社会科学院舆情研究所助理研究员)、王焯(辽宁社会科学院民俗学文化学研究所助理研究员)、田阡博士(西南大学经济管理学院博士后、历史文化学院副教授)、蓝达居博士(厦门大学民族学与人类学系副主任、副教授)、王川博士(四川师范大学历史文化学院院长、教授)、蓝宇蕴博士(华南师范大学教授)、李吉星(云南省社会科学院历史研究所副所长、副研究员)、顾胜华(云南省社会科学院历史文献研究所助理研究员)、中国社会科学院民族学与人类学研究所的舒瑜、张小敏、郭宏珍,中国社会科学院城市发展与环境研究所李宇军副研究员、中国林业大学的贾国栋博士,以及陈浩博士、严锦梅、殷鹏、郭晓菲、刘萍萍等。我们对 2011 年度调查所涉及的 12 个省和直辖市的商委和老字号协会有关领导给予的大力支持,深表感谢!

宁 32 位、吉林 31 位、四川 22 位、河北 20 位、云南 12 位和福建 11 位等。

第二，三份比较报告，如"五个地区的比较报告"，比较分析了华北地区（北京、天津和河北）、东南地区（广东和福建）、华东地区（上海、浙江）、西南地区（重庆、四川和云南）、东北地区（辽宁和吉林）等五个地区"老字号"企业的共同点和不同点；"七个省市的比较报告"，比较分析了代表东南西北不同方位的七个省市（北京、上海、天津、重庆、浙江、广州、辽宁）的"老字号"企业情况；"六个主要行业的比较报告"，对企业分布比较多的餐饮、零售、食品、酿造、医药、服装鞋帽等六个主要行业的"老字号"进行了比较分析。关于不同行业受访"老字号"企业近三年（2008—2011）的经营发展举措，在"餐饮""食品""酿造"和"服装鞋帽"行业中，最主要的经营发展举措是增加新产品；在"零售"行业中，最主要的举措为"提高服务水平"；在"医药"行业中，最主要的举措为"增加销售网点"。关于不同行业受访"老字号"企业近三年（2008—2011）的新产品开发，在"餐饮""零售""食品""酿造"和"医药"行业中，最主要的措施是"迎合新的消费需求"；在"服装鞋帽"行业中，最主要的措施为设立"研发部门"。

第三，省（市）调研报告，共八篇，包括《北京市"老字号"企业调查分析报告》《上海市"老字号"企业调查与分析报告》《广州市"老字号"企业的调查分析报告》《天津市"老字号"企业调查分析报告》《浙江省"老字号"企业调查与分析报告》《辽宁省"老字号"企业的实践与发展报告》《重庆市"老字号"发展建设研究报告》《云南省"老字号"企业现状与发展调研报告》等。比如，对本企业经营的满意度，来自白宫酒店、绣品工艺厂、南方大厦酒店等"老字号"企业的6位管理人员表示"很满意"，占11.8%；来自皇上皇集团、南洋电器、友谊集团等"老字号"企业的22位管理人员表示"比较满意"，占43.1%；来自金银首饰有限公司、李占记钟表、致美斋等"老字号"企业的20位管理人员表示"满意"，占39.2%；只有3位企业管理人员表示"不满意"，占5.9%。关于本企业的发展前景，有8位来自绣品工艺厂、双鱼体育、中一药业等老字号企业的管理人员表示"前景非常好"，占15.7%；有26位来自健民医药、大同酒家、骆驼保险柜等老字号企业的管理人员表示"前景比较好",占 51.0%;有 17 位来自奇星药业、全新针织厂、珠江制药厂等老字号企业的管理人员表示"前景一般",占 33.3%。在受访老字号企业的管理人员中,均无表示"前景不好"和"前景很不好"的企业管理人员。

第四,行业分析报告,共四篇,即《酿造类(食醋、酱油)"老字号"企业发展分析报告》《浙江医药行业"老字号"分析报告》《服装鞋帽类老字号行业分析》《饮食行业"老字号"企业的发展分析——以福建省为例》等。比如,我国食醋、酱油酿造历史悠久,工艺技术独特,传承连续,在发展过程中为我们留下了众多的酿造业"老字号"企业,成为中华文明史中瑰宝之组成部分。大多数"老字号"企业囿于融资、规模、营销等客观因素的制约,仍然墨守成规,依靠自身的老字号招牌,品牌建设力度较弱。从整个行业来看,小而散是食醋、酱油酿造老字号的一个特点。以山西醋业为例,存在千余家规模不等的醋厂,其中很多投资少、技术低。由于缺少科学指导和规范化管理,很多产品无论是科技含量还是质量品质都达不到标准,阻碍了整个行业的发展。又比如,福建省拥有众多的"老字号"企业,福州的聚春园、民天、回春、同利,漳州的片仔癀,厦门的好清香、黄则和等品牌在省内颇具知名度,有的在全国乃至世界都具有一定影响。它们的发展面临的困难和问题有多个方面:传承难、拆迁后的安置问题、品牌意识薄弱、生产规模难以扩大。尽管举步维艰,然而,"老字号"还是有生命力的:福州品日有肉松就新推出十几个品种;民天集团已由调味品市场拓展至冷冻品市场;馥华鱼丸实现大批量工厂化生产,厦门的黄则和发展了众多连锁加盟店……这些见证城市繁华与变迁的老字号,正获得新生。

第五,从七个角度观测"老字号",形成了七份报告,即《"老字号"企业的竞争力——基于北京受访中华老字号企业的分析》《"老字号"企业的技术创新——传统与现代的结合》《"老字号"企业:政府关系及其对企业发展的影响》《"老字号"企业的现代公司治理》《"老字号"企业的信息化水平分析》《家庭制小企业的发展思考——以垫江"梅"啤酒为例》《"老字号"企业的社会责任》等。比如,调查显示:绝大多数"老字号"企业都已经建立起一些信息系统,但是,建立起整套信息化系统的还是占少数。大多数的"老字号"企业还是处于信息化的第二阶段,即企业局部信息化阶段,虽然建立起一些信息系统等,但是企业内部仍存在着"信息孤岛"等现象。又比如,从企业的价值链①角度来看,企业的发展程度与需要承担的社会责任有着密切关系。随着企业的成长壮大,其价值链也是从简单到复杂逐渐延长或扩大,企业的利益相关者也随着价值链的增长而增多。因此,企业需要承担的社会责任也随之增多。②"老字号"企业的利益相关者的多少,决定了企业需要承担的社会责任,反映了企业发展的不同程度和规模。"自顾型"企业的经营规模通常不大,只能维持自身的经营,发展也比较缓慢;"少责型"企业的规模有所扩展,开始出现生产和营销人员,企业开始成长;"多责型"企业的规模较大,已经形成了较完整的管理机构,关注经销商、供应商与消费者的需求;"全责型"企业的规模庞大,管理机构复杂,不同管理部门之间分工细致,有的企业甚至还设置了社会责任管理部门。总之,通过这七个不同的角度,在一定程度上为我们提供了几种观测"老字号"企业发展动态的分析工具。

第六,14家"老字号"典型企业案例,即《"老字号"企业的现代化路径和策略:以香港利丰公司为例》《"老字号"的现代商业模式——天津"桂发祥"规模化生产与特色化经营的成功经验》《从"老美华"看中华老字号企业的传承与创新发展》《百年老树开新花:冠生园的"五大转型"》《传统"老字号"企业的现代转型——"朵云轩"的上市计划分析》《市场与技术并重——记百年铜业"朱府铜艺"》《国药文化为基的现代经营理念——记胡庆余堂的新时代品牌路线》《"诗仙太白"的品牌塑造与市场拓展》《创新带动发展 品牌铸就辉煌——记沈阳萃华金银珠宝股份有限公司营销案例》《续接历史,弘扬传统——"沈阳老龙口"的现状与发展案例研究》《打造中国红茶第一品牌——云南滇红集团案例》《打造"中华养生文化的航空母舰"——600年老字号鹤年堂的机遇和挑

---

① 迈克尔·波特将企业的经营活动和业务过程描绘成一个价值链(Value Chain)。具体地说,怎样将企业的生产、营销、财务、人力资源等方方面面有机地整合起来,做好计划、协调、监督和控制等各个环节的工作,使它们形成相互关联的整体。真正按照"链"的特征实施企业的业务流程,使得各个环节既相互关联,又具有处理资金流、物流和信息流的自组织和自适应能力,使企业的供、产、销系统形成一条珍珠项链般的"价值链"。详见张继焦《价值链管理:优化业务流程、提升企业综合竞争能力》,中国物价出版社2001年版。

② 李宇军、张继焦:《从价值链角度看企业发展与承担社会责任的关系》,《思想战线》2011年第3期。

战》《以品牌文化带动产业发展——410岁老字号陈李济的新故事》《老字号青春永驻——"王致和"的创新案例》等。比如，上海冠生园的"五大转型"：营销模式转型，提高国内国际市场的竞争能力；新产品开发转型，传统产品再升级；管理思路转型，引入现代企业管理理念与管理技术；资产经营模式转型，提高项目化管理水平；企业文化转型，苦练内功、增强社会责任感等。又比如，利丰公司过去100多年的历史和经验表明，老字号企业要想在复杂多变的政治经济环境下生存下来并发展壮大，需要内外兼修，既要顺势而为，灵活应对社会巨变和市场需求，又要理顺家族内部关系，从家族成员中选贤任能。家族自身必须具备多种条件，才可以维持一个老字号家族企业的正常发展。家族内部的矛盾和争夺应该控制在所有权层面，不应该影响到企业的管理和经营。在企业自身经营方面，利丰也通过持续的管理架构重组、业务重组和商业模式创新等，以顺应市场变化的应变策略，保持公司的市场竞争优势。

第七，三位精英人物，共3篇，即《程宏连及其"双重窖藏"工艺》《老字号掌门人，当代新儒商——陈李济的欧阳强》《云南白药新的领军人物——王明辉》等。

此外，我们收集到了商务部认定的第一批和第二批"中华老字号"两份名单。

（2）2013—2014年：对"老字号"的调查研究

我国商务部把一些年龄为"50岁以上"的品牌企业，命名为"中华老字号"；我国一些地方把年龄只有"25岁以上"的品牌企业，命名为省级或市级老字号。可见，只要年龄在"30岁左右及以上"的品牌企业，都是值得我们研究的"老字号"企业。因此，《"老字号"企业案例及发展报告（2013）》所涉及的"老字号"企业不限于中华老字号，也不限于我国的省级或市级老字号，还包括了一些国外的"老字号"企业。

我们在2013—2014年度的调研工作思路以"一些地区、一些方面、一些行业"为主。具体为：

第一，一些地区（广东、浙江、辽宁、天津、云南、北京等省、市）要重点开展调研。比如，2012年12月24—26日，在广州老字号协会的协助下，广州"老字号"企业调研工作顺利启动。其间，我们走访了陈李济、爱群大酒店、星群（药业）、泮塘食品、李占记钟表、致美斋、清心堂等老字号企业。2013年3月之后，浙江、辽宁、天津、云南、北京等地的调研工作,也陆续地开展起来了。比如,根据西城区商委提供的资料,截至2012年底,在国家商务部重新认定的北京地区两批117家"中华老字号"中,西城即有56家,占47.86%。这56家中华老字号占目前西城89家老字号的62.92%,成为西城老字号的主体,发挥着"龙头"的引领作用①。在北京六处"老字号(含分店、专柜)比较集中的街区(大栅栏、琉璃厂、西单和西四、王府井、东单和东四以及前门)"中,西城有三处,占50%②。特别是在大栅栏地区,集聚了大量不同类型的老字号。据统计,在大栅栏街道辖区内(含大栅栏、琉璃厂等地区),仅"中华老字号"就有25家。2010年11月,大栅栏商业街区被中国商业联合会、中华老字号工作委员会授予全国首个"中华老字号积聚区"③。由此可见,北京特别是西城老字号资源的丰富和聚集的密度。又比如,近年来,天津"老字号"发展中的显著特点之一是:建设企业博物馆(文化馆/园)是近年来部分天津"老字号"企业传承企业文化、推广企业品牌的新途径,也是天津"老字号"振兴与发展中引人注目的重要特色。目前,天津"老字号"企业中有10多家"老字号"根据自身特色建立了企业博物馆(文化馆/园)。从一定意义上说,这些企业博物馆(文化馆/园)不仅是反映天津"老字号"企业文化的重要空间,也是展现天津地域文化的重要载体,它们不仅记录了企业的成长与发展过程,同时也从企业所具有的独特技艺、产品的某些侧面呈现了"老字号"企业经历的社会变迁。天津"老字号"企业发展的思考与展望:培育文化资本,强化社会记忆;传承老字号商业伦理,推进商业诚信文化建设;加强知识产权保护,加大品牌维护力度;继承品牌核心价值,推动技术工艺革新;采取多种举措,营造有利于老字号发展的市场环境;发挥"老字号"协会组织作用,进一步助推老字号企业发展等。④

第二,一些方面:对"老字号"企业的研究内容主要集中在"市场营销和品牌建设""技术革新和新产品开发""企业社会责任"等三大方

---

① 西城区商委:《新西城区老字号企业(全)》名录,2013年。
② 丁维峻主编:《北京的老字号》,人民日报出版社2009年版,第53页。
③ 大栅栏街道工委、办事处印:《大栅栏故事——魅力老字号》"前言",2012年12月。
④ 李培志、黄孝东:《天津市"老字号"企业现状与发展调研报告》,张继焦、刘卫华主编《老字号绿皮书——老字号企业案例及发展报告 No.2 (2013—2014)》,中央文献出版社2013年版,第18—28页。

面。在企业社会责任方面,张继焦认为,近些年,在中国的各类企业社会责任或企业公民评奖中,由于名额有限,我们能看到的获奖优秀大型企业大多是跨国公司,只看到为数不多的中国大型企业,这并不说明跨国公司比中国公司承担了更多的社会责任。[①] 殷鹏认为,结合中国传统文化和企业公民的内涵,企业公民由内而外可以分为三个层次/阶段。第一层次/阶段为:在微观层面,企业应当首先完善内部环境的良性循环,实现自身价值不断提升。第二层次/阶段为:在中观层面,企业应当推动所处的产业环境共同进步,实现产业的整体发展。第三层次/阶段为:在宏观层面,企业应当促进包容协调的社会环境建设,实现社会和谐、可持续的发展。[②] 在企业公民建设中,"老字号"企业应当首先对自身的利益相关方进行识别,从最基本的员工这一内部利益相关方到最广泛的国家和社会这些外部利益相关方,[③] 其次要将企业公民的理念贯穿于自身价值链的每一个环节。[④] 这其中最重要也是最基础的是完善基于自身核心竞争力的价值链管理。[⑤] 在企业公民发展路径的三个层次中,企业并非需要一层一层地完成。在实际过程中,企业可能会从不同的方面,在三个层次中同时发展。这三个层次只是为企业公民的发展提供一个参照系。在市场营销和品牌建设方面,张继焦认为,在全球化进程中,上海世博会可以擦亮企业招牌[⑥],但是,"老字号"企业能否复兴取决于能否真正引入现代商业理念、

[①] 张继焦:《跨国公司和中国本土企业:履行社会责任的特点及其比较》,张继焦、刘卫华主编《老字号绿皮书——老字号企业案例及发展报告 No.2(2013—2014)》,中央文献出版社 2013 年版,第 91—111 页。

[②] 殷鹏:《"老字号"与企业公民:中国传统企业文化的新发展》,张继焦、刘卫华主编《老字号绿皮书——老字号企业案例及发展报告 No.2(2013—2014)》,中央文献出版社 2013 年版,第 125—131 页。

[③] 殷鹏:《"老字号"企业的社会责任》,张继焦、丁惠敏、黄忠彩主编《"老字号"蓝皮书:中国"老字号"企业发展报告 No.1(2011)》,社会科学文献出版社 2011 年版,第 198 页。

[④] 李宇军、张继焦:《从价值链角度看企业发展与承担社会责任的关系》,《思想战线》2011 年第 3 期。

[⑤] 张继焦:《前言:"老字号"企业的竞争力分析:优势、劣势和发展前景》,张继焦、丁惠敏、黄忠彩主编《"老字号"蓝皮书:中国"老字号"企业发展报告 No.1(2011)》,社会科学文献出版社 2011 年版,第 7—9 页。

[⑥] 世界各国的企业都在利用 2010 年上海世博会这个具有新闻价值、社会影响的事件,通过策划和组织一些重要的仪式性活动,吸引媒体、社会团体和消费者的兴趣与关注,以求提高企业或产品的知名度、美誉度,树立良好品牌形象,并最终促成产品或服务的销售。

创新经营方式和管理方式。上海杏花楼及时地抓住广受公众关注的社会新闻和事件——上海世博会,结合企业或产品在传播上欲达到之目的而展开的一系列相关活动,达到了借势的目的,为本企业品牌加分①。在技术革新和新产品开发方面,云南的"老字号"企业——杨林肥酒经过2004年的整合后,借助云南是旅游大省这个背景,将酒、旅游、民族文化有机结合,开发相关的配套产品,更应该突出具有浓郁云南少数民族风情的礼品装,葡萄酒"云南红"的包装设计就是一个成功的例子,具有浓郁少数民族风情的图案,使包装不仅极具特色,更蕴含了民族文化内涵,深受消费者的喜爱。②

第三,一些行业:被调查"老字号"企业应主要来自医药、食品、酿造、餐饮四大行业。

三 "老字号"研究的学术价值

1. 建立起国内"老字号"研究网络

"老字号"课题组分别在北京、上海、天津、浙江、重庆、福建、辽宁、广东、河北、吉林、四川、广西、云南等13个地点同时展开调研工作。借此,我们将建立起一支分布于全国各地的"驻地研究员"队伍。

2. 建立中国自己的"品牌企业案例库"

我们开展"老字号"研究的重要意义之一,就是要像美国的哈佛商学院、加拿大的毅伟商学院那样,逐步在中国社会科学院建立起中国自己的"品牌企业案例库"。

经过最近几年的努力和积累,"老字号"课题组各位成员调研并撰写"老字号品牌企业案例"有50多个,已经发表的有30个。

2011年,已经发表的有14个:香港的利丰公司、天津的"桂发祥"和"老美华"、上海的"冠生园"和"朵云轩"、北京的"王致和"和"鹤年堂"、浙江的"胡庆余堂"和"朱府铜艺"、广东的"陈李济"、沈

---

① 张继焦:《上海世博会:"老字号"企业的盛典性"事件营销"——以上海杏花楼为例》,[日]中牧弘允编《上海万博の経営人類学研究》(研究成果报告书,课题番号:21242035),日本国立民族学博物馆,2012年3月,第141—154页。

② 方婕:《云南"杨林肥酒":借重旅游促优补拙的思考》,张继焦、刘卫华主编《老字号绿皮书——老字号企业案例及发展报告 No. 2(2013—2014)》,中央文献出版社2013年版,第267—274页。

阳的"萃华"和"老龙口"、重庆的"诗仙太白"、云南的"滇红"等（见《老字号蓝皮书——中国"老字号"企业发展报告 No.1（2011）》，社会科学文献出版社 2011 年版）。

2014 年，发表的有 16 个：马来西亚的"仁爱堂"、香港八珍国际有限公司、上海的"杏花楼"和"南翔"、北京的"稻香村"和"同仁堂"、浙江的三家老字号（"古越龙山""邵永丰"和"五芳斋"）、天津的"达仁堂"、河北的"三鹿奶粉"、云南的三家老字号（"杨林肥酒""冠生园"和"建新园"）、重庆的"少林堂"等（见《老字号绿皮书——中国"老字号"企业发展报告 No.2（2013—2014）》，中央文献出版社 2014 年版）。

目前，我们在全国 13 个省和直辖市初步建立起了调查点，包括北京、上海、天津、重庆、浙江、广东、辽宁、福建、云南、吉林、河北、四川和福建。

3. 建立起"老字号"企业信息资源数据库

将通过实地调查和文献研究，建立起几个数据库或资料集。（1）通过"老字号"企业调查问卷，建立起一个"问卷调查数据库"；（2）通过实地调查和被研究企业配合，建立起一个"企业案例库"；（3）通过文献研究、实地调查和被研究企业配合，编出多册本的、阶段性的《老字号企业资料汇编》和分地区或分行业的"研究报告"；（4）通过文献研究、实地调查和被研究企业配合，建立起一个"企业信息资源数据库"。

这些数据库或资料集，既是本项研究的主要成果（不是副产品），也是本项研究持续发展的基础。

4. 建立起"老字号"企业国际调查研究网络

我们也正在建立起国际的调查点。除上面提到的香港和马来西亚之外，我们还正在开发中国大陆之外的其他地方：一位在美国纽约州大学工作的同行正在带着他的学生调研当地一家叫 Brooks 的"老字号"烤鸡企业，一位在加拿大多伦多大学学习的博士生正在调研一家叫 Tim Hortons 的老牌咖啡店，一位中国留学生调查研究了一家日本京都的老字号酒厂，日本企业人类学之父中牧弘允教授已答应要在日本大阪开展老字号研究。

四 "老字号"研究的现实意义

1. 国际交流和对外宣传的意义

中国虽然有五千多年的文明历史，2010 年已成为世界第二大经济体。但是，在西方人的眼里，中国还只是一个新兴的经济体。按照西方的逻辑，中国既然是一个新兴经济体，就不会有很悠久的商业传统。由于有"老字号"研究的基础，笔者觉得，应该向外界，特别是西方世界，多讲一讲中国悠久的商业传统。

2012年12月，在一个关于"企业和城市发展"的国际会议上，笔者通过"老字号"的案例分析，阐述了中国作为新兴经济体所拥有的历史悠久的商业传统（比如，广东的陈李济400多年，北京的同仁堂300多年，上海南京路上的老凤祥166年）。

中国虽然是一个新兴经济体，却拥有着历史悠久的商业传统。虽然中国在2000多年的封建王朝统治中，多是采取"重农抑商"的政策，通常都是"强政府，弱商人"的局面，但是，中国历史上有十大商帮。其中，势力最大、影响最远的三大商帮为"晋商""徽商""潮商"，特别是他们在明代、清代两个王朝曾经活跃了四五百年。最近一两百年来，比较活跃的是上海商人（沪商）、浙江商人（浙商）、广东商人（粤商）、台湾商人（台商）、香港商人（港商）等。

可见，中国人不但不缺乏商业传统和商业智慧，而且还有一定数量的地域性商人群体。

2. 为各地的城市发展做贡献

在中国，越来越多的城市政府正在保护和开发一些老字号及其所在的老商街，并将其作为激活城市商业活力的方法。比如：上海：南京路、豫园；北京：大栅栏、前门大街、鲜鱼口街；广州：下九路、北京路、中山五路等。

比如，北京西城区社科联受西城区政府的委托，正在组织29个老字号调研课题。这29个老字号调研课题，不但可以梳理西城区老字号谱系、挖掘老字号历史文化资源，而且也可以为西城区的城市规划和"老商街"发展提供一些智力支持。

又比如，广州老字号一条街。广州市人民政府于2001年3月25日举行《广州历史文化名城保护条例》施行二周年纪念日暨广州市第一批"老字号"授匾仪式，向首批27家"老字号"授匾。广州老字号一条街2013年10月落成。选址在越秀区北京路北段及相邻的中山四路、广卫路、昌兴街等路段建。集展示、体验、旅游、购物于一体，为老字号的重振、延续、创新发展搭设载体。首期投资总计约3000万元。老字号一条街一、二期整体完工要等到 2014 年 6 月底。

再比如,曾经被誉为"十里洋场"的上海南京路,如今被称为"中华商业第一街"而名冠中华,这是因为在这里有着许多的老字号店铺为世人所难忘。从 2002 年开始,南京路上的老字号企业向"旗舰店"和"形象店"全面转型,并采用连锁业态向上海全市乃至全国扩张网络,以"旗舰+连锁"的现代商业模式迎接到来的冲击波。

在一个城市中,对"老商街"的区域认同,是"老字号"企业在文化上的一种归属感,商街内的"老字号"企业都认识到,自己属于所在的老商街,"老字号"企业文化与老商街区域文化是相互协调的。"老字号"植根本地"老商街"就是立足本地、扎根本地,可以将自己的战略选择与"老商街"发展甚至城市发展联系在一起。

今后,我们希望一些城市(如北京、上海、广州、沈阳)政府对我们所做的"老字号"研究给予更多的支持。

今后,我们的"老字号"研究,将注意和"老商街"和城市发展相结合,为各地城市发展提供更多的智力支持。

五 小结:逐渐构建"老字号"研究学术体系

企业人类学不属于企业管理、经济学等经济管理类学科,却要调查研究老字号,对此很多人都表示不理解。企业人类学眼中的企业既有其经营赢利性的一面,也有其承担社会责任的一面,总之,是对企业的经济性和社会性两大方面都进行探究。

企业人类学研究者经过几年的探索,深入研究了医药、食品、酿造、餐饮等四大行业"老字号"企业的三大方面:"市场营销和品牌建设""技术革新和新产品开发""企业社会责任"等的创新与发展,初步形成了一套独特的创新性研究视角;并通过创立国内和国际的"老字号"研究网络、建立中国自己的"品牌企业案例库"、建立"老字号"企业信息资源数据库等,正在创立一套企业人类学研究"老字号"的学术体系。

第二节 中国企业是否都"富不过三代":对"老字号"长寿秘籍的分析

一 问题的提出:中国企业都"富不过三代"吗?

目前,"富不过三代"既是中国家族企业"成长的烦恼",也是中国经济社会发展亟待破解的难题。中国现有的企业并不像有些学者所说的"富不过三代",都是"短命郎君",其实,中国有为数不少的长寿型"老字号"企业。

当前,中国民营企业正处于"创一代"与"富二代"交接班的高峰期。"子女难承父业"已经成为不少民企老总十分"头疼"的问题。为什么说"富不过三代"是魔咒?如何实现两代人的顺利交接?有没有化解"魔咒"的良方和灵丹妙药呢?

在中国,"富不过三代"被广泛认为是中国企业很有特色的东西,被称为家族企业和民营企业的魔咒和怪圈,由此,形成了人们对中国企业的固有看法或思维定式。

其实,"富不过三代"并非中国特色,全球家族企业普遍面临"穷孙子"问题。西班牙有"酒店老板,儿子富人,孙子讨饭"的说法;葡萄牙也有"富裕农民—贵族儿子—穷孙子"的说法;德国则用三个词"创造、继承、毁灭"来代表三代人的命运。在美国,家族企业传到第二代能够存在的只有30%,传到第三代还存在的只有12%,到第四代及四代以后依然存在的只剩3%了。

一个企业之所以在数十年、上百年甚至数百年之后还存活下来,成了"老字号"企业,这是需要企业界人士认真思考的现实经济问题,也是值得人类学和民族学研究的科学问题。

到目前为止,已有1128家企业被国家商务部授予"中华老字号"称号。这些企业的创立年份应为1956年以前(至少有50年历史),它们的行业涵盖了食品、餐饮、中医中药、酿造、酒、茶叶、珠宝、手工业产品、服装鞋帽等几大类。

对"老字号"企业有什么长寿秘籍,可谓仁者见仁、智者见智。有一些人从非物质文化遗产的角度认为,"老字号"企业拥有世代传承的产品、技艺或服务。有一些人从商标和品牌价值的角度分析,"老字号"企业形成了具有良好信誉的和相当价值的品牌;还有一些人从弘扬传统文化的角度指出,"老字号"企业具有鲜明而深厚的中华民族文化底蕴。

这些因素,对"老字号"企业意味着什么呢?是非物质文化遗产,是品牌价值,还是文化底蕴?

这些因素,是否体现了"老字号"企业的核心竞争力和竞争优势?

这些因素,的确在以前曾经让"老字号"企业长久地活下来了,然而,它们是否还有可能在今后让"老字号"长期地活下去?

二 中国的商业传统源自本土、历史悠久

1. 人类学和社会学对产业和商业的结构功能分析

人类学家和社会学家通常采用结构功能论,对整个社会经济结构和具体企业进行调查研究和观察思考。比如,日本国立民族学博物馆首任馆长梅棹忠夫(Tadao Umesao),1963 年 1 月发表了《信息产业论》一文,从产业结构演进角度就"信息"问题连续创造了"信息产业""信息社会"和"信息化"这三个重要概念,其中,在世界范围内第一次使用"信息产业"的概念①。又比如,80 年代,费孝通相继提出了"苏南模式"与"温州模式",从中国经济社会结构的角度,摆脱原有的"计划经济"的框框,对中国的企业发展与经济社会结构转型进行了新的解释,有力地推进了中国的乡镇企业和私营企业的发展。其后,有的学者曾对乡镇企业进行了大量的调查和研究。90 年代初,李培林等人曾研究了国有企业②和乡镇企业③,并提出了"社会结构及其转型"是资源配置的"另一只看不见的手"理论④。

---

① 梅棹忠夫的信息产业论,不仅引起日本社会的轰动,而且对 20 世纪 60 年代末 70 年代初日本中央政府、地方政府和企业研究制定有关信息政策产生了重大影响。他认为,国民经济的发展以及产业结构的变化类似于动物的进化。

② 李培林、姜晓星、张其仔:《转型中的中国企业:国有企业组织创新论》,山东人民出版社 1992 年版。

③ 李培林、王春光:《新社会结构的生长点:乡镇企业社会交换论》,山东人民出版社 1993 年版。

④ 李培林:《另一只看不见的手:社会结构转型》,《中国社会科学》1992 年第 5 期。

2. 日本学者对本国商业传统的追根溯源

接着,让我们看一下日本民族学家对日本企业的有关成果。中牧弘允先生在《日本会社文化——昔日的大名,今日的会社》一书中写道:日本的 GDP 在 20 世纪 60 年代末,排名世界第二。这种经济高速发展带来的繁荣主要是因为会社(特别是株式会社)的作用。如果没有会社,也就没有现在的日本。在各种会社中,几乎所有的大会社都是株式会社。在株式会社促进日本发展的情况下,产生了"会社主义","日本株式会社论"也随之登场,在 60 年代末开始备受海内外的注目。比如,美国商务部的一份报告《日本株式会社》(Japan, The Government – Business Relationship)强调政府与企业的同心协作是实现日本经济高速发展的主要原因。又比如,梅棹忠夫认为,日本企业经营是藩的延伸,从武士们的系谱那里可以找到企业战士的影子。明治之后,藩的一些产业开发的做法被会社组织所继承。领主、家老、藩士这样的等级结构也与会社中的社长、董事、社员这样的组织结构非常相似。一些经济术语如重役(监事)、取缔(董事)、头取(行长)、勘定(账目)、株(股票)、手形(票据)等词汇也是从以前传下来的。又比如,山本七平将藩作为经营体来把握,认为"藩株式会社"的"富藩主义"是"日本株式会社"和"富国"的原型。因为藩的经营活动不只是为了追求自身的利润,而且也追求藩这个共同体的利益。①

日本学者的上述观点,与梅棹忠夫提出的"平行进化论"有关。1957 年,梅棹忠夫在《文明的生态史观》中,不同意人们理解日本通常采用的两种分析模式(模仿说、转向说或突变论),提出了"平行进化论"。他相信文明的连续性,声称日本从一开始就具有欧洲文明的要素。由此,我们可以看到,日本学者对本国民族文化传统连续性的自信。

3. 中国商业传统历史悠久,并非"富不过三代"

日本学者的上述成果对我们的"老字号"企业研究具有一定的启发。中国的商业传统是像日本一样与西方是"平行进化"的,而不像有些学者所说的中国企业都"富不过三代"。论据很多,至少有如下几个实例可以证明。

---

① [日]中牧弘允:《日本会社文化——昔日的大名,今日的会社》(1992),何芳译、王向华监译,北京大学出版社 2011 年版,第 49—52 页。

中国有五千年的文明历史，现在已成为世界第二大经济体①。在2000多年的封建王朝统治下，虽然中国历来多是采取"重农抑商"的政策，通常都是"强政府，弱商人"的局面，但是，中国历史上有十大商帮。其中，"晋商""徽商""潮商"势力最大，影响最远的三大商帮，特别是，他们在明代、清代两个王朝曾经活跃了几百年。

明清时期，"徽商"称雄商界数百年。其人数之多、活动范围之广、资本之大、延续时间之长，可谓首屈一指，对社会产生了广泛深远的影响。但对这个如此重要的商帮，长时期内没有引起史学家的注意。1947年，中国社会经济史学主要开创者之一傅衣凌发表《明代徽商考》一文，第一次提出"徽商"的概念，论述了徽商所从事的各个行业，堪称研究徽商的第一人和奠基者。国外首先系统研究徽商的是日本学者藤井宏，1953年他发表了《新安商人研究》②的长文。近30年来，研究徽商的著作出版了20多部，以徽商为主要研究对象的论文发表近千篇。其中，《徽商研究》③一书比较系统。

作为商人，"晋商"在明代、清代两个王朝活跃了500年。现在，晋商几乎销声匿迹了，却为中国留下了丰富的建筑遗产，著名的乔家大院、常家庄园、曹家三多堂等，如今是热门的旅游景点。

潮商是潮州商人（亦称"潮汕商人"）的简称，它是中国传统三大商帮之一。其渊源可追溯至宋代，清末被迫打开国门后，汕头成了潮州府商业活动最活跃的地方。尽管与晋商、徽商的发迹相似，潮商也是靠长途贩运起家；但其海贩的特征也使其在商业人格上与前两者截然不同，其演绎的商业宗教也与内陆商帮大相径庭。从历史上看，潮商未曾像晋商和徽商那样称霸中国商业，但在世界（特别是东南亚）商业史上，潮商的声誉，则远比晋商、徽商响亮得多。从世界华人首富李嘉

---

① 2011年2月14日上午，日本内阁府发布的数据显示，日本2010年名义GDP为54742亿美元，比中国少4044亿美元，中国GDP超日本正式成为第二大经济体。自此，日本终结了第二次世界大战后40多年仅次于美国的"经济奇迹"。

② 该文后来由傅衣凌、黄焕宗译成中文在国内发表。该文以明代徽州名人汪道昆《太函集》为主要资料，第一次深入系统地研究了新安（即徽州）商人产生的背景、活动范围与经营项目，其资本积累的过程与其经营形态，以及他们与生产者、消费者、国家和官僚的种种关系。

③ 张海鹏、王廷元主编：《徽商研究》，安徽人民出版社1995年版。54万余字，因"系统地论述了徽商的兴衰历史"，"准确地揭示了徽商的发展特征"，被公认是当时"徽商研究的集大成之作"，也是"国内传统商人研究篇幅最为宏大之作"。

诚、红色金融家庄世平,到"福布斯"海外华人100强中的19位潮汕商人,再到东南亚、欧洲不少国家的华人首富多为潮商,以及遍布海内外的潮州会馆,潮州商会,都无不展示了潮商所拥有的强大经济实力及生命力。

有人说:"古有晋商、徽商,现有浙商"。浙江是中国民营经济最发达的省份。浙商是一个特定区域民营工商业者的人群概念,是当代中国人数最多、分布最广、实力最强的一个投资者、经营者群体[①]。浙江省个体私营经济注册资本、经济总产值、销售总额、社会消费品零售额、出口创汇额及贸易顺差、上市公司户数等指标均居全国首位。浙商在省外全国各地投资创业的人数近500万人,这个数字也是当之无愧的全国第一。

比如,长于唐宋、盛于明的持续400多年的"徽商",如今还留下一些"老字号"企业,如至今348岁的张小泉剪刀(1663年)、342岁的王致和臭豆腐(创于1669年)、336岁的汪恕有滴醋(1675年)、206岁的胡玉美酱园(1805年)、137岁的胡庆余堂国药(创于1874年)[②]、136岁的谢裕大茶行(创于1875年)、111岁的张一元茶庄(创于1900年)。

中国的"老字号"企业原有的和现有的传统优势还能发挥什么效用吗?历史上的"晋商"和"徽商"都消失了,现在出现的新一代商人群落"浙商""粤商""闽商""沪商""京商"等,其母体来自何处?至少一个个"老字号"企业是其主要的母体之一。如今,"老字号"要想继续长期地活下去,必须不断地提高自己的竞争能力,突破一个个的发展瓶颈。

三 对"老字号"企业的调研及有关数据[③]

"老字号"企业如何建立现代企业管理制度?"老字号"企业如何发

[①] 杨轶清:《浙商制造(草根版MBA)》,浙江人民出版社2003年版。

[②] 清同治十三年(1874),由徽州绩溪人胡雪岩创办的国药店,以宋代皇家的药典为本,选用历朝历代的验方,以研制成药著称于世,一直到今天仍为中外人士所喜用,它和北京的同仁堂并称为中国著名的南北两家国药老店。

[③] 10年前,笔者就开始观察和思考企业的核心能力、核心竞争力和竞争优势等问题。从2001年起,因自己的专著《价值链管理》正式出版发行,参加北京大学光华管理学院和中美合作国际MBA项目、清华大学公共管理学院、中国信息经济学会、国家经贸委培训中心等组织的一些与企业管理有关的公共培训。参见张继焦《价值链管理:优化业务流程、提升企业综合竞争能力》,中国物价出版社2001年版。

扬光大世代传承的产品、技艺或服务（国家级和省市级非物质文化遗产）？如何利用具有良好信誉的和相当价值的品牌？如何适应产业结构升级、生产方式转变、社会结构转型、消费方式变化等？企业与政府如何同心协力来谋求中国经济社会的发展？

1. 2010—2011 年对"老字号"企业的调研简况

带着对"老字号"企业长寿秘籍和发展前景的思考，2001 年笔者主持了"老字号"企业研究课题。本课题展开了一些典型案例的调查，比如，天津的桂发祥、老美华，上海的冠生园、朵云轩，浙江的胡庆余堂、孔凤春、朱府铜艺，重庆的诗仙太白，云南的昆明冠生园、滇红集团，沈阳的萃华金银珠宝、老龙口，广州的陈李济、广州酒家和宝生园，北京的王致和、鹤年堂、盛锡福、瑞蚨祥、内联升、稻香村等①。

2. 对"老字号"企业调查的有关数据

限于篇幅，本文所描述的只是对"老字号"企业调查的一小部分总体性数据②。

（1）"老字号"企业自身的竞争优势

2011 年，我们在全国 12 个省（市）的调查显示，被访问的"老字号"企业经理人认为，本企业与同行业其他公司相比的优势，主要体现在三个方面：第一是"品牌"（26.4%），第二是"产品质量"（22.6%），第三是"传统工艺技术"（15.2%）。

受访的"老字号"企业经理人还指出，相对于其他品牌，我国"老字号"企业普遍存在的优势明显地体现在四个方面：第一是"品牌影响大"（23.8%），第二是"传统工艺技术"（20.1%），第三是"品牌时间长"（16.1%），第四是"产品质量"（15.4%）。

可见，无论从单个"老字号"企业自身情况来看，还是从全国"老字号"企业的整体来看，"老字号"企业的优势比较集中，都以自身的品牌和产品质量为傲，并注重在生产过程中不断地传承已有传统的工艺

---

① 2011 年 6—7 月，笔者带着北京调查组的人员，到王致和、鹤年堂、盛锡福、瑞蚨祥、内联等 5 家"老字号"企业进行了实地调查，并对其企业领导人进行了深入访谈。参与调研的有中国社会科学院民族学与人类学研究所的舒瑜和张小敏，中国社会科学院研究生院的陈浩、郭晓菲、刘萍萍和严锦梅，中国人类学民族学研究会的褚浩博等。

② 要了解更为详细的调查数据，请参见张继焦、丁惠敏、黄忠彩主编《老字号蓝皮书——中国"老字号"企业发展报告 No.1（2011）》，社会科学文献出版社 2011 年版。

(2)"老字号"企业自身的不足

在看到自身优势的同时,受访的"老字号"企业经理人也意识到,我国"老字号"企业存在着一些明显的不足,主要表现在:第一是"新产品少"(15.1%),第二是"管理落后"(14.0%),第三是"政府支持不够"(13.0%),第四是"品牌影响不够"(11.9%),第五是"宣传广告不够"(10.8%),第六是"技术工艺陈旧"(9.0%)。

这可能说明,"老字号"的不足比"老字号"的优势要多一些,也要分散一些。也可以说是,优势少而不足多。因此,受访的"老字号"企业经理人在谈及自身不足时比谈论自身优势时,更为津津乐道。

(3)"老字号"企业自身需要改进的方面

我们在2011年的调查也显示,"老字号"企业需要改进的方面也不少。受访的经理人认识到,我国"老字号"企业改进的方面主要有:第一是"技术创新"(16.7%),第二是"品牌影响力"(15.6%),第三是"政府支持"(12.5%),第四是"管理水平"(11.0%)。

可见,"老字号"企业需要从多个方面进行改进,以提升自身的竞争优势。世代传承的技艺已经不够用,需要进行"技术创新";使用多年的品牌已经老了,需要加大力度,进一步扩大"品牌影响力";由于自身市场竞争能力的下降,需要"政府支持"的推动;使用多年的管理办法和体制已经陈旧了,需要大力提升自身的"管理水平"。

四 从竞争的角度,看"老字号"企业的长寿秘籍

我们可以将人类学和社会学的结构功能理论跟企业管理学的核心竞争力、竞争优势和价值链管理等理论结合起来,探究"老字号"企业的长寿秘籍(拥有核心能力和竞争优势)。笔者认为,只有对价值链的各个环节(业务流程)实行有效管理的企业,才有可能真正获得市场上的竞争优势[①]。

笔者曾采用结构功能论的基本原理分析工具,深入解剖企业的工作流、组织结构和管理制度、核心竞争力等几个主要的企业管理要素及其相

[①] 张继焦:《价值链管理:优化业务流程、提升企业综合竞争能力》,中国物价出版社2001年版,第4页。

互关系①。据此，我们认为，以核心能力为基础的核心竞争力体现了"老字号"企业的市场竞争力，是企业管理的核心要素，居于价值链管理的中心地位，其中，企业的核心能力和核心竞争力分别类似于人体的头脑和心脏；组织结构和管理制度属于企业的结构性管理要素，是价值链管理的基础和支持体系，类似于人体的骨骼系统；工作流（包括业务流程和信息流）属于企业的功能性管理要素，是价值链管理的运作过程、手段和方式，类似于人体的血液和脉络及其循环系统。②

1. "老字号"企业核心能力的内涵

核心能力指的是企业的知识、管理方式、商誉和企业文化。其主要内容包括：

第一，可占用性程度比较低。指企业竞争优势赖以建立的专长被企业内部私人占有的程度。

第二，可转让性或模仿性比较低。指公司自身的专长不容易被转移和复制。

第三，持久性好。企业核心专长建立在自有的资源之上，如建立在管理制度而不是管理技术；建立在产品的设计与构思而不是生产等。

核心能力是一种能用于不同企业、不同产品的，具有关键性的技术或技能的能力。一旦一个企业拿握了一系列的核心能力，它就能比竞争对手更快地引进使用核心能力的不同的新产品。核心能力使企业比其他的竞争对手做得更好，它能应用于多种产品而竞争对手却不能很快地模仿它。

拥有的世代传承的产品、技艺或服务，以及具有良好信誉的和相当价值的品牌等，可以视为"老字号"企业的核心能力。比如，创建于1835年的内联升，以生产制作千层底布鞋而闻名中外，是目前国内规模最大的

---

① 张继焦：《价值链管理：优化业务流程、提升企业综合竞争能力》，中国物价出版社2001年版，第6—9页。

② 此外，2001—2003年，笔者在以结构功能论为基础理论研究企业价值链管理的分析框架下，分别探讨了企业的信息化管理、销售渠道管理、客户信用管理、应收账款管理、品牌管理等几个不同方面，陆续出版了4本著作：张继焦、吕江辉编著《数字化管理：应对挑战、掌控未来》（41万字，中国物价出版社2001年版）；张继焦、葛存山、帅建淮编著《分销链管理：分销渠道的设计、控制和管理创新》（43万字，中国物价出版社2002年版）；张继焦、帅建淮编著《成功的品牌管理》（46万字，中国物价出版社2002年版）；张继焦编著《控制链管理：防范客户风险和应收账款风险》（45万字，中国物价出版社2003年版）。

手工制作布鞋的生产企业①。可见，内联升的核心能力就是生产制作千层底布鞋。

2. "老字号"企业核心能力的四个特性

值得注意的是，核心能力对企业的重要性是毋庸置疑的。但是，"老字号"企业切不可把核心能力看成孙悟空的"金箍棒"和无所不能的"灵丹妙药"。核心能力本身具有四重性：专注性与创新性、持续性与惰性等②。

核心能力首要特性是专注性。对核心能力的专注性，"老字号"企业通常都做得很好。比如，创始于公元1669年的王致和，以做臭豆腐起家，至今已有300多年历史，其核心能力是制作的臭豆腐和腐乳具有细、腻、松、软、香五大特点，备受广大华人消费者的钟爱③。

与专注性直接相关的特征是创新性。在市场中，企业犹如逆水行舟，不进则退，需要不断创新才能保持领先性、难以模仿性和持续优势。据调查，"王致和"在发展传统产品的基础上，不断开发新工艺和新产品。原始的"小驴拉磨，干活全靠背抬杠"的生产方式，已被先进的机械化、半自动化的设备和规范化的前期、后期、灌装、清洗的两条龙作业程序所取代。腐乳家族青、红、白三大类中，增添了"全营养保健酱豆腐"等新产品。④ 市场竞争无所不在、永不休止，企业不但要打赢一两次胜仗，打败一两个对手，更要充当常胜将军。这就是核心能力的持续性问题。比如，2003年1月23日，中国著名品牌、始创于清朝顺治八年（1651）的老字号、在中国刀剪市场一直占据半壁江山的北京王麻子剪刀厂，向法院申请破产。北京王麻子由鼎盛时期的每月生产7万把，到破产时全年产量还不到10万把，到底是何种因素使然？原因之一是：缺乏创新意识，坐

---

① 2011年7月4日，笔者与同事舒瑜一起到北京内联升鞋业有限公司的总店进行实地调研。我们对公司总经理助理王强和程旭、非遗传承人何凯英等人进行了访谈。其总店坐落在繁华的前门大栅栏商业街34号。营业面积1700多平方米，外观具有清代的建筑风格，黄瓦红柱、描金彩绘、金碧辉煌、古色古香，内部装饰均显民族特色，店堂宫灯悬挂，货架仿古逼真。

② 张继焦：《价值链管理：优化业务流程、提升企业综合竞争能力》，中国物价出版社2001年版，第41页。

③ 2011年6月21日，笔者与陈浩一起到位于田村一带阜石路边上的北京二商王致和食品有限公司实地调研。我们与集团办公室主任曲学平先生、公司总工程师王丽英女士、公司办公室主任刘璟衍女士、公司营销总监韦治辉先生等，进行了面谈。

④ 实地调研时间：2011年6月21日。

吃老本，显露出新产品开发速度过慢，难以跟上市场步伐的弊端，因而日趋衰退。2001年，王麻子经历了停产、改制等过程，但销售情况依然非常不景气并降到了新中国成立后的最低点，平均每月仅销售1万把菜刀，十几万把剪刀，总销售额仅仅是1500万元，亏损达200多万元。根据相关审计资料，截至2002年5月31日，北京王麻子剪刀厂资产总额1283.66万元，负债总额为2779.98万元，资产负债率为216.6%。王麻子剪刀厂无奈之余被迫申请破产以求还债。① "王致和"与"王麻子"一正一反两个例子说明了"老字号"企业核心能力创新性的重要性。尽管中华老字号的民族市场依然广大，但忌讳"倚老卖老"，需要不断地推陈出新。

"老字号"企业处理好核心能力的创新性与持续性之间的关系也是一个关键的竞争武器。比如，"王致和"在传统调味品基础上，其系列产品得到了扩展，涮羊肉调料、腐乳汁、虾片、精包装干酱、仿日清酒、低盐度调料王等产品在商品架上成为"抢手货"，满足了消费者的各方面需求②。又比如，2011年1月4日，有着近百年历史的"锦章照相馆"关张的消息，引起了烟台市民的热议。"买绸缎到瑞蚨祥"这句话在烟台已流传了数十年。烟台瑞蚨祥绸缎店创建于1894年，老烟台一提到瑞蚨祥就竖大拇指。1956年公私合营后，瑞蚨祥营业范围扩大。1967年"文化大革命"期间，瑞蚨祥曾更名为"四新"，其间因内部混乱等原因，已难现往日辉煌。1994年，瑞蚨祥离开了烟台，移址他处。也是在烟台，"罗锅香皂"算得上地地道道的"老字号"了。2003年，生产罗锅香皂的公司却因种种原因破产，罗锅香皂走到了生死存亡的一线之间。最近这些年以来，在公司新的负责人毛小军和全体员工的共同努力下，"罗锅香皂"重新焕发了生机。现在，不仅在烟台，就连临沂等山东省内周边地区，也可以见到"罗锅香皂"的身影③。"王致和""罗锅香皂"与"锦章照相馆""瑞蚨祥"等烟台老字号，一正一反两类例子，说明了"老字号"企业核

---

① 在毛主席语录中有这样一段话："手工业中许多好东西，不要搞掉了。王麻子、张小泉的刀剪一万年也不要搞掉。"

② 实地调研时间：2011年6月21日。

③ 据说，早在1918年，"罗锅香皂"这个牌子就已经在烟台广为流传了。屈指算来，到今天已经有近百年的历史了。不仅在烟台，"罗锅香皂"在中国轻工业历史上也有着举足轻重的地位，出口到多个国家，成为中国的骄傲。1985年，"罗锅香皂"还获得了国家银质奖。

心能力持续性的重要性。

核心能力有时也会成为企业发展的一种负担。一个公司可能特别擅长做某些东西,但现在这种东西却过时了。企业领导人或核心技术人员会在情绪上与过时的核心能力有着千丝万缕的联系,以至于难以改变。

"老字号"企业还要特别小心地区分核心能力的持续性和惰性之间的差别。曾经辉煌的"老字号"为何会逐渐衰落乃至消失?据了解,一些烟台"老字号"抱着一种"吃老本"的心态,长期以来故步自封,缺乏开放意识,对于"酒香不怕巷子深"深信不疑,对于品牌宣传投入大多都非常低,更加不会考虑技术研发创新,认为"创新之后就不是原汁原味的'老字号'了"。正是基于这些原因,一些"老字号"在不知不觉中失去了积累几十年的品牌优势。与烟台老字号相比,我们再看一看世界著名的通用电气公司,在风调雨顺的时候,杰克·韦尔奇及其领导还敢于变革、善于变革,让变革的观念深入通用电气公司每一个员工心中,甚至故意制造一种不安定感,让员工们感到不变革,自己的饭碗就保不住[①]。

3. "老字号"企业的系统运作能力

普哈拉哈德和哈默尔提出的核心能力和系统运作能力等概念,动摇了传统企业发展和市场竞争的理论[②]。在他们看来,企业的核心能力是企业持续竞争优势的源泉。但是,它本身不会自动转化成竞争优势,如果没有相应的机制和条件加以支持(即系统运作能力),核心能力将毫无价值。广义上,核心能力不但是企业的技术层面上的能力,也包括企业的系统运作能力。狭义上,核心能力和系统运作能力是两个不同的概念:一个核心能力是企业业务价值链某一点上的技术性技能或生产技能;而系统运作能力则是企业整个业务价值链。两者都强调战略的"行为"方面,都要求企业对自身业务流程进行调整或再设计。

一个企业之所以取得成功,不但因为它具有一定的核心能力,还因为它具有从头至尾的、使之比竞争对手做得更好的系统运作能力。因此,当我们考察"老字号"企业时,无论是看到它拥有世代传承的产品、技艺

---

① 参见《杰克·韦尔奇:修理"没有毛病的机器"》和《杰克·韦尔奇:改变通用电气基因》,分别刊载于香港商报财经人物月刊《知识与命运》2000年9月号和10月号。

② 张继焦:《价值链管理:优化业务流程、提升企业综合竞争能力》,中国物价出版社2001年版,第39页。

或服务,还是看到它具有良好信誉的和相当价值的品牌,甚至看到它饱含的中华民族文化底蕴,都是不够的。这三个方面只说明了"老字号"企业具有一定的核心能力,却没有将企业的核心能力与系统运作能力结合起来进行分析①。在分析"老字号"企业的核心竞争力时,必须核心能力和系统运作能力结合起来,两者缺一不可。具体而言,在了解"老字号"企业的核心能力之后,我们应该将其核心能力和一种或多种系统运作能力(如研发系统能力、营销系统运作能力、生产制造系统能力、售前和售后系统服务能力、人力资源管理运作能力等)结合起来分析,才能系统而全面地了解它的核心竞争力。

"老字号"企业的一种系统运作能力就是一条业务价值链———系列从开始到结束连续的行为,为内部的或外部的顾客提供服务。一种系统运作能力就是一条对企业自身至关重要的业务价值链,并很难被竞争对手模仿。一旦认识到一种或几种系统运作能力的重要性,"老字号"企业的最高管理者应该对它进行投资,并把它建立在较高水平上,从而使自己的企业比竞争对手做得更好,并给竞争对手设置障碍。当一个"老字号"企业发展成为大型公司时,它还必须不断地调整自己核心能力和系统运作能力,使这两者持续整合和日益创新,并突破一个个的发展瓶颈,否则将面临失败或发展的挫折。

五 "老字号"企业的发展前景

如何看待已"富过三代"的"老字号"企业的发展前景?李培林指出,社会结构具有相当大的空间和变动弹性。人们的传统文化、风俗习惯、行为方式、道德伦理、价值观念,以及社会上的利益格局和运行机制等在发生结构性变动时,会形成一种巨大的、潜在的力量。这"另一只看不见的手"不仅推动着社会发展,而且会从深层次上影响着资源配置

---

① 2011年,在"老字号"调研过程中,我们与商务部、各省市商委的有关领导、一些"老字号"企业的主要领导等,有过一些接触和交流。关于"老字号"企业的竞争力,我们发觉,无论是在政府官员中,还是在"老字号"企业领导中,广泛存在着的看法是:大多看到了"老字号"企业的核心能力,很少看到"老字号"企业的系统运作能力。其实,这种看法不利于我们理解和分析"老字号"企业的核心竞争力,也不利于"老字号"企业领导进行企业发展和市场竞争的战略规划。

的实际方式、产业结构的调整方向和经济体制改革的方向①。由此，我们可以思考，目前，国际和国内的激烈市场竞争环境，给中国的"老字号"企业带来巨大的压力：国际方面，要面对经济全球化浪潮；国内方面，要面对产业结构升级、生产方式转变、社会结构转型、消费方式变化等。"老字号"企业的存在价值（即商业价值）和发展空间（即市场份额）在哪里？"老字号"企业虽然已经存活了数十年、上百年甚至数百年，但并不一定能够长生不老。世上没有常胜将军。比如，笔者2011年9月在大阪举行的"东亚人类学"国际会议上曾经提交一篇论文，探讨"老字号"企业是如何借助上海世博会这件中国的和世界的盛大典礼，通过企业自己的发展周期仪式，开展全球性的营销活动，来获得新的发展机会的。②

老字号是数十年、百年甚至数百年商业竞争之后留下的极品，都各自经历了艰苦奋斗的发家史而最终统领一行。然而，由于历史原因和体制转换的影响，中国"老字号"企业在发展中遇到许多新情况和新问题。部分老字号企业组织化程度低，体制、技术、管理落后，市场开拓能力较弱，发展后劲不足。特别是长期以来，由于缺乏合理的发展规划，保护措施不到位，缺少必要的政策支持，制约了"老字号"的发展。2006年，商务部开始实施"振兴老字号工程"，并在当年颁布了第一批"中华老字号"企业名录。2008年，商务部等14部委联合印发了《关于保护和促进老字号发展的若干意见》的通知。2011年，为了进一步促进"老字号"的成长，商务部又颁布了第二批保护与促进的"中华老字号"名录。从中央到地方各级政府和有关商务部门的扶持政策，对"老字号"企业的发展，不但给予了资金上的支持，而且创造了良好的社会氛围。但是，"老字号"企业自身如何发展呢？

关于"老字号"企业自身的发展前景，比如，传统优势与现代优势，已有竞争力与新生竞争力等，笔者认为，"老字号"企业应基于自身的核心竞争力提升价值链管理。值得"老字号"企业思考的问题是：在目前和未来激烈的市场竞争中，"老字号"企业凭着自己的老本事（已有的竞

---

① 李培林：《另一只看不见的手：社会结构转型》，《中国社会科学》1992年第5期。
② 笔者提交给"东亚人类学"国际会议（2011年9月，日本国立民族学博物馆主办）的一篇论文——《上海世博会："老字号"企业的盛典性"事件营销"——以上海杏花楼为例》。

争优势)是否还可以获得广阔的发展空间?未来,"老字号"企业应该具有什么样的核心竞争力和竞争优势?"老字号"企业要想继续获得成功的关键要素是什么?

"老字号"企业的核心竞争力是在一个企业内部经过整合了的知识和技能,尤其是关于怎样协调多种生产技能和整合不同技术的知识和技能。普哈拉哈德和哈默尔强调连接核心竞争力和终端产品的环节是核心产品,从长期看,以比竞争对手更低的成本和更快的速度孵化出产品方能体现核心竞争力,而不仅仅是短期内的价格优势。竞争优势是"老字号"企业在某些方面比其他的企业更能带来利润或效益的优势,包括技术、管理、品牌、运作模式、劳动力成本、优势资源等。实质上,"老字号"企业的核心竞争力是其竞争优势的重要基础。如果一个企业在经营范围上没有很大的变化,基于这个企业的核心竞争力,所体现出来的是它的竞争优势。

六 小结:中国企业并非都是"短命郎君"

中国拥有为数不少的"老字号"企业,并不像有些学者所说的中国企业都"富不过三代",都是"短命郎君"。面对市场全球化和本土竞争白热化的双重压力,"老字号"企业还可以继续延长自己的寿命:它们不但需要不断适应外部的全球化和本土化双重市场变化趋势,而且需要具备内部"双结合"的核心能力(将传统优势与现代优势相结合,将已有竞争力与新生竞争力相结合)。这些既可使"老字号"企业拥有一定的市场竞争力,也可让其实现价值链管理,持续增强竞争优势。因此,要想寻求对"老字号"企业"富过三代"的长寿秘籍和发展前景的答案,我们不但需要理解"老字号"企业面对的外部市场格局和社会经济结构变化的情况,还需要对其核心竞争力和竞争优势有关的问题(如核心能力、系统运作能力、发展战略、优化核心业务等)有深刻的认识。

第三节 "老字号"企业的盛典性"事件营销":以上海杏花楼为例

人类学提倡跨学科交叉研究,本节将尝试人类学和相关学科的理论和方法，探讨在上海世博会上中国"老字号"企业的行为。

一 以往的相关研究与上海世博会

1. 关于世博会

世界博览会（World Exhibition or Exposition，简称"World Expo"）被日本建筑师丹下建三（Kenzo Tange）称为"世界文化的盛大节日"，是一项由主办国政府组织或政府委托有关部门举办的有较大影响和悠久历史的国际性博览活动①。在上海世博会之前，1970年，在日本大阪举办的世界博览会是规模最大的一届世博会，其参观人次超过7000万②。

中国举办的2010年上海世博会是世博会历史上首次在发展中国家举办的综合性世博会。主题是："城市，让生活更美好"；举办期：2010年5月1日至10月31日，历时6个月；举办地点：位于南浦大桥和卢浦大桥之间，沿黄浦江两岸布局，园区规划用地5.28平方公里，其中，浦东部分为3.93平方公里，浦西部分为1.35平方公里；总投资180亿元人民币，其中，基建投资90亿元，场馆投资90亿元。

2. 从人类学的仪式理论，看上海世博会

对世界上的各个国家及其企业而言，在一定意义上，上海世博会是一个重大的商业仪式。仪式研究（ritual studies）一直是人类学研究中的一

---

① 世界博览会已经历了150年的历史，最初以美术品和传统工艺品的展示为主，后来逐渐变为荟萃科学技术与产业技术的展览会，成为培育产业人才和一般市民的启蒙教育不可多得的场所。第一个世界博览会于1851年5月1日在英国伦敦开幕。

② 早在1867年，日本首次参加了巴黎世博会。日本的浮士绘艺术（日本江户时代流行的一种描写风俗人情的民间绘画）、日本花园、茶叶等展品风靡巴黎，欧洲通过世博会从中了解了日本和东方文化。"明治维新"后，日本又积极参与了1873年维也纳世博会。日本政府深知世博会是学习西方科学技术最好的课堂，在派往维也纳的日本77人代表团中，有66人是工程师。这些专家在"世博会的工厂和车间"中专心致志、从容不迫地学习研究。回到日本后，他们撰写了一份96卷的报告。可以说，日本从世博会中吸收了西方新的许多科学技术并在很大程度上发展和加强了国家的工业实力。1877年，日本开始在国内举办相当规模的工业博览会。1928年，日本参与了《国际展览公约》的制定，成为缔约成员国之一，并筹划在1940年举行以庆祝日本帝国成立2600年为主题的世界博览会，后因第二次世界大战而流产。60年代，日本的经济开始复苏并飞速发展。1964年，东京奥运会的成功举办更是振奋了国民精神。1966年5月11日，经国际展览局全体成员代表大会通过，大阪（中世纪曾是日本最大的城市）在1970年举办世界博览会，主题为"人类的进步与和谐"，成为亚洲第一个举办世博会的城市。

个重要领域①。几乎所有的人类学流派都对仪式有着独特的理解和认知角度，人类学研究的发展自然也会在仪式研究中有所反映②。比如，出生于德国后来成为法国民俗学奠基人的阿劳德·凡·盖内普（Arnold Van Gennep）在关于"过渡仪式"（rites of passage）的论述中，提出了著名的仪式过程三阶段论，即：隔离（separation）阶段、阈限（liminal）或转换（transition）阶段、重整（reintegration）阶段③。英国人类学曼城学派代表人物维克多·特纳（Victor Turner）对盖内普的仪式过程三阶段论展开了进一步的分析，他在自己1969年写成、1995年正式出版的专著《仪式的过程：结构与反结构》（*The Ritual Process: Structure and Anti – Structure*）中指出：仪式是一种处于稳定结构交界处的"反结构"（anti – structure）现象，仪式过程"阈限期"（liminal phase）就是对仪式前和仪式后两个稳定状态的转换过程④。

在企业人类学的研究中，也包含了人类学家对企业有关组织与仪式的研究，比如，《广西民族大学学报》（哲学社会科学版）2010年第5期上刊登了日本人类学家的两篇论文《日本社缘共同体中的宗教祭祀》（［日］中牧弘允著，吴咏梅译）、《服务创出的礼仪体系：工作的人类学》（［日］八卷惠子著，郑锡江译）⑤。16年前，笔者也曾对礼仪做过一点探究⑥。

---

① 例如，美国人类学家格尔兹把仪式称作是一种"文化表演"（cultural performances）。加拿大仪式学家格兰姆斯（Grimes）在《仪式研究的起点》（*Beginnings in Ritual Studies*）中，从发生学角度对仪式行为起源进行探讨，并指出仪式有六种类型：（1）仪式化（Ritualization）；（2）礼仪（Decorum）；（3）典礼（Ceremony）；（4）巫术（Magic）；（5）礼拜（Liturgy）；（6）庆典（Celebration）。

② 彭兆荣：《人类学仪式研究评述》，《民族研究》2002年第2期。

③ Gennep, Arnold Van, 1909, *The Rites of Passage*, University of Chicago Press.

④ Turner, Victor, 1995, *The Ritual Process: Structure and Anti – Structure* (1969), Aldine Transaction.

⑤ 另外，2008年5月13日，中牧弘允教授到中央民族大学做过一次题为"日本的公司与宗教"的讲座，讲述到日本公司中的各种带有宗教性质的仪式，尤其是着重比较分析了日本公司中的两种仪式：进入公司的入社式和公司的葬礼（参见中牧弘允《日本的公司与宗教》，王铭铭主编《中国人类学评论》第8辑）。

⑥ 张继焦：《中国少数民族礼仪》，中央民族大学出版社1995年第1版，1999年第2版。在这本书中，笔者把礼仪分为三大类：人生礼仪、社会交往礼仪和（经济）生产性礼仪。其实，有两类仪式比较显著：一类是与人的生命周期相对应的人生仪式（出生礼、满月礼、成年礼、婚礼和葬礼等），另一类是与宗教信仰有关的各种仪式。

因此，从仪式的角度看，人类学研究有理由关注参展企业在上海世博会这个2010年全世界的盛大仪式活动中的行为。

3. 从人类学和社会学的全球化理论，看上海世博会

人类学与其他一些相关学科，一直关注全球化（globalization）、现代化（modernization）、城市化（urbanization）等人类发展一些问题。其中，美国人类学家罗伯特·雷德菲尔德（Robert Redfield）在1956年出版的《农民社会与文化》（Peasant Society and Culture；An Anthropological Approach to Civilization）[①]一书中，提出的大传统与小传统（great tradition and little tradition）这一对概念，对人类学及其相关学科都产生了较大的影响。这种二元分析的框架，用来说明在乡民社会中存在的两个不同文化层次的传统。大传统是指以城市为中心，社会中少数上层人士、知识分子所代表的文化；小传统是指在农村中多数农民所代表的文化。正因乡民社会被包含于整体的大社会（传统的帝国体系、殖民体系或现代国家社会）之中，并且存在两种传统的互动关系，雷德菲尔德称呼乡民社会是种半社会（half‐societies）与半文化（half‐cultures）。换言之，他认为小传统被包含在大传统之中，在文明的发展中，农村不可避免要被城市同化。

其后，欧洲学者用精英文化和大众文化对这一概念进行修正。大传统与小传统的概念被莫里斯·弗里德曼（Maurice Freedman）、史坦利·谭拜亚（Stanley Tambiah）等人类学家运用至汉人研究与印度社会学等领域，并被历史学、社会学等相关学科学者引用，成为中国与印度等乡民社会地区的主要概念之一。在台湾，李亦园又将大小传统的概念运用于中国文化的研究。

这些研究都注重于强调大传统与小传统二者之间的差异性，把二者置于对立面，通常认为小传统处于被动地位。

20世纪80年代晚期，日本经济学家在《哈佛商业评论》发表的文章中提到"全球本土化"（Glocalization，由Globalization和Localization组合而成），据说全球本土化一词来源于日语的"dochakuka"，源自日本在海外提供的产品或服务与当地文化相结合时取得的成功经验。全球本土化不

[①] Redfield, Robert, 1956, *Peasant Society and Culture：An Anthropological Approach to Civilization*, Chicago, IL, US：University of Chicago Press.

仅是一种营销策略，也是一种全球经济日益全球化和一体化背景下出现的一种新的理论和思潮。英国社会学家罗兰·罗伯森（Roland Robertson）认为，"全球本土化"意味着普遍化与特殊化趋势的融合，两者共同起着作用，他描述了本土条件对全球化的反馈作用①。

因此，从全球化或全球本地化的角度看，上海世博会，对中国企业而言，是一种受全球化的巨大冲击，是一次全球现代化的大传统与中国本土企业的小传统之间的矛盾冲突，也是一次全球本土化的实践活动。

4. 从企业管理学的"事件营销"角度，看上海世博会

近年来，在世界各国的企业中，"事件营销"（event marketing）是一种非常流行的公关传播与市场推广手段。事件营销的关键是要有"事件"，才能"因事而为"。可以用来开展营销活动的"事件"基本上分为六种：政治事件、军事事件②、自然事件、经济事件、体育事件和社会事件③。

2010年，在上海举办的世博会，其目标为邀请200多个国家和国际组织参展，吸引7000万人次参观。可见，上海世博会无疑是世界各国企业开展"事件营销"的绝好场所和机会。

---

① Robertson, Roland, 1995, *Glocalization: Time – space and Homogeneity – heterogeneity*, Sage Publications Ltd.

② 比如，统一润滑油利用伊拉克战争这个重大政治和军事事件展开的一个营销活动：在距伊拉克战争爆发不到24小时，"多一些润滑，少一些摩擦"的广告版第一次与全国观众见面，在战争报道中开始有了来自统一润滑油呼唤和平的声音。伴随广告，其内容也形成了新闻，引起媒体的铺面性的报道。据统计，统一润滑油在2003年3月份的出货量比上年同期增加了100%，而且当月销售额历史性地突破了亿元大关。伊拉克战争（2003年3月20日—2010年8月19日）是以美国军队和英国军队为主的联合部队正式宣布对伊拉克开战开始的。澳大利亚军队和波兰军队也参与了此次联合军事行动。军事行动是在美国总统乔治·W. 布什对伊拉克总统萨达姆·侯赛因所发出的要求他和他的儿子在48小时内离开伊拉克的最后通牒到期后开始的。

③ 2003年是一个多事之秋，伊拉克战争、"非典"、"神舟"五号，热点事件纷纷上演。在每一个热点时刻，都有敏锐的企业和热点绑在一起。10月16日，中国"神州"五号飞船成功飞天，中国"第一宇航员"杨利伟返回地球，中国人的"飞天梦想"终于实现。与此同时，印有"中国航天员专用牛奶"标志的蒙牛牛奶全新登场，出现在全国各大超市、卖场中，配合着身穿宇航服的人物模型和其他各种醒目的航天宣传标志，蒙牛牛奶迅速引起了消费者的关注。

二 分析框架

笔者尝试着将人类学的礼仪理论、人类学和社会学关于全球化及全球本土化的理论、市场营销学的事件营销理论等三种不同的学科理论和方法结合起来，对企业在上海世博会上的参展行为进行分析。

通过对上海世博会的实地调查，我们可以看出，参展企业在世博会上的商业事件或仪式行为，既是一种企业的"文化表演"，也是一种企业发展的状态或身份的转变过程。通过在此表演仪式，企业将脱离原来的状态或身份，转变为另一种新的状态或身份。有的参展企业将结束其隔离发展阶段，走向转换或阈限发展阶段，有的参展企业迈向重整发展阶段。由于企业的发展状况和发展目标不同，它们在上海世博会上所展示的发展周期仪式应该也是不一样的。

在此，笔者试着将企业的发展周期比喻为像一个人的生命周期一样，并有着相对应的人生仪式及其延伸出来的各种仪式活动。与人一样，企业的生命周期不只是一个简单的生老病死过程，在此过程中，不但有标志着各种不同生命阶段的关键性仪式（如出生礼、满月礼、成年礼、婚礼等），而且在其生命过程中还将产生多次的螺旋式上升或下降的发展过程，其间也相应地有各种不同的标志性仪式，如毕业典礼（小学、中学、大学、硕士、博士等不同阶段顺利完成学业之后举办的仪式）各种结婚典礼（铜婚、银婚和金婚等不同时期的纪念会）。

在世界博览会发展历史上，一家中国"老字号"企业——贵州茅台酒摔瓶子的事件，是最为让人津津乐道的"事件营销"经典案例之一。1915 年，在美国旧金山举行的巴拿马国际博览会上，各国送展的产品，可谓琳琅满目，美不胜收。可是，中国送展的"茅台酒"，却被放在一个角落，久久无人问津。一位中国工作人员心里很不服气，经过苦思冥想，得出一计，便提着一瓶茅台酒，走到展览大厅最热闹的地方，故作不慎把这瓶土瓦罐包装的茅台酒摔在地上。顿时，浓香四溢，招来不少看客。人们被这茅台酒的奇香吸引住了……从此，那些只饮什么"香槟""白兰地"的外国人，才知道中国茅台酒的魅力。这一摔，茅台酒出了名，得了奖，被评为世界名酒之一，是与苏格兰威士忌、法国科涅克白兰地齐名的三大蒸馏名酒之一，成为中华民族工商业率先走向世界的杰出代表。

茅台酒在 1915 年巴拿马国际博览会的"事件营销"行为及其获得金

质奖章的结果，就像是不经意地在国际经济舞台上举行了一次有影响的"成年礼"，表明茅台酒已经冲破了国家边界的隔离，走出了中国的国门，不再只是一种中国名酒，而已经转变成为世界三大蒸馏名酒之一，成了全世界的名牌产品。经此洗礼，茅台酒主动地完成了一次重要的"全球化"实践活动，成为其发展历程中一次里程碑式的成功事件。

在本节中，笔者将主要关注："老字号"企业是如何借助上海世博会这件中国的和世界的盛大典礼，通过企业自己的发展周期仪式，开展全球性的营销活动，来获得新的发展机会的。

三 世界各国企业与中国"老字号"企业：上海世博会上的仪式性"事件营销"

世界各国的企业都在利用 2010 年上海世博会这个具有新闻价值、社会影响的事件，通过策划和组织一些重要的仪式性活动，吸引媒体、社会团体和消费者的兴趣与关注，以求提高企业或产品的知名度、美誉度，树立良好品牌形象，并最终促成产品或服务的销售。

1. 上海世博会与世界各国企业的仪式性"事件营销"

在 2010 年上海世博会上，(1) 有不少企业以个体的或集体的方式，建立了场馆：个体性场馆中，有一些跨国公司馆，如可口可乐馆、上汽通用馆、思科（Cisco）馆等，有一些中国企业馆，如远大馆、万科馆、中粮馆等；集体性场馆，有日本产业馆、韩国企业联合馆、中国民营企业联合馆、上海企业联合馆等。(2) 有不少跨国公司和中国企业以全球合作伙伴（如东方航空、交通银行、上汽通用、西门子、可口可乐、国家电网、上海实业等）、高级赞助商（如腾讯网、均瑶集团、申能集团、宇达电通、IBM 和伊利等）、项目赞助商（如水晶石数字科技公司、中国外运集团、中国印钞造币等）身份参加上海世博会。可见，不同的企业由于自身的发展水平和发展目标等的不同，其参与上海世博会的方式与程度也不同，因此，它们在世博会上的表演仪式和事件营销的效果也是不一样的。

中国民营企业[①]把参加上海世博会作为一次向世界展示的重大仪式。

[①] 民营企业是在中国经济体制改革过程中产生的非公有制企业。全国工商联在京发布了被誉为"民企 500 强"的"2010 中国民营企业 500 家"榜单。数据显示，2010 年"民营企业 500 家"营业收入总额达 4.74 万亿元，同比增长 15.24%，税后净利润 2179.52 亿元，同比增长 32.84%，增幅均超过中央国有企业。

中国民营企业联合馆①由中国综合类民营企业上海复星集团牵头，联合了上海红星美凯龙、阿里巴巴、大连万达、民生银行、苏宁电器、美特斯邦威、易居中国、新光集团、欧普照明、泰豪集团、爱仕达、伽蓝集团、皇明太阳能、万丰奥特、华谊兄弟等，共16家中国各行业最具活力的龙头企业共同组建，总投资达到2多亿元人民币，约有3.5万家中小型民企参展。在高级赞助商和项目赞助商中，包括均瑶、新世傲、兆峰陶瓷等民营企业都名列其中。对中国民营企业而言，上海世博会是一次重大的事件营销，它集新闻效应、广告效应、公共关系、形象传播、客户关系于一体，并为新产品推介、品牌展示创造机会，形成了一种快速提升民营企业品牌知名度与美誉度的营销手段。可见，对中国民营企业而言，在上海世博会上建中国民营企业联合馆及其举办的各种相关活动，就像是举办了一次盛大的"成年礼"庆典，不但在向全中国，也在向全世界宣告中国民营企业作为一只重要经济力量的存在及其巨大的影响力，并将在未来的全球化过程中发挥一定的作用。

2. 上海世博会："老字号"企业的典礼性"事件营销"

上海世博会是世界各国及其企业展示自己的大舞台，也应该是中国"老字号"企业发展的新机遇。我们需要关注的是"老字号"企业为了自身的发展，在上海世博会这样的世界性大事件中采取了什么样的举动。

"老字号"企业是指历史悠久，拥有世代传承的产品、技艺或服务，具有鲜明的中华民族传统文化背景和深厚的文化底蕴，形成良好信誉的品牌企业。老字号不仅是一种商贸景观，更重要的是一种历史传统文化现象。20世纪50年代，新中国成立初期，有老字号企业1.6万多家，分布在餐饮、零售、食品、酿造、医药、服装鞋帽等众多行业。目前，全国只有1128家企业被授予"中华老字号"。比如，2003年初，始创于1651年至今已经有352年历史的王麻子剪刀厂宣布破产，这引起了人们对于老字号何去何从的思考。"老字号"金字招牌缘何在屹立了数十年或百年之后，却在繁荣的市场经济中悄然隐去呢？老字号的出路究竟在哪里呢？面对中国2001年加入WTO后新的竞争环

---

① 中国民营企业联合馆（Chinese Private Enterprise Pavilion）是上海世博会17家企业馆之一，被命名为"活力矩阵"，位于世博规划区浦西园内，占地面积约达6000平方米。参展主题："无限活力"。参展口号："一起来精彩"。展馆的建筑设计理念为"细胞"，喻示着民营企业从小到大、日益生机蓬勃。19个形似细胞的巨型圆柱体排列而置，正表明了全国民营企业的整体形象。

境，特别是在 2008 年开始的新一轮经济危机当中，老字号如何与时俱进，重振雄风？这是我们需要认真思考和研究的问题。

在 2010 年上海世博会上，不少"老字号"企业都积极参与。2009 年 5 月 4 日，贵州茅台酒以白酒行业高级赞助商的身份现身①，针对上海世博会推出的 81 款纪念酒及公开销售的 100 多吨"世博喜酒"②。2009 年 8 月 18 日，冠生园（集团）有限公司③与上海世博会事务协调局签署协议，正式成为上海世博会糖果行业赞助商。冠生园与世博会的渊源最早始于 1926 年，冠生园的罐头等产品参加美国费城万国博览会并获得甲等大奖；冠生园集团的佛手牌味精也分别在 1926 年、1930 年和 1933 年参加在西班牙、比利时、美国举办的国际博览会上获得展会三次金奖。冠生园至今还保存着 1933 年"佛手牌味精"在美国芝加哥国际博览会上获得的奖状原件，这也是上海市到目前为止唯一一件世博珍品，极具史料价值。在世博会开馆之前，冠生园已将其捐赠给了上海市档案馆。

笔者认为，作为中国老字号企业，贵州茅台酒和上海冠生园两家曾结缘世博会的老牌公司，在上海世博会上的表现，类似"结婚纪念典礼"，

---

① 2009 年 5 月 4 日，上海世博会事务协调局与中国贵州茅台酒厂有限责任公司签署协议，茅台集团正式成为上海世博会白酒行业高级赞助商。上海世博会执委会常务副主任、上海市委常委、副市长杨雄，上海世博会执委会专职副主任钟燕群，上海市政府副秘书长、上海世博局局长洪浩，上海世博局副局长陈先进，贵州茅台酒厂董事长季克良等出席签约仪式。洪浩和季克良分别代表双方签署合作协议。

② 据粗略估算，贵州茅台酒仅在世博园区销售各款限量纪念酒的销售收益，即可达到 9800 多万元。加上面对市场公开销售的 100 多吨"世博喜酒"，以建议市场零售价 1699 元/瓶计算，茅台酒此番"世博经济"的实体总收益可多达 4.38 亿元。比如，"茅台世博纪念酒"共有五大系列，有四款纪念酒仅在世博园区的两个茅台世博特许商品专卖店销售。其中，以 50 年茅台酒装瓶的世博珍藏纪念酒限量发行 2010 瓶，茅台世博特许专卖店内的零售标价在 3 万元以内，原则上每天仅对外放量一瓶。以 45 家参会国独特文化元素为设计蓝图的"和平使者"国家馆纪念酒，基酒为 30 年茅台，45 款每款限产 50 瓶，特许店内限销 100 瓶左右，每瓶零售价 18000 元。以 15 年茅台酒装瓶的省区市馆纪念酒"醉美中华"每省区定制量为一吨，共生产 2000 瓶，三分之二用于特许店销售，每瓶定价 5000 元。此外，用低于 15 年但高于普通茅台酒装瓶的"盛世中国"中国馆特制酒限量发行 1 万瓶，零售定价在 3000 元以内。

③ 冠生园创建于 1915 年，是一家有着近百年历史的中华民族名牌老字号企业，也是中国食品工业二十大杰出企业之一。拥有"冠生园"和"大白兔"两个中国驰名商标，主要生产和经营大白兔糖果、冠生园蜂制品、保健品、面制品、华佗十全酒、佛手调味品等五大类上千个品种的产品。

似乎,贵州茅台酒在庆祝自己与世博会的"金婚"而举办盛典,而上海冠生园在庆祝自己与世博会的"银婚"而举行盛宴。从学理上看,它们的"结婚纪念典礼"也显示了它们在以往的国际化行为基础之上,开展了再一次的"全球本土化"或"本土全球化"实践过程。

四 上海世博会:上海杏花楼①的典礼性"事件营销"案例分析

在事件营销里,一般的大型活动经常会让很多人去讨论。比如,在上海世博会的前期、期间和之后,国内外各种媒体会从不同角度有大量的报道,也有很多人在网络上进行讨论。在媒体和民众的报道和议论中,把上海世博会的效果不断地放大,而那些投入其中的企业也获得更高的关注度,这就是对参与其中的企业的附加回报。所以,参与企业想要达到一些与上海世博会共鸣的效果,需要开展一些与企业自身和产品特性有关的人生仪式活动。

在下文中,笔者专门对上海老字号代表企业——上海杏花楼在2010年上海世博会上的仪式性"事件营销"案例进行分析。

1. 上海杏花楼与上海世博会

把人类学的礼仪理论、人类学和社会学关于全球化及全球本土化的理论、市场营销学的事件营销理论等三种不同的学科理论的角度来看,上海杏花楼在上海世博会举行的典礼性活动,在原来已举办过的"国内结婚仪式"基础之上,再办一次"国际结婚仪式"②。其主要有如下两点。

第一,上海杏花楼已经为自己实现改制和与一批老字号结婚,举办过"国内结婚仪式"。上海杏花楼(集团)有限公司的前身是黄浦区第二饮食公司,拥有黄浦区绝大部分的老字号餐饮品牌。20世纪90年代后期,在政府发动的政企分开、所有权和经营权分离过程中,第二饮食服务公司由行政性公司改组成为一个独立运行的国有企业,开始了面向市场求发展的经营实践。企业化以后,杏花楼集团虽然迈出了市场化的第一步,但是市场化的程度还远远不能适应市场的变化,国有资本一股独大的局面没有改变,传统的计划经济思想和国有体制依然束缚着企业的发展。2000年,在上级公司的积极引导和大力支持下,杏花楼集团按照现代企业制度的构建要求,

---

① 上海杏花楼的全称为"上海杏花楼(集团)股份有限公司"。
② 目前,有些从乡村到城市工作和生活的年轻人,结一次婚,要办两次婚礼,其中,一次婚礼在目前居住的城市里举办,另一次婚礼回到自己的老家农村举行。

通过引进社会法人资本，组成了多元投资的有限责任公司，并建立了企业经营者集体持股的激励机制。体制的改革为运行机制的创新提供了条件，也为企业的发展奠定了基础。目前，上海杏花楼是一个以特色餐饮业、品牌食品加工业和现代酒店业为核心产业的大型企业集团，公司拥有南新雅大酒店和杏花楼、新雅粤菜馆、功德林、扬州饭店、沈大成、老正兴、德大西菜社、燕云楼、洪长兴、小绍兴、德兴面馆、老半斋等一大批老字号著名企业。这些品牌企业的聚集和发展，成就了杏花楼集团这样一个在上海乃至全国都享有盛誉的大型餐饮食品企业集群，年销售收入接近14亿元。

第二，上海杏花楼需要在原来的本地婚礼基础上，举办一次体面的"国际结婚仪式"。作为拥有150多年历史，它需要为已过了门的、旗下十多个著名老字号的餐饮品牌，再次举办一次盛大的"洋式婚礼"。进驻上海世博园，就标志着这场婚庆盛典的开始。为了办好这场国际婚礼，近年来，上海杏花楼集团着力打造专业化餐饮和美食消费市场品牌战略，形成了"美食节""云南路美食街""杏花楼美食广场""世博美食广场"等特色街区品牌。2009年元宵节期间，上海杏花楼曾在云南路搞了一个主题为"元宵节，闹元宵"的灯会，吸引了大量上海市民的踊跃参加。登上上海世博会这一当今世界最大的展示舞台，与星巴克、棒约翰等洋品牌一起呈现在中外参观者的面前；给上海杏花楼带来一个千载难逢的展示传统饮食文化和推广民族饮食品牌的机会。这次盛会也将是对上海杏花楼品牌建设和创新成果的一次大检验，也是获得进一步发展的良好契机。

2. 上海杏花楼"事件营销"的行为模式

上海杏花楼在上海世博会上举办"国际结婚仪式"的"事件营销"行为主要有两种模式：借力模式和主动模式。

（1）借力模式

上海杏花楼作为世博餐饮服务供应商，其世博店设在世博会园区C片区内环南路C10-G14-2-2号，在欧洲广场附近，二楼的一边是新雅粤菜馆，另一边就是杏花楼美食广场，里面汇集了不少上海老字号的小吃。上海杏花楼作为上海本土最著名的老字号餐饮企业，在世博会期间要充分展示自己的风采。外国人来了，如果世博会上供应的都是麦当劳、肯德基和西式菜肴，也就没什么特色了，这些东西在全世界都能吃到。上海杏花楼要让外国朋友品尝到地道的上海本土餐饮，借以展示民族餐饮文化和传统美食的魅力。于是，上海杏花楼以老字号组团参加筹办世博会美食广场的发展思路，投标世博局招商部门，得到了批准。上海杏花楼在世博会上开了一个大型的"杏花楼世博美食广场"，让十几家老字号品牌餐饮企业一起开进去，把最经典、最具上海特色的、最具中国民族特色的风味小吃和传统美食集中起来展示。世博会期间客流大，不一定是正餐，但需要"快"，需要"精"，需要"美"。为此，品牌老字号企业已经在研究，在创新，在品质、风味、特色不变的前提下，将传统大餐和名吃简化成"特色简餐"。上海杏花楼在世博会上开办"杏花楼世博美食广场"。办好这样的广场，对满足世博会餐饮服务，对扩大民族传统餐饮食品品牌的影响，对弘扬民族餐饮文化都是非常有意义的。上海杏花楼将本企业的事件向社会热点话题（上海世博会）靠拢，从而实现公众由对热点话题的关注向本企业事件的关注转变。

上海杏花楼的借力模式体现了三个特征。

第一，相关性。指的是社会议题必须与企业的自身发展密切相关，也与企业的目标受众密切相关。比如，自上海世博会签约餐饮服务商名单的公布之后，以杏花楼食品为代表的上海"老字号"品牌以崭新的世博餐饮形象进入人们视野。

第二，可控性。指的是发生的事件能够在企业的控制范围内，如果不能够在组织的控制范围内有可能不能达到期望的效果。杏花楼食品餐饮股份有限公司总经理杨培民在公司内部提出"优质服务，让宾客对上海有一个留恋"，"世博会是提升我们品牌形象的契机，杏花楼全体干部员工将以积极的行动、饱满的精神、高昂的热情，全身心地投入世博会服务中，展示上海人的风采，展示杏花楼的品牌形象。"

第三，系统性。指的是企业借助外部热点话题策划和实施一系列与之配套的公共关系策略，整合多种手段，实现一个结合，一个转化：外部议题与企业议题相结合；公众对外部议题的关注向企业议题关注的转化。比如，上海杏花楼除了上海世博会上设置世博店，一方面，为推广企业自己的品牌和产品而组织策划的一系列宣传活动，吸引消费者和媒体的眼球达到传播自己的目的；另一方面，利用社会上有价值、影响面广的新闻，不失时宜地将其与自己的品牌联系在一起，来达到借力发力的传播效果。

上海杏花楼及时地抓住广受公众关注的社会新闻和事件——上海世博会，结合企业或产品在传播上欲达到之目的而展开的一系列相关活动，达到了借势的目的，为本企业品牌加分。

(2) 主动模式

为了把这场"国际结婚仪式"办得更热闹和引人注目，上海杏花楼主动设置一些结合自身发展需要的"节目"——"食杏花楼月饼，赏世博会月圆"，通过传播，使之成为公众所关注的公共热点。中秋月饼是上海杏花楼集团传统的经营项目，杏花楼、新雅的广式月饼和功德林的素月饼三个品牌的月饼，在上海老百姓中早已深入人心。在2010年"中秋节"前期，上海杏花楼主动开展一系列活动，进一步扩大企业"中秋月饼"的影响力。

上海杏花楼的主动模式体现了三个特征。

第一，创新性。指的是企业所设置的话题必须有亮点，只有这样才能获得公众的关注。据人民网上海8月26日电（记者沈文敏）："与世博会同龄，'杏花楼月饼'香飘世博园"。据了解，世博会的前身万国博览会举办于1851年，而"杏花楼"同样创始于1851年，这真可谓是一种缘分。作为上海乃至国内的知名品牌，杏花楼月饼走进了世博园区，让游客感受不一样的中秋团圆气氛。

第二，公共性。指的是企业主动设置的话题必须是公众关注的，避免自言自语。与世博会同年诞生的上海杏花楼，已经走过了159年的历史，如今历久弥新。在上海人的心目中，"杏花楼"这三个字代表着一种沉淀在心底甜甜蜜蜜的思绪，代表着一种升腾在心中挥之不去美丽姣好的记忆。一年一度的月圆佳节，一年一度的团圆时刻，就像一个亲密的老朋友，让人们寄托亲情，让大家传递友谊，值得大家的信赖。

第三，互惠性。指的是企业主动策划的活动要给公众带来好处，可实现企业与公众的双赢。杏花楼月饼登陆上海近百年，其传统的豆沙、莲蓉、椰蓉、五仁已成为"四大金刚"。每年中秋，杏花楼月饼均占去上海月饼市场总销量的半壁江山[①]。中秋的脚步越来越近，世博园里的"杏花

[①] 2003年，上海杏花楼集团公司投资近2亿元，建成了闵行浦江镇和松江九亭两大食品基地，总建筑面积约5.8万平方米，同时开设近400多家特色食品连锁专卖店（柜），销售网络遍及上海市、区城镇，辐射长三角地区，形成食品工业生产规模化、营销网络化和产品系列化的现代化经营模式。每年中秋，上海杏花楼集团公司旗下的杏花楼、新雅、功德林三户月饼总销量占上海月饼市场的半壁江山。近年来，杏花楼月饼及糕点年产量都超过3000吨，年销售额突破4.5亿元，至今已连续10年保持产值、销量在全国月饼行业的领先地位，连续4年成为上海唯一入选"国饼十佳"的月饼。小小月饼带动了"杏花楼"的发展壮大，让"杏花楼"成为国内月饼食品行业的龙头企业。

楼月饼"也愈益香浓。香味中弥漫出的，是人们对富有历史底蕴的百年品牌的认同，是人们对拨动心弦的真切情感的追寻。

随着硬性广告宣传推广公信力的不断下降，上海杏花楼及时转向了公信力较强的新闻媒体，开发了包括新闻报道在内的多种形式的软性宣传推广手段。

上海杏花楼在上海世博会上的"事件营销"达到了事半功倍的效果，节省了大量的品牌传播和营销开支。

3. 上海杏花楼"事件营销"成功的关键要素

一个成功的事件营销必须包含下列四个要素之中的一个，这些要素包含得越多，事件营销成功的概率越大。

第一，重要性。指事件内容的重要程度。判断内容重要与否的标准主要看其对社会产生影响的程度。一般来说，对越多的人产生越大的影响，其重要性和价值越大。上海世博会是中国2008年成功举办奥运会之后最重要的国际性盛会[①]。上海杏花楼不但参加了这个盛大国际性聚会，而且其作用不小。世博园里寸土寸金，跟那些参与上海世博会中华美食街餐饮供应服务的商家相比，上海杏花楼作为世博餐饮服务供应商，不但独立开办了"新雅粤菜馆""洪长兴清真菜馆"等，还主办了"杏花楼世博美食广场"，在上海世博园中占有更显著的位置、拥有更多的经营空间，其重要性是不容置疑的[②]。

第二，接近性。越是心理上、利益上和地理上与受众接近和相关的事实，其价值越大。通常来说，事件关联的点越集中，就越能引起人们的注意。杏花楼在上海人心目中，是老品牌，本来就像是一个老朋友，留下过

[①] 尽管2002年12月3日，中国已赢得了2010年上海世博会的举办权，但是，因为2001年7月13日，中国已获得了2008年夏季北京奥运会的举办权。举办北京奥运会在先，举办上海世博会在后。在2001—2008年这几年里，以北京为中心办好奥运会，是中国政府的头等大事之一。2008年8月24日北京奥运会闭幕之后，以上海为中心办好世博会，才真正成为中国政府的头等大事之一，直到2010年10月31日世博会闭幕，在这两年多时间里，上海世博会一直是中国经济社会生活中经常性的头条新闻之一。当然，在举办上海世博会的期间及其前后时间，它也是世界瞩目的重要事件之一。

[②] 创建于1864年的"老字号"企业——全聚德代表北京餐饮行业，在上海世博会中华美食街承担了餐饮供应服务工作；狗不理集团是唯一代表天津市参加世博会中华美食街的百年老字号品牌。中华美食街——位于世博会浦东园区的中央板块，紧邻中国馆与世博轴，建筑面积约5000平方米，集中了中国33个省区市的八大菜系的各种传统风味。

美好记忆，值得信赖。而且上海杏花楼设有世博店，入园参观者很容易品尝到各种上海老字号的小吃。杏花楼有限公司副总经理沈一峰曾表示：为了达到"让外国人吃中国小吃、外地人吃上海小吃、上海人吃各地小吃"的目的，大型美食广场将特意选址在俄罗斯、澳大利亚、东南亚国家馆附近，把上海老字号小吃端到外国观众的家门口。在众多的老字号餐饮企业入驻的同时，上海杏花楼旗下的洪长兴旗舰店的亮丽登场，更为引人注目。世界上阿拉伯国家很多，到中国参加世博会的穆斯林很多，需要有专门提供清真餐的餐饮企业和网点，需要在伊斯兰国家展馆的配套区域单独开设清真餐厅。洪长兴的马经理是上海清真行业的代表人物，他对洪长兴的定位很明确：在世博会上，洪长兴将成为上海乃至全国清真餐饮食品行业的代表；而世博会，将为洪长兴做大品牌做大产业起到推动作用。

第三，显著性。杏花楼月饼是上海月饼行业的代表，这个领域与新闻媒介和公众关注的方向是一致的。上海杏花楼在 2010 年"中秋节"前期，主动开展一系列与上海世博会有关活动——"与世博会同龄，'杏花楼月饼'香飘世博园"，进一步突出了"杏花楼月饼"在新闻媒介中的关注度和在公众生活中的分量。

第四，趣味性。大多数受众对新奇、反常、变态、有人情味的东西比较感兴趣。有人认为，人类本身就有天生的好奇心或者称为新闻欲本能。上海杏花楼主动策划"食杏花楼月饼，赏世博会月圆"活动，从消费者关心的事情入手，大大地拉近了与受众的距离，深深地打动了消费者。

上海杏花楼基本具备或较好地运用了上述取得"事件营销"成功的四个关键要素，因此，我们可以说上海杏花楼在上海世博会"事件营销"是成功的。

4. 上海杏花楼"事件营销"的动因和效果分析

上海杏花楼的"国际结婚仪式"事件营销的动因包含三个主要方面。

第一，开展事件营销的原始动机是消费者注意力的稀缺。注意力是对于某条特定信息的精神集中。当各种信息进入人的意识范围，人将关注其中特定的一条信息，然后决定是否采取行动。注意力对于上海杏花楼来说，是一种可以转化为经济效应的资源，把握住大众的注意力，也就有了事件营销的动力。2011 年 3—8 月，我们在中国的 12 个省和直辖市对近 400 家"老字号"企业开展的问卷调查显示，关于近三年（2008—2011）本企业在品牌建设上采用的措施，受访的"老字号"企业管理人员表示，最常采用的措施首先是"在传统节庆时进行品牌推广"（17.1%）和"宣传广告渠道增多"（17.1%）；其次是"广告投入增加"（15.3%）。此外，部分"老字号"企业还结合自身的特点采取了"更新公司内部装修风格"（9.9%）、"设立品牌推广的部门/岗位"（7.9%）和"更新公司广告词"（7.1%）等措施[①]。可见，在"在传统节庆时进行品牌推广"是"老字号"企业在品牌建设上最常采用的措施。上海杏花楼通过主动策划、组织和制造具有新闻价值的事件——"食杏花楼月饼，赏世博会月圆"，不但吸引媒体、社会团体和消费者的兴趣与关注，而且从消费者关心的事情入手，营销策略才能打动消费者，实现营销目标。

第二，事件营销的实现桥梁是大众媒介议程设置。所谓的大众媒介议程设置简单来说，就是大众传播媒介具有一种为公众设置议事日程的功能，传媒的新闻报道和信息传达活动以赋予各种议题不同程度的显著性的方式，影响着人们对周围世界的"大事"及其重要性的判断。我们的调查显示：近三年（2008—2011）来，上海"老字号"企业在品牌建设方面，采取最多的措施是"广告投入增加"（19.3%）；排在第二位的是"在传统节庆时进行品牌推广"（18.4%）；排在第三位的是"宣传广告渠道增多"（14.9%）；排在第四位至第六位的依次是"更新公司内部装修风格"（12.3%）、"举办大型活动推广品牌"（7.9%）、"设立品牌推广部门/岗位"（7.9%）等。[②] 可见，上海"老字号"企业在品牌建设方面最常和较常采用的措施，包括增加广告投入、在传统节庆时进行品牌推广、增多宣传广告渠道、举办大型活动推广品牌等几种方法。上海杏花楼之所以能在上海世博会成功地实施事件营销，主要在于它善于利用大众媒介，凭借传媒开展的新闻传播、广告传播等大众传播活动，营造出有利于企业的社会舆论环境，帮助企业达到借势或造势的目的，引起大范围的公

---

① "老字号"企业研究课题由中国社会科学院民族学与人类学研究所张继焦研究员主持，从2010年11月开始酝酿，从2011年3月开始启动和实施调查，直至8月中旬才完成，涉及12个省和直辖市，共收回有效问卷378份。

② 在上海的调查是由中国社会科学院张继焦研究员主持，由上海中华老字号企业协会、上海社会科学院社会学研究所配合执行。2011年3—6月，在上海社会科学院社会学研究所助理研究员臧得顺博士开展调查时，得到了上海中华老字号企业协会秘书长邵玉玲和外联部主任金丽涓女士的热情帮助。他们从上海的180家老字号企业抽取了60家企业，对其负责人进行问卷调查，共回收问卷51份，其中有效问卷50份。

众重视。

第三，事件营销的必要途径是整合营销资源。营销大师菲利普·科特勒认为，整合营销就是企业所有部门为服务于顾客利益而共同工作。它有两层含义，其一是不同营销手段共同工作，其二是营销部门与其他部门共同工作。上海杏花楼在上海世博会上整合的资源表现在整合多种媒体发布渠道、整合多种媒体渠道传播的信息、整合多种营销工具。上海杏花楼集团旗下有十多个老字号餐饮品牌，本来在上海乃至长三角地区有着无可比拟的口碑优势和客户忠诚度，通过上海世博会的各种推进活动，已经或正在积极稳妥地实施其品牌战略。第一，深入挖掘品牌的文化内涵和传统人文精神，唤起消费者的餐饮文化意识，以深厚的文化底蕴和传统制作工艺在消费者中塑造经典形象；第二，积极融入现代文化元素，让时尚和经典完美结合，让传承和创新完美结合；第三，积极运用现代企业的经营理念和市场营销手段，加大对品牌的推广力度；第四，以地道的传统工艺、纯正的口味、完美的品质、合格的质量、满意的服务和舒适的消费环境，最大限度地创造客户价值；第五，以强大的经济力量、先进的技术、现代化的管理和雄厚的产业基础为品牌的崛起提供坚实的保障。

上海杏花楼在近年来制定和实施自己的品牌中远期发展规划的基础上，通过在上海世博会操办一次隆重的"国际婚礼"，进行事件营销，在一定程度上实现了一次"华丽的变身"："杏花楼"作为全国著名商标和知名品牌，是集团公司的龙头品牌；"新雅"定位于高端餐饮、宾馆服务的著名品牌，"新雅"还将随着食品半成品产业的快速发展被打造成上海乃至长三角地区著名的食品品牌；"功德林"将被打造成上海乃至全国净素食品和传统美食的第一品牌；"小绍兴"定位于海派大众消费，注重发展现代大众餐饮连锁经营，倾力打造成海派传统美食连锁的第一品牌；"洪长兴"将被打造成海派清真餐馆首屈一指的品牌。老正兴、沈大城、扬州饭店、德大西菜馆、燕云楼、德兴馆、老半斋、鲜得来、香满楼等也都注重发挥传统的经营特色，塑造全新的品牌形象。上海杏花楼的管理层常常这样形象地描述企业的核心竞争力：以一棵大树来比喻一个企业，这棵大树的干和主要枝杈是一个企业的核心业务，更细小的分杈则是企业的业务单位，叶、花和果则是最终产品，核心竞争力就是树根。它为企业发展提供所需要的能量和养分，包括各种技术的融合、工作的组织及价值的传递。如果没有树根的健康发育，大树就不可能成为大树。没有核心竞争力的企业，也不可能成为强势企业。培育企业的核心竞争力，就是要改善树根的发育机理，提高树根对养分的吸纳、消化和供给能力。

上海杏花楼在上海世博会上的通过"国际婚礼"的事件营销，还产生了几个具体的效果：第一，投入少，产出大，收益率高。事实证明，好的事件营销无论是在投入还是在知名度的提升方面，回报率都超过其他广告形式。第二，具有很强的渗透性。事件营销与广告和其他传播活动相比，对公众具有更强的渗透性。第三，综合价值高。事件营销集新闻效应、广告效应、公共关系、形象传播于一体，通过整合社会、企业、顾客等各种资源，创造出吸引大量媒体和顾客的新闻，借助新闻，来吸引公众纷纷议论，形成口碑，起到口耳相传的广告效应，达到营销传播的目的。第四，避免信息干扰。信息传播过剩和媒体多元化造成的信息干扰，也令很多的传播大打折扣。而事件营销却能迅速抓住公众的"眼球"，提供信息传播的有效性。

五 小结：盛大的世博会典礼与上海"老字号"企业的"华丽变身"

从人类学的礼仪理论、人类学和社会学关于全球化及全球本土化的理论、市场营销学的事件营销理论等三种不同的学科理论，对"老字号"企业参与上海博览会这个盛大商业典礼的行为进行分析，我们可以看到，企业将脱离原来的状态或身份，转变为另一种新的状态或身份。但是，由于不同"老字号"企业自身的发展水平和发展目标的不同，其参与上海世博会的方式与程度也不同，因此，它们在世博会上的表演仪式和事件营销的效果，也是不一样的。

就像一个人的人生礼仪一样，不同的"老字号"企业在上海世博会上操办的礼仪形式和内容也是不同的：有的"老字号"企业虽然是有多年市场历练的老牌企业，但是，在目前的市场竞争中越来越弱，需要获得新的发展生机，就像一个刚获得新的生命的婴儿，需要办了一次"满月礼"。或者，我们也可以理解这类"老字号"企业总是处于岌岌可危自身难保的境地，通过上海世博会洗礼，摆脱了自身发展的困境，获得了新生命，重新有了新的发展生机。有的"老字号"企业好像刚办了一次"成年礼"：通过在上海世博会的 6 个月隆重典礼，从弱变强，有能力在市场上谋求自身的独立发展。有的"老字号"企业操办的是一次隆重"国际婚礼"，实现从本土企业变为国际性公司的重大转变。

比如，上海杏花楼通过举办这场"国际婚礼"，实现了在全球化过程中的"华丽变身",开始了成家立业之路,以新的组织方式谋求自身的发展,不但有能力在国内市场打拼,也开始显示自己开拓国际市场的能力。此举表明,像上海杏花楼一样,近些年来影响显得日渐式微的本土老字号们(如天津狗不理),如愿以偿地登上世博会这一当今世界最大的展示舞台,与星巴克、棒约翰等洋品牌一起呈现在中外参观者的面前,将数十年或百年传统铸就的品牌,凝聚数代人的智慧的制作方法,各种老字号美食将会让每一个品尝到的人回味无穷。

其实,很多上海"老字号"企业的发展战略之一就是,让像上海杏花楼一样进驻世博园,借助上海世博会来提升自己的品牌形象,让百年金字招牌散发更加灿烂的光芒。

实际上,上海作为中国近代开埠最早的城市之一,一直在有意无意地利用参加世博会来塑造自己的品牌。晚清上海商人徐荣村就曾以商人特有的敏锐捕捉到世博会提供的商机,他送去了自己经营的丝绸参加 1851 年于英国水晶宫举办的首届世博会,如愿夺得金奖并使"辑里湖丝"蜚声海内外,这是上海制造携手世博会的源头。而上海制造参与世博会高潮发生在 1933 年,著名的老字号鸿翔时装公司将 6 件精致的旗袍送往美国芝加哥,参加在那年举行的世博会并夺得大奖,这也使中国特有的民族服装在西方世界赢得了前所未有的青睐。从 20 世纪 30 年代到改革开放初的 80 年代,上海的品牌享誉全国,永久自行车、上海手表、英雄钢笔等辉煌了 50 多年。但是,随着时代的变迁和市场的发展,人们尴尬地发现曾经叱咤一时的上海本土品牌逐渐没落,部分已经悄然消失。现在能让消费者想起来的老字号品牌和企业已经越来越少。上海市商业信息中心 2009 年 6 月发布的一份调查显示,上海本土老字号品牌中逾七成已失去影响力。正是在这种"危机"的背景下,上海各界开展了一场"世博擦亮百年老字号"运动,期待借助上海世博会这个前所未有的机遇使本土老字号焕发青春活力。

目前,上海拥有 286 家商业老字号及 278 家工业老字号,以总数 180 家"中华老字号"成为国内拥有"中华老字号"企业最多的城市[①]。据分析,在众多老字号中,能够有机会进入世博园集中出现在游客面前的毕

---

① 上海中华老字号企业协会秘书长邵玉玲提供的资料:2006 年,商务部公布了第一批"中华老字号"名录,上海入选企业有 51 家;2011 年,商务部公布了第二批"中华老字号"名录,上海入围企业有 129 家;总共 180 家。

竟是少数，所以，除了"老字号进军世博园"之外，沪上老字号也在积极寻找其他展示平台。实际上，世博会期间，整个上海就是一个大展馆，7000万人次参观量，货真价实的上海老字号们赢得了中外参观者关注的目光。不同类型的老字号纷纷行动起来集中经营，形成各种各样的老字号聚集区。比如，上海黄浦区云南路着力打造老字号美食街，在短短250米街道两边，集聚了具有117年历史的伊斯兰风格的洪长兴、具有150年历史和民族文化特色的五芳斋、具有111年历史和海派风格的德大西菜咖啡餐厅、具有87年历史和京派风格的燕云楼，以及曾经是云南路龙头企业的小绍兴，还有鲜得来、小金陵大壶春、成昌园子店等9家老字号餐饮品牌，福建中路"中华名品街"聚集了王开照相、王大隆剪刀、老介福丝绸、谢馥春香粉、老凤祥珠宝等13家堪称家喻户晓的老字号，令远近宾客慕名而来，人来人往、川流不息。

在全球化进程中，上海世博会可以擦亮企业招牌，但是，"老字号"企业能否复兴取决于能否真正引入现代商业理念、创新经营方式和管理方式。现在，"老字号"企业面临难得发展机遇，一方面经过30多年的改革开放，"老字号"企业不断向现代企业特别是知名跨国企业学习，从员工培训到产品标准化，从质量控制到产业链管理都得到了全面提升；另一方面，全球化的地球村时代，人们更加珍视富有民族特色、文化特色的产品，而"老字号"企业正是迎合了人们打破"同质化"心理需求，因为每一个老字号都包含鲜活的人物、动人的故事，蕴含着丰富的人文和历史文化底蕴，是宝贵的民族财富。可以想象，没有老字号的城市生活将会少了很多文化氛围和乐趣。

第四节 中国"老字号"企业的经营现状与发展前景

目前，全国各地的"老字号"企业都面临着新一轮的激烈市场竞争、严峻的挑战与诱人的发展机会，有的处于生死攸关的境地，有的重振了往日的雄风。因此，我们有必要对"老字号"企业的发展动态与发展前景，给予一定的学术关注。

一 受访"老字号"企业的行业分布情况

2011年的老字号调查显示：在受访的378位"老字号"企业管理人

员中,有 86 位来自"食品"行业,占 22.8%;有 67 位来自"餐饮"行业,占 17.7%;有 55 位来自"医药"行业,占 14.6%;有 40 位来自"酿造"行业,占 10.6%;除了上述行业外,还有 29 位来自"零售"行业,占 7.7%;有 22 位"服装鞋帽"行业,占 6.6%;有 14 位来自"五金机械"行业,占 3.7%;有 13 位来自"日化用品",占 3.4%;有 12 位来自"文化用品"行业,占 3.2%;有 11 位来自"工艺品金银珠宝",占 2.9%。见表 5-1。

表 5-1　　　　　　　受访"老字号"企业的行业分布

行业	频数	百分比(%)
餐饮	67	17.7
零售	29	7.7
食品	86	22.8
酿造	40	10.6
医药	55	14.6
服装鞋帽	25	6.6
文化用品	12	3.2
日化用品	13	3.4
酒店旅游	9	2.4
美容美发	1	0.3
工艺品金银珠宝	11	2.9
五金机械	14	3.7
家居电器	5	1.3
其他	11	2.9
合计	378	100.0

本次调查涉及了 12 个省和直辖市,在本节中,我们对其中代表东南西北不同方位的 7 个省市(北京、上海、天津、浙江、重庆、广州、辽宁)的"老字号"企业情况进行比较分析。

在北京市,受访的 34 位"老字号"企业管理人员中,41.2% 来自"服装鞋帽"行业,包括盛锡福、内联升、瑞蚨祥和同升和等;20.6% 来自"食品"行业,包括稻香村、王致和、百花蜂产品和月盛斋等;8.8% 来自"餐饮"行业,包括东来顺、便宜坊和聚德华天等;8.8% 来自"酿造"行业,包括仙源食品、顺鑫农业和北京红星等。

在上海市,受访的50家"老字号"企业中,有16家"老字号"企业来自零售行业,占32%;有7家企业来自餐饮行业,占14%;有6家企业经营食品,占12%;有5家企业来自服装行业,占10%;有4家企业经营日化用品,占8%;从事医药和文化用品业的各为一家,各占2%;剩余10家企业涉及茶叶、眼镜、摄影、金银珠宝等几个不同的行业,这一部分则占了20%。

在天津市,从受访的35家"津门老字号"企业所属行业看,11家企业属餐饮业,占31.4%;7家企业属食品业,占20.0%;各有3家企业属酿造业和零售业,各占8.6%;文化用品、日化用品、医药的各有2家企业,各占5.7%。另外,从事服装、酒店、工艺品金银珠宝、五金机械、家居电器行业的分别有一家企业,各占2.9%。

在浙江省,受访的42家"老字号"企业中,来自经营食品行业的最多,占33.3%;排在第二的是医药行业,占14.3%;酿造业和文化用品业并列第三位,各占9.5%;其余被调查的"老字号"企业所经营的范围包括日化用品(7.1%)、餐饮(4.8%)、服装(4.8%)、工艺品金银珠宝(4.8%)、五金机械(4.8%)、零售(2.4%)、酒店(2.4%)、家居(2.4%)、电器(2.4%)等行业。

在重庆市,受访的38家"老字号"企业中,共有15家企业是经营食品行业的;有10家企业是经营餐饮行业的;有5家企业属于酿造行业;有3家企业涉及医药行业;还有1家企业是经营零售行业的。

在广州市,受访的51位"老字号"企业管理人员中,有11位来自食品行业,包括泮塘食品、皇上皇集团、致美斋酱园、趣香食品、清心堂凉茶、冠生园、廖金钱、黄振龙凉茶、沧州肉食、果子食品厂、广州市茶叶进出口有限公司等,占21.6%;有11位来自医药行业,包括陈李济、潘高寿、王老吉、建民医药、奇星药业、白云山明兴制药、中一药业等,占21.6%;有7位来自零售行业,包括新大新有限公司、广州市金银首饰有限公司、妇女儿童有限公司、友谊集团等,占13.7%;各有6位来自餐饮和酒店行业,各占11.8%。

据了解,1936年沈阳市餐饮业的"老字号"企业曾达600余家,并有"三春""六楼""七十二店"之说。但是,经过20世纪50年代的公私合营、六七十年代的十年"文革"以及八九十年代的改革开放和市场经济冲击,"老字号"企业的数量大大减少。目前,沈阳现存50年以上历史的餐饮业老字号仅有50余家。沈阳市"老字号"协会①于2008年12月4日成立,包括会员企业41家,其中百年老店有11家,涉及餐饮、食品、酿造、医药、批发、零售等几个行业。②

总之,比较7个省市"老字号"企业所在行业(以主营业务为主)占比例最高的,北京为"服装鞋帽"(41.2%),上海为"零售"(24.0%),广州(23.5%)为"医药",天津(31.4%)和辽宁(25.0%)均为"餐饮",浙江(33.3%)和重庆(39.5%)均为"食品";所在行业占比例第二高的,重庆(26.3%)为"餐饮",北京(20.6%)、天津(20.0%)、广州(21.6%)等三个城市皆为"食品",浙江(14.3%)和辽宁(21.9%)两个省为"医药",上海则分布在"餐饮"(14.0%)、"食品"(14.0%)和"日化用品"(14.0%)等三个行业中。

二 "老字号"企业的经营现状与发展前景

1. "老字号"企业的竞争优势

竞争优势(competitive advantage)是一个企业在品牌、技术、运作模式、管理、劳动力成本、优势资源等几个方面,较其他的企业更能带来可观利润或良好效益的优势③。实质上,企业的核心竞争力是其竞争优势的重要基础。美国管理学家普哈拉哈德和哈默尔于1990年首次提出核心竞争力(core competencies)这一概念。就在那一年,他俩合写的《企业的核心能力》一文,发表在《哈佛商业评论》5—6月合刊上。普哈拉哈德和哈默尔合著、1994年出版的《竞争大未来》,被管理学界公认为90年代最有影响力的著作之一④。笔者认为,企业只有真正

---

① 该协会是辽宁省内唯一一家致力于老字号企业开发与保护的地方性非营利性社会团体,是沈阳市众多行业协会中唯一的一个跨行业协会。

② 王焯:《辽宁省"老字号"企业的实践与发展报告》,张继焦、丁惠敏、黄忠彩等主编《老字号蓝皮书——中国"老字号"企业发展报告 No.1(2011)》,社会科学文献出版社2011年版,第93页。

③ [美]迈克尔·波特:《竞争优势》(1985),陈小悦译,华夏出版社2005年版。该书从1985年开始出版,已重印35次。

④ C. K. Prahalad & Gary Hamel, The Core Competence of the Corporation, in *Harvard Business Review*, May–June, 1990; Gary Hamel & C. K. Prahalad, *Competing for the Future*, Harvard Business School Press, 1994.

地对价值链上的各个业务流程（环节）实行有效的管理，才能获得市场上的竞争优势①。

拥有信誉良好的和价值巨大的品牌，以及具有世代传承的产品、技艺或服务等，可以视为"老字号"企业的核心能力。比如，内联升创建于1835年，以生产和制作千层底布鞋而闻名海内外，是目前国内手工制作布鞋规模最大的老牌企业。由此可见，千层底布鞋的手工制作就是内联升的核心能力。企业的核心能力本身具有四重性：专注性与创新性、持续性与惰性等②。

对378位"老字号"企业管理人员的问卷调查显示：我国"老字号"企业具有5个明显的市场竞争优势，排在第一位的明显竞争优势表现在"品牌影响大"（23.8%），排在第二位的市场优势体现在"传统工艺技术"（20.1%），排在第三位的竞争优势是"品牌时间长"（16.1%），排在第四位的市场优势为"产品质量"（15.4%），排在第五位的竞争优势是"回头客多"（9.0%）等。美国营销学家科特勒认为，品牌不仅具有企业识别、法律保护、培育忠实顾客等功能③，更蕴含着目标消费群体特定的商业价值观和相应的群体文化④。在受访的35家"天津老字号"企业中，八成企业对品牌的优势地位十分认同，同时也表明"老字号"企业将"品牌战略"作为发展的核心问题。就现状来看，"津门老字号"在发展"品牌战略"上面临的困境主要两个：第一，有少部分"津门老字号"品牌流失了。比如，"冠生园"在上海被注册，"宴宾楼"在德州被注册，"盛锡福""月盛斋"在北京被注册等⑤。第二，产品包装设计陈旧，品牌宣传不到位，造成"津门老字号"在"80后""90后"中的品牌知晓度较低。第三，法制监管不到位使假冒伪劣产品有可乘之机，

---

① 张继焦：《价值链管理：优化业务流程、提升企业综合竞争能力》，中国物价出版社2001年版，第4页。

② 同上书，第41页。

③ ［美］菲利普·科特勒：《营销管理——分析、计划、执行和控制》（第5版），梅汝和等译校，上海人民出版社1990年版，第610—611页。

④ 在张继焦等编著《成功的品牌管理》（中国物价出版社2002年版）的"第一章解剖品牌"中，第一节分析"品牌六大要素"，第二节描述"品牌的分类"，第三节探讨"品牌作用及名牌效应"，第四节探究"揭开品牌成功的面纱"。

⑤ 数据来源于《每日新报》，转引自《天津老字号，淬火才能重生》，《时代贸易》2010年第2期。

在一定程度上冲击了"津门老字号"商品。例如,天津桂发祥集团因"十八街"麻花为为主的商品被假冒伪劣产品侵占,每年要损失将近35%左右的营业收入①。第四,产品单一化,降低了品牌延伸的可行性。②

在北京,受访的34位企业管理人员认为,首先体现在"传统工艺技术"(25.5%,受访者主要来自内联升、同升和、聚德华天、东来顺、顺鑫农业、便宜坊、珐琅厂、红星酒业等),其次是"品牌影响大"(23.4%,受访者主要来自王致和、仙源食品、瑞蚨祥、中国书店等),再次是"产品质量"(18.1%,受访者主要来自百花蜂产品、珐琅厂等)。除此之外,我国"老字号"企业的优势还体现在"回头客多"(11.7%)、"品牌时间长"(9.6%)和"政府支持"(7.4%)等方面。

广州的调查显示,首先来自冠生园、廖金钱、纶章商贸、黄振龙凉茶、新华大酒店、沧州肉食、旅业公司、果子食品厂等老字号企业的30位企业管理人员表示,"老字号"企业的优势体现在"品牌影响大"(22.4%),排第一位;其次,有来自白宫酒店、健民医药、绣品工艺厂、北园酒家等老字号企业的22位管理人员表示,优势体现在"产品质量"(16.4%),排在第二位;再次,有来金银首饰有限公司、南方厨具、骆驼保险柜、珠江制药厂等老字号企业的18位管理人员表示,优势体现在"品牌时间长"(13.4%),排在第三位。

在重庆市,共38家企业对自身的发展优势做出了回答。结果显示,重庆"老字号"企业的优势主要体现在"产品质量""品牌""传统工艺技术"和"消费者"四个方面,分别占总数的24.3%、19.8%、16.2%和15.3%。其他优势还包括"服务态度""产品种类""管理水平"和"工作效率"等。

上海"老字号"企业管理人员表示,优势集中体现在三个方面:"品牌""产品质量"和"价格",分别占31.7%、20.1%和12.2%;其他优

---

① 罗旭:《基于品牌战略的天津老字号振兴研究》,硕士学位论文,天津大学,2010年,第53页。
② 冯希莹:《天津市"老字号"企业调查分析报告》,张继焦、丁惠敏、黄忠彩主编《老字号蓝皮书——中国"老字号"企业发展报告 No.1 (2011)》,社会科学文献出版社2011年版,第56页。

势还包括"传统工艺技术""服务态度""产品种类"等。

浙江省受访的企业管理人员认为,"老字号"的比较优势主要体现在三个方面:"品牌"(29.6%)、"产品质量"(24.3%)和"传统工艺技术"(22.6%)。与此同时,回头客、产品种类、价格、管理水平等,也是"老字号"企业经营的一些优势。

辽宁省受访的企业管理人员表示,"老字号"企业具有的几个主要竞争优势体现在:"品牌"(24.4%)排在第一位,"产品质量"和"传统工艺技术"(两者比例一样,都是19.8%)并列第二位。

比较7个省市企业管理人员对"老字号"市场竞争优势的看法,排在第一位的优势:重庆(29.2%)的受访者认为是"品牌时间长",北京(25.5%)和浙江(24.1%)两个省市的受访者认为是"传统工艺技术",上海(27.6%)、天津(27.1%)、广州(22.4%)和辽宁(24.1%)等四个省市的受访者认为是"品牌影响大";排在第二位的优势:辽宁(22.9%)的受访者认为是"传统工艺技术",广州(16.4%)的受访者认为是"产品质量",天津(15.6%)的受访者认为是"价格",北京(23.4%)和重庆(23.9%)两个城市的受访者认为是"品牌影响大",浙江的受访者认为是"品牌影响大"和"品牌时间长"(均为19.0%),上海的受访者认为是"品牌时间长"和"传统工艺技术"(均为17.2%)。

当我们对"老字号"企业进行调查研究时,可以看到它们的产品、技艺或服务具有的世代传承性,还可以看到其品牌的信誉良好和价值不菲,甚至还会看到其中华民族文化底蕴的丰富和深厚。但是,这三个方面只说明了"老字号"企业具有一定的核心能力,这是不够的,没有将企业的核心能力与系统运作能力两者联系起来,进行深入的分析[①]。在进一步剖析"老字号"企业的核心竞争力时,我们必须把核心能力和系统运作能力两种不同的企业能力结合起来,作为一个整体进行综合性的研究。

---

① 2011年,在"老字号"调研过程中,我们与国家商务部、各省市商委的有关领导、一些"老字号"企业的主要领导等,有过一些接触和交流。关于"老字号"企业的竞争力,我们发觉,无论是在政府官员中,还是在"老字号"企业领导中,广泛存在着的看法是:大多看到了"老字号"企业的核心能力,很少看到"老字号"企业的系统运作能力。其实,这种看法不利于我们理解和分析"老字号"企业的核心竞争力,也不利于"老字号"企业领导进行企业发展和市场竞争的战略规划。

2. "老字号"企业的不足

中国"老字号"企业在发展过程中,受到了历史遗留问题和体制转换因素的影响,遇到了许多新情况和新问题。其中,有一些"老字号"企业由于组织化程度不高、技术水平和管理体制落后、对人才的激励机制不完善、市场开发能力较弱,发展动力和后劲不足。

关于我国"老字号"企业的不足,在北京,受访的企业管理人员认为,第一体现在"宣传广告不够"(29.3%,受访者主要来自二商王致和、仙源食品、聚德华天、月盛斋等);第二是"管理落后"(17.3%,受访者主要来自栎昌王麻子、西单商场、顺鑫农业等);第三是"新产品少"(14.7%,受访者主要来自内联升、同升和、稻香村、鹤年堂等)。少数企业管理人员认为,我国"老字号"企业的不足还体现在"品牌影响不够"(12.0%)、"政府支持不够"(8.0%)等方面。

在广州,首先来自茶叶进出口有限公司、奇星药业、文化用品有限公司、北园酒家、王老吉、银记肠粉店、新华大酒店、旅业公司等"老字号"企业的28位管理人员表示,体现在"品牌影响不够"(20.1%),是排在第一位的不足;其次,有来自白宫酒店、纶章商贸、友谊集团、果子食品厂、大新象牙工艺厂等"老字号"企业的19位管理人员表示,体现在"政府支持不够"(13.7%),是排在第二位的不足;再次,有来自爱群大酒店、五羊自行车、沧州肉食、黄振龙凉茶等"老字号"企业的17位管理人员表示,体现在"新产品少"(12.2%),是排在第三位的不足。此外,还有一定数量的企业管理人员认为,我国"老字号"企业的不足还体现在"价格不合理""管理落后""产品质量不高"等几个方面。

在浙江省,受访的41位"老字号"企业管理人员认为,我国"老字号"企业经营的最明显的两大不足是"新产品少"(18.8%)和"政府支持不够"(17.7%);较为明显的几个不足包括"品牌影响不够"(13.5%)、"管理落后"(13.5%)以及"技术工艺陈旧"(12.5%);除此之外,其他不足还包括:"宣传广告不够""银行支持不够""工作效率低"等。

上海的受访"老字号"企业管理人员认为,我国"老字号"企业在经营方面,排在第一位和第二位的显著不足分别是"新产品少"(19.4%)和"管理落后"(17.8%);并列在第三位的有两项不足"宣传广告不够"和"技术工艺陈旧",均为12.4%;其他不足还有"品牌陈旧""政府支持不够""工作效率低"三项，其比例分别为10.1%、7.8%和6.2%。

比较7个省市受访的企业管理人员对"老字号"企业不足的看法，位列第一者，北京（29.3%）是"宣传广告不够"，上海（19.4%）和浙江（18.8%）两省市是"新产品少"，天津（28.6%）和广州（20.1%）两城市是"品牌影响不够"，重庆（24.8%）和辽宁（18.4%）两省市是"管理落后"。排在第二位的不足，北京（17.3%）和上海（17.8%）两市是"管理落后"，天津（19.5%）是"宣传广告不够"，浙江（17.7）、广州（13.7%）和辽宁（14.5%）三个省市是"政府支持不够"，重庆（22.0%）是"工作效率低"。

有些"老字号"企业为何昔日辉煌无比，如今却逐渐衰落甚至消失了呢？我们在全国12个省市的调查了解到，有些"老字号"对"酒香不怕巷子深"深信不疑，依然持有一种"吃老本"的心态，以为"创新之后就不是原汁原味的'老字号'了"，缺乏改革和开放意识，很少考虑技术研发和产品创新，在品牌宣传投入也不是很高，因此，在不知不觉中失去了积累几十年甚至上百年的品牌优势。与中国的一些"老字号"不同，一些世界著名企业还在努力改革和创新。比如，美国通用电气公司在风调雨顺的时候，都保持着敢于变革和善于变革的精神，都在试图让变革的观念深入企业每一个员工心中，甚至故意在企业中制造一种不安定感，让员工们感到如果不变革，自己的饭碗就保不住，以便使企业在市场竞争中一直处于持续发展的状态。①

3. "老字号"企业需要改进的方面

在激烈的市场竞争中，有些问题值得"老字号"企业思考：凭着自己已有的老本事是否还可以获得一定的市场空间和广阔的发展前景？应该改进哪些自身的不足而具有一些符合现阶段发展需要的核心竞争和竞争优势？

全国12个省市受访的378位老字号企业管理人员认为，"技术创新"（16.7%）是我国"老字号"企业最需改进的方面，"品牌影响力"（15.6%）是"老字号"企业需要改进的第二个方面。此外，还需要在

---

① 参见《杰克·韦尔奇：修理"没有毛病的机器"》和《杰克·韦尔奇：改变通用电气基因》，分别刊载于香港商报财经人物月刊《知识与命运》2000年9月号和10月号。

"政府支持"(12.5%)、"管理水平"(11.0%)、"宣传广告"(5.4%)等几个方面进行一定的改进。

在天津市的调研显示：以天津独流老醋公司、老美华鞋业公司、中新药业达仁堂制药厂、鹦鹉乐器有限公司为代表的"津门老字号"企业虽然认为自身优势之一表现为传统工艺技术，但仍认为"技术创新"是我国老字号企业需要改进之处，以满足现代化生产的需求。有的学者认为，传统工艺技术在现代化的生产中面临众多难题：第一，缺少传统工艺技术继承人，传承和保护传统工艺已成为"老字号"企业发展的关键问题。第二，传统工艺技术难度大、工序复杂、人工成本过高无法满足低成本大规模生产的产量需求，而增加销量又是现代"老字号"企业经营中的核心任务，如何运用现代化生产技术，在保存传统工艺技术的前提下最大限度地扩大产量和增加销量是亟须解决的问题之一。第三，现代消费群体的多元化、消费需求的多层次化，都在迫使"老字号"企业进行技术创新，以满足这些需求。①

在北京，受访的企业管理人员认为，"老字号"企业最需改进的方面是"技术创新"（18.7%，受访者主要来自王致和、同升和、栎昌王麻子、便宜坊、中国书店等）；排在需要改进第二位的是"管理水平"（15.4%，受访者主要来自内联升、聚德华天、顺鑫农业、稻香村、盛锡福等）；排在需要改进第三位的是"品牌影响力"（12.1%，受访者主要来自仙源食品、便宜坊、珐琅厂等）。除此之外，一部分"老字号"企业管理人员指出，"政府支持"（8.8%）、"消费者忠诚度"（6.6%）和"宣传广告"（6.6%）等几个方面也需要进一步改善。

在广州，来自新亚大酒店、莲香楼、二天堂大药房、南洋电器、大新象牙工艺厂、酒家集团、旅业公司、友谊集团等"老字号"企业29位管理人员表示，最需改进的是"品牌影响力"（20.0%）；来自银记肠粉店、白云山天心制药、纶章商贸、潘高寿、清心堂凉茶等老字号企业的23位管理人员表示，第二个需要改进的是"技术创新"（15.9%）；来自茶叶进出口有限公司、趣香食品、陈李济药厂、珠江制药厂等老字号企业的20位管理人员表示，第三个需要改进的是"政府支持"（13.8%）。

---

① 冯希莹：《天津市"老字号"企业调查分析报告》，张继焦、丁惠敏、黄忠彩主编《老字号蓝皮书——中国"老字号"企业发展报告 No.1 (2011)》，社会科学文献出版社2011年版，第56—57页。

上海50位受访"老字号"企业管理人员认为，我国"老字号"企业最需要改进的是"技术创新"，占19.4%；第二需要改进的是"品牌影响力"，占11.9%；第三和第四需要改进的依次是"管理水平"和"产品种类"，分别占10.4%、8.2%。

辽宁省受访老字号企业管理人员认为，"老字号"企业需要改进的主要体现在"品牌影响力"（21.8%）、"技术创新"（18.4%）、"政府支持"（13.8%）和"管理水平"（10.3%）等四个方面。可见，最需要改进的方面主要集中在品牌影响力和技术创新两个方面。

浙江省被调查的老字号企业管理人员认为，我国"老字号"企业最需要改进的地方依次表现在"技术创新"（19.8%）、"品牌影响力"（15.1%）、"管理水平"（12.3%）和"政府支持"（12.3%）等四个方面。

对我国"老字号"企业提高竞争力最需要改进的方面，北京（18.7%）、上海（19.4%）和浙江（19.8%）三个省市的受访企业管理人员认为是加强"技术创新"，天津（23.8%）、广州（20.0%）和辽宁（21.8%）三个省市的受访者认为是提高"品牌影响力"，重庆（24.5%）受访者认为是提高"管理水平"。对我国"老字号"企业提高竞争力排在第二位需要改进的方面，北京（15.4%）受访企业管理人员认为是提高"管理水平"，上海（11.9%）和浙江（15.1%）两省市受访者认为是提高"品牌影响力"，天津（15.5%）受访者认为是加强"政府支持"，广州（15.9%）和辽宁（18.4%）两省市受访者认为是加强"技术创新"，重庆（21.8%）受访者认为是提高"工作效率"。

总的来看，"老字号"企业需要多个方面进行改进：世代传承的技艺已经过时了、不够用了，需要"技术创新"；使用多年的品牌已经老了、旧了，需要再次焕发"品牌活力"；市场竞争能力已经下降了、不足了，需要"政府支持"的推动；以前用惯的规章制度和运营方法已经不再管用了，需要改变"管理方式"。相对而言，"老字号"企业经营中最需要改善的两个方面是新产品少和政府支持不够。对于新产品的开发方面，被调查"老字号"企业表示存在一些诸如思想观念陈旧、技术力量落后等困难，虽然不少企业已经开始进军高端产品，但是，更多企业还是停留在低端、平价的消费市场上。各"老字号"企业必须因行业制宜，创造符合自己企业的发展空间。

4. 近些年受访企业在经营发展方面的举措

普哈拉哈德和哈默尔两位管理学家提出的核心能力和系统运作能力等概念，动摇了传统市场竞争和企业发展的理论①。一个企业之所以可以不断发展壮大、取得成功，不但因为它具有了一定的核心能力，还因为它具有从头至尾的、比竞争对手做得更好的系统运作能力。我们在看待"老字号"企业的经营发展时，应把核心能力和系统运作能力这两大企业发展的基石放在一起，进行综合性分析。

关于近三年（2008—2011）本企业在经营发展方面的举措，12个省市受访的378位"老字号"企业管理人员表示，最常采用的举措首先是"增加新产品"，占20.4%；其次是"提高服务水平"（15.2%）；再次是"增加销售网点"（14.0%）。此外，部分"老字号"还采取了"改善经营环境"（10.4%）、"增加宣传广告"（8.1%）和"增加新的工艺技术"（7.4%）等措施。

在北京，关于企业采取的经营发展措施，25位来自仙源酿造、内联升、同升和、聚德华天、便宜坊等企业的管理人员表示，近些年，采用最多的措施是"增加新产品"，占25.5%；21位来自盛锡福、稻香村、瑞蚨祥、懋隆贸易等企业的管理人员表示，采取较多的是"增加销售网点"的措施，占21.4%；14位来自栎昌王麻子、东来顺等企业的管理人员表示，企业采取了"提高服务水平"的策略，占14.3%；部分"老字号"为了使企业发展前景更好还选择采取"改善经营环境"（9.2%）、"增加宣传广告"（7.1%）等有效措施。

在天津，近几年，"津门老字号"企业为了自身良好的经营发展采取了一系列有效的措施，其中，有19家企业表示"增加新产品"，占20.9%；有18家企业表示"提高服务水平"，占19.8%；有13家企业表示"增加新的生产线"，占14.3%；而表示"增加销售网点""改善经营环境""降低成本"的分别有10家，均占11.0%。少数企业则采用了"优化业务流程"，占6.6%；"扩大到其他行业"，占2.2%。可以说，近些年一些老字号品牌在激烈的市场竞争中脱颖而出，说明他们采取的扩大规模、研发系列新产品等措施十分奏效。

---

① 张继焦：《价值链管理：优化业务流程、提升企业综合竞争能力》，中国物价出版社2001年版，第39页。

近些年来，辽宁省老字号企业在经营发展方面所采取的措施，排在前三位依次是"增加新产品"（19.5%）、"提高服务水平"（18.3%）、"改善经营环境"（13.4%）等。辽宁省受访"老字号"企业还采取了"增加新的工艺技术"（8.5%）、"增设新的分公司"（8.5%）、"降低成本"（8.5%）、"增加宣传广告"（7.3%）、"增加新的生产线"（6.1%）等几种措施来促进自身的发展。

近些年来，在浙江省，被调查的"老字号"企业在经营发展方面采取最多的措施首先是"增加新产品"（26.1%）；其次是"增加销售网点"（15.3%），再次分别是"提高服务水平"（13.5%）和"增加新的生产工艺"（13.5%）。此外，有些被调查的老字号企业还采取了诸如"改善经营环境"（7.2%）、"增加宣传广告"（6.3%）、"增加新的生产线"（5.4%）、"优化业务流程"（4.5%）等一些措施。

最近几年来，上海老字号企业为经营发展采取了各种措施，采用最多的是"增加新产品"，占23.9%；采用较多的是"增加销售网点""提高服务水平"和"增加宣传广告"，分别占18.3%、15.5%和9.9%。我们注意到，在2010年上海世博会期间，整个上海就是一个大展馆，7000万人次参观量，上海各界开展了一场"世博擦亮百年老字号"活动，各种老字号吸引了中外参观者关注的目光。比如，上海杏花楼集团着力打造专业化餐饮和美食消费市场品牌战略，形成了"美食节""云南路美食街""杏花楼美食广场""世博美食广场"等几个特色街区品牌。上海杏花楼还登上上海世博会这一当今世界最大的商业展示舞台，与星巴克、棒约翰等国外知名品牌一起同台竞技，获得了一个展示传统饮食文化和推广民族饮食品牌的难得机会。这次盛会不但对上海杏花楼的品牌建设和创新成果进行了一次大检验和大展示，也是企业获得进一步发展和提升的良好契机。①

近些年来，广州"老字号"企业为了自身的良好经营发展采取了一系列措施。有来自茶叶进出口有限公司、健民医药、北园酒家、李占记钟表、双鱼体育、全新针织厂、致美斋酱园、潘高寿等企业的21位"老字

---

① 张继焦：《上海"杏花楼"：在上海世博会上的盛典性"事件营销"》，张继焦、刘卫华主编《老字号绿皮书——老字号企业案例及发展报告 No.2（2013—2014）》，中央文献出版社2013年版，第194—213页。

号"企业管理人员表示，采用了"增加新产品"，占总数的15.6%；有来自南方厨具、新亚大酒店、茶叶进出口有限公司、新大新有限公司等企业的13位"老字号"企业管理人员表示，采用了"改善经营环境"，占13.3%；有来自茶叶进出口有限公司、奇星药业、妇女儿童用品公司、陈李济等企业的17家"老字号"企业管理人员表示，采取了"增加销售网点"，占12.6%；部分"老字号"企业为了使企业发展前景更好还选择采取"增加员工数量"（10.5%）、"增加新的工艺技术"（8.6%）、"提高服务水平"（8.6%）等措施。

关于近三年（2008—2011）"老字号"企业在经营方面的措施，七个省市的受访管理人员均表示最常采取的是"增加新产品"（15.6%—26.1%）的办法；七个省市受访者关于"老字号"企业较常采取的经营措施有所不同：北京（21.4%）、上海（18.3%）和浙江（15.3%）的受访者皆表示是"增加销售网点"，天津（19.8）和辽宁（18.3%）的受访者表示是"提高服务水平"，而广州（13.3%）和重庆（17.1%）的受访者则表示是"改善运营环境"。此外，天津和广州有超过一成的受访者表示还采取了"降低成本"的措施。

5. "老字号"企业的经营与发展前景

"老字号"企业不仅是一种历史传统文化现象，更重要的是一种现代的城市商贸景观。比如，长于唐宋、盛于明的持续400多年的"徽商"，如今还留下一些"老字号"企业，如至今351岁的张小泉剪刀（1663年）、345岁的王致和臭豆腐（创于1669年）、339岁的汪恕有滴醋（1675年）、209岁的胡玉美酱园（1805年）、140岁的胡庆余堂国药（创于1874年）、139岁的谢裕大茶行（创于1875年）、114岁的张一元茶庄（创于1900年）。

浙江省被调查的老字号企业对我国"老字号"企业的发展前景的看法比较乐观，其中9家企业认为"前景非常好"，占21.4%；21家企业认为"前景比较好"，占50%；5家企业认为"前景一般"，占11.9%；只有1家企业认为"前景不好"，占2.4%。没有1家受访的老字号企业认为"前景很不好"的。

在广州，有9位（如绣品工艺厂、清心堂凉茶、冠生园等企业）的管理人员表示"前景非常好"，占20.0%；有23位（如采芝林药业、南洋电器、二天堂大药房等）的管理人员认为"前景比较好"，占51.1%；

有12位（趣香食品、李占记钟表、珠江制药厂等企业）的管理人员认为"前景一般"，占26.7%；认为"前景不好"的企业管理人员只有1位，占2.2%。

在北京，一方面，有些"老字号"企业由于组织化程度低、技术和管理体制落后，市场开发能力不足，发展能力有限；另一方面，有些北京老字号企业依靠老招牌和新经营，不但走出了经济危机的困境，而且重振了昔日雄风。比如，北京市商务委员会于2009年对同仁堂、稻香村、王致和等20家重点老字号企业（共41个品牌）进行了调查，结果显示：在金融危机背景下，这些"老字号"企业的销售、利润、税金等几项指标均保持两位数增长。又比如，我们对同仁堂和鹤年堂两家"老字号"中医药企业的发展历史和现状发现，前者成了"白天鹅"，后者成了"丑小鸭"。①

总的来说，受访企业管理人员对我国"老字号"企业的发展前景还是比较乐观的。在全国378位受访的企业管理人员中，有92位认为"前景非常好"，占25.9%；有221位企业管理人员认为"前景比较好"，占62.3%；有40位企业管理人员认为"前景一般"，占11.3%。

三 小结

有些学者认为，"老字号"的衰落，来自内外部两大因素：外部因素指全球化和市场经济对老字号传统经营模式的挑战和冲击、历史遗留下来的体制包袱、法律环境的不完善等；内部因素则是指"老字号"的经营观念落后、营销和品牌手段单一、技术和产品陈旧、后继乏人等②。有的学者指出，"老字号"企业的存在说明中国企业并非都是"富不过三代"的短命郎君③。有的学者则认为，现代企业管理模式不一定都适合"老字

---

① 张继焦：《从企业与政府的关系，看"中华老字号"企业的发展——对鹤年堂、同仁堂的比较研究》，《思想战线》2013年第3期。

② 参见李诚《老字号企业生存状态差异化的关键因素分析》，《华中科技大学学报》（社会科学版）2008年第4期；姚圣娟《关于振兴中华老字号的思考》，《华东经济管理》2008年第1期；许晓明、张咏梅《"老字号"如何走出困境》，《北大商业评论》2006年第11期。

③ 张继焦、李宇军：《中国企业都"富不过三代"吗？——对"老字号"企业的长寿秘籍和发展前景的社会学分析》，《思想战线》2012年第4期。

号"企业发展的需求,"老字号"的传统经营方式中包括一些有价值的管理理念和机制①。

对"老字号"企业的经营现状和发展前景,笔者认为,"老字号"企业应基于自身的核心竞争力,不断提升价值链管理②。面对本土竞争白热化和市场经济全球化的双重压力,"老字号"企业不但需要不断适应外部市场变化的全球化和本土化的双重压力,而且需要在企业内部将传统与现代两种不同的优势相结合,将已有与新生两种不同的竞争力相结合(简称"双结合"),以便培育出核心能力。这种传统与现代、已有与新生"双结合"的核心能力不仅可以使"老字号"企业拥有一定的竞争优势,而且可以让其优化企业价值链管理,持续增强企业市场竞争力。

---

① 参见任学明《中华老字号经营智慧》,外文出版社 2011 年版;蔡祥军、薛冰《老字号传统经营理念探析》,《齐鲁学刊》2009 年第 2 期。

② 参照波特价值链分析学说,笔者认为,竞争不只是发生在企业与企业之间,而且发生在企业各自的价值链之间。真正按照"链"的特征实施企业的业务流程,使得各个环节既相互关联,又具有处理资金流、物流和信息流的自组织和自适应能力,使企业的供、产、销系统形成一条珍珠般项链"价值链"。这就是价值链管理(VCM,Value Chain Management)系统实际所要解决的主要问题。参见张继焦《价值链管理:优化业务流程、提升企业综合竞争能力》,中国物价出版社 2001 年版,第 4 页。

第六章 人类学的新视角：对"经济文化类型"变迁的思考

源自苏联的经济文化类型理论，至今在中国人类学民族学界依然广为流传，被视为描述和分析中国少数民族经济社会原型及其变迁的经典理论之一。在中国学者没有创建出自己的理论之前，这个理论依然有其生命力。

第一节 少数民族城市移民经济文化类型：从"原生态型"到"市场型"的转变

我国改革开放以来呈现了各民族更加广泛的"散""杂"居发展态势，地区之间、族际之间的大规模人口流动及其城市流向是形成这种态势的基本动因。有人担心，在高度城市化进程中，会出现"碎片化"群体[1]。也有人认为，会出现原生族体的"碎片化现象"[2]。那么，是不是所有从边疆民族聚居地区迁往人口异质性较高城市的少数民族，都会出现"碎片化"群体，不同的民族会发生什么不同的变化；带着这个问题，我们开展了这项关于城市少数民族流动人口（移民）的调查研究工作。

一 文献回顾：关于"经济文化类型"理论的有关探讨

1. 经济文化类型理论的来源和引进

经济文化类型理论，是20世纪50年代两位苏联学者——列文、切博克萨罗夫为了对世界民族进行语言谱系以外的分类而提出的一个分类体系概念。在应用中，这个概念又衍生出一套分类方法（有时与历史民族区

---

[1] 访谈郝时远的记录，见《民族国家建构中的民族问题（上）》，《中国民族报》2007年1月16日。

[2] 王希恩：《族性及族性张扬——当代世界民族现象和民族过程试解》，《世界民族》2005年第4期。

配合使用)。用这套方法取得的分类成果,可以用于解释民族学人类学中的一个根本问题,即社会经济技术形态(社会经济发展水平)相近的不同民族在文化上表现出相似性或差异性的原因。例如,语言谱系不同的民族其文化或有相似,语系相近的民族其文化或有差别。由于这些差别不能用社会经济发展水平来说明,所以学者们要到与地理环境密切相关的生计方式和生计类型中去找原因[①]。这一成果很快得到当时苏联民族学界的认同,并成为他们引以为自豪的学术传统的组成部分。这一理论在中国取得的学术成果,就是由林耀华和切博克萨罗夫[②]两位教授于1958年8月联手完成的《中国的经济文化类型》一文[③]。这篇长达3万字的论文于1961年在苏联用俄文发表,曾被翻译为日文于1965—1967年在日本的《东亚民族学论文集》中连续刊载。直到1985年这篇论文终于在国内公开用中文发表[④],此时博克萨罗夫教授已溘然长逝,林耀华教授也已年过七旬。这一具有很大学术和应用潜力的理论成果因国际政治风云变幻和中苏交流中断,被束之高阁20余年,未能得到深入和推广。

引进经济文化类型理论是中国学界受苏联民族学影响的主要方面之一[⑤]。

---

① [苏联]列文、切博克萨罗夫:《经济文化类型与历史民族区》,叔于田译,《民族问题译丛》1956年增刊(民族学专辑),第30—40页。虽然首先使用经济文化类型概念的列文和切博克萨罗夫将首创之功归于托尔斯托夫院士,但中国学者接触这一概念,却是通过他们两位于1955年合写、1956年译成中文发表的《经济文化类型与历史民族区》一文。

② 在王建民、张海洋、胡鸿保合著的《中国民族学史》下卷(1950—1997)"第三章 苏联模式与学术转型"的"第五节 苏联专家与苏联民族学的影响"中记录了切博克萨罗夫来中央民族学院工作的情况。(云南教育出版社1998年版,第97—101页)

③ 在宋蜀华和满都尔图主编的《中国民族学五十年 1949—1999》"第六章 对外学术交流"的"第三节 苏联民族学对中国民族学的影响"中称"这篇论文开创了经济文化类型理论研究中国民族情况的先河"。(人民出版社2004年版,第240页)

④ 该文收入林耀华《民族学研究》,中国社会科学出版社1985年版,第104—142页。

⑤ 有三本书值得参考:(1)在宋蜀华和满都尔图主编的《中国民族学五十年 1949—1999》"第六章 对外学术交流"中指出:苏联民族学对中国民族学的影响表现在五个方面:第一是对建立中国马克思主义民族学的影响,第二是对中国民族学学科建设的影响,第三是对中国民族学"经济文化类型"理论研究的影响,第四是对中国原始社会史研究的影响,第五是对批判资产阶级民族学活动的影响等。(人民出版社2004年版,第232—245页)(2)胡鸿保主编的《中国人类学史》认为,在理论上,苏联民族学对中国民族学的影响表现在三个突出的方面:其一是原始社会史研究,其二是经济文化类型,其三是关于"民族"的界定与识别。(中国人民大学出版社2006年版,第126—128页)(3)[美]顾定国在《中国人类学逸史——从马林诺斯基(转下页)

苏联对华北的影响最大,对中国民族学有着重大和持久的影响①。即使是在经历了近20年的中苏关系紧张和"隔膜"之后,无论在学术体系还是研究旨趣方面,依然可见20世纪50年代中苏友好交往及苏维埃学派对中国影响的印记②。

2. 经济文化类型的定义

苏联学者列文、切博克萨罗夫等将经济文化类型定义为"指处于大致相同的社会经济发展水平和生活在相似的自然地理条件之下的各族人民,在历史上形成的经济文化相互联系的特点的综合体。"③苏联学者有时将经济文化类型与"历史民族区"或"历史文化区"配合使用。后者的定义为:"居住一个区域的各族由于长期的联系、相互影响和共同的历史命运而在其中形成了一定的共同文化区域。"④

中国著名民族学家杨堃教授在转述苏联学者的经济文化类型定义为:"居住在相类似的自然地理条件之下,并有一定的社会经济发展水平的各民族在历史上形成的经济和文化特点的综合体。"⑤中央民族大学的林耀华等学者将经济文化类型的定义发展为:"指居住在相似的生态环境之下,并有相同生计方式的各民族在历史上形成的具有共同经济和文化特点的综合体。"⑥此修订主要表现在两个概念上:一是用"生态环境"概念取代"自然地理条件",二是用"生计方式"概念来取代"社会经济发展水平",并认为"生计方式"不仅能明确地标示出人类社会经济活动的方

(接上页)到莫斯科到毛泽东》中指出,经济文化类型学说是托尔斯托夫、列文、切博克萨罗夫等三位"苏维埃民族志派"带头人介绍到中国的几套理论中最重要的一套。它基本上是属于文化生态学的方法。(胡鸿保、周燕译,社会科学文献出版社2000年版,第160—161页)

① [美] 顾定国在《中国人类学逸史——从马林诺斯基到莫斯科到毛泽东》中认为,苏维埃学派在中国的代表人物是林耀华。但是,林耀华等一听到别人说中国的"苏联模式"就气愤不已。他说,中国民族学从来就没有把苏联的民族学当成榜样,更多的只是拿它作"参考"。(胡鸿保、周燕译,社会科学文献出版社2000年版,第168页)

② 胡鸿保主编:《中国人类学史》,中国人民大学出版社2006年版,第130页。

③ [苏联] 列文、切博克萨罗夫:《经济文化类型与历史民族区》,叔于田译,《民族问题译丛》1956年增刊(民族学专辑),第30—40页。参见托尔斯托夫等《普通民族学概论》第一册,周为铮、金天明、吴玉译,科学出版社1960年版,第33页。

④ [苏联] 列文、切博克萨罗夫:《经济文化类型与历史民族区》,叔于田译,《民族问题译丛》1956年增刊(民族学专辑),第30—40页。

⑤ 杨堃著:《民族学概论》,中国社会科学出版社1984年版,第138页。

⑥ 林耀华主编:《民族学通论》(修订版),中央民族大学出版社1991年版,第86页。

向，也能容纳下"社会经济发展水平"这一层含义①。

3. 经济文化类型的应用和发展

提出经济文化类型理论之时，正值资本主义与社会主义两大意识形态阵营壁垒分明之际。因此，苏联学者很注意划分他们与西方学者的"文化圈""文化区""文化丛结"及"文化模式"的界限②。

在经历了 20 余年的中苏友好交往中断之后，20 世纪 80 年代，林耀华等一些学者重新重视对经济文化类型的探究。他们认为我国少数民族的经济文化类型及分布情况大体为以下几种类型。③

第一种类型组是采集渔猎型。主要分布于我国东北部的大小兴安岭和三江平原东北角地区。这一类型组包括两种经济文化类型：以鄂伦春族和和部分鄂温克族为代表的山林采集狩猎型和以赫哲族为代表的河谷采集渔捞型等。

第二种类型组是畜牧型。主要分布于我国东起大兴安岭西北麓，西到准噶尔盆地西缘，南到横断山脉中断的干旱、半干旱和高寒地带。这一类型组包括四种经济文化类型：以鄂温克族为代表的山林苔原畜牧型、以蒙古族为代表的高原戈壁草原游牧型、以哈萨克族为代表的盆地草原游牧型和以藏族为代表的高山草场畜牧型等。

第三种类型组是农耕型。广泛地分布于我国除采集渔猎和畜牧类型之外的辽阔地域及众多民族中。这一类型组包括六种经济文化类型：山林游耕型（如门巴、珞巴、独龙、怒、佤、德昂、景颇、基诺及部分傈僳、苗、瑶等民族）、山地耕牧型（如羌、纳西、彝、白、普米、拉祜及部分藏、傈僳等民族）、山地耕猎型（如苗、瑶、畲等民族）、丘陵稻作型（如傣、壮、侗、水、仡佬等民族）、绿洲耕牧型（如维吾尔、乌孜别克、塔塔尔、东乡、保安、撒拉等民族）和平原集约农耕型（如满、回、维吾尔等民族）等。

对特点各异的经济文化类型，研究者在经济上集中于从劳动对象、生

---

① 金天明、索士丁：《经济文化类型理论在中国的应用和发展》，《中央民族学院学报》1988 年第 1 期。

② ［苏联］列文、切博克萨罗夫：《经济文化类型与历史民族区》，叔于田译，《民族问题译丛》1956 年增刊（民族学专辑），第 30—40 页。

③ 林耀华：《中国的经济文化类型》，《民族学研究》，中国社会科学出版社 1985 年版，第 104—142 页。

产技术等方面来描述，在文化上侧重于从住居、服饰、用具、饮食等方面来考察。在研究中国经济文化类型的过程中，研究者提出了处在不同层次上的几个概念：体系、类型组、亚型、分支等。其中体系是指一个研究范围的所有经济文化类型组的总和，类型组是指生态学原理相近的几个类型的总和，亚型是指一个经济文化类型内部出现的地区性变异形态，分支是指亚形内部出现的有特色的地方性经济文化变体。在阐述经济文化类型在各个层次上的异同之时，也不排斥使用"文化特质""文化丛结""文化模式""文化模型"等术语。但这种使用均应以不割裂经济和文化的整体性认识为前提[①]。

林耀华于1991年发表了《中国少数民族的社会文化类型及其社会主义现代化过程》一文，将经济文化类型理论与社会发展阶段论相结合，用一个新的概念"社会文化类型"来分析中国少数民族的社会主义现代化过程[②]。可见，一直到90年代初期，林耀华作为中国民族学的代表人物之一，在解释新的社会经济发展现象时，还在使用经济文化类型理论。

张海洋认为，首先，经济文化类型理论的解释能力体现在应用中：用于世界民族分类，它形成一家之说而与语言谱系分类法相得益彰；用于探讨人类文化相似性和差异性的原因，它使人们看到生态环境对人类活动的深远影响；用于阐述中国文化，它揭示出中国（乃至东亚）文化多样性与一致性的并行不悖及相互作用。所有这些，都给人以耳目一新之感。联系身边的现实，我们看到，由于它与目前的中国文化研究中所体现的主流学术风格迥然有异，可能有互补之益。[③] 中国各民族先民为了适应中华大地复杂多样的生态环境以求生存，曾经发展出种种不同的生计方式和类型。张海洋还指出，林耀华的《中国的经济文化类型》一文就是对这些方式和类型做出的词严意密和体大思精的归纳、概括和描述。它从纵向（历时进化）和横向（共时变异）两个角度对中国经济文化类型进行总体

[①] 金天明、索士丁：《经济文化类型理论在中国的应用和发展》，《中央民族学院学报》1988年第1期。

[②] 参见中国民族学学会编《中国民族学》第十辑，民族出版社1991年版，第15—36页。这本论文集是从提交给中国民族学会第四届学术讨论会（1989年10月在北京举办）的140多篇论文中甄选出近30篇高质量的论文，精心编辑而成的。

[③] 张海洋：《中国的多元文化与中国人的认同》，民族出版社2006年版，第170页。

考察。①

王建新认为，林耀华在引进、修正和利用经济文化类型理论的过程中，根据中国的客观条件，做了三方面的调整。首先，用生态环境代替自然条件，突出人与自然的互动，避免环境决定论的倾向；其次，为弥补忽视精神文化的不足，他强调经济文化类型应包括生态环境、生计方式、社会组织形式及制度、意识形态等内容；再次，加强类型化分析的综合性和合理性，导入体系、类型组、亚类型及分支等操作概念。②

吴兴旺认为，首先，经济文化类型概念本身就把经济与文化组合在了一起，并且，它也是目前民族学中唯一有此名称组合的理论；其次，是该理论把经济与文化当作一个"综合体"来看待，本身就包含了对经济与文化关系问题的一种认知。但是，该理论不但忽视文化对经济反作用的研究，而且在经济对文化的决定作用方面，也缺乏深入和思辨。它与同时期由美国学者斯图尔德（Julian Steward, 1902—1972）于1955年倡导的"生态人类学"（亦称"文化生态学"）③研究，有许多相似之处，而它对经济与文化关系的剖析，则不及生态人类学的分析深入。④

但是，李伟和杜生一两位却认为，林耀华的《中国的经济文化类型》一文严格意义上属于以生产方式为主导因素的"中国经济文化区域划分"，而并非类型划分。经济文化类型作为民族学中的专有概念在理解和具体应用中存在一定的认识上的偏差。从分类的角度看，苏联学者所作的经济文化类型定义相对较则更科学和准确，且在实际应用中具有一定的可操作性。我国学者对该定义的修改，即运用"相似生态环境"取代"相似的自然地理条件"，用"相同生计方式"代替"近似的社会发展水平"，虽从字面表意上较为合理，但因对其分类前提扩大了外延和缩小了内涵，使之在理解上较为困难，容易产生歧义。同时在应用过程中，操作难度较

---

① 张海洋：《中国的多元文化与中国人的认同》，民族出版社2006年版，第171页。
② 王建新：《宗教文化类型——中国民族学·人类学理论新探》，《青海民族研究》2007年第4期。
③ Steward, Julian, 1955, *Theory of Culture Change: The Methodology of Multilinear Evolution*, Urbana: University of Illinois Press.
④ 龙远蔚主编：《中国少数民族经济研究导论》"第三章 社会文化与少数民族经济"中的"第二节 '两论'中的文化与经济的关系"（吴兴旺撰），民族出版社2004年版，第70—72页。

大，不能真正反映出地理环境与经济文化的耦合关系。①

二 在城市移民研究中重构"经济文化类型"理论

在本节中，我们将探讨城市移民及其"经济文化类型"。"经济文化类型"理论本来是用来分析不同民族在自己土生土长的生态环境下的经济文化类型的，现在这些不同的民族，他们离开了自己的故土，来到城市当中。其生存的环境变了，其原有的经济文化类型又是如何转变的呢？

1. 检讨"经济文化类型"理论在城市研究中的适用性

为了在城市研究中重构"经济文化类型"理论，我们需要检讨"经济文化类型"理论在城市移民研究中的适用性。

由林耀华和切博克萨罗夫两位教授提出的"经济文化类型"理论关注生态环境、生产生计与文化传统的关系。这种理论重视从发生学和文化生态学的角度认识区域文化，强调从社会经济发展状态入手分析文化的特征，较典型地表现出唯物主义文化论的学术倾向。其研究范式指明了通过对各民族生存环境的比较，对民族经济文化综合体进行区别、分类的研究思路，同时，它明确提出民族的文化特征取决于其经济发展方向，而经济发展方向又为其所居住的地理环境所制约，因此，形成了"地理环境—经济发展方向—文化特征"的概念框架等。

这种理论和方法主要适用于比较简单的前工业社会。对于复杂的工业社会、都市社会，其理论便显得力不从心了。这种理论产生时的20世纪50年代也与当今的工业化、信息化时代不可同日而语了。它用"社会经济发展水平"来表述不同民族的生存和发展方式，过于笼统，无法深入细致地分析工业化、城市化、现代化等社会经济文化变迁的进程。它用"自然地理环境"来表述不同民族的生存和发展环境，过于静态和刻板，无法系统和动态地分析现代人群的生存和发展处境。至80年代，"经济文化类型"研究忽视精神文化的缺陷，渐为人们所意识到。有的学者在该理论中，加入了"社会组织形式及各种典章制度""意识形态（包括行为准则、道德规范、宗教信仰和思想观念等）"的分析要素，并在具体应用方面做了一些尝试。

---

① 李伟、杜生一：《对经济文化类型理论的再认识》，《兰州大学学报》（社会科学版）2002年第5期。

"经济文化类型"理论和方法已经过时了，但是，我们可以借用"经济文化类型"的概念和研究思路，以及各种有关的移民研究理论，分析不同民族的移民在现代都市的工商业社会中"经济文化类型"发生的变化或转型。换言之，我们可以在林耀华和切博克萨罗夫的"传统版"或"原生态型"的"经济文化类型"理论基础之上，发展出一套"现代版"或"市场型"的"经济文化类型"理论。

2. 研究范式的转变：对城市移民经济文化类型的思考

在以往的研究中，二分法是最为基本的分析框架。社会学和经济学出现了不少经典的分析模式。比如，雷德菲尔德关于"俗民社会"与"都市社会"的对立（1947）[①]，帕森斯关于"特殊价值"与"普遍价值"的对立（1951）[②] 等，都体现了"传统—现代"二分法的研究思路。他们的基本观点是：其一，从传统发展到现代，是大势所趋和不可避免的，世界上的各种经济社会形态只不过是处在统一的"传统—现代"两极之间的不同状态。其二，传统和现代在本质上是对立的。一个人，或一个群体，或一个民族在现代经济社会中必须抛弃自己的传统，否则一味地保持自己的传统特征，就会陷入各种不同的矛盾和冲突。比如，基于"传统—现代"二分法的人口学典型研究认为，随着时间的推移，来自传统文化的人必将"与过去决裂"，失去"特殊群体感"，并被统一地融入现代文化之中[③]。又比如，沃斯（Wirth）曾提出"城市性"（urbanism）的概念，帕克的继承人雷德菲尔德曾提出"乡土—城市连续体"（folk - urban - continuum）。雷氏认为，在文化上可以分为以城市为中心的，反映都市知识、政治精英文化的上层"大传统"的和在城市之外的，生长于村落共同体之中的乡间"小传统"，即"民俗文化"（folk culture）。他们的这一研究取向被称为"Wirth - Redfield"模式。

"传统—现代"二分法的基本思想被广泛地应用在了城市移民的研究之中，并具体表现为"对立—同化"分析模式。比如，托马斯（W. I. Thomas）和兹纳涅茨基（F. Znaniecki）合著的五卷本《在美国的

[①] Redfield, Robert, 1947, "The Folk Society", In *American Journal of Sociology*, 52: 293 - 308.

[②] Parsons, T. 1951, *The Social System*, New York: The Free Press.

[③] Sauvy, A., 1966, *General Theory of Population*, New York: Basic Books.

波兰农民》可以算是最先采用类似实证方法的研究著作①；芝加哥学派的学者如帕克在研究移民和城市的关系时，不但强调了"传统社区"和"城市社区"的差别，还指出"城市环境的最终产物表现为，培养了各种新型人格"②；Kearney 采用"对立—同化"二分法，于 1986 年曾明确指出人口从农村到城市的迁移就是一个原有人际关系解组、移民不断个人化，最后失去自己原有文化特征和社会关系的过程③。

城市移民研究中的"对立—同化"分析模式认为，在文化上，移民和自己所在的城市分别代表了传统和现代的两面，二者本质是彼此对立和相互矛盾的。人口迁移的结果是：来自农村的移民如果要被城市接纳，他们要与自己原来的传统农业社会一刀两断，让自身拥有的各种特征（如观念意识、信仰崇拜、风俗习惯、组织制度等）不断地解体和消亡，完全为城市文化所同化。

使用"对立—同化"分析模式并不能完全说明发生于不同类型的城市移民各种现象。于是，社会学家、人类学家等提出了"并存"（coexisting）分析模式，经济学家、政治学家等提出了"联结"（articulation）分析模式，从学术上反驳了简单的"同化假设"和"对立—同化"二分法的分析模式。比如，李培林针对传统的二元对立分析框架，提出了"连续谱"的概念。他指出，在我们已经习惯了的那些二元对立之间，事实上都存在着"连续谱"的真实世界，并非完全依赖于理想化的二元对立分析框架（如乡村和都市、传统与现代、私有企业和国有企业等），就可以解释的。④

"并存"分析模式的理论基础主要是社会网络理论、文化相对论等。

---

① W. I. Thomas and Florian Znaniecki, *The Polish Peasant in Europe and America*, 5 Vols., Boston: Richard G. Badger, 1918-20 (Vol. Ⅰ and Ⅱ Originally Published by the University of Chicago Press, 1918). Second edition, 2 Vols., New York: Alfred A. Knopf, 1927, Reprinted, 2 Vols., New York: Dover Publications, 1958. 也请参见托马斯和兹纳涅茨基《身处欧美的波兰农民》，张友云译，译林出版社 2002 年版。

② [美] R. E. 帕克、E. N. 伯吉斯、R. D. 麦肯齐主编：《城市社会学：芝加哥学派城市研究文集》，宋俊岭等译，华夏出版社 1987 年版，第 265、273 页。

③ Kearney, M. 1986, "From the Invisible Hand to Visible Feet: Anthropological Studies of Migration and Development", in *Annual Review of Anthropology*, (15): 331-361.

④ 李培林：《村落的终结》，商务印书馆 2003 年版；《巨变：村落的终结》，《中国社会科学》2002 年第 1 期。

研究者发现，外来移民及其所代表的传统社会因素和现代城市因素是可以在一个大体系下共存而生和并行不悖的。余英时在谈到如何理解中国的"小传统"与"大传统"的区分时，强调了这两个传统之间的相互依存、相互交流的关系[①]。笔者认为，乡土"小传统"与城市"大传统"不是对立的，而是互补的，也是递进的关系。迁移到城市就业或创业使越来越多的人不再只是生活在乡土"小传统"里，而是生活在乡土"小传统"与城市"大传统"之间。

"联结"分析模式的理论基础主要是世界体系理论、"中心—边缘"依附理论、经济均衡移民理论、劳动市场分割理论、"嵌入"理论等。弗兰克（Andre Gunder Frank）[②]、卡斯特尔（Michael Castell）[③]、维斯特（Raymond E. Weist）[④]等指出，在世界体系中，来自中心（经济发达地区）的生产体系的扩展破坏了边缘（不发达地区）的传统经济结构和组织，造成了当地劳动力的失业或收益下降；同时，中心地区的发展又会对廉价劳动力产生越来越大的需求，致使大量人口从边缘地区流向中心地区。为什么边缘地带能够持续产生低廉的劳动力，而其价值却为中心地带所攫取？梅拉索克斯（Claude Meillassoux）在对法国的非洲劳工做了深入研究后指出，世界上边缘地区和中心地区的真正分工是：边缘地带的作用主要是劳动力的生产和再生产，因为这些地方的经济是非市场化的，所以养活劳动力的费用和成本是很低的；当农村劳动力进入城市时，他们的身上其实带着大量的隐蔽价值。他们的价值通过中心地区的生产体系得以实现。但是，当这些移民年老体衰、劳动能力下降之后，他们又不得不回到自己的农村家乡。农村劳动力在生产和使用上存在的割裂，正是中心地带能够不断从边缘地带获取劳动力及其经济剩余

[①] 余英时：《论士衡史》，上海文艺出版社1999年版。

[②] Frank, Andre Gunder, 1967, *Capitalism and Underdevelopment in Latin American*, New York: Monthly Review Press.

[③] Castell, Michael, 1975, "Immigrant Workers and Class Struggle in Advanced Capitalism: The WestEuropean Experience", *Political and Society*, (5): 33–66.

[④] Wiest, Raymond E., 1979, "Antrhopological Perspectives on Return Migration", *In Anthropology of Return Migration*, R. Rhoades, ed., Norman: University of Oklahoma, *Papers in Anthropology*, 20 (1): 167–187.

的秘密所在。① 这些来自边缘地区的移民不仅为中心地区提供了廉价劳动力,降低了中心地区的劳动力价格,还在政治上使中心地区原有的工人阶级分解,从而更有利于居于中心地区的资本主义部门。这种人口流动还导致了边缘地带在意识形态上对于中心地区的依赖,并使边缘地区丧失了把握发展机会的意识和能力。

在上述的双重劳动市场理论的基础上,波特斯和巴赫(Robert Bach)提出了"三重市场需求理论",也就是在双重市场之上增加"民族聚集区"因素。他们运用强调社会关系网络的"嵌入性"理论曾经对外来移民的聚居区进行分析,不同族裔的移民不但会在迁入发达国家之后形成自己的"聚集区",聚集区之所以能有自己发达的经济,就是因为它的封闭性能使人们依赖于社区内独特的结构,从而拥有了丰富的"社会资源"及其经济圈,而且会对其来源地的人有特殊的吸引力和网络拉动力②。比如,美国的唐人街从前确实曾经作为华人移民及其所居住的避难所,但是,后来它已经演变成具有很大弹性和强大生命力的一种大型"民族聚集区"和民族经济区③。中国"浙江村"作为一个温州商人聚集区,不但跨越了地理空间上的有形边界,也跨越了行政管理体系(中央政府、北京市政府、浙江省政府、温州市政府;工商管理系统、税务管理系统、城市管理系统、公共卫生管理系统等)、组织体系(政府机关、事业单位、国有企业、民营企业、党团组织、农村社区组织等)和身份体系(城里人与乡下人、农民与工人、干部与群众)等一系列的无形边界,形成了一套独特的服装市场运行机制和有活力的社会经济区域。④ 这类事实也说明,我们的研究可以以"并存"分析模式和"联结"分析模式,形成一种更为综合的分析模式——"并存—联结"分析模式。

可见,一个民族或一个群体的经济文化类型在城市中的转型不但是可

---

① Meillassoux, Claude, 1981, "Maidens, Meal and Money: Capitalism and the Domestic Community", *Themes in The Social Sciences*, London: Cambridge University Press.

② (1) Portes, Alejandro and Robert L. Bach, 1985, *Latin Journey: Cuban and Mexican Immigrants in the United States*, Berkeley: Univ. of California Press. (2) Portes, Alejandro, 1998, "Social Capital: Its Origins and Applications in Modern Sociology", *Annual Review of Sociology*, 24: 1-24.

③ Min Zhou, 1992, *Chinatown: The Socioeconomic Potential of an Urban Enclave*, Philadelphia: Temple Univrsity Press.

④ 参见项飚《跨越边界的社区——北京"浙江村"的生活史》,上海三联书店2000年版;王春光《社会流动和社会重构——京城"浙江村"研究》,浙江人民出版社1995年版。

能的,也是现实的。城市移民"聚集区"及其经济圈已经成为现代和传统、中心和边缘之间的联结体,它们在把具有不同社会形态、不同生产方式和不同阶层构成的农村和城市"联结"起来的同时,也在世界体系的"中心—边缘"之间生成了拥有自身特点的生存特征和发展模式,即在移居的城市中逐渐形成自己新的经济文化类型,或"大体系下的小社会"。对经济文化类型的研究范式面临着从二分法向多维度分析的转变。

3. 对"经济文化类型"的研究假设和分析模型

我们依据上文的经济文化类型理论、各种移民理论和方法,以"对立—同化"和"并存—联结"两种分析模式,从"经济生活"的"融入—依附"和"社会文化生活"的"自创—移植"两个维度,对城市移民的经济文化类型提出以下的研究假设和分析模型。

对中国的少数民族而言,尽管其原有的经济文化类型五花八门(如本研究里涉及的几个民族分别是:蒙古族的高原戈壁草原游牧型、藏族的高山草场畜牧型、朝鲜族的平原集约农耕型、傣族的丘陵稻作型、彝族和白族的山地耕牧型等),但是,他们的经济文化类型基本上都是基于居住地的生态环境而发展起来的"原生态"的经济文化类型。当少数民族从乡土社会迁移到城市里来谋生的时候,他们首先遇到的是如何适应城市市场的机遇和挑战,即他们对城市的就业、创业、经营、服务、居住、教育、语言、社会交往等各个方面的适应,或实现市场化的转型。概言之,各个少数民族的移民在城市中都面临着经济文化类型从"原生态型"向"市场型"的转型。

城市少数民族移民在经济文化类型上的转变形式,有可能出现如下的4种类型。如表6-1所示。

表6-1　　　　　　　　城市移民的经济文化类型

社会文化生活	经济生活	经济文化类型
对立—同化	融入	类型1
	自创	类型2
并存—联结	依附	类型3
	移植	类型4

经济文化类型1:反映了这类城市移民逐渐融入城市的主流经济体系之中,并为城市原有的社会文化系统所同化。在城市体系中,这类移民由

于人口数量少、从事的行业不集中、居住分散等，没有形成自己的聚居区和经济交往圈，因此，其自身的民族或地域传统文化特征不显著。

经济文化类型2：说明了这类城市移民虽然在城市经济中创建了自己的外向型经济模式，但是，他们在社会文化生活方面却存在着逐渐被居住城市主流文化同化的可能性。

经济文化类型3：显示了这类城市移民在采购、生产、销售、服务等经济领域里的就业或创业，依附于或完全融入了所在城市的经济体系，他们的职业行为和经营活动是当地经济发展所必需的，但是，他们的社会文化生活既保留着自己的民族或地域传统文化特征，又积极吸收现代都市的各种新型文化元素，试图形成自己新的民族或地域文化。

经济文化类型4：这类城市移民有自己的居住和经营聚集区。这类移民在城市经济中创建了自己的外向型经济模式，但是，他们在社会文化生活方面，一方面具有相对封闭性和自己发展的独立空间，另一方面又表现为具有一定的兼容性，成为迁出地与迁入地之间、城市与乡村之间、传统与现代之间，甚至是城市与城市之间的"联结体"，二分法在他们的身上越来越不适用，他们在经济、社会身份、文化认同等具有多重性。

在上述的四种大类型中，每一种类型之下还可能划分出各种更细的小类型，还可能出现组合式的类型。

4. 本节依据的调查资料

本节的资料主要来自：笔者主持的中国社科院重点课题——"城市少数民族流动人口与各民族散居化趋势"。该课题于2006年下半年正式立项，2008年上半年完成实地调查和数据处理工作。该课题的调查地点为：我国四个有一定代表性城市（如华北的呼和浩特、华东的青岛、华南的深圳、西南的昆明等分别代表中国东、西、南、北四个区域）。问卷调查和入户深度访谈调查法是我们主要运用的两种方法。

本节选用了该课题的有关调查资料，故不再一一给予注明出处。

三 影响"经济文化类型"转变的因素分析

由林耀华和切博克萨罗夫提出的"经济文化类型"的理论和方法，尽管无法说明少数民族城市移民的经济文化类型，但是，这个学说形成的"地理环境—经济发展方向—文化特征"的概念框架，是有价值的。将城市移民与经济文化类型结合起来进行研究，在中国还是一个崭新的课题。

我们尝试着参考各种移民理论和方法，丰富和发展"经济文化类型"学说，即以"生存环境—经济发展方向—文化特征"为思路，分析城市少数民族移民的经济文化类型从"原生态型"向"市场型"的转型，发展出一套适应市场经济条件的"经济文化类型"分析框架。

那么，我们就需要探讨是什么原因导致了经济文化类型的转变，经济文化类型又是如何转型的，转变成了什么样子。我们大致可以找出四大类影响经济文化类型转变的因素，每一类因素里面还包含各种具体的因素。

1. 移民自身的客观和主观因素

城市少数民族移民的经济文化类型的转变会受到其自身的迁移人口数量、原有的生计方式和经济实力、在城市从事行业的集中度、居住的聚集度、自身传统文化的深厚程度、宗教信仰、民族认同、社会网络、语言使用等各方面因素的影响。这类因素不但包括移民自身的客观因素，也包括其自身的主观因素。

移民自身在城市中的生计方式和经济实力是最为基础的因素。我们的调查显示，在六个民族中，朝鲜族、蒙古族、白族和回族等四个民族获得目前工作的首要途径是"自己应聘"（48.1%—60.0%），而彝族和傣族两个民族的受访者获得目前工作的首要途径是"朋友同事介绍"（26.7%—36.1%）。在六个民族中，傣族、回族、白族、彝族、蒙古族等五个民族受访者中月收入 1000 元以下的低收入者的比例都较高，其中，傣族受访者的比例最高（50.0%）。朝鲜族受访者的收入水平相对较高一些，月收入 3001 元及以上的占 36.7%。

移民从事行业的集中度和居住的聚集度也非常重要，民族社会经济聚集区理论就是据此提出的。调查表明，在目前从事最多的行业方面，六个被调查民族中，蒙古族受访者的行业集中度最高（83.9%），其行业为"饮食服务业"；回族、白族和傣族三个民族的受访者的行业集中度也较高（64%—69%），其行业也是"饮食服务业"；朝鲜族受访者的行业集中度较低（23.5%），其行业为"生产制造业"。在人次比例超过 10% 的行业中，回族和蒙古族受访者都只有一个，都是"饮食服务业"；白族和彝族受访者受访者都有两个行业，都是"饮食服务业"和"娱乐服务业"；傣族受访者也有两个行业，是"饮食服务业"和"家庭服务业"；朝鲜族受访者有三个行业，分别是"生产制造业""商业贸易"和"饮食服务业"。

我们的调查也显示，在六个民族中，彝族（63.9%）和回族（64.3%）两个民族的受访者在"私营企业"工作的比例高于白族、蒙古族、傣族三个民族的受访者，远高于朝鲜族受访者；朝鲜族受访者在"外资或合资企业"（35.4%）工作的受访者比例远高于其他五个民族的受访者；蒙古族受访者在"个体工商户"（46.0%）工作的比例高于其他五个民族的受访者。六个民族受访者在工作单位中的职位，排在第一的都是"企业普通员工"，但其比例不一样，由大到小的排序为彝族（69.0%）、回族（58.5%）、蒙古族（57.7%）、白族（52.2%）、傣族（48.3%）、朝鲜族（23.1%）。从担任者比例超高10%的职位来看，彝族、回族、白族、傣族等四个民族的受访者都集中于一个职位，就是充当"企业普通员工"（48.3%—69.0%）。蒙古族受访者除了当"企业普通员工"之外，还有一定比例的当"个体工商户"（11.7%），朝鲜族受访者除了当"企业普通员工"之外，还有一定比例的担任"企业中高层干部"（15.4%）、"企业基层干部"（14.1%）、"私营企业主"（14.1%）和"专业技术人员"（11.5%）等。

我们对移民子女民族认知的调查表明，表示子女愿意承认自己是少数民族的，六个民族受访者的比例排序，由高到低依次为：傣族（95.2%）第一，蒙古族（95.1%）第二，回族（94.0%）第三，朝鲜族（88.0%）第四，白族（87.9%）第五，彝族（70.6%）第六。表示子女愿意学习本民族语言的，六个民族受访者的比例排序，由高到低依次为：蒙古族（96.3%）第一，朝鲜族（94.4%）第二，傣族（90.9%）第三，回族（85.3%）第四，白族（84.4%）第五，彝族（75.5%）第六。

我们对移民语言使用的调查显示，在城市的家庭中，蒙古族（43.8%）和朝鲜族（40.9%）受访者跟孩子主要讲"本民族语言"，彝族（43.1%）、回族（41.9%）和白族（35.1%）等三个民族的受访者跟孩子主要讲"普通话"，而傣族受访者（40.9%）跟孩子讲"本民族语言和普通话"。在六个民族中，朝鲜族既"在学校里"又"在家里"讲本民族语言；其他五个民族则都主要在"在学校里"使用本民族语言。

2. 民族企业和民族企业家的作用

在影响经济文化类型形成的移民自身因素中，起最重要和实质性作用的是民族企业和民族企业家，他们集中体现了一个民族在城市中的生计方式和经济实力。在中国少数民族移民在城市中要转变或创建本民族的经济文化类型。民族企业是一个社会组织形式，是转变或创建本民族经济文化类型的社会基础，没有这个结构性的实体作为依托，新的经济文化类型将无立足之地。在民族企业这个实实在在的社会组织中，企业家可以运用本民族自身显著的文化特征、民族价值观、家庭、社区、社会关系网络等民族资源，获得创业资本、廉价劳动力、商业信用等，谋求企业的创立和发展。

进一步来看，一个民族的城市移民在转变或创建本民族经济文化类型的过程中，其民族企业的数量、经济实力和行业集中度等毫无疑问是转变或创建本民族经济文化类型的硬指标。相应的，其企业家的素质、数量、魄力、经济实力和社会影响力等，也是转变或创建本民族经济文化类型的关键因素。反过来看，如果一个民族的移民在城市中分散在各个行业中只是充当一般的劳工，没有创建起自己的民族企业，也没有出现本民族的企业家，这个民族在城市中又如何转变或创建本民族的经济文化类型呢？

3. 所在城市的经济社会文化环境

比如，所在城市的经济结构和行业发展状况是移民能否在经济文化类型上实现转变的基础，因为这与移民的就业和创业有直接关系。如果移民在该城市都没有什么就业和创业的机会，有谈何经济文化类型的转变呢？

我们的调查表明，在六个民族中，朝鲜族、蒙古族、白族和回族等四个民族获得目前工作的首要途径是"自己应聘"（48.1%—60.0%），而彝族和傣族两个民族的受访者获得目前工作的首要途径是"朋友同事介绍"（26.7%—36.1%）。

移民从事行业的集中度与所在城市的经济社会环境有关。我们的调查还显示，在目前从事最多的行业方面，六个被调查民族中，蒙古族受访者的行业集中度最高（83.9%），其行业为"饮食服务业"；回族、白族和傣族三个民族的受访者的行业集中度较高（64%—69%），其行业也是"饮食服务业"；朝鲜族受访者的行业集中度较低（23.5%），其行业为"生产制造业"。在从事的人次比例超过10%的行业中，回族和蒙古族受访者都只有一个，都是"饮食服务业"；白族和彝族受访者都有两个行业，都是"饮食服务业"和"娱乐服务业"；傣族受访者也有两个行业，是"饮食服务业"和"家庭服务业"；朝鲜族受访者有三个行业，分别是"生产制造业""商业贸易"和"饮食服务业"。

4. 政府的政策和制度因素

中国是政府主导型的国家，国家和地方的有关政策，如人口迁移政策、户籍管理制度、产业结构调整政策等，都会对城市少数民族移民经济文化类型的转变产生影响。在影响经济文化类型的因素中，这类因素是来自政府层面的外部约束性因素。

四 城市移民的经济文化类型：从"原生态型"到"市场型"

在上文中，我们提出的研究假设是：城市少数民族移民在经济文化类型上的转变形式，有可能出现融入、自创、依附和移植等四种类型。在这里，我们避免使用二分法（如"传统—现代""乡村—都市"和"农业—工业"等）对经济文化类型的转变进行分类。我们可以从发生学的角度，分析少数民族移民在城市中，其经济文化类型出现了什么样的转变类型，是否可能出现上述的四种类型。

在此，我们试图对已调查研究的少数民族移民在城市中的经济文化类型的转型，进行初步的探讨。因为我国少数民族的发展自身本来就比较滞后，所以，他们迁移到城市之后虽然出现了新的经济文化类型，但是，严格来说其经济文化类型的转变目前只是一种雏形，即还没有完全成型。在我们调查的几个少数民族中，比较明显地出现了经济文化类型从"原生态型"到"市场型"转变的有：青岛市朝鲜族移民的"依附—移植式"经济文化类型、呼和浩特市蒙古族移民的"创新—移植式"经济文化类型、昆明市会泽回族移民的"半自创半融入型"经济文化类型、深圳市和昆明市一些少数民族移民的"融入型"经济文化类型等。

1. 青岛市朝鲜族移民的"依附—移植式"经济文化类型

到 2007 年底为止，已有 8000 多家韩国企业在山东省青岛市落户，近 10 万名韩国人长期工作和生活在青岛；也有 12 万朝鲜族从东北地区（以吉林延吉为主）迁移到这里的韩国企业中工作。青岛的朝鲜族是依附韩国企业在青岛投资，而迁移到青岛来的，也主要是依托韩国企业而生存和发展的。

我们不能用二分法来看待青岛朝鲜族经济文化类型的转变。从朝鲜族与韩国企业的关系来看，他们的经济文化类型是依附式的；但是，从朝鲜族与当地政府和居民等的关系来看，他们的经济文化类型又是移植式的。因此，从发生学角度看，青岛市朝鲜族移民的经济文化类型可能是"依附—移植式"的。在青岛市，从政府政策、就业和经营、学校教育、宗教生活、居民社区社会、语言与传统文化传承等各个方面来看，朝鲜族在经济文化类型上虽然出现了新的雏形——"依附—移植式"经济文化类型，但目前还不能完全断言其真正的内容和形式。其中，最为根本的是，青岛朝鲜族绝大多数是韩国企业的职业经理人或普通员工，还没有出现大批的朝鲜族民族企业和民族企业家。又比如，在宗教方面，青岛朝鲜族只是韩国基督教组织的代言人或代理人，还没有形成自己独立运行的基督教组织。换言之，其实力和社会组织基础还不够强大，还不足以形成具有本民族特色的、新型的经济文化类型。

2. 呼和浩特市蒙古族移民的"创新—移植式"经济文化类型

近年来，呼和浩特不但借助得天独厚的天然牧场，乳业发展迅速，已成为闻名遐迩的"乳都"，而且随着城市经济和城市建设的快速发展，有着鲜明特色的旅游业也快速增长，市区内餐饮场所众多（其中，有几条蒙餐街），蒙古族特色的商业和服务业的发展也非常迅猛，蒙古族工艺品店和草原土特产品店星罗棋布。

由此，我们大约可以看到，在被誉为"青城"的呼和浩特，蒙古族移民正在逐渐地将草原上具有蒙古族特色的文化移植出来，并试图在现代城市中，使蒙古族的物质和非物质文化资源商品化和市场化，建立起一种符合现代都市需求的蒙古族经济文化类型。比如，蒙古族的饮食与草原的生态环境、物产资源、文化特点、宗教信仰和生活习惯等有关。蒙古族经济文化类型从"原生态型"向"市场型"的转变，其推动力来自各级政府、企业家和消费者等。

呼和浩特市蒙古族的这种"移植式"经济文化类型的转变，是否成功主要看各级政府、企业家和消费者等的推动力是否强劲，在迁移的过程中这种转型是否具有很好的符合市场需求的创新性，这个转变不会导致当地社会文化的抵触，因为蒙古族的迁移虽然是从牧区到市区，两者虽然有差别，但是，无论是牧区还是市区，都属于蒙古族自己的文化地盘，两者不存在明显的文化差异。这样，在蒙古族迁移到城市的过程中，自然地就会把牧区和市区联系起来。即蒙古族经济文化类型在"移植"中，会将移民的来源地和流入地联系起来。

只有移植，没有创新，其经济文化类型必定难以发展，蒙古族离开牧场来到城市中，创新性地建立商业化的饮食服务、民族工艺品商贸等经济活动，蒙古族正在形成一套新的经济文化类型的雏形。呼和浩特市蒙古族移民"草原产品都市化和市场化"的经济文化类型是"创新—移植式"。蒙古族移民在呼和浩特正在形成相对集中的经营聚集区。蒙古族的民族企业和民族企业家在城市经济中正在创建一种外向型的经济模式：一头是草原和牧场，另一头是外部更大的中国和国际市场。他们在社会文化生活方面，一方面具有相对封闭性和自己的独立发展空间，另一方面又表现为具有一定的兼容性，成为迁出地与迁入地之间、城市与乡村之间、传统与现代之间，甚至是城市与城市之间的"联结体"，二分法在他们的身上越来越不适用，他们在经济、社会身份、文化认同等方面具有多重性。

3. 昆明市会泽回族移民的"半自创半融入型"经济文化类型

在昆明，有一帮从会泽县新街乡迁来的回族，总人口1万多人，他们设立了9个养奶牛的基地，掌握着昆明90%的清真牛羊肉市场。其中，最大的两家回族企业，分别由穆盛达和穆宏达掌控。2007年12月28日上午，我们访问了穆宏达先生。他的企业掌握了昆明60%—70%的屠宰牛交易市场。可见，在经济活动方面，回族移民在昆明市强占或创立了大部分的活牛羊交易和屠宰、牛羊肉市场等。故我们称其为"半自创"的经济活动。

他们虽然在城市经济中创建了自己的外向型经济模式，但是，他们在社会文化生活方面却存在着逐渐被居住城市主流文化同化的可能性。在社会文化方面，他们使用汉语和汉字，存在着逐渐被居住城市主流文化同化的可能性，但是，由于他们是穆斯林，有自己的宗教信仰，有保留自己的宗教信仰自由和参加宗教活动的权利，他们不可能被完全同化。因此，我们称其为"半融入"的社会文化生活。总之，昆明市回族移民"清真式"的经济文化类型是"半自创半融入型"的。

在昆明市，傣族和白族也在试图发展有本民族特色的餐饮业、民族歌舞、民族工艺和服饰等，这两个民族的经济文化类型在城市市场上的转型可能也是"半自创半融入型"的，但是，其自创的程度低于回族，而融入的程度高于回族。

4. 深圳市和昆明市一些少数民族移民的"融入型"经济文化类型

我们的调查还显示，在深圳市各个企业中就业的苗族、侗族、瑶族等，在昆明市就业的彝族、壮族、白族等，这些少数民族由于人口数量少、从事的行业不集中、居住分散等，没有形成自己强大的聚居区和经济交往圈，因此，其自身的民族或地域传统文化特征不显著，他们中很大一部分人有可能逐渐融入城市的主流经济体系之中，并为城市原有的社会文化系统所同化。

"经济文化类型"变迁问题尚待进一步的探究。在上述的四种大类型中，我们从发生学的角度，简要地概述和分析了个别少数民族移民在城市中"经济文化类型"的转变。每一种类型之下可能划分出各种更细的小类型，或者，还可能划分出其他组合的经济文化类型。这只是一种大胆的初步尝试，更为深入的探讨还要接着做下去。比如，城市少数民族移民的"碎片化"与"经济文化类型"有什么关系？他们的"经济文化类型"与来源地、迁入地分别有什么关系？他们的"原生态型"元素还剩多少？他们的"市场型"转变与原有经济文化有多大的关系？等等，都需要进一步的探究。经济文化类型的变迁是一个连续的过程。伍兹曾指出，变迁孕育变迁（change breeds change）[①]。经济文化类型中某个部分（如生计方式、经济环境等）的变化必然引起其他部分的相应变化[②]。一旦一个民族原有的经济生产体系、生计方式发生了改变，必将导致其相应的新的经济文化类型的形成。

在此，笔者要强调的是少数民族的企业和企业家在形成本民族的经济文化类型中的地位和作用。一个民族只有拥有一定数量的企业和企业家，才有可能在一些行业具有相当的实力[③]，即形成本民族的产业聚集和民族经济，也才有可能形成本民族的经济文化类型。简言之，民族企业和民族企业家是形成本民族的经济文化类型最重要的经济基础。在"经济文化类型"中各个方面的变迁中，民族企业和民族企业家的出现是最值得关注的主要方面。

第二节 经济文化类型的转变：民族企业与民族企业家的作用

过去几十年里，大多数研究集中在比较不同城市移民群体的经济表

[①] ［美］克莱德·伍兹：《文化变迁》，施惟达译，云南教育出版社1989年版，第41页。
[②] ［美］科塔克：《文化人类学》，徐雨村译，（台湾）麦格罗希尔出版社2005年版，第84页。
[③] 比如，纽约唐人街的大巴生意，显示了华人超越族群走向主流经济的过程。参见龙登高《跨越市场的障碍：海外华商在国家、制度与文化之间》，科学出版社2007年版，第57—78页。

现，或者他们的经济参与方式。陈国贲和张齐娥在《出路——新加坡华裔企业家的成长》中提及：移民并不是一个新的课题。但是，将移民与企业家精神联系起来，去认识随着时间的发展移民如何把自己改造为小商人、商人、企业家、实业家的过程却是相当新颖的。他们摆脱了原有的社会经济结构和被堵塞的机遇，得到了新的发展机遇，创造出了新的社会经济结构。①

带着这个问题，我们开展了这项关于城市少数民族流动人口（移民）的调查研究工作。

一 文献回顾：对城市移民、民族企业与民族企业家的有关研究

20世纪70—80年代，已经有一些学者对华人社区（特别是唐人街）开展研究。V. Nee 和 B. Nee 曾对美国华人社区进行过考察和研究，他们主要侧重于聚集区内的经济和影响移民经济成就的各种因素。② 王保华（B. P. Wong）的研究发现，唐人街内的企业家与移民工人之间的关系既有庇护的特点，也有经纪特征。企业家在向华人移民提供帮助的同时，也从中获得了较大利润。③ 邝治中（Peter Kwong）对纽约唐人街20世纪30—50年代的变化过程进行了实证研究，其中，对唐人街的劳动市场和劳工处境进行了深入剖析。他认为，在唐人街这样的华人移民聚居区里，民族工头利用新来移民不熟悉美国社会的特点，他们通过低工资、简陋的工作条件和延长劳动时间等手段，苛刻地剥削新移民劳工，赚取高额的利润，从而成为暴发户，而大量的移民劳工却依然过着贫困的生活。总之，在唐人街，这些民族头面人物把大量的廉价的新移民劳工作为自己在美国积累财富和向上爬的梯子。④ 在后来的追踪研究中，邝治中依然坚持认为，无论是在老唐人街，还是在新唐人街，都是少数华人工头剥削多数普

---

① 参见该书的中文版：陈国贲和张齐娥《出路——新加坡华裔企业家的成长》，中国社会科学出版社1996年版，第386—387页；该书的英文版：Chan Kwok Bun & Claire Chiang See Ngoh, 1994, *Steppin Out：The Making of Chinese Entreprenuers*, Simon & Schuster（Asia）Ltd.。

② V. Nee, and B. Nee, 1973, *Longtime California：A Study of an American Chinatwon*, Standford University Press.

③ Wong, B. P. 1988, *Patronage, Brokearge, Entrepreneurship, and the Chinese Community of New York*, New York：AMS Press.

④ ［美］邝治中：《纽约唐人街：劳工和政治1930—1950年》，杨万译，上海译文出版社1982年版。

通华人移民的场所,大多数华人作为这个民族聚居区的成员一直生活在贫困之中。①

波特斯和巴赫在 1985 年提出了"民族聚集区"及其经济圈理论②,或称"民族社会经济聚集区"理论。波特斯和约翰(L. Jenson)于 1989 年对这一理论进行了扎实的经验的研究。他们在对美国迈阿密市的古巴移民聚集区的调查研究中发现,一方面,不仅古巴移民聚集区内的民族企业比聚集区外的移民企业,更善于利用美国大经济的优势,来获得较大利润和收益;而且聚集区内的古巴移民工人也更能利用自己的人力资本而获得比聚集区外的大经济中的低档劳务市场上更高的报酬和地位。另一方面,古巴移民聚集区内的共同民族文化基础、民族认同感和民族团结精神,既帮助了民族企业家,也帮助了古巴移民工人摆脱美国大社会中的各种不利因素(如种族歧视等)的干扰,更好地适应迁入地的生活,并获得了较高的经济收入和社会地位。③ 综合来看,民族社会经济聚集区的形成和发展主要取决于三个因素:经济、文化和社会网络。第一,民族聚集区的经济在结构上与主流经济结构是一致的,也是整个经济的构成部分,但由于民族聚集区经济的发展依赖其独特的劳务市场和经营方式,因而其功能与大经济有所不同。民族聚集区的经济支持了民族工商业,帮助移民在大社会中不断提高自己的生存能力和社会地位。第二,聚集区移民群体内独特的社会网络,带动了群体规模和聚集区范围的扩大,同时也为民族聚集区经济发展提供了丰富的劳动力、商品与服务市场。第三,移民群体内的民族团结精神和认同感,也促进民族工商业者为移民创造更多的就业机会和发展空间。随着民族聚集区经济的发展和社会交往活动的频繁,又带动了聚集区民族传统文化的发展,如具有民族特色的生活和文化娱乐服务不断发展起来。上述三个方面相互作用、相互促进,都给民族聚集区带来了活力,同时也提高了民族聚集区的居民在大社会中的地位。

华裔女学者周敏(Min Zhou)是美国研究华人移民及其所聚集区的主

---

① [美]彼特·邝:《新唐人街:当代美国华人社区》,杨立信译,世界知识出版社 2002 年版。

② Portes, Alejandro and Robert L. Bach, 1985, *Latin Journey: Cuban and Mexican Immigrants in the United States*, Berkeley: Univ. of California Press.

③ Portes, Alejando and L. Jenson, 1989, "The Enclave and the Entrants: Paterns of Ethnic Enterprise in Miami before and after Mariel", in *American Sociological Review*, Vol. 54: 929 - 949.

要学者之一。受波特斯的民族经济聚集区理论的启发,她以一种积极的、乐观的态度来看待纽约唐人街。20世纪90年代,她对唐人街的研究涉及华人向美国迁移的历史发展过程,比较了早期移民与新移民的差别及原因,考察了唐人街的经济结构和发展状况,分析了唐人街的劳务市场特征以及妇女的角色、地位和作用等,最后对唐人街的未来发展提出了乐观的预测。她的研究从一个崭新的角度,为人们描绘了纽约唐人街的发展史、现状和未来。尽管唐人街从前确实曾经作为避难所,但是,后来它已经演变成一种具有很大弹性和强大生命力的大型民族经济。[1] 她还指出,它不是像大多数移民居住区或贫民窟那样是污秽之地,而是华人千真万确发展事业的地区。这里是中国移民及其后代已经建立了大量独立的小企业的地方,这些企业已经把中国移民变成美国移民史上最发达富裕的群体之一。这不是由这些华人移民企业家深思熟虑或精心策划建造出来的,而是他们对美国社会残酷现实的一种适应性反应。[2]

近年来,城市中的民族多样性日趋明显,越来越多的学者开始关注民族商业环境中的群际关系问题[3]。有一条研究路线是探讨买者和卖者之间的群际关系。这类研究主要关注的是韩国企业主的群际互动模式,特别是在黑人区的冲突。有的学者在比较了纽约和洛杉矶的韩国人和黑人之间的冲突之后发现,当地政治团体(如社区社团)是引起和强化冲突的重要因素[4]。有的学者指出,黑人经济和韩国人经济之间的冲突,反映了韩国商人在经济结构中独特的中间人(middleman)地位[5]。这些研究显示,墨西哥人和韩国人都把对方视为商业上的竞争对手,因为两个群体都有大量移民。另一条研究路线主要分析,不同群体的差异及其存在的问题。有一位学者在芝加哥和洛杉矶实地观察并访谈了一些韩国企业主,指出,韩国企业主对黑人的偏见要大于对拉美人的偏见。因为韩国人在

---

[1] 周敏:《唐人街:深具社会经济潜质的华人社区》,鲍蔼斌译,商务印书馆1995年版;或 Min Zhou, 1992, *Chinatown: The Socioeconomic Potential of an Urban Enclave*, Philadelphia: Temple Univrsity Press。

[2] 同上。

[3] Light, Ivan and Steven Gold, 2000, *Ethnic Economies*, San Diego: Academic Press.

[4] Joyce, Patrick D. 2003, *No Fire Next Time: Black Korean Conflicts and the Future of America's Cities*, Ithaca, NY: Cornell Univ. Press.

[5] Weitzer, Ronald, 1997, "Racial Prejudice among Korean Merchants in African American Neighborhoods", in *Sociological Quarterly*, Vol. 38: 587–606.

移民前就对黑人持错误的偏见，移民之后，由于缺乏交流，这种偏见又进一步被强化了①。还有一位学者指出，新移民企业主和当地居民之间的等级差别、文化期待，有时候还有语言障碍，都会导致群体间的冲突②。

莱特（Ivan Light）通过对美国的中国、日本和黑人民族企业的研究发现，民族企业和民族经济的发展，与主流社会的一般资本经济存在着差异。一般资本企业依靠的是阶级资源，也就是人力资本和金融资本；而民族企业则需要依靠民族资源，如民族社区内特有的密切社会关系和各民族文化资源。民族企业的劳动力、资金来源和市场都与民族资源相连，同时也受民族文化中的价值观念、风俗习惯和生活方式等的影响。③

波特斯等人认为，在北美的城市中，民族企业的大量存在，为少数族裔移民群体成员提供了工作机会，也为本民族自身的发展积累财富和提高经济支持④。在本章中，波特斯等人提出的"民族聚集区"或"民族社会经济聚集区"，对本章探讨的民族企业与民族企业家在形成新的经济文化类型的作用，有一定的参考价值。

二 对调查资料的描述与分析

1. 四城市调查的基本情况

移民自身在城市中的生计方式和经济实力是最为基础的因素。我们的调查显示，在六个民族中，朝鲜族、蒙古族、白族和回族四个民族获得目前工作的首要途径是"自己应聘"（48.1%—60.0%），而彝族和傣族两个民族的受访者获得目前工作的首要途径是"朋友同事介绍"（26.7%—36.1%）。在六个民族中，傣族、回族、白族、彝族、蒙古族五个民族受

---

① Yoon, I. J., 1997, *On My Own: Korean Businesses and Race Relations in America*, Chicago: Univ. Chicago Press.

② Lee J., 2002, *Civility in the City: Blacks, Jews, and Koreans in Urban America*, Cambridge, MA: Harvard Univ. Press.

③ Light, Ivan., 1972, *Ethnic Enterprises in America: Business Welfare among Chinese, Japanese, and Blacks*, University of California Press.

④ 参见：(1) Portes, Alejandro and Robert L. Bach, 1985, *Latin Journey: Cuban and Mexican Immigrants in the United States*, Berkeley: Univ. of California Press; (2) Light, Ivan H. & Gold Steven J., 2000, *Ethnic Economies*, San Diego, CA: Academic。

访者中月收入1000元以下的低收入者的比例都较高，其中，傣族受访者的比例最高（50.0%）。朝鲜族受访者的收入水平相对较高一些，月收入3001元及以上的占36.7%。

移民从事行业的集中度和居住的聚集度也非常重要，民族社会经济聚集区理论就是据此提出的。比如，在昆明，有一帮从会泽县新街乡迁来的回族，总人口1万多人，他们设立了9个养奶牛的基地，掌握着昆明90%的庆祝牛羊肉市场。其中，最大的两家回族企业，分别由穆盛达和穆宏达掌控。2007年12月28日上午，我们访问了穆宏达先生。他的企业掌握了昆明60%—70%的屠宰牛交易市场。可见，在经济活动方面，回族移民在昆明市强占或创立了大部分的活牛羊交易和屠宰、牛羊肉市场等。同样是在昆明市，傣族和白族也在试图发展有本民族特色的餐饮业、民族歌舞、民族工艺和服饰等。我们的调查表明，在目前从事最多的行业方面，六个被调查民族中，蒙古族受访者的行业集中度最高（83.9%），其行业为"饮食服务业"；回族、白族和傣族三个民族的受访者的行业集中度较高（64%—69%），其行业也是"饮食服务业"；朝鲜族受访者的行业集中度较低（23.5%），其行业为"生产制造业"。在人次比例超过10%的行业中，回族和蒙古族受访者都只有一个，都是"饮食服务业"；白族和彝族受访者都有两个行业，都是"饮食服务业"和"娱乐服务业"；傣族受访者也有两个行业，是"饮食服务业"和"家庭服务业"；朝鲜族受访者有三个行业，分别是"生产制造业""商业贸易"和"饮食服务业"。

我们的调查显示，少数民族城市移民的职业构成主要有三类：一是普通务工，大多结伴在建筑工地、搬家公司和劳动密集型企业从事体力劳动，主要是来自西南、中南的少数民族，占流动人口的83%多；二是从事工商业，主要是经营牛羊肉、拉面、葡萄干、切糕等特色行业，以青海、甘肃、新疆、宁夏的回族、维吾尔族为主，占流动人口的14%多，三是流动商贩，大多数贩卖药材、藏刀、首饰、皮货等，主要来自四川、青海、贵州、新疆、西藏的藏族、回族、维吾尔族、苗族等族，占流动人口的3%。

2. 青岛市：朝鲜族移民与民族企业家

据了解，到2007年底为止，已有8000多家韩国企业在青岛投资发展。因此，也有12万朝鲜族从吉林延吉迁移到这里的韩国企业中工作。

我们的调查显示：朝鲜族受访者主要分布在"生产制造业"（23.5%）、"饮食服务业"（15.3%）和"商业贸易"（14.1%）等三大类行业中，就业范围广泛。

比如，李沧区是1994年6月青岛市行政区划时，由原崂山区李村镇和原沧口区的大部分地区合并后成立的新区，属市内四区之一。据2000年人口普查资料记载，李沧区现有21个少数民族4782人，其中朝鲜族3014人，占63%。位于青岛最北端的城阳区，作为韩国企业进出青岛的大门，聚居的韩国人和朝鲜族人数最多。他们除了开工厂之外，还开了800多家店铺，其中，90%以上是饭店、KTV和食品店等服务性经营场所。青岛的朝鲜族是依附韩国企业在青岛投资而迁移到青岛来的，也主要是依托韩国企业而生存和发展的。

一位资深的朝鲜族老人告诉我们：朝鲜族来青岛主要是奔着韩国企业来的，因为工作方便，语言有优势。1993年刚开始的时候，韩国人办企业到东北先招工。朝鲜族大多在工厂上班，比较多地分布在鞋、服装、玩具、体育用品等制造厂中。年纪大的人当保姆、清洁工，有的在食堂。年轻人在韩国企业工作，工资比汉族人高，最高的能达到五六千元每个月，最低的也有两千多元每个月，当然也有一千五六百元每个月的；也有一部分朝鲜族人在日企工作，因为朝鲜族在东北高中学日语，所以日语、韩语是他们的有利条件。胶州湾开放搞活的时间比威海晚。在青岛，朝鲜族先到的城阳区，然后到崂山区，最后才到市内。现在，在城阳、胶州、即墨、平度都有很多朝鲜族，大多数住宿在李村。这里有许多韩国企业，因为有语言优势，他们的子女多在韩国企业里做翻译工作，他们中的很多人是跟随子女过来定居的。居住在城阳的人数最多，其他分布在西富镇、夏庄、流婷等地。许多在这里打工的朝鲜族年轻人多从事制造业，有一小部分在贸易公司里。①

最近几年，由于自身有严重污染、经营不善等各种原因，加上近期的金融风暴，一些韩资企业不得不撤离青岛。韩国企业的发展出现了停滞甚至下滑，朝鲜族所依赖的经济基础也受到了很大的影响。比如，目前，城

---

① 资料来源：笔者2008年1月13日在青岛市李沧区的文昌阁基督教会对他进行的访谈。他是较早来到青岛的朝鲜族之一。1994年他来到青岛，先是在一家韩国企业工作，后因产品没有发展企业倒闭了，他在它倒闭之前还做过一些贸易的工作。现在，他退休了才进入教会，负责日常的管理工作。教会不好维持，他在尽心尽力地工作。

阳区的朝鲜族最多，但也有很多人是非常盲目地过来的，一直都找不到工作。

在就业和经营方面，一方面，很多朝鲜族年轻人最初在韩国企业工作，过了一阵子自己出来创业办公司。从韩国企业学到技术和能力后，出来独立，有的甚至还能吞并原有的韩资企业，特别是工艺品加工行业的。朝鲜族创办的企业，做强做大以后，吞掉韩国企业也是有可能的。另一方面，朝鲜族就业全靠自己解决，政府从来不管，汉族企业一般都不要朝鲜族。如果韩国企业一旦倒了，那朝鲜族就无依无靠，没有工作了。[①]

青岛市的朝鲜族移民在采购、生产、销售、服务等经济领域里的就业或创业，在青岛市市的经济体系中主要依附于其中的韩资外向型企业，他们的职业行为和经营活动是当地经济发展所必需的，但是，他们的社会文化生活既保留着朝鲜族的民族文化特征，又积极吸收各种新型文化元素，如接受韩国的现代企业文化洗礼。

青岛市的朝鲜族在宗教信仰方面，接受了从韩国传来的基督教。青岛原先没有朝鲜族教会。朝鲜族教会是从1994年开始的，韩国S&K公司当时在流婷附近投资盖了一个教堂。从1994年下半年开始，朝鲜族跟韩国人一起参加教会活动。朝鲜族教会没有牧师，韩国教会会派一些牧师过来。目前，朝鲜族在青岛办了3间教堂[②]，组织信徒在礼拜和活动等，试图形成自己新的民族宗教文化。朝鲜族教会的资金来源都是信教徒自己交的。按照圣经的规定，每个人应将收入的1/10交教会。[③]

我们的调查显示：66.7%的朝鲜族受访者表示，目前在青岛市拥有自己的住房——商品房。朝鲜族受访者中，表示住房面积在"71—100平方米"的，占55.3%；表示住房面积在"101平方米以上"的，占21.3%。实际上，青岛朝鲜族的来源是相当分散的，如黑龙江的哈尔滨、佳木斯、齐齐哈尔、牡丹江、鸡西、宁安、密山等，吉林的长春、延吉、龙井、珲春、蛟河、柳河等，辽宁的沈阳、营口、抚顺等。现在，他们自愿地集合居住和生活在一起。

[①] 资料来源：2008年1月14日，崔永基在居委会召开的座谈会的发言。

[②] 青岛市李沧区有两个：文昌阁基督教会约有110个信徒，正定路基督教会有100多人；崂山区有一个，大麦岛基督教会有200多人。

[③] 资料来源：笔者2008年1月13日在青岛市李沧区的文昌阁基督教会、1月14日在崔永基家里，分两次对崔永基进行了访谈。

一位朝鲜族长者告诉我们:"青岛相当于第二个延边。在这里,朝鲜族的语言风俗还是要继续保持发扬下去,可以通过孩子念书、老年人社团活动等方式加强影响。百通社区老年协会有 60 多个朝鲜族成员,百通社区里有 20 多个朝鲜族居民,还有不少居住在别的小区里。我们适当地集中朝鲜族同胞,就像沈阳的西塔,那里居住的朝鲜族相当集中,这样的话,不论是在学语言方面,还是在生活习惯方面,都是很方便的。如果朝鲜族长期分散居住,那么语言、风俗习惯等很快就没有了。我们老年协会的日常活动也就是唱歌、跳舞、打牌、下棋、麻将等,每个礼拜天下午活动,读书看报纸什么的。"①可以看出,不少的朝鲜族已经准备在青岛定居长期工作、居住和生活下来。

青岛市有几间以韩语授课的中小学。我们到青岛碧山朝鲜族小学进行了调查②。据许玉善校长介绍,学校是在青岛市和李沧区的教育局指导下的一所民办学校,实施的是三语教育:韩国语、英语和汉语。在李沧区的 31 所小学中,韩国语教学是该校的特色教育,英语教学名列前茅,数学和汉语教学属中等偏上水平。学校开设了很多第二课堂,比如讲授韩国传统国乐——伽耶琴、长鼓、扇子舞等。主要招生对象是朝鲜族,也有个别是汉族。招生的时候会控制各班人数,一般来说每个班的汉族学生不得超过 3 人。汉语、数学和英语使用的是青岛市的统一教材;语文、数学、英语是由汉族老师用汉语授课;韩国语、思想品德、美术、音乐、朝鲜语文都用韩国语授课。

总之,在就业、经营、市场、资金、技术、市场、客户、设计、宗教、国际联系、现代流行文化等很多方面,朝鲜族对韩国企业、韩国基督教组织等都带有明显的依附性。我们从居住、小学教育、民族传统文化的传承等几个方面,说明朝鲜族在青岛的"移植性"。青岛市朝鲜族移民正在形成一种"依附—移植式"的城市经济文化类型。

3. 呼和浩特市:蒙古族移民与民族企业家

近年来,在呼和浩特,有着鲜明蒙古族特色的旅游业、商业服务业的

---

① 在青岛调查期间,在一个大型商业住宅区——百通馨苑居委会的协助下,调查组成员与老年协会成员(都是朝鲜族)于 2008 年 1 月 14 日在居委会召开了一个座谈会。该老年协会实际上就是来青岛的朝鲜族民间组织,其会长为辽宁省营口人,年轻的时候在旅大警备司令部,当了七年兵,当过连级干部,之后转业,目前是随子女过来的。他家有四个孩子,二男二女,其中两个孩子在青岛打工。

② 资料来源:笔者 2008 年 1 月 10 日在青岛碧山朝鲜族小学校长室对许玉善校长(女)的访谈。校长室里有一条标语:"做民族教育事业,给青岛工作的 20 万朝鲜族子女学习本民族语言的环境。"

发展非常迅猛，蒙古族工艺品店和草原土特产品店也星罗棋布。

一位来自锡林郭勒草原的老板（巴图苏和）认为："在城市中，蒙餐要创新，我自己经常与厨师长讨论如何改进蒙餐，员工自己之间也经常讨论。蒙餐进入城市后加入花椒、大料，原先什么都不放，只放盐，味道就很鲜美。还有必须要加入中餐，蒙餐发展不了什么东西，中餐必须加；中餐也加蒙餐东西。蒙餐做法不一样，锡盟以肉类为主，各盟有自己的特色，有些基本一样，有的有些乱，没有集中的标准的东西。蒙餐的标准应该自己创立。"

青科尔哈达的老总巴图苏和先生还说："我在锡盟有3家店，现在打算开第4家，是当地最大的，2000平方米，我也不贷款，准备把全部的民族东西、原生态的东西整合进去，婚礼、烤全羊肉的全部说法都是用传统的说法来命名。我的肉、奶制品都是从锡盟进的，这边市场上全是假的，锡盟原生态东西多。这里没有条件，好多东西有限制。在血厂，各种动物的血都是混在一起。在草原上都不混养，全是分开放，血厂都是自己管。蒙餐还是要扎根草原，有马，有骆驼，野草多，各类肉也有。这里限制多，那边野菜就有二三十多种，这边都没有，好多想做的都找不到。还有这边的肉也不好，有味，养牛养羊的地方全是周围农村，环境不干净。还是在草原放养的好。我想以后在门口弄一个活羊屠宰，屠宰完了直接现做现吃，生意肯定好。"[1]

巴音浩日娲总经理马全喜先生告诉我们："2005年，我们成立了蒙餐研究所，是一个非营利性的民间组织，在民政厅注册，我们挣的钱全都投入研发中。我在2002就有成立这个研究所的想法，因为我不仅解决了温饱，年年有成熟，于是，希望能够做出一个高度。蒙餐保健性强，我们草原的牧民都没有疾病，蒙餐能够起到保健和营养作用。巴音浩日娲必须保留传统，但同时要按现代人口味创新。比如，我们在创新的基础上，就推出了鲍汁驼掌，作为高档菜，每位40块钱。最近，我们新推出了火锅，鲜煮羊肉，针对我们一楼大厅。传统如果不创新，档次就上不来，但同时，又要考虑到保健和营养功能。"

这位经营蒙餐的老总（马全喜）还说："今年（2008）我们启动工程，准备弄一个菜系，整合东、中、西蒙的餐饮，由（蒙餐）研究所牵

---

[1] 资料来源：笔者于2008年1月17日晚和1月19日晚，两次来到"青科尔哈达"餐厅吃饭，并对其老板巴图苏和进行访谈。

头,巴音浩日娲支持,我自己带队,农大(指内蒙古农业大学)肉食品研究为辅助。这个应该得到自治区政府支持,国家支持才行。蒙古历史悠久,营养东西多,很多东西要向牧区的老人请教,挖掘传统。今年最主要的目标是把蒙餐作为菜系开发。全国八大菜系中没有蒙餐,我们希望能够把内蒙的菜系整合起来,把保健营养功能发扬光大,使其成为第九大菜系。"①

蒙古族从牧区到市区的迁移,迁出地和迁入地虽然有差别,但是,无论是牧区还是市区,都在蒙古族自己的文化地盘上,两者不存在明显的民族文化差异,不会导致城市社会文化的抵触。这样,在从迁移牧区到城市的过程中,蒙古族所"移植"的经济文化类型,自然而然地会把来源地牧区和流入地市区联系起来。这种转型是否成功,主要看"移植"到城市的经济文化类型是否可以满足城镇市场的需求。在这个过程中,民族企业和企业家发挥着巨大的作用。

三 总结与讨论:民族企业和民族企业家在形成新的经济文化类型中的作用

在影响城市移民形成具有本民族特点的经济文化类型的各种因素中,起最重要和实质性作用的是民族企业和民族企业家,他们集中体现了一个民族在城市中的生计方式和经济实力。2009年5月笔者曾问一位国家民委的官员朋友:"如果用一种动物来比喻,中国的少数民族企业像什么?"他答道:"蝴蝶。因为他们很弱小、很脆弱,人们通常把他们做成或看成'标本'"。笔者说:"这是说到了一个方面,还有一个方面,就是蝴蝶会发生'蝶变'"。

陈国贲和张齐娥所研究的新加坡华裔企业家的成长过程,就是华人企业家从无到有,从小到大的"蝶变"。民族企业和民族企业家的成长不是没有基础的,他们具有一定的民族资源,即显著的文化特征、民族价值观、家庭、社区、社会关系网络等,这些特征和优点使他们在离开家乡之后在迁入地从事一些商业活动和企业经营。② 陈国贲指出,华人移民在应对东道国社会残酷和敌意的现实时,通常利用自己的亲属关系

---

① 资料来源:2008年1月19日上午,笔者在巴音浩日娲总经理办公室对马全喜先生进行了访谈。

② Aldrich, Howard & Roger Waldinger, 1990, "Ethnicity and Entrepreneurship", in *Annual Review of Sociology*, Vol. 16, pp. 111 – 135.

和社会网络，筹集资金，获得创业资本、企业发展的信用和信贷等。华人企业过去是，现在仍然是同族人之间，尤其是家人和亲属之间合伙建立起来的①。出于文化、经济和民族劳动分工等原因，北美华人餐馆主要使用同宗族的劳动力。加拿大学者陈胜生认为，华人餐馆老板经常不得不像他的亲属——服务员一样辛苦地工作，从而模糊了雇主与雇员之间的界限。②

一个民族的城市移民在转变或创建本民族经济文化类型的过程中，其民族企业的数量、经济实力和行业集中度等毫无疑问是转变或创建本民族经济文化类型的硬指标。相应的，其企业家的素质、数量、魄力、经济实力和社会影响力等，也是转变或创建本民族经济文化类型的关键因素。反过来看，如果一个民族的移民在城市中分散在各个行业中只是充当一般的劳工，没有创建起自己的民族企业，也没有出现本民族的企业家，这个民族在城市中又如何转变或创建本民族的经济文化类型呢？

在青岛市，从政府政策、就业和经营、学校教育、宗教生活、居民社区社会、语言与传统文化传承等各个方面来看，朝鲜族在经济文化类型上虽然出现了新的雏形，但目前还不能完全断言其真正的内容和形式。其中，最为根本的是，青岛朝鲜族绝大多数是韩国企业的职业经理人或普通员工，还没有出现大批的朝鲜族民族企业和民族企业家。又比如，在宗教方面，青岛朝鲜族只是韩国基督教组织的代言人或代理人，还没有形成自己独立运行的基督教组织。换言之，其实力和社会组织基础还不够强大，还不足以形成具有本民族特色的、新型的经济文化类型。

由此，我们类推出，在中国少数民族移民在城市中要转变或创建本民族的经济文化类型。民族企业是一个社会组织形式，是转变或创建本民族经济文化类型的社会基础，没有这个结构性的实体作为依托，新的经济文化类型将无立足之地。在民族企业这个实实在在的社会组织中，企业家可以运用本民族自身显著的文化特征、民族价值观、家庭、社区、社会关系网络等民族资源，获得创业资本、廉价劳动力、商业信用等，谋求企业的创立和发展。

---

① 陈国贲：《烟与火：蒙特利尔的华人》，香港中文大学出版社1991年版，第158页。
② Li, Peter S., 1976, "Ethnic businesses among Chinese in the U. S.", in *Journal of Ethnic Studies*, Vol. 4: 35–41.

结语　企业人类学——人类学第四次革命对中国的意义

人类学是一门研究人类发展规律的科学。在其发展历程中，为了专门探究人类社会的不同方面，相应地产生了不同的分支学科，如都市人类学、企业人类学、经济人类学、发展人类学、环境人类学、影视人类学、教育人类学、宗教人类学、艺术人类学、政治人类学、法律人类学、医药人类学、体育人类学等。其中，企业人类学在当今全球人类学中是一门世界性的前沿学科。①

对人类学发展历史的追溯，我们可以知道：人类学的第一次革命是对原始民族的研究，此标志着人类学作为一门独立科学的产生；第二次革命是对农民社会的研究，此标志着人类学开始进入探究现代农村社会的学科门类；第三次革命是对都市社会的研究，此标志着人类学跨入探索现代化都市社会的征程；②对现代社会各类企业和各种经济行为的研究可以说是人类学的第四次革命。

从1989年到2016年，至今27年时间里，笔者参加了20世纪70年代起源于欧美的第三次革命（都市人类学）；在国内外一大批学者80多年来的持续探索基础上，从2009年开始，笔者带领一些国内外同行，开展了第四次革命（企业人类学）③。到目前为止，企业人类学这个学科已经在研究

---

① 张继焦：《企业人类学：作为一门世界性的前沿学科》，《杭州师范大学学报》（社会科学版）2014年第4期。

② 张继焦：《国际都市人类学：现状与发展趋势》，《中国社科院研究生院学报》2004年第4期；罗伯特·V.肯珀：《都市人类学的发展动向：对美国和加拿大博士论文的分析》，张继焦译，《世界民族》2007年第6期。

③ 笔者为国际人类学与民族学联合会的第29个专业委员会——企业人类学委员会的创办人和首任主席，该委员会的秘书长为滨田友子（美国威廉—玛丽学院人类学系教授）。该委员会现有会员为65位学者和博士生，来自16个国家和地区（美国、中国大陆、德国、荷兰、法国、加拿大、日本、韩国、芬兰、波兰、巴西、泰国、马来西亚、印度、新加坡、中国香港等）。

范式（方法）、研究对象（范围）、学科名称、学术交流活动、学术成果等学科建设的各个基本方面，都已形成了一套比较完整的创新性学科体系。[①]

最近30多年来，世界各国人类学理论的更新换代很少。根据近些年来对国内外人类学的追踪研究[②]，笔者认为，对人类学这门科学而言，无论是整个国际学界，还是整个中国学界，都不可能出现全局性的发展，只有可能出现局部的突破或进步。第一，近些年，中国人类学界出现的热闹场面（国内各高校会议很多，此起彼伏。这可能只是炒冷饭式的表面热闹，并非本学科的真实进步），不一定体现了这个学科的全局性繁荣。我们所期待的：中国人类学的全面腾飞，只是一种奢望，不可能会出现。第二，人类学的局部突破可能出现的领域，包括非物质文化遗产、民族旅游、民族节日、城市移民、企业组织等几个方面，因为这几个领域都存在着较大的学术发展空间。第三，企业人类学作为人类学的第四次学科革命，为什么发生在中国和亚洲呢？由于亚洲"四小龙"（韩国、新加坡、中国台湾、中国香港）的兴起，中国作为新兴经济体的崛起，出现了各种类型的企业，发生了巨大的经济社会转型（如大规模的城市化、工业化、市场化等）[③]，政府和企业产生了对市场研究和企业研究的巨大需求，企业人类学应运而生了，成为整个人类学发展中的局部突围，算是人类学发展中新兴的学术增长点。第四，企业人类学给人类学带来的第四次革命，与以往发生于欧美的三次革命的主体是不同的。这次人类学革命的主体是中国学者，其学术支持者主要来自亚洲各国的学者。从某种意义上讲，企业人类学的兴起，不但引发了人类学的第四次革命，也意味着人类学在中国和亚洲的局部突围和学科转型。与此相反，欧美国家作为人类学的传统优势地区却出现了大幅的衰落。面向未来，无论是在中国，还是在国际上，企业人类学及其相关的中国和亚洲学者所蕴藏着的巨大发展潜力，将会不断地得以释放。

---

① 张继焦：《企业人类学：学科体系建设、发展现状与未来前景》，《杭州师范大学学报》（社会科学版）2015年第4期。

② 张继焦：《从第16届世界大会，看中国人类学民族学的现状与发展趋势》，黄忠彩、张继焦主编《世界的盛会 丰硕的成果——国际人类学与民族学联合会第十六届大会最新学术成果概述》，知识产权出版社2012年版，第93—112页。

③ 参见张继焦《企业人类学的角度：如何看待新一轮的工业化、市场化、城市化》，《创新》2015年第2期。

自 1840 年鸦片战争以来的近 180 年时间里，中国学者逐渐养成了仰视西方的观念和态度，至今崇洋媚外之风还在我国人类学界到处泛滥。西方人类学界之所以俯视我们非西方人类学，是因为我们只会事实陈述而没有自己的学科理论和学术思想，我们的研究只是在为他们的理论提升提供各种原始材料。① 由中国学者主导而创立的企业人类学，是中国人类学界历经百年经过六代人持续不断努力的成果。② 这种学科建设成就：第一，引发了人类学的第四次学科革命；第二，在很大程度上标志着中国人类学者亦步亦趋地跟在欧美学者屁股后面做学问的时代该结束了；第三，让中国人类学走到了世界人类学的学术前沿；第四，中国学者以非西方人类学家的身份，占据着一个的国际学术制高点或统领着这个世界学术舞台。

中国的人类学研究不能只停留在悲情地讲述少数民族同胞的各式欠发达故事，或者愤青式地揭露中国现实存在的各种问题上，中国人类学者应该有自己的理论自信（不要尊欧美为上，以鹦鹉学舌为荣）。面对整个经济社会结构转型及其相关的各种类型企业，我们应该、也可以基于中国本土的实地调查和学术思考，提出符合本土实际的人类学新理论。笔者希望，本书能够抛砖引玉，激发起"70 后"和"80 后"新一代学者的奋发努力，最终实现我们的共同学术目标是：形成既是中国土产又对世界人类学有贡献的理论和学派。

---

① 弗里德曼曾指出，人类学对中国社会的传统研究不乏事实材料，应该通过系统性的重组，将民族志和历史材料结合起来进行深入分析，形成一些表述清晰的理论观点。参见 Freedman, Maurice, 1963, "A Chinese Phase in Social Anthropology", in *British Journal of Sociology*, 14.1: 1 – 19; Skinner, G. William (ed.), 1979, *The Study of Chinese Society: Essays by Maurice Freedman*, Stanford: Stanford University Press, pp. 417 – 419。

② 中国大陆人类学民族学的世代划分，大致每 10 年为一个世代。第一代学者多为 19 世纪 90 年代至 20 世纪初前后出生的，第二代学者多是 20 世纪 10 年代前后出生的，第三代学者多为 20 世纪 20 年代前后出生的，第四代学者多为 20 世纪 30—40 年代前后出生的，第五代学者多是 20 世纪 50 年代前后出生的，第六代学者多是 20 世纪 60 年之后出生的。参见张继焦《从第 16 届世界大会，看中国人类学民族学的现状与发展趋势》，黄忠彩、张继焦主编《世界的盛会 丰硕的成果——国际人类学与民族学联合会第十六届大会最新学术成果概述》，知识产权出版社 2012 年版，第 93—112 页。

参考文献

一 中文著作（含外文译著）

1. 中文著作

费孝通：《乡土中国》，上海观察社1948年版。

费孝通：《江村经济：中国农民的生活》（1939），戴可景译，江苏人民出版社1986年版。

费孝通：《行行重行行：乡镇发展论述》，宁夏人民出版社1992年版。

林耀华：《民族学研究》，中国社会科学出版社1985年版。

林耀华主编：《民族学通论》（修订版），中央民族大学出版社1991年版。

李培林、姜晓星、张其仔：《转型中的中国企业》，山东人民出版社出版1992年版。

李培林、王春光：《新社会结构的生长点——乡镇企业社会交换论》，山东人民出版社1993年版。

李培林：《中国社会结构转型——经济体制改革的社会学分析》，黑龙江人民出版社1995年版。

李培林、张翼：《国有企业社会成本分析》，社会科学文献出版社2000年版。

李培林、孙立平等：《20世纪的中国：学术与社会——社会学卷》，山东人民出版社2001年版。

李培林主编：《农民工：中国进城农民工的经济社会分析》，社会科学文献出版社2003年版。

李培林：《村落的终结》，商务印书馆2003年版。

李亦圆：《人类学与现代社会》，台湾水牛出版事业有限公司 1984 年版。

张继焦：《中国少数民族礼仪》，中央民族大学出版社 1995 年版。

张继焦：《市场化中的非正式制度》，文物出版社 1998 年版。

张继焦：《价值链管理：优化业务流程、提升企业综合竞争能力》，中国物价出版社 2001 年版。

张继焦、吕江辉编著：《数字化管理：应对挑战，掌控未来》，中国物价出版社 2001 年版。

张继焦、葛存山、帅建淮编著：《分销链管理：分销渠道的设计、控制和管理创新》，中国物价出版社 2002 年版。

张继焦、帅建淮编著：《成功的品牌管理》，中国物价出版社 2002 年版。

张继焦编著：《控制链管理：防范客户风险和应收账款风险》，中国物价出版社 2003 年版。

张继焦：《城市的适应——迁移者的就业与创业》，商务印书馆 2004 年版。

色音、张继焦、杜发春：《水资源与生态环境——黑河流域水资源状况的社会学调查》，社会科学文献出版社 2008 年版。

张继焦、丁惠敏、黄忠彩主编：《老字号蓝皮书——中国"老字号"企业发展报告 No.1（2011）》，社会科学文献出版社 2011 年版。

张继焦、刘卫华主编：《老字号绿皮书——老字号企业案例及发展报告 No.2（2013—2014）》，中央文献出版社 2013 年版。

张继焦主编：《企业和城市发展：并非全是经济的问题》，知识产权出版社 2013 年版。

张继焦主编：《新一轮的城市化、工业化、市场化、文化多元化：对全球化和现代化的探讨》，知识产权出版社 2015 年版。

黄忠彩、张继焦主编：《对经济社会转型的探讨：中国的城市化、工业化和民族文化传承》，知识产权出版社 2013 年版。

倪鹏飞：《中国城市竞争力理论研究与实证分析》，中国经济出版社 2001 年版。

倪鹏飞、［美］彼得·卡尔·克拉索：《全球城市竞争力报告（2005—2006）》，社会科学文献出版社 2006 年版。

倪鹏飞、［美］彼得·卡尔·克拉索：《全球城市竞争力报告（2009—2010）》，社会科学文献出版社 2010 年版。

李梦白等：《流动人口对大城市发展的影响及对策》，经济日报出版社 1991 年版。

陈吉元、胡必亮主编：《当代中国的村庄经济与村落文化》，山西经济出版社 1996 年版。

胡必亮、郑红亮：《中国乡镇企业与乡村发展》，山西经济出版社 1996 年版。

梁漱溟：《梁漱溟全集》（1937），山东人民出版社 1989 年版。

千家驹编：《中国农村经济论文集》，中华书局 1936 年版。

张之毅：《易村手工业》，商务印书馆 1943 年版。

马戎、王汉生、刘世定主编：《中国乡镇企业的发展历史与运行机制》，北京大学出版社 1994 年版。

马戎、黄朝翰、王汉生、杨牧主编：《九十年代中国乡镇企业调查》，牛津大学出版社 1994 年版。

邱泽奇：《城市集体企业个案调查》，天津人民出版社 1996 年版。

邱泽奇：《边区企业的发展历程》，天津人民出版社 1996 年版。

马戎、刘世定、邱泽奇主编：《中国乡镇组织变迁研究》，华夏出版社 2000 年版。

马戎、刘世定、邱泽奇主编：《中国乡镇组织调查》，华夏出版社 2000 年版。

张厚义、陈光金主编：《走向成熟的中国民营企业家》，经济管理出版社 2002 年版。

张厚义、明立志主编：《中国私营企业发展报告（1）》，社会科学文献出版社 1999 年版。

张厚义、明立志主编：《中国私营企业发展报告（2）》，社会科学文献出版社 2000 年版。

张厚义、明立志主编：《中国私营企业发展报告（3）》，社会科学文献出版社 2001 年版。

张厚义、明立志主编：《中国私营企业发展报告（4）》，社会科学文献出版社 2002 年版。

张厚义、明立志、梁传运主编：《中国私营企业发展报告（5）》，社会科学文献出版社 2003 年版。

张厚义、侯光明、明立志、梁传运主编：《中国私营企业发展报告（6）》，社会科学文献出版社 2004 年版。

王延中：《经济组织与城乡发展》，经济管理出版社 1998 年版。

刘铁梁主编：《中国民俗文化志：北京·宣武区卷》，中央编译出版社 2006 年版。

张海洋、良警宇主编：《散杂居民族调查：现状与需求》，中央民族大学出版社 2006 年版。

田广、周大鸣主编：《工商人类学》，宁夏人民出版社 2012 年版。

杨轶清：《浙商制造（草根版 MBA）》，浙江人民出版社 2003 年版。

杨宏建：《浙商是怎样练成的》，北京工业大学出版社 2006 年版。

胡宏伟：《中国模范生》，浙江人民出版社 2008 年版。

吕福新等著：《浙商论——当今世界之中国第一民商》，中国发展出版社 2009 年版。

张俊杰：《浙商模式》，中国经济出版社 2005 年版。

崔砺金主编：《裂变——60 位浙商镜像》，浙江大学出版社 2009 年版。

陈俊：《草根浙商赢天下》，中国经济出版社 2009 年版。

中国社科院社会学所"农村外出务工女性"课题组：《农民流动与性别》，中原农民出版社 2000 年版。

周大鸣主编：《中国的族群与族群关系》，广西民族出版社 2002 年版。

王俊敏：《青城民族——一个边疆城市民族关系的历史演变》，天津人民出版社 2001 年版。

杨文炯：《互动 调适与重构——西北城市回族社区及其文化变迁研究》，民族出版社 2007 年版。

中国都市人类学会秘书处编：《城市中的少数民族》，民族出版社 2001 年版。

陈晓毅、马建钊主编：《中国少数民族的移动与适应——基于广东的研究》，民族出版社 2001 年版。

沈林、张继焦等：《中国城市民族工作的理论与实践》，民族出版社 2001 年版。

周大鸣、马建钊主编：《城市化进程中的民族问题研究》，民族出版社2005年版。

龙登高：《跨越市场的障碍：海外华商在国家、制度与文化之间》，科学出版社2007年版。

王焯：《中国老字号的传承与变迁》，知识产权出版社2015年版。

王志乐主编：《2002—2003年跨国公司在中国投资报告》，中国经济出版社2003年版。

王志乐主编：《2004年跨国公司在中国报告》，中国经济出版社2004年版。

定宜庄、张海燕、邢新欣：《个人叙述中的同仁堂历史》，北京出版社2014年版。

游正林：《西厂劳工——国有企业干群关系研究（1979—2006）》，中国社会科学出版社2007年版。

丁维峻主编：《北京的老字号》，人民日报出版社2009年版。

王先庆：《产业扩张》，广东经济出版社1998年版。

孙立平：《社会现代化》，华夏出版社1988年版。

鲁迅：《鲁迅日记》，人民文学出版社2006年版。

任学明：《中华老字号经营智慧》，外文出版社2011年版。

张海鹏、王廷元主编：《徽商研究》，安徽人民出版社1995年版。

王建民、张海洋、胡鸿保：《中国民族学史》下卷（1950—1997），云南教育出版社1998年版。

宋蜀华、满都尔图主编：《中国民族学五十年（1949—1999）》，人民出版社2004年版。

胡鸿保主编：《中国人类学史》，中国人民大学出版社2006年版。

杨堃：《民族学概论》，中国社会科学出版社1984年版。

张海洋：《中国的多元文化与中国人的认同》，民族出版社2006年版。

龙远蔚主编：《中国少数民族经济研究导论》，民族出版社2004年版。

余英时：《论士衡史》，上海文艺出版社1999年版。

项飙：《跨越边界的社区——北京"浙江村"的生活史》，上海三联书店2000年版。

王春光：《社会流动和社会重构——京城"浙江村"研究》，浙江人民出版社 1995 年版。

龙登高：《跨越市场的障碍：海外华商在国家、制度与文化之间》，科学出版社 2007 年版。

刘朝晖：《超越乡土社会：一个桥乡村落的历史文化与社会结构》，民族出版社 2005 年版。

2. 外文译著

［荷兰］彼特 J. M. 纳斯、张继焦主编：《当今国际人类学》，知识产权出版社 2009 年版。

［美］克莱德·伍兹：《文化变迁》，施惟达译，云南教育出版社 1989 年版。

［美］科塔克：《文化人类学》，徐雨村译，台北麦格罗希尔出版社 2005 年版。

［美］托马斯、兹纳涅茨基：《身处欧美的波兰农民》，张友云译，译林出版社 2002 年版。

［美］托尔斯坦·本德·凡勃伦：《有闲阶级论》（1899），蔡受百译，商务印书馆 1964 年版。

［美］约翰·康芒斯：《制度经济学》，于树声译，商务印书馆 1962 年版。

［美］R. E. 帕克、E. N. 伯吉斯、R. D. 麦肯齐主编：《城市社会学：芝加哥学派城市研究文集》，宋俊岭等译，华夏出版社 1987 年版。

［美］科尔曼：《社会理论的基础》，邓方译，社会科学文献出版社 1992 年版。

［美］魏昂德：《共产主义的新传统主义：中国工业中的工作环境和权力结构》，龚小夏译，牛津大学出版社 1996 年版。

［美］周敏：《唐人街：深具社会经济潜质的华人社区》，鲍蔼斌译，商务印书馆 1995 年版。

［美］邝治中：《纽约唐人街：劳工和政治 1930—1950 年》，杨万译，上海译文出版社 1982 年版。

［美］彼特·邝：《新唐人街：当代美国华人社区》，杨立信译，世界知识出版社 2002 年版。

［美］丹尼尔·贝尔：《后工业社会的来临》（1973），高铦、王宏

周、魏章玲译，商务印书馆 1984 年版。

[美] 钱纳里等：《工业化和经济增长的比较研究》，吴奇等译，上海三联书店 1989 年版。

[美] 迈克尔·波特：《竞争战略》，陈小悦译，华夏出版社 1997 年版。

[美] 迈克尔·波特：《竞争优势》，陈小悦译，华夏出版社 1997 年版。

[美] 迈克尔·波特：《国家竞争优势》（1990），李明轩、邱如美译，中信出版社 2012 年版。

[美] 菲利普·科特勒：《营销管理——分析、计划、执行和控制》（第 5 版），梅汝和等译校，上海人民出版社 1990 年版。

[美] 加里·S. 贝克尔：《家庭经济分析》（1981），彭松建译，华夏出版社 1987 年版。

[美] 许烺光：《宗族、种姓、俱乐部》（1963），薛刚译，华夏出版社 1990 年版。

[美] 欧爱玲：《血汗和麻将：一个海外华人社区的家庭与企业》，吴元珍译，社会科学文献出版社 2013 年版。

[美] 威廉·J. 古德：《家庭》（1964），魏章玲译，社会科学文献出版社 1986 年版。

[英] G. 德拉姆德、J. 恩索尔：《战略营销：计划与控制》，张继焦、田永坡译，张继焦校，中国市场出版社 2004 年版。

[美] 顾定国：《中国人类学逸史——从马林诺斯基到莫斯科到毛泽东》，胡鸿保、周燕译，社会科学文献出版社 2000 年版。

[法] 莫里斯·哈布瓦赫：《论集体记忆》，毕然、郭金华译，上海人民出版社 2002 年版。

[日] 中根千枝：《纵向社会的人际关系》（1967），陈成译，商务印书馆 1994 年版。

[日] 中牧弘允：《昔日的大名，今日的会社》，何芳译，王向华监译，北京大学出版社 2011 年版。

[日] 住原则也、三井泉、渡边祐介编：《经营理念——继承与传播的经营人类学研究》，王向华监译，经济管理出版社 2011 年版。

[日] 小岛清：《对外贸易论》，周保廉译，南开大学出版社 1987

年版。

［日］梅棹忠夫：《文明的生态史观》（1967），王子今译，三联书店1988年版。

［苏］托尔斯托夫等著：《普通民族学概论》第一册，周为铮、金天明、吴玉译，科学出版社1960年版。

［新加坡］陈国贲：《烟与火：蒙特利尔的华人》，香港中文大学出版社1991年版。

［新加坡］陈国贲、张齐娥：《出路——新加坡华裔企业家的成长》，中国社会科学出版社1996年版。

二　中文论文（含外文译文、学位论文）

1. 中文论文

费孝通：《社会学和企业管理》，《社会科学辑刊》1980年第6期。

费孝通：《西部开发中的文化资源问题》，《文艺研究》2001年第4期。

李培林：《流动民工社会网络和社会地位》，《社会学研究》1996年第6期。

李培林：《"另一只看不见的手"——社会结构转型》，《中国社会科学》1992年第5期。

李培林：《再论"另一只看不见的手"》，《社会学研究》1994年第1期。

李培林：《中国社会结构转型对资源配置方式的影响》，《中国社会科学》1995年第1期。

李培林：《巨变：村落的终结》，《中国社会科学》2002年第1期。

李培林：《新型城镇化与突破"胡焕庸线"》，《人民日报》2015年。

李培林：《城市化与我国新成长阶段——我国城市化发展战略研究》，《江苏社会科学》2012年第5期。

庄孔韶、李飞：《人类学对现代组织及其文化的研究》，《民族研究》2008年第3期。

庄孔韶：《北京新疆街食品文化的时空过程》，《社会学研究》2000年第6期。

马侠：《当代中国农村人口向城镇的大迁移》，《中国人口科学》1987

年第 3 期。

杨云彦：《改革开放以来中国人口非正式迁移的状况》，《中国社会科学》1996 年第 6 期。

周大鸣：《珠江三角洲的人口移动》，《社会科学战线》1990 年第 4 期。

周大鸣：《珠江三角洲的人口移动与文化适应问题》，《都市人类学》（阮西湖主编），华夏出版社 1991 年版。

周大鸣：《外来务工与农民现代性的获得》，《中山大学学报》（哲科版）1996 年第 5 期。

周大鸣：《永远的钟摆——中国农村劳动力的流动》，《都市里的村民》（柯兰君、李汉林主编），中央编译出版社 2001 年版。

"农村外出务工女性"课题组：《珠江三角洲外来农民工状况》，《中国社会科学》1995 年第 4 期。

孙立平：《农村外来人口：无法定位的边缘人》，《中国农民》1995 年第 4 期。

池子华：《中国"民工潮"的历史考察》，《社会学研究》1998 年第 4 期。

周晓虹：《流动与城市体验对中国农民现代性的影响》，《社会学研究》1995 年第 5 期。

臧得顺：《中国社会结构转型：理论与实证对一个师承性学派研究成果的谱系考察》，《思想战线》2011 年第 4 期。

张一青、蒋天颖：《浙江民营企业文化的实证分析》，《经济论坛》2004 年第 10 期。

李景汉：《华北农村人口之结构与问题》，《社会学界》1934 年第 8 卷。

孙冶方：《为什么批评乡村改良主义工作》，《中国农村》1936 年第 2 卷第 5 期。

千家驹：《中国乡村建设之路何在——评定县评教会的实验运动》，《申报》月刊 1934 年第 3 卷第 10 号。

钱俊瑞：《现阶段中国农村经济研究的任务》，中国农村经济研究会编《中国农村社会性质论战》，新知书店 1936 年版。

王宜昌：《现阶段的中国农村经济研究》，中国农村经济研究会编

《中国农村社会性质论战》，新知书店 1936 年版。

王汉生等：《工业化和社会分化：改革以来中国农村的社会结构变迁》，《农村经济与社会》1990 年第 4 期。

王晓毅：《农村社会的分化与整合：权利与经济》，《社会学与社会调查》1991 年第 2 期。

张海翔、杜发春：《民族地区县级国有企业改革研究》，《中央民族大学学报》（哲科版）1998 年第 2 期。

邱泽奇：《在工厂化和网络化的背后——组织理论的发展与困境》，《社会学研究》1999 年第 4 期。

张继焦：《从流行文化到大众文化——都市中的卡拉 OK 现象》，《民俗研究》1997 年第 2 期。

张继焦：《亲缘交往规则与家庭工业》，《中央民族大学学报》（哲科版）1998 年第 4 期。

张继焦：《市场化过程中家庭和亲缘网络的资源配置功能——以海南琼海市汉族的家庭商业为例》，《思想战线》1998 年第 5 期。

张继焦：《换一种活法：消费方式与观念的变迁》，《中国社会现象分析：博士十人谈》（刘应杰等著），中国城市出版社 1998 年版。

张继焦：《非正式制度、资源配置与制度变迁》，《社会科学战线》1999 年第 1 期。

张继焦：《外出打工者对其家庭和社区的影响——以贵州为例》，《民族研究》2000 年第 6 期。

张继焦：《好产品需要好渠道》，《经济管理》2001 年第 15 期。

张继焦：《人类学方法的特点、不足和改进方向》，《民族研究》2002 年第 5 期。

张继焦：《差序格局：从"乡村版"到"城市版"——以迁移者的城市就业为例》，《民族研究》2004 年第 6 期。

张继焦：《国际都市人类学：现状与发展趋势》，《中国社科院研究生院学报》2004 年第 4 期。

张继焦：《中国雇员的薪酬和职业发展——跨国公司在中国的本土化专题研究》，中国社会科学院青年人文社会科学研究中心编《国情调研：2003》，山东人民出版社 2005 年版。

张继焦：《迁移创业型家族企业：对存在的和生成的社会资本的利

用》,《思想战线》2005年第1期;

张继焦:《城市中少数民族的民族文化与迁移就业》,《广西民族研究》2005年第1期。

张继焦:《海外华侨对侨乡的侨汇、善举与投资行为:从人类学角度看侨商的寻根经济》,《跨国网络与华南侨乡:文化、认同与社会变迁》(陈志明等编),香港中文大学香港亚太研究所研究丛书第68号,2006年。

张继焦:《关系网络:少数民族迁移者城市就职中的社会资本》,《云南社会科学》2006年第1期。

张继焦:《企业人类学的实证与应用研究》,《云南民族大学学报》(哲科版)2009年第1期。

张继焦:《企业人类学关于"成功"的案例分析——对马来西亚28位华商和经理人的访谈及其分析》,《学术探索》2009年第4期。

张继焦:《"三个圈"模型厘清社会责任边界》,《WTO经济导刊》2009年第12期。

张继焦:《经济文化类型:从"原生态型"到"市场型"——对中国少数民族城市移民的新探讨》,《思想战线》2010年第1期。

张继焦:《中国的城市移民经济文化类型的形成:民族企业与民族企业家的作用》,《广西民族大学学报》(哲社版)2010年第5期。

张继焦:《中国东部与中西部之间的产业转移:影响因素分析》,《贵州社会科学》2011年第1期。

张继焦:《从第16届世界大会,看中国人类学民族学的现状与发展趋势》,《世界的盛会丰硕的成果——国际人类学与民族学联合会第十六届大会最新学术成果概述》黄忠彩、张继焦主编,知识产权出版社2012年版。

张继焦:《上海世博会:"老字号"企业的盛典性"事件营销"——以上海杏花楼为例》,《上海万博の経営人类学研究》(中牧弘允编),日本国立民族学博物馆2012年版。

张继焦:《新一代商人群落的研究之一——从企业人类学角度,分析浙商的产生和群体特点》,《企业和城市发展:并非全是经济的问题》张继焦主编,知识产权出版社2013年版。

张继焦:《企业人类学关注什么》,《管理学家》2013年第9期。

张继焦：《从企业与政府的关系，看"中华老字号"企业的发展——对鹤年堂、同仁堂的比较研究》，《思想战线》2013年第3期。

张继焦：《企业人类学：作为一门世界性的前沿学科》，《杭州师范大学学报》（社科版）2014年第4期。

张继焦：《"伞式社会"——观察中国经济社会结构转型的一个新概念》，《思想战线》2014年第4期。

张继焦：《"蜂窝式社会"——观察中国经济社会转型的另一个新概念》，《思想战线》2015年第3期。

张继焦：《企业人类学的创新视角：老字号的研究现状、现实意义和学术价值》，《创新》2015年第1期。

张继焦：《企业人类学的角度：如何看待新一轮的工业化、市场化、城市化》，《创新》2015年第2期。

张继焦：《企业人类学的新探索：近些年的学术活动及其研究动态》，《创新》2015年第3期。

张继焦：《企业人类学：近些年的最新学术成果和研究进展》，《创新》2015年第4期。

张继焦：《新一代商人群落的研究之一——从企业人类学角度，分析浙商的产生和群体特点》，《企业和城市发展：并非全是经济的问题》张继焦主编，知识产权出版社2013年版。

张继焦：《"自上而下"的视角：对城市竞争力、老商街、老字号的分析》，《广西民族大学学报》（哲社版）2015年第2期。

张继焦：《如何破解"富不过三代"的魔咒：百年老字号"清华池"案例的企业人类学分析》，《广西经济管理干部学院》2015年第2期。

张继焦：《老字号、老商街如何重拾竞争力》，《中国民族报》2014年9月12日第6版整版。

张继焦、李宇军：《中国企业都"富不过三代"吗？——对"老字号"企业的长寿秘籍和发展前景的社会学分析》，《思想战线》2012年第4期。

张继焦、李宇军：《企业人类学：应用研究和案例分析》，《世界的盛会 丰硕的成果——国际人类学与民族学联合会第十六届大会最新学术成果概述》黄忠彩、张继焦主编，知识产权出版社2012年版。

张继焦、李宇军：《观察中国市场转型的一个新角度：地方政府与老字号企业的"伞式"关系》,《广西经济管理干部学院学报》2015 年第 1 期。

李宇军、张继焦:《从价值链角度看企业发展与承担社会责任的关系》,《思想战线》2011 年第 3 期。

李宇军、张继焦:《中国的新一轮城市化:可持续发展、挑战及对策》,《贵州社会科学》2011 年第 12 期。

李宇军、张继焦:《中国的食品工业:产业转移、环境污染及其对策》,《对经济社会转型的探讨:中国的城市化、工业化和民族文化传承》黄忠彩、张继焦主编,知识产权出版社 2013 年版。

李宇军、张继焦:《中国"老字号"企业的经营现状与发展前景》,《广西经济管理干部学院学报》2014 年第 4 期。

陈振铎:《民营企业家的女性代际传承——浙江个案的企业人类学研究》,《新一轮的城市化、工业化、市场化、文化多元化:对全球化和现代化的探讨》张继焦主编,知识产权出版社 2015 年版。

殷鹏:《企业社会责任的中国视角:对"老字号"企业的观察》,《广西民族大学学报》(哲社版) 2015 年第 2 期。

尉建文、刘波:《"老字号"企业技术创新影响因素的实证分析》,《广西民族大学学报》(哲社版) 2015 年第 2 期。

赵巧艳、闫春:《广西"老字号"发展建设研究报告》,《广西经济管理干部学院学报》2014 年第 4 期。

陈阁:《"老字号"品牌的文化保护与传承——以长沙老字号"火宫殿"为例》,《广西经济管理干部学院学报》2014 年第 4 期。

陈丽红:《北京西城区老字号品牌在建设世界城市中的作用》,《广西经济管理干部学院学报》2015 年第 1 期。

张祖群:《当前文化产业比较初步研究:六种典型模式比较》,《企业和城市发展:并非全是经济的问题》张继焦主编,知识产权出版社 2013 年版。

董晓萍等:《现代商业的社会史研究:北京成文厚(1942—1952)》,《北京师范大学学报》(社科版) 2010 年第 2 期。

董晓萍:《技术史的民间化——清宫造办处传统手工行业现代传承老字号的田野研究》,《辽宁大学学报》(社科版) 2013 年第 6 期。

吴咏梅:《日本的经营人类学》,《广西民族大学学报》(哲社版)

2010年第5期。

袁同凯、陈石、殷鹏:《现代组织研究中的人类学实践与民族志方法》,《民族研究》2013年第5期。

张仁寿、杨轶清:《浙商:成长背景、群体特征及其未来走向》,《商业经济与管理》2006年第6期。

张一青、蒋天颖:《浙江民营企业文化的实证分析》,《经济论坛》2004年第10期。

邱泽奇:《在工厂化和网络化的背后——组织理论的发展与困境》,《社会学研究》1999年第4期。

苏腾:《城市住房市场的系统动力学解释》,《新一轮的城市化、工业化、市场化、文化多元化:对全球化和现代化的探讨》张继焦主编,知识产权出版社2015年版。

陈奕麟:《重新思考Lineage Theory与中国社会》,(台湾)《汉学研究》1984年第2卷第2期。

叶春荣:《再思考Lineage theory:一个土著论述的批评》,(台湾)《考古人类学学刊》1995年第50期。

陈其南:《房与传统中国家族制度——兼论西方人类学的中国家族研究》,(台湾)《汉学研究》1985年第3卷第1期。

王铭铭:《宗族、社会与国家——对弗里德曼理论的再思考》,(香港)《中国社会科学季刊》1996年秋季卷总第16卷。

常建华:《20世纪的中国宗族研究》,《历史研究》1999年第5期。

杨春宇、胡鸿保:《弗里德曼及其汉人社会的人类学研究——兼评"中国东南的宗族组织"》,《开放时代》2001年第11期。

张宏明:《宗族的再思考——一种人类学的比较视野》,《社会学研究》2004年第6期。

吴作富:《弗里德曼中国宗族研究范式批判——兼论宗族研究范式的认同取向》,《南京大学学报》(哲社版)2008年第6期。

杜靖:《百年汉人宗族研究的基本范式——兼论汉人宗族生成的文化机制》,《民族研究》2010年第1期。

师云蕊:《古老异域的"迷思"——读弗里德曼〈中国宗族与社会:福建和广东〉及其他》,《社会学研究》2010年第2期。

胡必亮:《"关系"规则与资源配置——对湖北、山西、陕西、广东、浙江五省乡镇企业发展的典型研究》，（香港）《中国社会科学季刊》1996年（秋季卷）总第 16 期。

温士贤：《市场经济与怒族社会生计转型——以怒江峡谷秋那桶村为例》，《广西民族大学学报》（哲社版）2014 年第 1 期。

陈刚、白廷斌：《川滇泸沽湖地区民族文化旅游商品市场调查——以工商人类学的视角》，《黑龙江民族丛刊》2012 年第 3 期。

邢启顺：《少数民族城市民族文化产业化发展现状分析——以贵州凯里为例》，《广西民族师范学院学报》2014 年第 2 期。

良警宇、李平：《城镇化建设、产业转型与旅游业发展——以西北民族地区循化县为例》，《对经济社会转型的探讨：中国的城市化、工业化和民族文化传承》黄忠彩、张继焦主编，知识产权出版社 2013 年版。

洪银兴、曹勇：《经济体制转轨时期的地方政府功能》，《经济研究》1996 年第 5 期。

杨瑞龙：《我国制度变迁方式转换的三阶段论》，《经济研究》1998 年第 1 期。

边燕杰、张文宏：《经济体制、社会网络与职业流动》，《中国社会科学》2001 年第 2 期。

俞军备、王仁涛：《浙商在甘肃发展的动因及其可持续性分析》，《甘肃社会科学》2007 年第 1 期。

魏后凯：《产业转移的发展趋势及其对竞争力的影响》，《福建论坛》（社会经济版）2003 年第 4 期。

郭元晞、常晓鸣：《产业转移类型与中西部地区产业承接方式转变》，《社会科学研究》2010 年第 4 期。

周民良：《论民族地区经济发展方式的转变》，《民族研究》2008 年第 4 期。

温军：《中国民族经济政策稳定性评估（1949—2002）》，《开发研究》2004 年第 4 期。

舒燕飞：《TFP 对少数民族八省区经济增长贡献研究》，《湖北社会科学》2010 年第 6 期。

王明珂：《集体历史记忆与族群认同》，《当代》1993 年第 91 期。

陈占祥：《城市设计》，《城市规划研究》1983 年第 1 期。

陈占祥：《我对美国城市规划的印象》，《城市规划》1989 年第 2 期。

吴良镛：《从"有机更新"走向新的"有机秩序"——北京旧城居住区整治途径》，《建筑学报》1991 年第 2 期。

吴良镛：《菊儿胡同试验的几个理论性问题——北京危房改造与旧居住区整治》，《建筑学报》1991 年第 12 期。

吴良镛：《展望中国城市规划体系的构成——从西方近代城市规划的发展与困惑谈起》，《城市规划》1991 年第 5 期。

吴良镛：《"抽象继承"与"迁想妙得"——历史地段的保护、发展与新建筑创作》，《建筑学报》1993 年第 10 期。

吴良镛：《北京旧城保护研究》（上篇），《北京规划建设》2005 年第 1 期。

吴良镛：《北京旧城保护研究》（下篇），《北京规划建设》2005 年第 2 期。

张更立：《走向三方合作的伙伴关系：西方城市更新政策的演变及其对中国的启示》，《城市发展研究》2004 年第 4 期。

张平宇：《城市再生：我国新型城市化的理论与实践问题》，《城市规划》2004 年第 4 期。

吴晨：《"城市复兴"理论辨析》，《北京规划建设》2005 年第 1 期。

蔡祥军、薛冰：《老字号传统经营理念探析》，《齐鲁学刊》2009 年第 2 期。

李诚：《老字号企业生存状态差异化的关键因素分析》，《华中科技大学学报》（社科版）2008 年第 4 期。

姚圣娟：《关于振兴中华老字号的思考》，《华东经济管理》2008 年第 1 期。

许晓明、张咏梅：《"老字号"如何走出困境》，《北大商业评论》2006 年第 11 期。

王希恩：《族性及族性张扬——当代世界民族现象和民族过程试解》，《世界民族》2005 年第 4 期。

金天明、索士丁：《经济文化类型理论在中国的应用和发展》，《中央民族学院学报》（哲社版）1988 年第 1 期。

王建新：《宗教文化类型——中国民族学·人类学理论新探》，《青海民族研究》2007 年第 4 期。

李伟、杜生一：《经济文化类型理论的再认识》，《兰州大学学报》

（社科版）2002 年第 5 期。

2. 外文译文论文

［美］罗伯特·V. 肯珀：《都市人类学的发展动向：对美国和加拿大博士论文的分析》，张继焦译，《世界民族》2007 年第 6 期。

［美］高斯密：《论人类学诸学科的整体性》，张海洋译，《中央民族大学学报》（哲社版）2000 年第 6 期。

［英］沙北岭：《中国经济改革的逻辑与非逻辑——地方主义的发展》，（香港）《中国社会科学季刊》1996 年夏季卷，总第 15 期。

［德］托马斯·海贝勒：《中国的民族企业家与民族认同——以凉山彝族（诺苏）为个案的分析》，吴志成译，《民族研究》2007 年第 4 期。

［日］中牧弘允：《经营人类学序说——企业的"民族志"和工薪族的"常民研究"》，《学术界》2001 年第 5 期。

［日］中牧弘允：《日本社缘共同体中的宗教祭祀》，吴永梅译，《广西民族大学学报》（哲社版）2010 年第 5 期。

［日］八卷惠子：《服务创出的礼仪体系——工作的人类文化学研究》，郑锡江译，《广西民族大学学报》（哲社版）2010 年第 5 期。

［日］晨晃：《家乐福的企业文化以及在中国的成功》，《广西民族大学学报》（哲社版）2010 年第 5 期。

［日］河合洋尚：《客家话语与文化产业——以梅州、玉林、成都为例》，《企业和城市发展：并非全是经济的问题》张继焦主编，知识产权出版社 2013 年版。

［日］河合洋尚：《被创造的巷道景观——广州老城区的全球化和景观建设》，《对经济社会转型的探讨：中国的城市化、工业化和民族文化传承》黄忠彩、张继焦主编，知识产权出版社 2013 年版。

［马］王琛发：《儒学传统在当代企业丛林的迴转与进路》，《对经济社会转型的探讨：中国的城市化、工业化和民族文化传承》黄忠彩、张继焦主编，知识产权出版社 2013 年版。

［马］王琛发：《伊斯兰信用卡如何逃离"天谴"借贷制度——兼从华人申请看其教义观念对非教徒理财的影响》，《新一轮的城市化、工业化、市场化、文化多元化：对全球化和现代化的探讨》张继焦主编，知识产权出版社 2015 年版。

［马］祝家丰：《城市化对海外华文教育的冲击：以马来西亚华文小

学增建和迁校为研究案例》,《新一轮的城市化、工业化、市场化、文化多元化:对全球化和现代化的探讨》张继焦主编,知识产权出版社 2015年版。

3. 中文学位论文

张敦福:《区域发展模式的社会学分析》,博士学位论文,北京大学社会学系,1998 年。

罗旭:《基于品牌战略的天津老字号振兴研究》,硕士学位论文,天津大学,2010 年。

郭晓菲:《老店新生:"老字号"企业讲故事研究》,硕士学位论文,中国社会科学院研究生院,2013 年。

三 英文著作和论文

1. 英文著作

Alexander Gerschenkron, *Economic Backwardness in Historical Perspective*, Cambridge, Massachusetts: The Belknap Press of Harvard University Press, 1962.

Alejandro Portes and Robert L. Bach, *Latin Journey: Cuban and Mexican Immigrants in the United States*, Berkeley: University of California Press, 1985.

Alfred Sauvy, *General Theory of Population*, New York: Basic Books, 1966.

Andre Gunder Frank, *Capitalism and Underdevelopment in Latin American*, New York: Monthly Review Press, 1967.

Andrew G. Walder, *Communist Neo‐Traditionalism: Work and Authority in Chinese Industry.* Berkeley, CA: University of California Press, 1986.

Ann T. Jordan, *Business Anthropology*, Illinois: Waveland Press Inc., 2002.

Ann T. Jordan, *The Making of a Modern Kingdom: Globalization and Change in Saudi Arabia*, Illinois: Waveland Inc., 2011.

Arnold Van Gennep, *The Rites of Passage*, Chicago: University of Chicago Press, 1909.

Arthur C. Pigou, *The Economics of Welfare*, First Pub. (1920), London: Macmillan and Co. , 1920.

Bernard P. Wong, *Patronage, Brokearge, Entrepreneurship, and the Chinese Community of New York*, New York: AMS Press, 1988.

Bernard P. Wong and Tan Chee - Beng, *Chinatowns around the World: Gilded Ghetto, Ethnopolis, and Cultural Diaspora*, Leiden and Boston: Brill, 2013.

Chan Kwok Bun & Claire Chiang See Ngoh, *Stepping Out: The Making of Chinese Entreprenuers*, Simon & Schuster (Asia) Ltd. , 1994.

Claude Meillassoux, *Maidens, Meal and Money: Capitalism and the Domestic Community* (Themes in the Social Sciences), London: Cambridge University Press, 1981.

Clifford Geertz, *Peddlers and princes: social change and economic modernization in two Indonesian towns*, University of Chicago Press, 1963.

David A. Ricks, *Blunders in International Business* (4th Edition), St. Louis, Missouri: Blackwell Publishing, 2006.

David Friedman, *Political Change in Japan.* Ithaca: Cornell University Press, 1988.

David Y. H. Wu, *The Chinese in Papua New Guinea: 1880 - 1980*, Hong Kong: Chinese University Press, 1982.

E. Durkheim, *The Division of Labour in Society (French: De la division du travail social)* . Chapter II: Mechanical Solidarity, or Solidarity by Similarities, 1893; translated by W. D. Halls, New York: Free Press, 1997.

Ellen Oxfeld Basu, *The Limits of Enterpreneurship: Family Process and Ethnic Role Amongst Chinese Tanners of Calcuta*, Ph. D. Dissertation, Department of Anthropology, Harvard University, 1985.

Ferdinand Tönnies, *Gemeinschaft und Gesellschaft (Community and Society)* (1887), Leipzig: Fues's Verlag, 2nd edition, 1912; 8th edition, Leipzig: Buske, 1935; translated and edited by Charles P. Loomis, The Michigan State University Press, 1957.

Frank Pyke and W. Sengenberger, *Industrial Districts and Local Economic Regeneration*, Geneva: IILS, 1992.

Frederick C. Gamst, *The Hoghead: An Industrial Ethnology of the Loco-*

motive Engineer, New York: Holt, Rinehart and Winston, 1980.

F. L. W. Richardson and Charles R. Walker, *Human Relations in an Expanding Company: Manufacturing Departments, Endicott Plant of the International Business Machines Corporation*, New Haven: Yale University Press, 1948.

Gary Hamel & C. K. Prahalad, *Competing for the Future*, Cambridge, MA: Harvard Business School Press, 1994.

Gary G. Hamilton (ed), *Business Networks and Economic Development in East and Southeast Asia*, Hong Kong: Centre for Asian Studies, University of Hong Kong, 1990.

G. William Skinner (ed), *The Study of Chinese Society: Essays by Maurice Freedman*, Stanford: Stanford University Press, 1979.

Harry Braverman, *Labor and Monopoly Capital: The Degradation of Work in the Twentieth Century*, New York: Monthly Review Press, 1974.

Henry James Sumner Maine, *Ancient Law, Its Connection with the Early History of Society, and Its Relation to Modern Ideas* (1st edition), London: John Murray, 1861.

Herbert A. Applebaum, *Royal Blue: The Culture of Construction Workers*, New York: Holt Rinehart & Winston, 1981.

Herbert A. Applebaum, *Work in Market and Industrial Societies*, NY: SUNY Press, 1984.

Hirochika Nakamaki and Mitchell Sedgwick, *Business and Anthropology: A Focus on Scared Space*, Japan, Osaka: National Museum of Ethnology, Senri Ethnological Studies 82, 2013.

Howard Bowen, *Social Responsibilities of the Businessman*, New York: Harper and Row, 1953.

Ivan Light and Steven Gold, *Ethnic Economies*, San Diego: Academic Press, 2000.

Ivan Light, *Ethnic Enterprises in America: Business Welfare among Chinese, Japanese, and Blacks*, University of California Press, 1972.

Ivan Szelenyi, *Urban Inequalities under State Socialism*, Oxford: Oxford University Press, 1983.

I. J. Yoon. *On My Own: Korean Businesses and Race Relations in America*, Chicago: University Chicago Press, 1997.

János Kornai, *Economics of Shortage*, Amsterdam: North – Holland, 1980.

Jean C. Oi, *State and Peasant in Contemporary China: The Political Economy of Village Government*, Berkeley: University of California Press, 1989.

Julian Steward, *Theory of Culture Change: The Methodology of Multilinear Evolution*, Urbana: University of Illinois Press, 1955.

June Nash, *We Eat the Mines and the Mines Eat Us: Dependency and Exploitation in Bolivian Tin Mines*, New York: Columbia University Press, 1979.

KarlPolanyi, *The Great Transformation: The Political and Economic Origins of Our Time*, New York: Farrar & Rinehart, 1944.

Karl Polanyi, C. M. Arensberg & H. W. Pearson (eds), *Trade and Market in the Early Empires: Economies in History and Theory*, New York: The Free Press, 1965.

K. C. Kusterer, *Know – How on the Job: The Important Working Knowledge of Unskilled Workers*, Louise Lamphere: Westview Press, 1978.

Lee J., *Civility in the City: Blacks, Jews, and Koreans in Urban America*, Cambridge, MA: Harvard University Press, 2002.

Mark Granovetter, *Getting a Job: A Study of Contacts and Careers*, Chicago: University of Chicago Press, 1974.

Max Weber, *Wirtschaft und Gesellschaft (Economy and Society)*, 2 volumes, Germany, Bendix, Reinhard, 1922.

Max Weber, *The Theory of Social and Economic Organization* (1921 – 1922), translated by T. Parsons together with Alexander Morell Henderson in 1947.

M. Fortes & E. E. Evans – Pritchard (eds), *African Political Systems*, Oxford: Oxford University Press, 1940.

Maurice Freedman, *Lineage Organization in Southeastern China*, London: The Athlone Press, 1965 [1958].

MauriceFreedman, *Chinese Lineage and Society: Fukien and Kwangtung*,

New York: Humanities Press, 1966.

Milovan Djilas, *The New Class: An Analysis of the Communist System of Power*, New York: Praeger, 1957.

Patrick D. Joyce, *No Fire Next Time: Black Korean Conflicts and the Future of America's Cities*, Ithaca, NY: Cornell University Press, 2003.

Peter Nas and Zhang Jijiao (eds), *Anthropology Now: Essays by the Scientific Commissions of the International Union of Anthropological and Ethnological Sciences (IUAES) and History of the International Union of Anthropological and Ethnological Sciences (IUAES)*, Beijing: Intellectual Property Publishing House, China, 2009.

Pertti J. Pelto, *The Snowmobile Revolution: Technology and Social Change in the Arctic*, Illinois: Waveland Press Inc., 1987.

Pierre Bourdieu, *Distinction: A Social Critique of The Judgement of Taste*, translated by Richard Nice, New York: Roultedge Press, 1994.

Philip Mattera, *Off the Books: The Rise or the Underground Economy*, New York: Sr. Martin's Press, 1985.

Ray M. Northam, *Urban Geography* (2nd edition), New York: John Wiley & Sons Inc., 1979.

Robert Tian Guang, Alfons van Marrewijk and Michael P. Lillis, *General Business Anthropology* (2nd Edition), Washington, DC: North American Business Press, 2013.

Robert Redfield, *Peasant Society and Culture: An Anthropological Approach to Civilization*, Chicago, IL, US: University of Chicago Press, 1956.

Robyn Iredale, Naran Bilik and Fei Guo (eds), *China's Minorities on the Move: Selected Cases*, New York: M. E. Sharpe Inc., 2003.

Roland Robertson, *Glocalization: Time – space and Homogeneity – heterogeneity*, Sage Publications Ltd., 1995.

Susan Wright (ed), *The Anthropology of Organizations*, London: Routledge Press, 1994.

Talcott Parsons, *The Social System*, New York: The Free Press, 1951.

Thomas Menkhoff, *Trade Routes, Trust and Trading Network: Chinese Small Enterprises in Singapore*, Saarbrucken Fort Lauterdale: Verlag Breitenbach Publishers, 1993.

Thomas Samuel Kuhn, *The Structure of Scientific Revolutions*, Chicago: University of Chicago Press, 1962.

William Arthur Lewis, *The Evolution of the International Economic Order*, New Jersey, Princeton: Princeton University Press, 1978.

William Foote Whyte, *Human Relations in the Restaurant Industry*, New York: McGraw Hill, 1948.

William Foote Whyte, *Pattern for Industrial Peace*, New York: Harper & Row, 1951.

William L. Warner and Josiah O. Low, *The Social System of the Modern Factory: The Strike: A Social Analysis*, New Haven: Yale University Press, 1947.

William I. Thomas andFlorian Znaniecki, *The Polish Peasant in Europe and America*, 5 vols, Boston: Richard G. Badger, 1918 – 20 (Vol. I and II originally published by the University of Chicago Press, 1918), Second edition, 2 vols, New York: Alfred A. Knopf, 1927; Reprinted, 2 vols. New York: Dover Publications, 1958.

Victor G. Nee and Brett de Bary Nee, *Longtime California: A Study of an American Chinatwon*, Stanford, California: Standford University Press, 1973.

Victor Turner, *The Ritual Process: Structure and Anti – Structure*, London: Routledge & Kegan Paul, 1969.

Zhou Min, *Chinatown: The Socioeconomic Potential of an Urban Enclave*, Philadelphia: Temple University Press, 1992.

Zhang Jijiao and Voon Phin Keong (eds), *Enterprise Anthropology: Applied Research and Case Study*, Beijing: Intellectual Property Publishing House, 2011.

2. 英文论文

Alejandro Portes, "Social Capital: Its Origins and Applications in Modern Sociology", in *Annual Review of Sociology*, Vol. 24: 1 – 24, 1998.

Alejandro Portes and L. Jenson, "The Enclave and the Entrants: Paterns of Ethnic Enterprise in Miami before and after Mariel", in *American Sociological Review*, Vol. 54: 929 – 949, 1989.

Andrew G. Walder, "Local Governments as Industrial Firms: An Organizational Analysis of China's Transitional Economy", in *American Journal of Sociology*, Vol. 101 (2): 263-301, 1995.

Archie B. Carroll, "AThree-dimensional Conceptual Model of Corporate Social Performance", in *Academy of Management Review*, Vol. 4, No. 4: 497-505, 1979.

Archie B. Carroll, "ThePyramid of Corporate Social Responsibility: Toward the Moral Management of Organizational Stakeholders", in *Business Horizons*, Vol. 34: 39-48, July-August, 1991.

B. Francis Kulirani, "Cultural Industry Enterprise by the Indigenous Communities of the North East India and Central Provinces of Canada: a Comparative Study of Tourism Enterprise in the Context of Aboriginal Communities", in *Enterprise Anthropology: Applied Research and Case Study*, Zhang Jijiao and Voon Phin Keong (eds), Beijing: Intellectual Property Publishing House, 2011.

Barbara Czarniawska-Joerges, "Preface: Toward an Anthropology of Complex Organizations", In *International Studies of Management & Organization*, Vol. 19, No. 3: 3-15, 1989.

Barry Wellman and Keith Hampton, "Living Networked On and Off line", in*Contemporary Sociology*, Vol. 28, No. 6: 648-654, Nov., 1999.

BjörnGustafsson and Ding Sai, "Unemployment and the Rising Number of Non-Workers in Urban China - Causes and Distributional Consequences", in *Enterprise and Urban Development: Not All Economic Issues*, Zhang Jijiao (ed), Beijing: Intellectual Property Publishing House, 2013.

C. K. Prahalad &Gary Hamel, "The Core Competence of the Corporation", in *Harvard Business Review*, May-June, 1990.

Carol S. Holzberg and Maureen J. Giovannini, "Anthropology and Industry: Reappraisal and New Directions", in *Annual Review of Anthropology*, Vol. 10: 317-360, 1981.

Chandreyee Roy, "Regeneration of Forest Resource Based Tribal Enterprise: An Approach towards the Eco-friendly Environment", in *Enterprise Anthropology: Applied Research and Case Study*, Zhang Jijiao and Voon Phin

Keong (eds), Beijing: Intellectual Property Publishing House, 2011.

Cyril S. Belshaw, "Message from the President", in *Current Anthropology*, Vol. 20 (1): 244 –245, 1979.

Ellen Oxfeld Basu, "The Sexual Division of Labor and the Organization of family and Firm in an Overseas Chinese Community", in *American Ethnologist*, Vol. 18 (4): 700 –707, 1991.

Ellen Oxfeld Basu, "Profit, Loss and Fate: The Entrepreneurial Ethnic and the Practice of Gambling in an Overseas Chinese Community", in *Modern China*, Vol. 17 (2): 227 –259, 1991.

Ellen Oxfeld Basu, "Individualism, Holism, and the Market Mentality: Notes on the Recollections of a Chinese Entrepreneur", in *Cultural Anthropology*, Vol. 7 (3): 267 –300, 1992.

Felix Keesing, B. Hammond and B. McAllister, "A Case Study of Industrial Resettlement: Milpitas, California", in *Human Organizations*, Vol. 14, No. 2: 15 –20, 1955.

Felix Keesing and B. Hammond, "Industrial resettlement and community relations: Milpitas, California", in *Anthropologists and Industry: Some Exploratory Work Papers*, F. M. Keesing, B. J. Siegel and B. Hammond (eds.), Stanford: Stanford University Press, 1957.

Francois Perroux, "The Theory of Monopolistic Competition – – A General Theory of Economic Activity" (English translation by Krishnan Kutty of Perroux's preface to the French translation of E. H. Chamberlin's Theory of Monopolistic Competition, Paris: Presses Universitaires de France.), in *The Indian Economic Review*, Vol. 2: 134 –143, Feb., 1955 [1953].

Garrett Hardin, "The Tragedy of the Commons", in *Science*, Vol. 162: 1243 –1248, 1968.

George William Skinner, "Marketing and Social Structure in Rural China", in *Journal of Asian Studies*, 3 parts – Vol. 24.1: 3 –44; Vol. 24.2: 195 –228; Vol. 24.3: 363 –399, 1964 –1965.

Gerald M. Britan and Ronald Cohen, "Toward an Anthropology of Formal Organizations", in *Hierarchy and Society: Anthropological Perspectives on Bureaucracy*, G. M. Britan and R. Cohen (eds), Philadelphia: Institute for the

Study of Human Issues, 1980.

Howard Aldrichand Roger Waldinger, "Ethnicity and Entrepreneurship", in *Annual Review of Sociology*, Vol. 16: 111 – 135, 1990.

Hugo Valenzuela Garcia, "The Rise of 'Human – based Companies' in Spain: New Paradigm or Inevitable Consequence?", in *New Round Urbanization, Industrialization, Marketization and Cultural Diversity: With/Under Globalization and Modernization*, Zhang Jijiao (ed), Beijing: Intellectual Property Publishing House, pp. 156 – 179, 2015.

Ivan Szelenyi, "Social Inequalities in State Socialist Redistributive Economies", in *International Journal of Comparative Sociology*, Vol. 19: 63 – 78, 1978.

Ivan Szelenyi, "The Intelligentsia in the Class Structure of State Socialist Societies", in *American Journal of Sociology*, Vol. 88 (Supplement): S287—S326, 1982.

Ivan Szelenyi, "The Prospects and Limits of the East European New Class Project: An Auto – critical Reflection on the Intellectuals on the Road to Class Power", in *Politics and Society*, Vol. 15, 1987.

Jean C. Oi, "Communism and Clientelism: Rural Politics in China", in *World Politics*, Vol. 37, No. 2: 238 – 266, Jan. , 1985.

Jean C. Oi, "Fiscal Reform and the Economic Foundations of Local State Corporatism in China", in *World Politics*, Vol. 45, No. 1: 99 – 126, Oct. , 1992.

Jean C. Oi, "The Role of the Local State in China's Transitional Economy", in *The China Quarterly*, Special Issue: China's Transitional Economy, Vol. 144: 1132 – 1149, Dec. , 1995.

Kaname Akamatsu, "A Historical Pattern of Economic Growth in Developing Countries", in *Journal of Developing Economies*, Vol. 1 (1): 3 – 25, March – August, 1962.

K. C. Kusterer, "Fighting the Piece Rate System: New Dimensions of an Old Struggle in the Apparel Industry", in *Case Studies on the Labor Process*, A. Zimbalist (ed), New York: Monthly Review Press, 1979.

Iain Deas & Benito Giordano," Conceptualising and Measuring Urban

Competitiveness in Major English Cities: An Exploratory Approach", in *Environment and Planning A*, Vol. 33 (8): 1411 – 1429, 2001.

L. James Watson, "Chinese Kinship Reconsidered: Anthropological Perspective on Historical Research", in *China Quarterly*, Vol. 92: 589 – 622, 1982.

Lin Nan, "Local Market Socialism: Local Corporatism in Action in Rural China", in *Theory and Society*, Vol. 24: 301 – 354, 1995.

Lisiunia A. Romanienko, "Saboteurs at the Biotech Tradeshow: Demonstrable Human Factors Subverting Scientific Enterprise", in *Enterprise Anthropology: Applied Research and Case Study*, Zhang Jijiao and Voon Phin Keong (eds), Beijing: Intellectual Property Publishing House, 2011.

Mark Granovetter, "The Strength of Weak Ties", in *American Journal of Sociology*, Vol. 78: 1360 – 1380, 1973.

Marietta L. Baba, "Business and Industrial Anthropology: An Overview", in *NAPA Bulletin*, No. 2, 1986.

Marietta L. Baba, "Anthropology and Business", in *Encyclopedia of Anthropology*, H. James Birx (ed). Thousand Oaks, CA: Sage Publications, 2006.

Mary C. Brinton & Victor Nee, "The Theoretical Core of the New Institutionalism", in *Politics & Society*, Vol. 26, 1998.

Max Gluckman, "Anthropological Problems Arising from the African Industrial Revolution", in *Social Change in Modern Africa*, Aidan Southall (ed), Oxford: Oxford University Press, 1961.

Maurice Freedman, "A Chinese Phase in Social Anthropology", in*British Journal of Sociology*, Vol. 14. 1: 1 – 19, 1963.

Meine Pieter van Dijk, "Entrepreneurship and Innovation, the Role of Clusters, Networks and Institutional Change for China's IT Sector", in *Enterprise Anthropology: Applied Research and Case Study*, Zhang Jijiao and Voon Phin Keong (eds), Beijing: Intellectual Property Publishing House, 2011.

M. Kearney, "From the Invisible Hand to Visible Feet: Anthropological Studies of Migration and Development", in *Annual Review of Anthropology*, Vol. 15 (15): 331 – 361, 1986.

Michael Castell, "Immigrant Workers and Class Struggle in Advanced Capitalism: The West European Experience", in *Political and Society*, Vol. 5: 33 – 66, 1975.

Nursyirwan Effendi, "Rural Ethnic Entrepreneurialism in Indonesia: An Outgoing Ethnicity in the Global Market Connection?" in *New Round Urbanization, Industrialization, Marketization and Cultural Diversity: With/Under Globalization and Modernization*, Zhang Jijiao (ed), Beijing: Intellectual Property Publishing House, 2015.

Östen Wahlbeck, "The Economic and Social Integration of Self – Employed Turkish Immigrantsin Finland", in *Enterprise Anthropology: Applied Research and Case Study*, Zhang Jijiao and Voon Phin Keong (eds), Beijing: Intellectual Property Publishing House, 2011.

Peter Karl Kresl and B. Singh, "The competitiveness of cities: the United States", in *Cities and the New Global Economy*, OECD (ed), Melbourne, 1995.

Peter Karl Kresl and B. Singh, "Competitiveness and the Urban Economy: Twenty – four Large US Metropolitan Areas", in *Urban Studies*, Vol. 36 (5 – 6): 1017 – 1027, 1999.

Peter S. Li," Ethnic businesses among Chinese in the U. S. " in *Journal of Ethnic Studies*, Vol. 4: 35 – 41, 1976.

P. Tway, "Speech Differences of Factory Worker Age Groups", in *Paper in Linguistics*, Vol. 7, Iss. 3 – 4: 479 – 492, 1974.

P. Tway, "Cognitive Processes and Linguistics Forms of Factory Workers", in *Semiotica*, Vol. 17, Iss. 1: 13 – 20, 1976.

Raymond Vernon, "International Investment and International Trade in the Product Cycle", in *The Quarterly Journal of Economics*, Boston: MIT Press, Vol. 80 (2): 190 – 207, 1966.

Raymond E. Wiest, "Anthropological Perspectives on Return Migration", in *Papers in Anthropology*, special issue: Anthropology of Return Migration, R. Rhoades (ed), Norman: University of Oklahoma, Vol. 20 (1): 167 – 187, 1979.

Robert Redfield, "The Folk Society", in *American Journal of Sociology*,

Vol. 52: 293 - 308, 1947.

Ronald Coase, "The Nature of the Firm", in *Economica*, Vol. 4 (16): 386 - 405, 1937.

Ronald Coase, "The Problem of Social Cost", in *Journal of Law and Economics*, Vol. 3: 1 - 44, 1960.

Ronald Weitzer, "Racial prejudice among Korean Merchants in African American Neighborhoods", in *Sociological Quarterly*, Vol. 38: 587 - 606, 1997.

S. Greenhalgh, "Land Reform and Family Entrepreneurship in East Asia", in *Population and Development Review*, Suppl., Vol. 15: 77 - 118, 1990.

Sergey Rychkov, "Obtaining New Knowledge about the Business Environment: Methodological Aspects", in *New Round Urbanization, Industrialization, Marketization and Cultural Diversity: With/Under Globalization and Modernization*, Zhang Jijiao (ed), Beijing: Intellectual Property Publishing House, 2015.

Soumyadeb Chaudhuri, "Corporate Social Responsibility: The Case of an Indian Conglomerate - Endeavors by TCS, A Tata Group Company", in *Enterprise Anthropology: Applied Research and Case Study*, Zhang Jijiao and Voon Phin Keong (eds), Beijing: Intellectual Property Publishing House, 2011.

Wang Jing, "Chinese New Year in Paris: Transmission of Chinese Culture, Making a Community", in *Economic and Social Transformation: Chinese Urbanization, Industrialization and Ethnic Culture*. Huang Zhongcai and Zhang Jijiao (eds), Beijing: Intellectual Property Publishing House, 2013.

William Arthur Lewis," Economic Development with Unlimited Supplies of Labor", in *Manchester School of Economic and Social Studies*, Vol. 22, 1954.

William Skinner, "Change and Persistence in Chinese Culture Overseas: A Comparison of Thailand and Java", in *Nan Yang Hsueh Pao* [*Journal of the South Seas Society*] (Singapore), Vol. 16 (1 - 2): 86 - 100, 1960.

Victor Nee, "A theory of Market Transition: From Redistribution to Market", in *American Sociological Review*, Vol. 54: 663 - 681, 1989.

Victor Nee, "Social Inequality in Reforming State Socialism: Between Redistribution and Markets in China", in *American Sociological Review*, Vol. 56: 267 –282, 1991.

Victor Nee, "Organizational Dynamics of Market Transition: Hybrid Forms, Property Rights, and Mixed Economy in China", in *Administrative Science Quarterly*, Vol. 37: 1 –27, 1992.

Victor Nee, "The Emergence of a Market Society: Changing Mechanisms of Stratification in China", in *American Journal of Sociology*, Vol. 101: 908 – 949, 1996.

Voon Phin Keong, "Bold Entrepreneurs and Uncommon Enterprises: The Malaysian Chinese Experience", in *Enterprise Anthropology: Applied Research and Case Study*, Zhang Jijiao and Voon Phin Keong (eds), Beijing: Intellectual Property Publishing House –, 2011.

W. F. Whyte, "Incentive for Productivity: The Case of the Bundy Tubing Company", in *Applied Anthropology*, Vol. 7, No. 2: 1 –16, 1948.

William Form, "Comparative Industrial Sociology and the Convergence Hypothesis", in *Annual Review of Sociology*, Vol. 5: 1 –25, 1979.

Yang Hong and Zhang Jijiao, "Utilizing Local Characteristic Culture to Do Business: A Case Study of Hainan Longquan Group, China", in *Enterprise Anthropology: Applied Research and Case Study*, Zhang Jijiao and Voon Phin Keong (eds), Beijing: Intellectual Property Publishing House, 2011.

Yee Whah Chin and Lee Yok Fee, "Chambers of Commerce and Chinese Business Enterprise in Malaysia", in *Enterprise Anthropology: Applied Research and Case Study*, Zhang Jijiao and Voon Phin Keong (eds), Beijing: Intellectual Property Publishing House, 2011.

Zhang Jijiao, "Migrants' Social Network Used in Seeking Employment in Urban Areas", in *Urbanization and Multi – Ethnic Society*, Buddhadeb Chaudhuri and Sumita Chaudhuri (eds), India: Inter – India Publications, 2007.

Zhang Jijiao, "The Orientation of Urban Migrants' Social Network: A Comparative Survey on Six Minorities in the Cities of China", in *Chinese History and Society*, Germany: Berliner China – Hefte, Vol. 35: 127 –139, 2009.

Zhang Jijiao, "Enterprise Anthropology: Review and Prospect", in *Enterprise Anthropology: *Applied Research and Case Study*, Zhang Jijiao and Voon Phin Keong (eds), Beijing: Intellectual Property Publishing House, 2011.

Zhang Jijiao, "Migrant Social Networks: Ethnic Minorities in the Cities of China", in *Wind over Water: Migration in an East Asian Context*, David Haines, Keiko Yamanaka, and Shinji Yamashita (eds), USA, New York: Berghahn Books, Chapter 3, 2012.

Zhang Jijiao, "Shanghai Expo' as a Nation – owned Enterprise——A Perspective of Enterprise Anthropology", in《上海万博の経営人类学研究》（中牧弘允编），大阪：日本国立民族学博物馆，第91—108页，2012年。

Zhang Jijiao, "China's Private Enterprises: An Enterprise Anthropology Perspective", in *Anthropology Newsletter of National Museum of Ethnology*, Osaka: National Museum of Ethnology, No. 34: 7 – 8, June, 2012.

Zhang Jijiao, "The Relationship between Enterprise and Government: Case Study on Two 'Chinese Old Brand' Companies (Heniantang, Tongrentang)", in *Journal of Chinese Literature and Culture*, Kuala Lumpur: University of Malaya, Vol. 1, No. 2: 1 – 24, Nov., 2013.